1 MONTH OF
FREE
READING

at

www.ForgottenBooks.com

By purchasing this book you are eligible for one month membership to ForgottenBooks.com, giving you unlimited access to our entire collection of over 1,000,000 titles via our web site and mobile apps.

To claim your free month visit:

www.forgottenbooks.com/free1036477

ISBN 978-0-364-54522-5
PIBN 11036477

Die Geschichte

unseres Herrn und Heilandes

Jesus Christus.

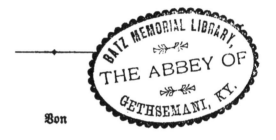

Von

Felix Dupanloup,

Bischof von Orleans, Mitglied der Akademie von Frankreich.

Autorisirte Uebersetzung

nach der dritten Auflage.

Mainz,

Verlag von Franz Kirchheim.

1884.

Imprimi permittitur.

Moguntiae, die 14. Februarii 1884.

A. C. Ohler,
Can. Cap. Cath. et Cons. Eccles.

Druck von Fl. Kupferberg in Mainz.

Inhaltsverzeichniß.

Drittes Buch.
Jesus Christus und seine Apostel.

Viertes Buch.
Jesus Christus und die Kranken.

Fünftes Buch.
Die Bergpredigt.

Sechstes Buch.
Die evangelischen Reisen.

Siebentes Buch.

Die Gleichnisse vom Reiche Gottes.

Achtes Buch.

Die Gefahren des Reichthums und das Mitleid für die Armen.

Neuntes Buch.
Jesus Christus und die Sünder.

Zehntes Buch.
Der Widerspruch.

Elftes Buch.
Die Verklärung und die Ankündigung der Passion.

Fünfzehntes Buch.
Die letzte Woche.
Die drei ersten Tage.

Sechszehntes Buch.
Das eucharistische Abendmahl.

Siebzehntes Buch.

Das Leiden Christi.

Achtzehntes Buch.

Jesu Kreuzigung.

Neunzehntes Buch.

Die Auferstehung.

Zwanzigstes Buch.
Die Himmelfahrt.

In principio erat Verbum
et
Caro Verbum factum est.

I.

Eine große Macht im Menschen ist das Herz.

Gott hat in das Herz jenes Feuer gelegt, das man Liebe nennt, jenen Funken, welcher geheimnißvoll entsteht, sich ausbreitet, zur Flamme wird und Alles mit einer Gewalt, einer Lieblichkeit und einer Innigkeit ohne Gleichen umfaßt.

Bossuet sagt: „Gott hat dem Menschen als besonderes Kennzeichen seines göttlichen Ursprungs bei der Erschaffung die Güte eingepflanzt." Was aber ist die Güte Anderes, als die Macht der Zuneigung und Hingebung, welche wir Liebe nennen, und deren Sitz das Herz ist?

Diese Macht ist so sehr die Grundlage des Adels in dem menschlichen Wesen, daß es keine größere Beleidigung gibt, als der Vorwurf, man habe kein Herz. Sie ist so überwiegend, daß sie schließlich die Handlungsweise des Menschen in allen Dingen bestimmt. In ihr sind hauptsächlich die Triebfedern zu suchen, welche die Richtung der Menschheit zum Guten oder zum Bösen bestimmen.

Dies näher zu erörtern ist die Aufgabe der folgenden Zeilen.

Die Vernunft ist unstreitig eine wesentliche Fähigkeit des Menschen; allein weder in der Tiefe der Seele, noch in der äußeren Lebensgestaltung nimmt sie die oberste Stelle ein. Sie gehört zu dem Wesen des Menschen; sie beleuchtet Alles, aber das Herz entscheidet am Ende in letzter Instanz. Die Vernunft ist in der That nur der Diener des Herzens.

Mag die Vernunft auch noch so philosophisch entwickelt sein, so ist sie doch nur, wie eine Wintersonne, die wohl zu leuchten, aber nicht zu erwärmen vermag. Erwärmen kann nur das Herz; das Herz allein reißt fort und gibt den Ausschlag bei jedem Opfer, allen erhabenen Entschlüssen, jeder Hingabe, jeder Kraft= äußerung, jedem Erfolg, jeder Tugend und ach! — wir dürfen es uns nicht verhehlen — bei jeder Schwäche, jeder Sünde, und ist daher entscheidend für Zeit und Ewigkeit. Eben deßhalb hat man auch, und zwar mit Recht, behauptet, das Verhältniß zwischen Gott und dem Menschen sei vor Allem eine Frage des Herzens und der Liebe. Für die, welche würdig sind, es zu hören, ist das erste Gebot des Gesetzes: „Du sollst Gott deinen Herrn lieben von ganzem Herzen, von ganzer Seele, von ganzem Gemüth, aus allen Kräften und deinen Nächsten, wie dich selbst."

Dies eine Gebot begränzt und umschließt alle übrigen. Die Vernunft, wenn sie von oben erleuchtet ist, erörtert dasselbe mit großem Eifer nach allen Seiten; spricht sie aber allein und hat sie Alles gesagt, was gesagt werden kann, so ist damit, wenn das Herz schweigt, doch nichts erreicht. Die wirkliche Entscheidung fehlt. Ungelöst bleiben die wichtigsten Fragen: In Betreff des Himmels, diejenigen, welche auf Gott und den Zug der Seele zu ihm, den Glauben, das kindliche Vertrauen, mit einem Wort auf Leben und Tod sich beziehen; in Betreff der Erde aber, die auf das Vaterland, die Familie, die Brüderlichkeit, die Freund= schaft, die Barmherzigkeit und die edelmüthige Hingabe an Alles, was gut und groß ist, sich beziehenden Fragen.

Daraus folgt, daß alles Glück und alles Unglück des Men= schen seinen Ursprung im Herzen hat.

Wer wüßte nicht, daß man durch das Herz allein leidet, allein sich freut. Wirklich glücklich und wirklich unglücklich ist man nur durch das Herz. Nur durch das Herz ist man gut oder böse. Die Größe, ebenso wie die Erniedrigung eines Men= schen richtet sich genau nach den Gegenständen, an die er sein Herz hängt und nur hierum — ich muß es wiederholen, weil alles Folgende sich darauf gründet — handelt es sich zwischen Gott und dem Menschen, zwischen dem Menschen und seinem Nächsten.

Nur das ganz Gewöhnliche und Gemeine vermag der Mensch, so lange nicht in seiner Seele jener Funke gezündet hat, so lange sein Herz kalt und ungeweckt, er selbst aber ohne Liebe bleibt. Welch' eine plötzliche Wandlung, sobald die Flamme entbrennt und die Liebe sich zeigt. Er ist nicht mehr zu erkennen. Auf seiner Stirne, in seinen Blicken erglänzt etwas wie Glück, das vom Himmel kommt, und das bei dem großen Haufen nicht zu finden ist.

Mit einem Wort, nur durch das Herz, nur durch die Liebe, durch diese übermächtige und ewige Gewalt wird der Mensch ein edles, zartfühlendes, erhabenes Wesen. Das Herz treibt ihn, sich selbst hinzugeben, nachdem er vorher alles Andere schon hingegeben, das Herz macht ihn zum Helden, zum freiwilligen Opfer.

Siehe, was Vater- und Mutterliebe vermögen! Welch' eine Wandlung, wenn sie ein Herz beseelen. Siehe, was Gattenliebe, was jede heilige und berechtigte, von Gott eingesetzte Neigung vermag, hervorruft, erträgt!

Wahrlich, die Liebe ist eine mächtige Sache. *Magna res est amor*, sagt mit Recht der Verfasser der Nachfolge Christi.

Aber das Herz ist die Quelle nicht nur der großen Handlungen und Empfindungen, sondern auch der großen Gedanken. Dort quellen die guten, weisen und reinen Gedanken hervor und — wenn es nöthig — plötzliche Erkenntniß, unvorhergesehene Erleuchtung; denn dem Herzen ist eine große Klarheit und es sind ihm unerwartete Offenbarungen eigen. Man sagt wohl, die Liebe sei blind, aber mit dem größten Unrecht. Nichts ist hellsehender und scharfsinniger, als die ächte Liebe. Aus diesem Grunde spricht der heil. Paulus vorzüglich von den erleuchteten Augen des Herzens, *illuminatos oculos cordis*; und an einer anderen Stelle der Schrift heißt es, daß dem Menschen die heilsame Erkenntniß und die Heilung der Seele durch das Herz zu Theil werde: *Corde intelligant, et sanem eos*.

Mit einem Wort: Das ganze Glück oder das ganze Unglück des Menschen, sein Werth und sein Vermögen, beruhen auf einem äußerst lebhaften, oft auch sehr feinen Gefühl, das sich nach Außen ergießt, mit Kraft an die Dinge herangeht, und in seiner Tiefe die eindringlichsten Eindrücke von ihnen empfängt.

1 *

Liebe! wie erhaben ist diese Gabe! Theuer bezahlt sie oft der Mensch mit seinen Thränen, mit seinem Blut und doch — sei sie Qual oder Glück — ist sie es, die den Lauf des Lebens bestimmt.

II.

Wer aber wird uns nun sagen, was im Grunde eigentlich das Herz des Menschen ist? Wer vermag einzudringen in dies Heiligthum und mit Worten dieses Herzens und Gottes, der es geschaffen hat, würdig uns beschreiben, was Gott in demselben verborgen hat?

Gott hat uns gesagt, unser Herz sei ein Schatz; diese Offenbarung gibt uns den höchsten Begriff von diesem Herzen und enthält zugleich die erhabenste Lehre. Ein Schatz, thesaurus, welch' eigenthümlicher Ausdruck und doch ist es unser Herr selbst, der im Evangelium uns sagt, das Herz sei der Schatz des Menschen, ein Schatz des Guten und der Liebe.

Ein Schatz! was aber ist damit eigentlich gesagt? In der Schrift heißt es früher auch, das Herz sei ein Abgrund. *Cor hominis abyssus!* Dies zeigt uns, daß sich in demselben unergründliche Tiefen, Gänge und Wibergänge finden. Aber der Sohn Gottes lehrt uns, daß dieser Abgrund ein Schatz sei und daher folgerichtig, daß er in seiner Tiefe einen Reichthum und zwar einen unendlichen Reichthum berge.

Der Herr sagt weiter: Der gute Mensch bringt aus dem guten Schatz seines Herzens das Gute hervor: *Bonus homo de bono thesauro cordis sui profert bonum.*

Dort also schöpft man wieder und immer wieder, wie aus einem unversieglichen Vorrath jegliches Gute, das Gute, das Uebermenschliche, das Vollkommene: *Bonum optimum.*

Dort ist ein gleichsam unendlicher Schatz von guten Gedanken, von guten Reden, von guten Handlungen, von guten und zugleich starken Gesinnungen, von muthigen Entschlüssen, von unerschrockenen Aufopferungen.

Dort ist ein Schatz, der immer wieder gefüllt wird, denn der Herr hat auch gesagt: Der Mensch bringt aus diesem Schatze Neues und Altes hervor: *De thesauro profert nova et vetera.*

Das heißt, der Schatz wird stets verjüngt, er ist alt und neu zugleich; der Verstand altert, das Herz aber nicht; seine Fruchtbarkeit hat keine Gränze und unauslöschlich ist die Flamme, die in ihm lodert.

Neben der Güte, der Zärtlichkeit, dem Mitleid, dem hilfreichen Erbarmen findet sich dort aber auch die Kraft, die Energie des Charakters. Versuchungen werden dort überwunden. Im Herzen findet der Charakter seine Stütze; ohne ein starkes Herz, kein entschiedener Charakter. Der Charakter ist identisch mit der Festigkeit, dem Adel, der Erhabenheit des Herzens.

Nicht geringer, als der Reichthum und die Fruchtbarkeit des Herzens ist aber dessen Vermögen. Wer könnte der Sprache des Herzens widerstehen? Die Laute, die ihm entquellen, erschüttern noch nach Jahrhunderten. In ihm entspringen die reinen und schönen Thränen, welche der Dichter so schön lacrymae decorae nennt; diejenigen, welche der heil. Augustinus als das Blut der Seelen bezeichnet, mag man sie selbst vergießen oder bei anderen hervorlocken. Wie der Heerd der großen Gedanken und der großen Tugenden, so ist das Herz auch der Heerd der großen Beredsamkeit.

Ja wahrlich eine große Sache ist die Liebe. Die wahre, reine, heilige Liebe ist das Gute an sich; sie macht alles Schwere leicht und Alles, was ungleich ist, gleich; denn sie trägt die Last ohne Beschwerde, und alles Bittere macht sie süß und schmackhaft. Die edle Liebe treibt an zu großen Werken, und, ermuntert allezeit Vollkommenes zu erstreben. Diese Liebe will immer aufwärts, nicht will sie sich durch irdische Dinge abhalten lassen. Nichts ist süßer, als diese Liebe, nichts stärker, nichts höher, nichts erfreuender, nichts lieblicher, nichts hat mehr Fülle, nichts ist besser im Himmel oder auf Erden, weil diese Liebe aus Gott geboren ist[1]) und in nichts ruhen kann außer in Gott, der erhaben ist über alles Erschaffene. Der Liebende, so heißt es weiter in der herrlichen Nachfolge Christi, fliegt, läuft, freut sich und ist frei und läßt sich nicht fesseln. Er gibt Alles für Alles und hat Alles in Allem, weil er über Allem in einem Höchsten ruht, aus dem alles Gute fließt und hervorgeht.

---

1) Ex Deo natus est. (Nachfolge Christi. Drittes Buch. Kapitel 5.)

Hieraus erklärt sich, daß Gott einen so hohen Werth auf das Herz legt. Ja es scheint fast, als lege Gott auf nichts in dem Menschen irgend welchen Werth, als nur auf das Herz. Diese Macht in uns ist es, was Gott vor Allem ansieht: *intuetur cor.* Das Herz ist's, was er verlangt, *praebe cor tuum mihi,* gib mir dein Herz. Daher hören wir auch in der Schrift immer das Lob des Herzens. Von dem wahren Herzen, *vero corde,* ist die Rede, von dem geraden Herzen, recto corde, dem guten Herzen, bono corde, dem reinen Herzen, *puro corde.*

Gott verlangt von uns nicht, daß wir viel Verstand haben, große Geister sein sollen, aber Herz verlangt er von uns, ein großes Herz sollen wir haben. St. Paulus braucht an einer Stelle den Ausdruck: *homo cordis.*

Schöne Worte, lange Reden, ja selbst lange Gebete sind, wenn sie nicht aus dem Herzen kommen, nichts vor den Augen Gottes. Er hat sie zurückgewiesen durch die strengen Worte: „Dies Volk ehret mich mit seinen Lippen, aber sein Herz ist ferne von mir[1]."

Es ist klar, daß Gott vor Allem unser Herz verlangt. Damit ist die Behauptung gerechtfertigt, daß es hier unten nur darauf ankommt, an was unser Herz hängt, was wir aus ihm machen, welche Flamme es erwärmt, wem man es gibt und wer es ist, für den es zuerst schlägt und zuletzt stirbt: *Primum saliens et ultimum vivens.*

Dies ist die Macht, von der ich hier rede.

Ist dies aber Alles? Ach nein! nur die eine Seite des Gegenstandes habe ich erörtert. Von der Größe, dem Adel, der Erhabenheit des Herzens war die Rede; nicht aber von seinem Elend. /.

III.

Aber auch dies muß erwähnt werden.

Diese Macht, die so edel ist und so rein, so sanft und so stark, so glühend, so erhaben, so edelmüthig, sie ist oft auch getrübt, geschwächt, erniedrigt und verderblich.

----

1) Labiis me honorant, cor autem eorum longe est a me. (Matth. c. XV. v. 8.)

Trostlos sind oft die Zustände, in die ein Herz verfällt und schrecklich die Verirrungen der Liebe.

Der Abgrund, die Schatzkammer des Guten wird oft zu einem Abgrund, zu einer Schatzkammer des Bösen.

In den Tiefen des Herzens entstehen geheimnißvolle, gräßliche Kämpfe und Gegensätze, das Höchste und Beste in der Seele wird in das Gegentheil verkehrt und in trostloser Weise gewinnt das Schwächlichste die Oberhand. Stärke oder Schwäche, Güte oder Bosheit, beide ohne Maaß, finden sich dort, wunderbare Schönheit oder namenlose Schmach.

Ja solche wunderbare Gegensätze gibt es im menschlichen Herzen, und wenn alles Gute da seinen Ursprung hat, so ist dieß auch der Fall hinsichtlich allen Uebels. Jede Schwäche entspringt dort, wie jeder Heldenmuth; jede Verirrung, wie jede Erleuchtung; alles Leid, wie jedes Glück, und Alles, wie gesagt, im höchsten Maaße.

Wie aber kommt dieß? Wie läßt sich dieses Räthsel erklären? Einfach durch den Umstand, daß die Liebe oft sich irrt! daß der Mensch liebt, aber nicht das, was, und nicht so, wie er lieben sollte. Dies ist die Ursache alles Uebels.

Das Herz muß lieben; es liegt dieß in dem natürlichen Gesetz und in dem Wesen des Herzens. Es soll aber das Wahre, das Schöne, das Gute, das heißt Gott lieben, der die höchste Wahrheit, die höchste Schönheit, die höchste Güte ist. Außerdem soll es das Göttliche lieben, wie es sich in den Geschöpfen darstellt, das heißt die Spiegelbilder der wunderbaren Strahlen Gottes, den Abglanz der himmlischen Wahrheit, Schönheit und Güte, welchen Gott über die Werke seiner Hände ausgegossen hat. Damit sie dieß alles liebe, ist die Liebe aus Gott geboren und ist ihr von dem himmlischen Vater eine so große Macht gegeben worden. So soll die Liebe und das Glück im Herzen des Menschen geartet sein.

Es darf namentlich nicht außer acht gelassen werden, daß sich die Liebe hiebei in wunderbarer und göttlicher Einheitlichkeit entwickelt und vervollkommt. Die Liebe ist nur eine und jede Liebe, jede Neigung unseres Herzens muß in völliger Uebereinstimmung sein mit der ewigen und himmlischen Liebe. Nur in diesem Fall ist sie rein und himmlisch. Noch ist zu bemerken, daß dieser Einheit der Liebe in unseren Herzen ein Wächter zur Seite steht. Es ist dies der Geist der Opferwilligkeit. Es gibt keine wahre, keine große Liebe ohne Selbstvergessenheit und Selbstentäußerung, die oft erst mit dem Leben enden. In der Schrift heißt es: „Die Liebe ist stark wie der Tod," und der Jünger, den Jesus lieb hatte, sagt von diesem: „Er liebte die Seinen, die in der Welt waren und liebte sie bis zum Ende": *in finem dilexit eos.*

Uebereinstimmung mit der Liebe Gottes und Opferwilligkeit sind somit die Grundbedingungen der wahren Liebe. Nur wenn diese Bedingungen nicht erfüllt sind — was freilich oft der Fall ist — entstehen Verirrungen und Unglück. Das Herz des Menschen glaubt oft, einen Strahl vom Himmel „seine Leuchte, sein Glück zu erkennen und geräth außer sich; aber es irrt, es nimmt ein Irrlicht für das wahre Licht und einen gebrochenen Strahl für das ewige Licht. Trotzdem wird es hingerissen, trotzdem liebt es; aber seine Liebe ist fern von Gott. Es ist traurig, aber seit dem Sündenfall wahr, daß diese Gemüthsbewegung eine tiefe, staunenswerthe ist, selbst wenn der göttliche Strahl sein Ziel verfehlt. Stürmisch verfolgt die Liebe den Irrweg und in dieser falschen und schlechten Liebe trübt und verkehrt sich Alles. Das, in der fieberhaften Gluth einer eigensüchtigen Liebe befangene Herz wird dann, wie es in der Schrift heißt, eine Schatzkammer des Uebels und des Leides, so daß alles verderbt ist, was daraus hervorgeht. /

„Der böse Mensch bringt aus dem bösen Schatze seines Herzens Böses und jegliches Leid hervor[1];" und an einer anderen Stelle des Evangeliums heißt es weiter: „Denn von innen, aus dem verderbten Grunde des menschlichen Herzens, kommen böse Gedanken, Ehebruch, Hurerei, Mordthaten, Diebstähle, Geiz, Schalkheit, Betrug, Schamlosigkeit, neidische Augen, Lästerung, Hoffarth, Thorheit[2]."

---

1) Malus homo de malo thesauro profert malum .... profert mala . . (Luc. c. VI, v. 45.)

2) Ab intus enim de corde hominum, malae cogitationes procedunt, adulteria, fornicationes, homicidia, furta, avaritiae, nequitiae,

Wie furchtbar groß ist doch die Menge des Bösen, nicht geringer als die Menge des Reinen nnd Guten.

Unbeschränkt herrschen dann die drei berüchtigten bösen Lüste, auf die St. Johannes der Evangelist alles schändliche Verlangen, alle Verderblichkeit des menschlichen Herzen zurückführt:

Die Fleischeslust,

Die Augenlust,

Die Hoffart.

Sie sind, was nicht zu übersehen ist, das gerade Gegentheil der Liebe, der wahren Liebe nämlich; denn sie stellen unter dreierlei Formen doch nur die Eigenliebe dar; in der Eigenliebe aber geht die Liebe selbst unter.

Um so zu lieben, wie es sein soll und um das zu lieben, was man lieben soll, das heißt Gott und das Göttliche in seinen Geschöpfen, muß man aus sich selbst heraustreten, muß sich zu dem Wahren, Schönen, Guten erheben; das ist dann die edel= müthige, eine ebenso zarte, wie starke, eine ebenso edle, wie reine Liebe. \

Die Eigenliebe macht dieß alles unmöglich; sie hindert jedes Heraustreten des Herzens aus sich selbst, sie zieht es vielmehr zusammen, engt es ein und erniedrigt dasselbe. Eben dadurch aber verhärtet sie auch das Herz, so daß es einer wahren Zärt= lichkeit nicht mehr fähig ist, schwächt es, so daß Energie und jedes ausdauernde Erglühen in ihm absterben, und endlich be= schmutzt und entwürdigt sie dasselbe, so daß keine Spur von Adel, von Würde, von Reinheit mehr, sondern nichts als Schmach, Schwäche und Verderbniß darin zu finden ist.

Auch die Tiefe des Sturzes, das Maaß der Erniedrigung, deren das arme Menschenherz fähig, zeichnet die Schrift mit den schärfsten Ausdrücken.

Incrassatum est cor. Wie haben dafür keinen Ausbrnck. Man mag darunter ein schwerfälliges, rohes, gleichsam ver= steinertes Herz verstehen, das jeder Erhebung, jeder reinen Empfindung unfähig ist. \

---

dolus, impudicitiae, oculus malus, blasphemia, superbia, stultitia. (Marc. c. VII. v. 21. 22.)

Gerade solche Herzen aber sind es, welche die Ohren und Augen der Seele verschließen, den Menschen verhindern, etwas zu hören oder zu sehen, so daß er blind und wie das unvernünftige Thier an Allem vorüber geht, was ihn zur Besinnung bringen könnte. *Auribus graviter audierunt*, sagt die Schrift, er ist taub und blind; er schließt die Augen: *oculos suos clauserunt*; die Schrift spricht ausdrücklich von der Blindheit des Herzens: *caecitas cordis.* In dieser Finsterniß, in diesem tiefen Schweigen, entsteht dann jede Art von Elend, von schmählicher Schwäche; klägliche Verirrung, Entfremdung von Gott: *cor longe a me*; sinnlose Widerspenstigkeit und thörichte Fühllosigkeit: *duritia, induratio* cordis, Härte und Verhärtung des Herzens; ferner unbegreifliche Widersprüche und hilfloses Zögern: haesitatio cordis; Schwankungen so kläglicher Art, daß sie, wenn auch noch so genau betrachtet, doch nicht begriffen werden können; und endlich Alles, was St. Paulus in dem Brief an die Römer mit so kräftigen Worten benennt, diese Auslese von Schmach und Schande, in welcher, ob öffentlich oder verborgen, die Ehrlosigkeit so vieler Seelen und so vieler Menschenleben sich entwickelt: *crapula, ebrietate, curis hujus vitae.*\

Man muß in jenem Briefe selbst die Aufzählung aller der Laster nachlesen, die St. Paulus nicht nur der großen Masse des Volkes, sondern den Weisen und Philosophen und den Gebildetsten der Heiden in's Gesicht vorwirft und mit unwiderstehlicher Kraft und Bestimmtheit erklärt, daß ihre Laster und ihre Verbrechen nur aus der Verderbniß ihres Herzens und ihres Mangels an Liebe — sine affectione — hervorgehen.

Solchem Elend, solcher Erniedrigung, solcher Sklaverei war das arme, von jeder Art von Selbstliebe beherrschte und zu jeder Schmach erniedrigte Menschenherz verfallen.

Dies war der Zustand des Menschenherzens bei der Ankunft unseres Herrn.

So weit war es mit dieser unglückseligen Macht gekommen, als Jesus Christus erschien und das armselige Herz und die ganze Welt erneuerte.\

IV.

Nunmehr liegt mir ob, zu zeigen, daß Jesus Christus ledig=lich zu dem Zweck in die Welt gekommen ist, um diese Macht wieder zu erheben, zu reinigen, zu heilen, auf den rechten Weg zurückzubringen, ihre Wiedergeburt herbeizuführen.

Eifriges Studium hat mich zu der Ueberzeugung geführt, daß das Evangelium nur für das Herz des Menschen bestimmt ist.

Es findet sich in demselben kein Wort, kein Gleichniß, keine Lehre, kein Wunder, das nicht den Zweck hätte, das Herz des Menschen zu bessern, zu rühren, zu gewinnen.

Auch bei der genauesten Untersuchung wird man immer fin-den, daß unser Herr sich nur an den Verstand des Menschen ge-wendet hat, um zu dem Herzen zu gelangen, und um auf dieses einzuwirken. Auch die erhabensten evangelischen Offenbarungen haben nur den Zweck, das Verständniß zu erleuchten, um auf diesem Wege dem Herzen außer neuem Lichte auch neue Kraft zuzuführen.

Und in der That, wenn das Werk der Erlösung in Gott seinen Ursprung haben und von Ihm in seiner Güte beschlossen und in seiner Macht ausgeführt werden sollte, so konnte es nur ein Werk der Barmherzigkeit und der Liebe sein.

Vor Allem kam es darauf an, das Herz des Menschen wie-der zu finden, wieder zu erobern, auf's Neue zu schaffen. Deß-halb mußte ihm auch vor Allem Liebe gezeigt werden. Vor Allem mußte den Menschen gesagt werden: „Kommet her zu mir alle, die ihr mühselig seid und beladen, ich will euch erquicken (neu machen. Reficiam vos).“

Hat man das Herz, so hat man auch in der That Alles in Allem, überall und immer. Aber wie läßt sich das Herz, die Liebe gewinnen? Nur durch das Herz, durch die Liebe, durch die Güte. Ja, wahrlich, das Herz, diese Macht, diese große Macht, kann nur durch Güte gewonnen werden. Wer ein Herz bessern will, muß damit anfangen ihm Gutes zu thun und ihm Liebe einzuflößen.

Jesus Christus hat dies in unvergleichlicher Weise gethan. Er ist gut, er ist die Güte selbst gewesen; und wenn es heute noch so Viele gibt, die ihn lieben, so ist es, weil er den Menschen die Güte gepredigt hat; vor Allem aber ist er selbst gut gewesen und zwar von einer unbegränzten Güte.

Nur Einer, ein Einziger ist es, von dem hat gesagt werden können: „Als aber die Güte und Menschenfreundlichkeit Gottes unseres Heilandes erschien [1].“

„Er war das Wort und das Wort ist Fleisch geworden und hat unter uns gewohnet und wir haben seine Herrlichkeit gesehen, die Herrlichkeit als des Eingebornen vom Vater voll der Gnade und Wahrheit [2].“

Er hat den Menschen eine Zuneigung, eine Liebe gezeigt, wie man sie niemals noch gesehen hatte; denn in ihm war die göttliche Güte selbst verkörpert und mit den Zügen der liebenswürdigsten Menschenfreundlichkeit unter uns erschienen.

Hierin liegt auch der Grund, warum Jesus Christus geliebt worden ist.

Es gibt freilich noch andere Dinge, die Eindruck auf uns zu machen vermögen. Schönheit, Adel der Gesinnung, ein glänzender Geist, sie erregen Bewunderung, sogar Begeisterung.

Alles dies konnte bei Jesus Christus in besonderem Glanze hervortreten; er aber hat die Güte gewählt: Benignitas apparuit . . . . plenum gratiae.

Er hat gesagt: ich bin das Licht der Welt. Ego sum lux mundi. Ich bin der Weg, die Wahrheit und das Leben. Ego sum Via, Veritas et Vita. Wahrlich kein Mensch auf Erden hat Aehnliches von sich behauptet. Und doch war dieß nicht das Höchste, das Entscheidende, was er von sich selbst gesagt hat. Der Macht, der Größe, dem Glanz, kurz Allem hat er die Güte vorgezogen, und zwar mit Recht; denn der Erleuchtung, der Macht, der Größe, dem Ruhme vermag man zu widerstehen, der Güte gegenüber ist aber kein Widerstand möglich.

Vor dem Lichte erschrecken wir manchmal, voll Scheu sind

---

1) Apparuit benignitas et humanitas Salvatoris. (An Titus c. III. v. 4.)

2) In principio erat Verbum ... Et Verbum caro factum est ... Et vidimus .... *Plenum gratiae et veritatis.* (St. Joh. c. 1, v. 1 et 14.)

wir der Größe gegenüber, der Majestät wagen wir nicht zu nahen; die Güte dagegen zieht uns an sich und nimmt uns für sich ein. Mit Recht oder mit Unrecht sind wir vor Allem für die Güte empfänglich und durch sie hat Jesus Christus entschieden die Herzen für sich gewonnen.

Mit Recht sage ich; denn man fühlt, daß Gott, wenn irgend auf Erden, in der Güte sich findet, und es ist kein Zufall, daß der Volksmund Gott den guten Gott nennt. Man fühlt, daß wenn Christus der Weg ist und die Wahrheit und das Leben, er außerdem und vor Allem die Güte und die Liebe ist, Benignitas et humanitas; und zwar keine abstrakte und unsichtbare Güte, sondern eine Güte, die sich in einem Herzen, in einer Menschlichkeit gleich der unsern offenbart, die wirklich, gegenwärtig, liebevoll, hilfreich, fühlbar, menschlich sich erweist, auch wenn sie göttlich ist, und, auch wenn sie menschlich ist, immer göttlich bleibt.

Dieß ist Jesus Christus. Alles entspringt bei ihm aus einem Meere von Güte und Liebe und äußert sich immer in unerreichter, unerschöpflicher Sanftmuth.

Die Ergüsse dieser Liebe sind von einer unauslöschlichen Einfachheit und Tiefe.\

Er hat geliebt, was vor ihm Niemand auf Erden geliebt hat;

Er hat geliebt, wie Niemand geliebt hat:

Er hat die Armen geliebt,

Er hat die Kranken geliebt,

Er hat die Kinder geliebt,

Er hat vor Allem die Sünder geliebt; in dieser seiner Liebe für die Sünder tritt ganz besonders sein Mitleiden hervor für die schwächsten derselben, die erbarmungswürdigsten, für junge Leute und Frauen.

Er hat, mit einem Wort Alle geliebt, die auf Erden zu leiden haben, das heißt alle Menschen.

Ganz besonders macht sich in ihm eine Güte voll tiefen Mitgefühls geltend, das durch jegliche Schwäche, durch jegliches Leiden hervorgerufen wird; eine werkthätige Liebe, welche Allen zu Hilfe kommt, die da seufzen; eine scharfsichtige Liebe, welche tröstet und heilt, welche Balsam träufelt in die Wunden der Seele, des

'Herzens und des Leibes; eine immer barmherzige Liebe, mit einem Worte eine wahrhafte Gottesliebe.

Allein Christus hat nicht allein uns geliebt, sondern er hat auch verlangt, daß wir unter einander uns lieben und daß wir unseren himmlischen Vater lieben, seinen Vater nämlich, der auch der unsere ist. Sein Gesetz, Seine Religion ist durchaus ein Gesetz, eine Religion der Liebe.

Bei ihm ist auch diese Güte, diese Zärtlichkeit so natürlich, daß sie von selbst seinen Lippen, seinem Herzen entströmt und in den unbedeutendsten Handlungen, in den einfachsten Worten sich ausspricht. Zugleich ist sie von solcher Tiefe, daß man sofort fühlt, sie sei unerschöpflich, wie ein Abgrund, wie das Meer, wie das Unendliche.

Auch ruhig und still ist sie, wie das Meer in der Ruhe, ausgenommen wenn es sich um das Mitleiden für die Sünder, die Freude über ihre Bekehrung handelt. Dann, ja dann ist eine außerordentliche Erregung, ein Erzittern der Seele, eine lebhafte Aeußerung des Gefühls bemerklich, die, wenn sie auch immerhin Maaß halten, doch Erstaunen erregen, weil man die Empfindung hat, daß das Unendliche sich in Bewegung setze.\

Nur gegen die Hoffart, die Heuchelei und die Herzenshärtigkeit bricht der Zorn des Herrn hervor, doch allein um die Kleinen und Unterdrückten zu vertheidigen. Auch hier wird die Gränze der Güte nicht überschritten, denn auch die Güte kann streng sein, um die Guten zu beruhigen und die Bösen zu schrecken; und eine solche war die Güte Jesu Christi.

Die wahre Güte ist in der That diejenige, welche Anderen nur Gutes erzeigen will und ihnen so viel Gutes erzeigt, als sie irgend vermag, welche Niemanden wehe thun will und dieses nur thut um des Guten willen und wenn ein anderes Mittel nicht ausreicht.

So hat Jesus Christus allerdings den Uebermuth gegen die Schwachen, die Härte gegen die Armen, gegen die Sünder, gegen die Kinder, gegen die Frauen; die Eifersucht jener unseligen Pharisäer, welche alle verachteten, die der Herr liebte; den Hochmuth der Schriftgelehrten, die sich zu Parteihäuptern aufwarfen und der Religion Schande machten und endlich das, von den Händlern und Wechslern, welche das Bethaus des Herrn in eine Mördergrube verwandelten, gegebene Aergerniß oft mit der größten Strenge getadelt.

Aber selbst diese Strenge hat, wie man deutlich herausfühlt, ihren Grund in der Liebe. Belehrung und Rettung ist ihr Zweck. Auch Pharisäer, selbst die vornehmsten unter ihnen finden, wenn sie aufrichtig und wahrhaft sind, bei Jesu die freundlichste Aufnahme. /

Das Evangelium und namentlich das Leben Jesu, von diesem Gesichtspunkt aus betrachtet, übt einen unendlichen Zauber aus. Keine menschliche Güte und Zärtlichkeit kann mit der Güte und Zärtlichkeit des Herrn verglichen werden. Nicht Vater oder Mutter, nicht Lehrer oder Freund, mit einem Wort, Niemand hat gefühlt, wie er.

In einzelnen Reden, wie zum Beispiel in dem Weheruf über Jerusalem oder in einzelnen Gleichnissen, wie in dem vom verlorenen Sohn oder dem verlorenen Groschen oder bei einzelnen Vorgängen, wie namentlich bei dem Abschied Jesu von seinen Jüngern, ist es augenscheinlich der Gott in Christo, der sich offenbart.

Sokrates' Abschied, des alten Tobias Rathschläge an seinen Sohn, die letzten Worte des sterbenden heil. Ludwig oder auch das Testament Ludwigs des XVI. sind bekannt. Dieß Alles ist ja unstreitig bewundernswürdig. Und dennoch kann es mit letzterwähntem Vorgang nicht verglichen werden. Mit nichts von allem diesem hat der Abschied Christi auch nur die geringste Aehnlichkeit. So wie Jesus hätte ein Mensch nicht sprechen dürfen. Wenn auch noch voll Liebe für die, welche er zu verlassen im Begriffe war, gehörte er doch der Erde nicht mehr an. Wenn irgendwo auf Erden, findet sich hier die göttliche Liebe. Bei dem Abschied Jesu Christi von seinen Jüngern und in allen von ihm bei demselben gesprochenen Worten tritt die Göttlichkeit unverschleiert hervor. /

Von allem diesem hingerissen und bezaubert ruft Rousseau aus: „Die Majestät der heiligen Schrift setzt mich in Erstaunen und die Heiligkeit des Evangeliums spricht zu meinem Herzen."

Meine Aufgabe kann jetzt keine andere sein, als diese Wunder gründlich zu erforschen. Ich will in Christo selbst die Liebe genau betrachten, die Natur der Güte und Zuneigung im Herzen Jesu untersuchen und mich bemühen, allen aufrichtigen Herzen zu zeigen, daß die Mission Jesu Christi, nach dem wunderbaren Ausdruck des heil. Johannes des Evangelisten eine Mission der Liebe war, und daß sich der Glaube an Jesum Christum in das eine Wort zusammen fassen läßt: An die Liebe glauben.

Et nos credidimus caritati.

V.

Es ist ein besonderes Gewicht auf den Umstand zu legen, daß diese charakteristische Güte und diese Mission der Liebe ganz genau dem entspricht, was die prophetischen Bücher von dem künftigen Erlöser vorhersagen. Die Propheten, schroffe Juden und die Vertreter einer strengen Gesetzgebung voll von Strafandrohungen, haben nur die mildesten Worte, wenn sich ihre Prophezeiungen auf Jesum Christum beziehen. Freilich rühmen sie auch seine Macht und bezeichnen ihn als das Licht der Welt, aber seine Güte, seine Liebe für die Seelen schildern sie viel eingehender in den rührendsten und zugleich bestimmtesten Ausdrücken.

Der Prophet Isaias sagt: Der Geist, der auf ihm ruhen wird, wird ein Geist der Sanftmuth sein. Der Auserwählte, der eingeborene Sohn Gottes, wird nicht streitsüchtig, nicht traurig sein, nicht grämlich den Seelen oder quälerisch den Sündern gegenüber. Er wird nicht schreien und man wird seine Stimme nicht hören auf den Märkten. Er wird das geknickte Rohr nicht zerbrechen. Die armen gefallenen Seelen, durch die Sünde und durch tausend Schwächen geknickt, wird er nicht mit Füßen treten, er wird sie aufrichten und im Guten befestigen. Den glimmenden Docht wird er nicht auslöschen. Den armen Docht, den letzten Strahl unserer Seele, die kaum noch glimmende Flamme, das rauchende Licht; er wird ihn nicht zertreten. Der Rauch selbst verräth noch einen Funken. Andere würden ihn ersticken; Er aber bewahrt ihn, facht ihn sorgsam wieder an und sucht ihn mit Liebe zum Brennen zu bringen.

So wird das Wesen des Erlösers zum voraus bezeichnet.

Derselbe Prophet Isaias beschreibt auch sein Kommen in die Welt, seine ganze Aufgabe, sein ganzes Werk in folgenden herrlichen Worten:

„Der Geist des Herrn ist über mir; denn der Herr hat mich gesalbet; um zu predigen den Sanftmüthigen, sandte er mich, um zu heilen die zerknirschten Herzens sind, um zu verkündigen den Gefangenen Erlösung, um die Blinden sehend zu machen, um die Freiheit zu geben denen, die in Ketten liegen, um zu verkünden das Jahr der Versöhnung vom Herrn, um zu trösten alle Betrübten[1].“

Wahrlich, kein von Gott Gesandter ist zum voraus mit solchen Versprechungen verkündigt worden.

Der Prophet Zacharias hat Jesaiä Prophezeiung mit wenigen Worten vervollständigt: *Ecce Rex tuus veni et tibi . . . Salvator . . . mansuetus . . . pauper*[2]. Gewiß, er ist ein König, aber zugleich ein Erlöser, ein König der Seelen, ein armer und demüthiger König, vor dem die Sünder sich nicht fürchten werden, ein König voller Sanftmuth, der Verzeihung bringt und Erlösung.

Und ein anderer Zacharias, der Vater Johannes des Täufers, spricht zu dem Erlöser in dem *Benedictus* die prachtvollen und tiefsinnigen Worte:

„Durch die innigste Barmherzigkeit unseres Gottes, in welcher uns aufgesucht hat der Aufgang aus der Höhe, um denen zu leuchten, die im Finstern und im Todesschatten sitzen und unsere Füße auf den Weg des Friedens zu leiten[3].“

---

1) Spiritus Dominus super me . . . . evangelizare pauperibus misit me . . . ut mederer contritis corde, et praedicarem captivis indulgentiam, et clausis apertionem, ut consolarer omnes lugentes . . . . . Ut aperires oculos caecorum, et educeres de conclusione vinctum, de domo carceris sedentes in tenebris. (Jesaias c. LXI. v. 1.)

2) Zacharias c. IX.

3) *Per viscera misericordiae* Dei nostri, in quibus visitavit nos, oriens ex alto, *illuminare* his qui in umbra mortis sedent, ad dirigendos pedes nostros *in viam Pacis*. (St. Luc. c. I. v. 78. 79.)

Noch ausdrücklicher und, wenn ich so sagen darf, noch göttlicher bezeichnet ihn Johannes der Täufer:

Dieß ist das Lamm Gottes, dieß ist, der die
Sünde der Welt hinwegnimmt.

Wir haben es hier also mit der erhabensten Mission des Friedens,
der Erleuchtung und der Liebe zu thun, wie eine zweite niemals
vorgekommen ist.

Eben deßhalb konnten auch seine Apostel, ohne Widerspruch
fürchten zu müssen, seine ganze Laufbahn in die Worte fassen:

„Welcher umhergezogen ist, Gutes gethan und
Alle, die vom Teufel überwältigt waren, geheilt
hat [1].“

Mit diesen wenigen Worten ist in scharfen Umrissen seine
Laufbahn, sein Wesen, sein Werk gezeichnet.

Gleich im Anfang seines öffentlichen Lebens läßt ein höchst
merkwürdiger Vorgang erkennen, daß Jesus gerade in dieser Weise
seine Laufbahn begonnen hat.

Er war in die Synagoge von Nazareth, wo er erzogen
worden, eben eingetreten. Wie gewöhnlich stand er auf, um die
Schrift zu lesen und zu erläutern.

Die Blicke der Anwesenden waren fest und unbeweglich auf
ihn gerichtet.

Das Buch des Propheten Isaias wird ihm in die Hand
gegeben. Wie er es aufschlägt, fallen die oben angeführten Worte:
Spiritus sanctus super me, ihm in die Augen. Er liest sie mit
lauter Stimme vor und deutet sie auf sich selbst.

Er setzte sich nieder; und Alle waren voll Verwunderung
über die Worte voll Güte und Sanftmuth, die seinen Lippen
entströmten. Man war erstaunt, ihn reden zu hören, wie vor
ihm noch keiner geredet hatte, ihn, dessen Wiege hier gestanden,
den man als Kind gekannt, den man hatte heranwachsen sehen,
dessen Eltern man bereits gekannt hatte, Joseph und seine
Mutter Maria. Nun erklärte er ausdrücklich, daß die verlesenen
Worte in ihm ihre Erfüllung vor Aller Augen finden sollten und

---

1) Pertransiit bene faciendo et sanando omnes oppressos.
(Apost.-Gesch. c. X. v. 38.)

daß er gekommen sei, um alle Uebel zu heilen und Trost zu bringen für alle Leiden der Menschen.

Kurze Zeit darauf ließ er seine Stimme durch ganz Palästina erschallen. Kein Sterblicher war im Stande, so zu sich einzuladen, wie dies von seiner Güte geschah. In allen menschlichen Büchern findet sich nichts Aehnliches. Ich habe die Erhabensten durchforscht und die Besten: Zoroaster, Confucius, Plato. Keiner erreicht ihn auch nur annähernd.

Es heißt in seiner Geschichte: „Als er das Volk sah, das ihm nachfolgte, jammerte es ihn, denn es war geplagt und lag zerstreut, wie Schafe, die keinen Hirten haben [1]), und er rief:

Kommet her zu mir Alle, die ihr mühselig und beladen seid, ich will euch erquicken . . ." Wie wenig erschöpfend ist diese Uebersetzung: *Reficiam vos:* **ich werde euch erneuern.**

„Nehmét mein Joch auf euch und lernet von mir; denn ich **bin sanftmüthig und von Herzeu demüthig; so werdet ihr Ruhe finden für euere Seelen:**

Denn mein Joch ist süß und meine Bürde ist leicht [2]).“

Und dann die übernatürliche und göttliche Aufforderung, welche das Herz der Menschen in seinem tiefsten Grunde treffen mußte, da es hier auf Erden niemand gibt, der nicht hungere.

„Selig diejenigen, die hungern und dürsten, denn sie sollen gesättigt werden.“

Und ferner:

„Wenn jemand Durst hat, der komme zu mir und trinke . . . das Wasser, das ich ihm geben werde, wird in ihm zur Wasser-

---

1) Vexati et jacentes sicut oves non habentes pastorem misertus est eis. (Matth. c. IX. v. 36.)

2) Venite ad me omnes qui laboratis et onerati estis, et ego reficiam vos et invenietis requiem animabus vestris. (Matth. c. XI. v. 28.)

Discite a *me*, quia *mitis* sum et humilis corde. (Ibid. c. 29.)

Jugum enim meum *suave est*, et onus meum *leve*. (Ibid. v. 30.)

2*

quelle, die in's ewige Leben fortströmt . . . und aus seinem Leibe werden Ströme des ewigen Wassers fließen[1])."

In dieser Weise hatte sicherlich nie ein Philosoph, nie ein Weiser begonnen. Ihr Bestreben war lediglich auf Belehrung gerichtet, das seinige aber auf Mitleiden, Heilung, Rettung, Erquickung und Stillung des Hungers der Seelen.

Der Gott, der Schöpfer, der Erlöser offenbarte sich hier in unendlicher Güte, wie in unendlicher Machtfülle.

Auch richtet er sofort und noch ehe er zu lehren beginnt, seine Sorgfalt auf die Armen, die Kranken, die Kinder, die Sünder. Die da leiden, die da weinen hier auf Erden, diese sucht er auf und liebt sie vorzugsweise. /

VI.

Ein solches Verhalten war etwas durchaus Neues. Wir müssen daher in dieser Richtung die Handlungsweise unseres Herrn genau betrachten und im Einzelnen die Beschaffenheit seiner Liebe zu den Unglücklichen und Armen prüfen.

Vor ihm findet sich nichts Aehnliches. Der gütigste der Kaiser, Markus Aurelius, erklärt in seinen bekannten Denksprüchen Mitleiden für fremdes Unglück und Theilnahme an den Thränen Anderer für Schwäche. Wie ganz anders klingt das: *Beati qui lugent* des Evangeliums und das: *Flere cum flentibus* des Apostels Paulus.

Seneka, der berühmteste Lehrer der Moral im Alterthum, hat dem Kaiser Nero folgende Sätze gewidmet, die sich in seiner Abhandlung **über die Gnade** finden:

»*Misericordia animi vitium est:* Das Erbarmen ist ein Fehler des Herzens. Gute Menschen werden es vermeiden: Boni misericordiam vitabunt. Man findet es am häufigsten bei denen, die nicht tugendhaft sind: *Pessimo cuique familiarissima.*«

Jeder weiteren Schwierigkeit geht er schließlich aus dem

---

1) Si quis sitit, veniat ad me . . . Aquae salientis in vitam aeternam . . . Flumina de ventre ejus fluent aquae vivae. (Joh. c. VII. v. 37; c. IV. v. 14; c. VII. v. 38.)

Wege, indem er den Grundsatz aufstellt: „Der wahre Weise kennt kein Erbarmen: Sapiens non miseretur."

In seiner Schutzrede *Pro Murena* spricht Cicero von Zeno, den er für einen höchst genialen Mann erklärt und von seinen Anhängern, den Stoikern, zu denen er auch Cato zählt, und behauptet, zu den Vorschriften und Grundsätzen des Stoicismus gehörten auch folgende Sätze: „Niemand ist barmherzig, es sei denn, er sei ein Dummkopf oder ein leichtsinniger Mensch. Ein wahrer Mann läßt sich weder beugen noch rühren. Und endlich: es ist ein Verbrechen und ein Frevel, dem Erbarmen Gehör zu geben [1])."

Dies war auch ganz folgerichtig, da in ihren Augen die Armuth ein Laster war und eine Schande: *Ingens vitium, magnum opprobrium, pauperies.*

In Rom stellte man ganz öffentlich den Satz auf: „Einem Bettler zu essen und zu trinken geben, ist ein zweifaches Uebel, weil der, welcher gibt, das verliert, was er gibt und weil das Elend dessen, der empfängt, dadurch verlängert wird."

Dies waren die Folgen der grenzenlosen Verderbtheit, die sich der Herzen der Menschen, selbst der besten und weisesten, bemächtigt hatte.

Unter Menschlichkeit, humanitas, welches Wort bei den Christen einen so wohlthätigen Klang hat, verstanden die Heiden meist nur Höflichkeit und feines Benehmen, und mit charitas

---

1) In seinen Tuskulanen vermag Cicero für das Erbarmen nur die zweideutige Definition zu geben: »Miseratio est aegritudo ex miseria alterius.« Eine krankhafte Traurigkeit, eine unwillkürliche Schwäche, bei der das Herz aus dem Spiel bleibt und sicherlich nicht aus sich heraustritt, um sein Mitleiden zu bethätigen.

Virgil selbst, der zu den gefühlvollsten Geistern des Alterthums zu rechnen ist, zählt zu den, das Glück bedingenden Vorzügen des Landlebens, daß man nicht durch den unangenehmen Anblick der Armuth belästigt werde: *Nec miseratus egentem est,* auch findet er in dem Umstand, daß sein edler Landmann weder den Armen bemitleidet noch den Reichen beneidet, einen Beweis von dessen philosophischer Weisheit.

. . . . *Nec ille*
Aut doluit miserans inopem, aut invidit habenti.

bezeichnete man bei den Griechen sehr häufig nur äußerliche Fein-
heit und gefälliges Benehmen, bei den Römern aber in der letzten
Zeit vor Christo höchstens die Anhänglichkeit an Freunde und
Verwandte.

In dem ganzen Alterthum finden sich nur wenige Beispiele
einer milderen Bedeutung.

Alles schien verloren und es stand verzweifelt um Menschlichkeit und Tugend auf Erden. Da trat Jesus Christus auf,
um die Wiedergeburt der Welt herbeizuführen.

Dreißig Jahre lang führt er in einer niedrigen Hütte ein
arbeitsames verborgenes Leben. Ehe er der Gesetzgeber für die
ganze Welt wird, will er erst das Muster und der Trost der
Armen sein. Dann erst tritt er aus der Verborgenheit hervor
und beginnt seine evangelische Laufbahn mit einer ersten feierlichen
Rede am Fuße eines Berges in der Wüste.

Er kommt von Galiläa, von wo, nach dem Sagen der
Schriftgelehrten, nichts Gutes kommen kann; aus der Hütte eines
armen Handwerkers. Zunächst wendet er sich zum Volke, zum
verachteten großen Haufen und beginnt damit, demselben die
Liebe, die er im Herzen trägt, zu zeigen. Er heilt seine Kranken,
tröstet seine Traurigen, segnet seine Kinder und verbreitet überall,
wo er erscheint Frieden, Licht und Leben. Das Volk ist von
Dank erfüllt.

Groß und Klein verläßt die Städte und Dörfer, folgt ihm
in die Wüste und auf die Berge, um ihn zu hören und seinen
Lehren, die er kaum begonnen hat, zu lauschen. Welche Lehre er
verkündigen werde, weiß niemand, man weiß nur von seinen
Wohlthaten und seinen Wundern.

Endlich erhebt er die Augen auf seine Jünger und spricht:
„Selig seid ihr Armen, denn euer ist das Reich Gottes [1])!"

Dieß die ersten Worte, die aus seinem Munde hervorgehen
und sofort und mit einem Schlage stürzt die ganze Weisheit
des Alterthums in Trümmer: „Selig die Armen! *beati
pauperes!*"

---

[1]) Luc. c. VI. v. 20—26.

Also für diese verlassenen, verachteten Wesen, für den Boden-
satz des Menschengeschlechtes, dem Kehricht der Welt Achtung und
Liebe, für sie Ruhm und Seligkeit in Ewigkeit, für sie das
majestätische Reich des Himmels: *Beati pauperes, quoniam
ipsorum est regnum coelorum!*

Selig die Armen, aber nicht diese allein; alle Elenden sollen
Antheil haben an dieser Glückseligkeit; selig, die da Leid tragen!
Beati qui patiuntur! Selig, die da weinen, denn sie sollen
getröstet werden! *Beati, qui lugent, quoniam ipsi con-
solabuntur.*

So lautet die erste Predigt Jesu Christi.

Der Gott aber, der in dieser Weise die Armen aus dem
Abgrund hervorgehoben hat, in welchen sie von dem Egoismus
und dem Hochmuth der Menschen erbarmungslos verbannt waren,
mußte nothwendig die Barmherzigkeit selbst ihrer niedrigen
Stellung entreißen, dieselbe unter die Seligkeiten rechnen und in
den Herzen der Reichen selbst zu einer Quelle eines neuen Glücks
werden lassen.

„Selig sind die Barmherzigen, denn sie werden Barmherzigkeit erfahren! *Beati misericordes quoniam et ipsi misericordiam consequentur* [1])!“

In plötzlicher erhabener Wendung richtet darauf der Heiland
seine Blicke bis zu dem himmlischen Vater selbst, weist seine
Jünger auf den Himmel und ruft in tiefer Rührung: „So
seid denn barmherzig, wie euer Vater im Himmel barmherzig
ist! *Estote misericordes, sicut et pater vester coelestis
misericors est* [2])!“

Sei gegrüßt, sei gesegnet heiliger Berg, der zuerst solch' an-
betungswürdige Rede gehört hat. Von nun an soll das Unglück
kein Verbrechen, die Armuth keine Schande und das Mitleiden
keine Schwäche mehr sein.

In ihr Nichts zerfallen, vollkommen widerlegt sind alle die
grausamen Lehren heidnischer Weisheit.

Welch ein Tag in der Geschichte der Menschheit!

---

1) Matth. c. V. v. 7. — 2) Luc. c. VI. v. 36.

Tiberius war damals auf Capri! Zu jener Zeit, vielleicht zur selben Stunde hielten die Philosophen an den Höfen der Fürsten, in den Versammlungen des Volkes, auf den Lehrstühlen der Akademien, gerade wie jetzt auch noch, glänzende Reden, während dessen weit von Rom und Griechenland, in einem verborgenen Winkel des Orients, mitten in der Wüste, ein bis dahin unbekannter Mensch, oder vielmehr ein nicht erkannter Gott, dem armen Volk, das herbeigeeilt war, um ihn zu hören, gleichfalls Lehren ertheilte. Aber seine Rede, in ihrer göttlichen Einfachheit und Kraft, war bestimmt, die Welt zu besiegen, das Menschengeschlecht bis in den tiefsten Grund zu erregen, in ungeschwächter Gewalt alle Zeitalter zu durchdringen; die Herzen der Menschen zu rühren, sowohl die unantastbaren Rechte des Armen, als auch die köstlichen Vorrechte des Reichen zu heiligen und auf den morschen Trümmern des Egoismus und des Hochmuths ein neues Reich der Liebe für ewige Zeiten aufzurichten.

VII.

Alles im Leben unseres Herrn und Meisters stimmte zusammen. Er selbst war arm. Obwohl gekommen, der Welt die reichsten Schätze des Himmels zu bringen, lebte er von Almosen und hatte nicht, wo er sein Haupt hinlegte[1]: und dennoch theilte er noch das Wenige, was er hatte, mit den Armen. Er hat ebenso reizend als tiefsinnig gesagt: „Geben ist viel süßer, als Nehmen." Seine Neigung und seine Gewohnheit in dieser Richtung war aber auch so bekannt, daß die Jünger, als, viel später, der Heiland an Judas, der ihn verrieth, die Worte richtete: „Was du zu thun hast, das thue bald," nicht anders glaubten, als daß er ihm ein gutes Werk für die Armen aufgetragen habe[2].

Allgemein bekannt ist es, daß er den Reichen den Rath gab, nicht die Reichen, die es erwiedern konnten, sondern die

---

1) Vulpes foveas habent, filius hominis non habet ubi caput reclinet. (Matth. c. VIII. v. 20.)

2) Quod facis, fac citius ... aut egenis aliquid daret. (Joh. c. XIII. v. 27. 28.)

Armen an ihren Tisch zu laden. Wenn er selbst aber ein Fest bereitete, so waren es vorzugsweise die Elenden, die er dabei haben wollte; die Armen, die Kranken, die Unglücklichen[1]).

Es war überdieß bekannt, daß er, arm wie jene, um sein Brod zu verdienen, hart gearbeitet hatte, ehe er zu predigen und sich dem Dienste der Armen zu weihen begann. Man hatte ja gesehen, wie er in der kleinen Stadt Nazareth Säge und Hobel gehandhabt und man kannte die Hütte, in welcher er das rauhe Handwerk des Zimmermanns ausgeübt hatte. Gerade dieß ist's, was seine Feinde, die Pharisäer, ihm zum Vorwurfe machten: »Nonne hic est faber et fabri filius?«

Es war dieß aber nicht die Ansicht der jüdischen Pharisäer allein. Zu jener Zeit hatte die Mißachtung der ärmeren und arbeitsamen Klassen des Handwerkers und Arbeiters unter den Alten und selbst unter den Weisesten derselben den höchsten Grad erreicht. Xenophon, der im Heidenthum durch Sanftmuth und Gesittung hervorragt, sieht bei denselben nur Laster und Bosheit und Aristoteles behauptet: „Die Existenz des großen Haufens ist eine niedrige und die Tugend hat nichts mit ihr gemein."

Auch Cicero in seiner Abhandlung von den Pflichten schreibt: „Handwerker sind im Allgemeinen, schon ihres Gewerbes wegen, verächtlich und es ist nichts Edles in einer Bude oder in einer Werkstatt zu finden!"

Also das ist Alles, was die tiefsten Gedanken eures Herzens und alle Anstrengung eurer Philosophie nach viertausend Jahren und in dem aufgeklärtesten Jahrhundert eures Roms und eures Athens der Welt zu lehren vermochten! Es ist nichts Edles in einer Bude oder in einer Werkstatt zu finden.

Gerade deshalb mußte ein göttlicher Arbeiter der Menschheit neue Tage und eine bessere Philosophie bescheeren, als die eurige!

Gerade deshalb mußte Jesus Christus dreißig Jahre in einer Werkstatt, in einer Bude verleben, mit seiner Hände Arbeit und im Schweiße seines Angesichts sein Brod verdienen, um dem Egoismus und dem Hochmuth der Menschen die Würde des

---

1) Pauperes, debiles. (Luc. c. XIV. v. 13.)

Armen und des Arbeiters begreiflich zu machen und zu zeigen, welche Liebe und welche Achtung man ihnen schuldet! /

VIII.

Eine Art des menschlichen Elends, welche vor allen anderen das Mitleid in Anspruch nimmt, ist die Krankheit. Verbindet sich mit derselben noch Armuth, so ist dieß ein schreckliches Loos.

Deßhalb wendet sich auch Jesus Christus gleich beim Beginn seiner öffentlichen Laufbahn und noch ehe er den Leidtragenden die Seligkeit verkündet, heilend und helfend den Kranken zu.

Wie traurig der Anblick der Krankheit und aller physischen Leiden der Menschheit! Der gebrechliche Körper des Menschen, der armselige Wohnsitz der Seele! Wie vielen Schlägen ist er ausgesetzt, wie vielen Schmerzen! Wie leidet er unter der Seele, die ihn belebt und wie sehr hinwiederum macht er sie leiden!

Bossuet beschreibt irgendwo das große Hospital des Elends und der Krankheiten des menschlichen Geschlechts und gibt eine traurige Liste, wie er es nennt, aller der Leiden, denen unsere Gebrechlichkeit ausgesetzt ist; es ist ebenso interessant als schmerzlich zu lesen. Er sagt:

„Treten sie ein, meine Herren, in diese großen Hallen und betrachten sie aufmerksam das Schauspiel der menschlichen Gebrechlichkeit. Sie werden hier sehen, in wie vielerlei Weise die Krankheit mit dem Körper des Menschen umgeht. Hier streckt sie aus, dort zieht sie zusammen, hier verdreht, dort verrenkt sie; hier trifft sie die Hälfte, dort das Ganze; hier macht sie einen Körper unbeweglich, dort rüttelt sie ihn durch heftiges Zittern. Erbarmungswürdige Mannigfaltigkeit, grausame Willkür! . . . . O wie wenig sind wir armen Menschenkinder!

Lassen sie uns diese Elenden mit Mitleiden betrachten und in ihnen die so sonderbar durch die Krankheit mißhandelte menschliche Natur achten [1]."

So ist die menschliche Gebrechlichkeit und so war sie zu allen Zeiten. /

---

1) Bossuet, XV. p. 57.

Trotzdem aber findet man ganz in Uebereinstimmung mit der heidnischen Philosophie und den heidnischen Gewohnheiten, während vierzig Jahrhunderten, im ganzen Alterthum vor Jesu Christo nirgend eine Anstalt für Kranke, für Greise, für Verkrüppelte oder für Gebrechliche.

Was geschah aber zur Abhilfe? Man dachte einfach, für sie sei das Leben eine Last und der Tod eine Wohlthat. So ist denn auch bekannt, daß die Römer ihre kranken Sklaven auf eine Insel der Tiber schickten, um dort zu Füßen Aesculaps zu sterben. Sie ersparten sich dadurch die Sorge und die Unbequemlichkeit, dieselben heilen zu lassen; taedio medendi, wie Sueton sagt. Auch lobt Plato den Aesculap, daß er sich darauf nicht einlassen wolle, unrettbar Kranken das Leben und damit ihre Leiden zu verlängern; weil, wie er sagt, dies weder für sie selbst, noch für den Staat, ein Vortheil sei.

Bei solchen Empfindungsweisen und solchen Grundsätzen war es ganz natürlich, daß niemand, sei er Gesetzgeber oder Weiser oder Lehrer irgend einer Philosophie, sich der Kranken annahm. Ja ich möchte behaupten, man hätte es einem Meister zum bittern Vorwurf gemacht, wenn er seine Jünger hätte veranlassen wollen, Gebrechliche zu pflegen, Hütten zu besuchen und Dörfer zu durchwandern, um mitleidige Pflege armen Kranken zu spenden. Man hätte ihn einen Narren, einen gemeinen Menschen gescholten, welcher mit elenden Menschen Umgang habe. Die berühmtesten Philosophen würden ihn, wie Cicero sagt, für einen . . . nefarius . . . sceleratus . . . erklärt haben.

Mit dem Erscheinen Jesu Christi tritt in dieser Beziehung, wie in vielem Anderen, alsbald eine vollständige Aenderung ein. Gleich nach seiner Taufe verläßt er die Wüste und wendet sich den Gebrechlichen, den Armen zu, denen die da Leid tragen und die in Schmerzen dahinsiechen. Er liebt sie, er leidet mit ihnen und widmet ihnen die freundlichste Sorgfalt.

Im Evangelium ist es sogar ausdrücklich angedeutet, daß er, noch ehe er zu lehren begann, sich der Sorge für die Kranken weihete. Coepit Jesus facere et docere.

Aber er that dies nicht allein, er veranlaßte auch Andere, es zu thun. Kaum hatte er einige Jünger um sich versammelt,

so schickte er sie fort, Kranke zu heilen: „Gehet hin und heilet
die Kranken und reiniget die Aussätzigen [1])." Und mit Freude
gehorchten sie ihm. So daß sich das Wort: Pertransit bene-
faciendo et sanando von Anfang, ja von dem ersten Tag an,
ebenso auf seine Jünger, wie auf ihn selbst anwenden läßt.

Wie er es angefangen, so hat es seitdem seinen Fortgang.
Von seinen Aposteln Petrus und Paulus, dem heil. Clemens,
Paulus' Nachfolger, dem heil. Ignatius von Antiochien und dem
heiligen Philosophen Justinus an bis zu dem heil. Vincenz von
Paul, ja bis zu uns hat diese Liebe zu den Kranken, festgegründet
in allen wahrhaft christlichen Herzen, fortgedauert.

In seinem Schreiben an die Gläubigen von Smyrna schreibt
der heil. Ignatius: „von der Liebe zu den Armen, zu denen,
die hungern und dürsten, zu den Wittwen und Waisen und zu
den Unterdrückten und Gefangenen und von allem dem, was die
Christen für dieselben thun [2])."

Der heil. Justinus erzählt in seiner berühmten Apologie,
man habe am Sonntag zum Besten der Armen und Kranken
Sammlungen veranstaltet und die, nach dem Ermessen der Einzelnen, eingegangenen Beträge bei dem Pfarrer hinterlegt, welcher
als Vater oder Pfleger aller Unglücklichen den Unmündigen und
Waisen, den Gefangenen und Heimathlosen aus diesem Schatz
Hülfe geleistet habe [3]).

So zeigte sich denn der Heiland sofort als der Vater der
Armen, als der Freund und, wenn ich so sagen darf, als der
Pfleger der Kranken.

---

1) Euntes, curate infirmos, leprosos mundate. Et exeuntes un-
gebant oleo multos aegros, et sanabant, curantes ubique. (Matth.
c. X. v. 7 et 8.)

2) De caritate, de vidua, de orphano, de oppresso, de vincto
vel soluto de esariente vel sitiente. (Epist. St. Ignatii E. M. ad
Smyrnenses.)

3) Quibus copiae suppetunt, ii, pro arbitrio quisque suo, con-
tribuunt; et quod ita colligitur, apud praepositum deponitur; ille-
que inde opitulatur pupillis, viduis, vinctis et advenis; *et ipse
omnium indigentium curator est.* (Apologia St. Justini pro
Christianis.)

Welche Menge, welche Haufen von Kranken fanden sich denn auch auf der Stelle. Von allen Seiten kamen sie zu ihm und bildeten so auf allen seinen Wegen gleichsam ein ungeheures Hospital! Da fanden sich jegliches Elend, jegliche Krankheit, jegliches Gebrechen: Die Schrift berichtet von Frauen, Kindern, Greisen, Blinden, Tauben, Stummen, Lahmen, Gichtbrüchigen, Fieberkranken, Aussätzigen, Epileptischen, Sterbenden und Todten. Alles, was eine Wunde, eine Plage hatte, strömte ihm zu. Quotquot habebant plagas ist der Ausdruck der heiligen Geschichte. /

Von seinen Aposteln begleitet, zog er überall herum, durchwanderte Städte und Dörfer, lehrte das Volk in den Schulen und verkündete das Evangelium vom Reiche Gottes; aber niemals beschränkte er sich auf das Predigen; stets verband er damit das Heilen aller Kranken und Gebrechlichen, die man ihm brachte [1]. Medicans et sanans. Sie fehlten ihm nie. Nachdem sich die Nachricht durch ganz Syrien verbreitet hatte, daß er die Gebrechen des Volkes heile, brachten sie ihm alle Gebrechlichen und Leidenden, von welcher Art auch ihre Krankheiten waren; und er heilte sie [2]. Da sich aber die Kunde immer weiter verbreitete, so kamen nicht nur von Galiläa, sondern auch von Judäa, von den zehn Städten, von Idumäa, von Jerusalem, von Tyrus und Sidon und von den Ufern des Meeres [3]. Es waren deren oft so viele, daß er hie und da in ein Schiff steigen mußte, um von der Menge nicht gedrängt zu werden [4]; denn — so sagt die

---

1) Et *circuibat* Jesus totam Galilaeam, praedicans et sanans omnem languorem et omnem infirmitatem in populo. (Matth. c. IV. v. 23.)

2) Et *abiit opinio ejus* in totam Syriam, et *obtulerunt ei* omnes male habentes variis languoribus et tormentis comprehensos, et qui daemonia habebant, et lunaticos, et paralyticos, et curavit eos. (Id. c. IV. v. 24.)

3) Et secutae sunt eum turbae multae de Galilaea, et Decapoli, et de Jerosolymis, et de Judaea, et de trans Jordanem et ab Idumaea . . et qui circa Tyrum et Sidonem . . et maritima. (Matth. c. IV. v. 25 et Marc. c. III. v. 8.)

4) Comprimerent eum. (Marc. c. III. v. 9.)

heilige Schrift — denn er pflegte sie freundlich und heilte alle
ihre Leiden. Sie drängten sich an ihn, um ihn zu berühren,
weil eine Kraft von ihm ausging, die Alles heilte [1]).

Es entstanden daraus die merkwürdigsten Auftritte; nie war
etwas Aehnliches auf Erden gesehen worden. Man benachrichtigte
sich und die Einen riefen die Anderen herbei: Kommt, kommt,
er wird euch heilen! und er heilte sie Alle!

Wahrlich, er war der wahre Arzt der Menschheit! Der
Herr machte das Wort des Isaias zur Wahrheit: „Er hat
unsere Schwachheiten auf sich genommen und unsere
Krankheiten getragen [2])."/

Von welchem Menschen ist je Aehnliches gesagt worden?

Der Wunsch, ihm zu begegnen, stieg fast bis zur Raserei.

So wie er sich blicken ließ, strömte die Menge herbei; man
wußte, wo er vorüber kam und wo er vorüber gekommen war.
Er konnte sich nicht verbergen. Ueberall hin folgten sie ihm, in
die Ebene, auf die Berge, in die Wüste und in die Wohnungen,
in die Städte, Dörfer und Hütten, an das Ufer der Seen, kurz
überall hin, wo er zu finden war.

Diejenigen, die er geheilt hatte, machten sich ein Geschäft
daraus, die umliegenden Orte zu durchstreifen, um ihm neue
Kranke zuzuführen. Auf allen Wegen und mitten durch die
Felder sah man sie herbeieilen [3]). Der Evangelist erzählt
als Augenzeuge davon: „Und wo er in die Flecken, oder
in die Dörfer, oder in die Städte einzog, legten sie die
Kranken auf die Gassen, und baten ihn, daß sie nur den

---

1) Multos enim sanabat, ita ut irruerent in eum, *ut illum
tangerent quotquot habebant plagas*. Et omnis turba quaerebat
eum tangere, quia virtus de illo exibat et sanabat omnes. (Marc.
c. III. v. 10.)

2) Ipse infirmitates nostras *accepit* et aegrotationes nostras
protavit. (Matth. c. VIII. v. 17.)

3) Et percurrentes universam regionem illam, coeperunt in
grabatis eos qui se male habebant, circumferre, ubi audiebant eum
esse. (Marc. c. VI. v. 55.)

Saum seines Kleides berühren dürften: und alle, die ihn berühr=
ten, wurden gesund [1])."

Man ging so weit, die Dächer der Häuser abzudecken, um
auf diese Weise einen Gichtbrüchigen sammt seinem Bette, mitten
zwischen eine erstaunte Menge, vor ihm niederzulassen.

Er aber wies keinen zurück. Sein ganzes Leben war damit
ausgefüllt vom Morgen, diluculo, bis zum Abend, vespere.
Nach des Tages Arbeit, nach ermüdenden Wanderungen, nachdem
die Sonne bereits untergegangen, cum sol occidisset, und des
Tages Hitze die armen Kranken nicht mehr belästigte, harrte er
ihrer immer noch.

Es blieb ihm kaum die Zeit sich zu erholen oder mit seinen
Jüngern sein Mittagbrod zu essen [2]). Die Kranken hatten un=
beschränktes Vertrauen zum ihm. Ohne Furcht, ihn zu ermüden
oder zu belästigen, nahmen sie seine Hilfe, wie von der personi=
ficirten Güte, zu jeder Zeit in Anspruch.

An einzelnen Tagen wurde es ihm unmöglich, bis in eine
Stadt hineinzukommen oder seine Wohnung zu erreichen. Er
war, so steht es geschrieben, so sehr belagert, daß er seine Woh=
nung weder verlassen noch in dieselbe wieder hineinkommen
konnte [3]).

Sie unterbrachen seine Vorträge in den Schulen und sogar
im Tempel. Nicht nur die Pharisäer klagten darüber, sondern
öfters auch seine Jünger. Er klagte nie. Wenn die Apostel die
Armen von ihm entfernen wollten und sich ärgerten über das
Geschrei der Menge, so war er es, der sie wieder beruhigte. Noch
am Vorabende seines Leidens machte er keinen anderen Gebrauch
von seiner Macht, als den, zwei Blinde und noch andere Kranke,
die sich ihm näherten, zu heilen.

---

1) Et quocumque introibat, in vicos, vel in villas, aut civitates,
in plateis ponebant infirmos, et deprecabantur eum, ut vel fimbriam
vestimenti ejus tangerent . . . et quotquot tangebant eum, salvi
fiebant. (Ibid. v. 56.)

2) Ita ut non possent neque panem manducare. (Marc. c. III. v. 20.)

3) Ita ut jam non posset manifeste introire in civitatem.

(Marc. c. I. v. 45.)

Erat omnis civitas congregata ad januam . . . cadere ad januam.

(Ibid. c. I. v. 33.)

Als er nach seiner Verklärung vom Berge Tabor herabgekommen war, rührten ihn die Thränen eines Vaters und er
heilte sein Kind. Die Verklärung des Heilandes und die Heilung des Besessenen gab Raphael den Stoff zu seinem berühmtesten Werke.

An dem Tage aber, an dem er auf dem Berge die Worte
gesprochen: „Selig sind die Armen, selig sind, die da Leid tragen,
selig sind die Barmherzigen,“ war die Zahl der Wunder seiner
Barmherzigkeit, und wohl nicht zufällig, die größte. Er begegnet
einem Aussätzigen, berührt ihn voll Erbarmen mit der Hand und
heilt ihn [1]. „Ich werde kommen und ihn heilen,“ sagt er zu
dem Boten des Hauptmanns. Ebenso heilt er noch die Schwiegermutter von Petrus und alle Kranken, die anwesend oder
herbeigetragen waren.

Er verschmäht nicht einmal, zu Canaan zur Feier eines Festes,
ein Wunder zu thun. Nicht nur dringenden Bedürfnissen, nicht
nur dem Nothschrei des Hungers hilft er ab; er läßt sich hier
herbei, der Verlegenheit der jungen Gatten zu steuern und die
Wünsche ihrer Gäste zu befriedigen.

Theilweise habe ich schon die große und bewundernswürdige
Rede, die man gewöhnlich als die Bergpredigt bezeichnet, ange-
führt, in welcher er seine ganze Lehre andeutet und schon mit
den ersten Worten seine Liebe zu den Armen, zu den Verlassenen, zu den Elenden und zugleich zu den Barmherzigen an
den Tag legt.

Nun denn, es begab sich bald darauf etwas viel Merk-
würdigeres, ein viel entzückenderes Schauspiel, wenn ich so sagen
darf, eine in's Werk gesetzte Bergpredigt.

Es war an den Ufern des See's Tiberias. |

Jesus kam zu den Ufern dieses See's und begab sich, von
der Menge bedrängt, auf einen Berg und ruhete dort [2]. Da
kam viel Volk zu ihm, das Stumme, Blinde, Lahme, Verkrüppelte

---

[1] Tangens eum. (Marc. c. I. v. 41.)

[2] Venit secus mare Galilaeae; et ascendens in montem, sedebat
ibi. (Matth. c. XV. v. 29.)

und viele andere Kranke bei sich hatte [1]). Sie stiegen die Fuß-
pfade empor und fanden ihn bald, nachdem sie die ersten Hügel
erreicht hatten. Die Blinden führten sie an der Hand, die
Schwachen trugen, die Lahmen stützten, die Tauben ermuthigten
sie und den Stummen riefen sie zu: kommet doch, ihr werdet
geheilt werden.

Von Weitem sieht sie der Herr herankommen; und als sie
ihn erreicht, legen sie, oder vielmehr werfen sie, wie die Schrift
sagt, die armen Kranken zu seinen Füßen nieder (et projecerunt
eos ad pedes ejus). Wie das ganze Schauspiel, so ist auch die
Beschreibung bewunderungswürdig. Und er heilete sie alle [2]).

Man sieht, wie sie ihm den Einen nach dem Andern vor-
führen [3]), damit er ihnen Allen die Hand auflege und keinen
Einzigen vergesse; man hört, wie sie sagen: „Siehe da ist noch
einer.“ Als aber alles vollendet war, so daß die Stummen
sprachen, die Lahmen wandelten, die Blinde sahen und die Krüppel gesund waren, da waren Alle ein Herz und eine Seele und
erhoben ihre Stimme, um den Gott Israels zu preisen [4]).

Ganz besonders ist zu bemerken, daß er die Kranken niemals warten ließ. Ein einziges Wort, ein einziger Ruf genüg-
ten, um ihn zu bestimmen. Da war kein Unterschied: Juden,
Römer, Heiden, Samariter, Ungläubige und Schismatiker, alle
galten ihm gleich. Nur pharisäischer Hochmuth, Heuchelei und
spöttische Neugierde wurden zurückgewiesen. War aber ein wirkliches Bedürfniß vorhanden, so versagte er sich Keinem, weder dem
Reichen noch dem Armen, weder dem Herren noch dem Knecht.
„Ich werde kommen [5]),“ sagt er dem Hauptmann, der für seinen
Knecht bittet, das heißt, er will dessen Haus betreten, sich dem
Kranken nähern, diesen selbst sehen.

Wenn er die Teufel bannte, den Elementen gebot oder den

---

1) Et accesserunt ad eum turbae multae ... habentes secum
mutos, coecos, claudos, debiles, et alios multos. (Matth. c. XV. v. 30.)

2) Et curavit eos. (Ibid. v. 30.)

3) Singulis manus imponens. (Luc. c. IV. v. 40.)

4) Videntes mutos loquentes, claudos ambulantes, coecos videntes ... Et magnificabant Deum Israel ... (Matth. c. XV. v. 31.)

5) Ibo et curabo ... (Ibid. c. VIII. v. 7.)

Sturm besänftigte, so genügte ein Wort, aber wenn er arme Kranke gesund. machte, so berührte er sie freundlich und legte ihnen die Hand auf's Haupt: Mitleid und Güte treten auf das deut= lichste hervor[1]) und machen den tiefsten Eindruck.

Nur die abstoßendsten Kranken genießen eines Vorzugs. Die Aussätzigen zum Beispiel.

Niemals hat er Wunder gethan zur Befriedigung der Neu= gier oder um Aufsehen zu erregen. In diesem Fall würden sie auch im Himmel als Wunder nicht anerkannt worden sein; die Pharisäer, die Sadducäer, Herodes und andere verlangten wohl derartige Wunder[2]), aber sie fanden bei ihm kein Gehör.

Weder der Himmel noch die menschliche Neugier bedurften solchen Schauspiels; wohl aber die Elenden auf der Erde seiner Liebe.

Wir haben bereits bemerkt, daß alle Leidtragenden ihm zu= strömten, und je mehr desto besser. Der Anblick aller dieser Un= glücklichen rührte sein Herz; sein Erbarmen wurde rege, misertus est eis, und seine Freude war, sie alle zu heilen.

Nach ihm wurde es in Bezug auf die armen Kranken in der christlichen Kirche immer so gehalten; je mehr es deren gibt, desto größer ist das Mitleid, desto größer aber auch, weil die Ge= legenheit zur Barmherzigkeit häufiger, die Befriedigung. Sehet Euch die kleine Schwester der Armen an. Nie hat sie Kranke genug, für sie opfert sie Alles auf und liebt sie um so mehr, je unglücklicher und elender sie sind.

So oft ich sie besuche, diese kleinen Schwestern der Armen, wächst meine Bewunderung. Diese Liebe für die leidende Mensch= heit ist augenscheinlich eine wahrhaft göttliche Liebe. /

Die Wunder des Herrn hatten außerdem den Zweck, seine Göttlichkeit zu beweisen. Er selbst sagt: „Die Werke, die ich thue, zeugen für mich," aber mit Recht macht Bossuet darauf aufmerksam, daß sie viel mehr Wunder der Güte als der Macht

---

1) Tangens eum . . . tetigit manum . . . tangens oculos . . . . singulis manus imponens. (Matth. Marc. Luc.)

2) Accesserunt ad eum pharisaei et saducaei tentantes, et roga- verunt eum ut signum de coelo ostenderet eis. (Matth. c. XVI. v. 1.)

waren. Ueberdieß entsprach es offenbar dem Wesen der Erlösung, daß der Gott in Christo sich gerade durch die Güte offenbarte, wie denn der Herr selbst dieß den Boten Johannis andeutete, als sie kamen und frägten, ob er der sei, der da kommen solle oder ob sie einen andern zu erwarten hätten: „Gehet hin, sagte er, und verkündet dem Johannes, was ihr gehört und gesehen habt: Blinde sehen, Lahme gehen, Aussätzige werden gereinigt und das Evangelium wird Armen geprebigt [1]).

In gleicher Weise bewies der Herr seine Göttlichkeit auch den ungläubigen Pharisäern und Sabbucäern gegenüber. Es ist merkwürdig zu sehen, wie er sie einfach dadurch beschämte, daß er fortfuhr Wunder zu thun, um so zu gleicher Zeit sein Herz und seine Liebe zu den Kranken und seine Macht zu offenbaren. Solcher göttlichen Größe und Güte gegenüber mußten sie gänzlich verstummen.

Besonders bewundernswürdig und rührend tritt dieß hervor bei den Wundern der vertrockneten Hand, des Wassersüchtigen, der armen verkrüppelten Frau, des Gichtbrüchigen an der Quelle Bethsayda, des Blindgebornen und vieler andern.

Die Pharisäer machten dem Herrn insbesondere zum Vorwurf, daß er am Sabbat Wunder that und Kranke gesund machte.

Man fühlt in den Antworten des Herrn nicht nur die Macht, welche ohne Anstrengung die Gebrechen der Natur und die schwersten Krankheiten bemeistert, sondern auch eine göttliche Weisheit, welche die Härte und Heuchelei beschämt, und vor Allem eine außerordentliche Güte, deren Ausdruck tief zu Herzen bringt.

Als der Vorsteher einer Schule ihm vorwarf, daß er eine arme Frau am Sabbat geheilt habe, antwortete ihm der Herr: „Welcher ist denn unter euch, der am Sabbat nicht seinen Ochsen oder seinen Esel losbände und ihn aus dem Stalle herauslasse, um ihn zur Tränke zu führen?"/

Und jene Tochter Abrahams, die der Satan schon achtzehn

---

1) Euntes renunciate quae audistis . . . . in ipsa hora multos curavit a languoribus et plagis . . . pauperes evangelizantur. (Luc. c. VII. v. 21 et 22.)

Jahre gebunden hielt, sollte nicht von dieser Fessel gelöset werden am Tage des Sabbats?

Dann aber fügte er mit der Autorität eines Gottes hinzu: „Merket wohl auf, der Sabbat ist um des Menschen willen gemacht, nicht der Mensch um des Sabbats willen [1].“

Ein anderes mal, als die Schriftgelehrten darauf achteten, ob er am Sabbat einen Menschen heilen würde, dessen Hand verdorret war, erwiederte er ihnen, ihre Gedanken errathend: „Ich sage euch: Ist es erlaubt, am Sabbate Gutes zu thun oder Böses? ein Leben zu retten oder zu verderben [2].“

Da verstummten sie. Er aber sprach weiter: „Welcher ist unter euch, der ein Schaf hat, und wenn es am Sabbate in eine Grube fällt, selbes nicht ergreift und heraushebt? Um wie viel besser ist ein Mensch, als ein Schaf? es ist also erlaubt am Sabbate Gutes zu thun.

Alsdann sagte er zu dem Menschen: „Strecke deine Hand aus.“ Und er streckte sie aus und sie wurde wieder gesund wie die andere.

Alle diese Thatsachen sind im höchsten Grade ergreifend. Wir werden Veranlassung haben, darauf zurückzukommen. Für den Augenblick aber muß ich mich zu einer besonders rührenden Eigenschaft des Herzens Jesu wenden. Ich meine seine Liebe zu den Kindern.

IX.

Wie wir gesagt haben, herrschte vor seiner Zeit auf der Erde eine Art Abscheu vor den Unglücklichen, eine Verachtung des menschlichen Elends in einer Weise, die wir kaum begreifen können. Die heidnischen Schriftsteller bemühen sich auch gar nicht, es zu verheimlichen. Sie erzählen dieß alles im Gegentheil ohne das mindeste Erstaunen, ohne die mindeste Verlegenheit; sie beschreiben sogar, als etwas ganz Natürliches, die Gemeinheit und die Grausamkeit der Sitten, welche dem Charakter der Römer und dem öffentlichen Recht der besten unter den damaligen Natio-

---

1) Marc. c. II. v. 27.
2) Luc. c. VI. v. 9.

nen entsprachen. So war die Seele, so das Herz im Heidenthum; sie konnten auch nicht anders sein.

Unter allen den Schwachen, den Unglücklichen und Armen waren es aber unstreitig die Kinder, die am übelsten von der Natur und von der menschlichen Gesellschaft behandelt wurden. Wahrlich unter allen den von Geburt an Verdammten, erbarmungslos Verlassenen, über alles Maaß Verachteten und jeder Mißhandlung Preisgegebenen waren keine mehr diesem Fluch verfallen, als jene schwachen, unschuldigen Geschöpfe.

Während vierzig Jahrhunderten waren auf Erden die Kinder nicht nur der Gegenstand der Verachtung der Weisen und der Sorglosigkeit der Gesetzgeber, sondern auch das Opfer der niedrigsten Sitten und der erbarmungslosesten Rechtsanschauung. Es war gräulich, wie man sich von allen Seiten beeilte, sie zu verkaufen, auszusetzen, oder Verachtung preiß zu geben, zu tödten.

Tertullianus richtet an die ersten Würdenträger des Reiches die Worte: „Wie viele unter euch, die ihr um mich her steht und nach dem Blute der Christen lechzt, und auf das strengste Urtheil wider uns sinnt, sind es, die ihren Kindern nicht den Tod gegeben .... sie nicht durch Wasser, Hunger, Frost und Elend um's Leben gebracht, sie nicht den Hunden und den Geiern zum Fraße vorgeworfen[1]?"

Später als Tertullianus sagt Lactantius: „Eure Kinder zu tödten, ist ein bei euch stets wiederkehrendes Verbrechen und doch ist es gerade das gottloseste, denn zum Leben hat Gott ihnen eine Seele gegeben, nicht zum Tod[2]."/

Der heil. Justinus erzählt in Beziehung auf die unglücklichen Kinder und die gräßliche Verderbniß, für die man sie aufbe-

---

[1] Quot vultis ex his circumstantibus, et in christianorum sanguinem hiantibus, ex ipsis etiam vobis justissimis, et severissimis in nos praesidibus, qui natos sibi liberos enecent? Siquidem et de genere necis differt utique crudelius in aqua spiritum extorquetis, aut frigori et fami, et canibus exponetis. Ferro enim mori aetas quoque major optaverit. (Tertull., Apol. IX.)

[2] Rudibus adhuc et recentibus animis abnegant lucem non a se datam: quae vel maxima est impietas; ad vitam enim Deus inspirat animas, non ad mortem. (Lact., Divin. Inst., lib. VI. 20.)

wahrte, „daß man sie Heerdenweise in Menschenställen füttere,
wie Böcke, Ziegen oder Schafe [1])."

Nicht unbekannt ist es auch, mit welchen Ausdrücken der
berühmte römische Advokat Minutius Felix diejenigen brand-
markte, „die ihre Kinder den wilden Thieren und den Raub-
vögeln preisgeben oder die Grausamkeit haben, sie eigenhändig
zu erdrosseln oder zu zerschmettern [2])."

Aber nicht die christlichen Schriftsteller allein constatiren dergleichen Scheußlichkeiten. Hören wir die berühmtesten und weisesten Philosophen und Gesetzgeber, hören wir die Civilisation von
Sparta, von Athen, von Rom, die Gesetze von Lykurg und Solon
selbst:

„Wenn in Sparta ein Kind geboren wird, so muß zunächst
darüber berathen werden, ob es am Leben bleiben oder getödtet
werden soll. Erscheint es kräftig und gesund, so soll es leben;
ist es aber schwächlich oder mißgestaltet, so soll man es in den
Abgrund am Berge Taygetus werfen [3])."

Plutarch ist es, der uns dieß ohne alles Verwundern berichtet; er fügt nur hinzu: „Was die ungesunden oder schwäch-
lichen Kinder betrifft, so bringt ein längeres Leben weder ihnen
selbst noch dem Staat einen Vortheil."

In dem feingebildeten Athen erlaubten die Gesetze des Solon

---

1) Καὶ ὃν τρόπον λέγονται οἱ παλαιοὶ ἀγέλας βοῶν ἢ αἰγῶν ἢ προ-
βάτων τρέφειν ἢ ἵππων φορβάδων, οὕτω νῦν καὶ παῖδας εἰς τὸ αἰσχρῶς
χρῆσθαι μόνον. (S. Justin. erste Apol., XXVII.)

2) Vos video procreatos filios nunc feris et avibus exponere,
nunc adstrangulatos misere mortis genere elidere. (Minutius Felix,
Octavius.)

3) In dem Augenblick, wenn ein Kind geboren ist, trägt es der
Vater selbst zu einem dazu besonders bestellten Mann, Lesche genannt,
an einen Ort, wo die Aeltesten des Stammes versammelt sind. Sie
untersuchen das Kind und lassen es, falls es häßlich, mißgestaltet oder
schwächlich erscheint, in einen Abgrund am Berge Taygetus werfen, welch'
Ersteren man gemeinhin mit dem Ausdruck, „die Apotheten", was ungefähr
so viel wie Depositorium bedeutet, bezeichnet. Man ging dabei von der
Ansicht aus, daß es weder für das öffentliche Wohl noch für das Kind
zweckmäßig sei, daß es am Leben erhalten werde. (Plut.: Das Leben
Lykurgs nach einer Uebersetzung von Amyot.)

das Tödten der Kinder ausdrücklich. Man nimmt das neuge-
borene Kind von der Brust der Mutter und wirft es dem Vater
vor die Füße; „nimmt es der Vater in seine Arme, so soll es
erhalten werden, wendet er aber seine Augen hinweg, so wird es
ausgesetzt oder getödtet 1).“

Zu Rom wurde der Mord hie und da bis zum dritten
Jahre verschoben. Nach Verfluß des Trienniums aber tödtete der
Vater das Kind unter dem Anrufen der Götter des Hauses.

In den Gesetzen der XII Tafeln findet sich die ausdrückliche
Bestimmung: „Wenn das Kind mißgestaltet ist, so soll es der
Vater ohne Säumen und ohne Umstände mit eigenen Händen
tödten: Puerum, pater, cito necato; ist es aber schwächlich,
dasselbe aussetzen 2).“

Ich will mich nicht länger bei diesen scheußlichen Einzelheiten
aufhalten, doch darf ich nicht verschweigen, daß dieß Alles nicht
allein durch die Gesetze bestimmt und in den gesellschaftlichen
Verhältnissen begründet, so wie der Sitte entsprechend, sondern
daß es auch von der Wissenschaft gebilligt und als der Vernunft
entsprechend anerkannt war.

Seneka sagt: „Man bestraft Verbrecher mit dem Tode aus
demselben Rechtsgrunde, aus dem man tolle Hunde niederschlägt,
wilde Stiere tödtet, Ungeheuer erstickt oder seine Kinder er-
tränkt, wenn sie schwächlich oder verkrüppelt zur Welt kommen 3). Man thut es, weil es vernünftig ist.“/

Verbrecher, tolle Hunde, wilde Stiere, Ungeheuer und Kinder zu tödten ist also in der Vernunft, ist im Rechte und zwar

---

1) Siehe *Dureau de la Malle*, Economie politique des Romains,
in dem Kapitel: Die Hindernisse der Volksvermehrung. Tom. I. p. 408.

2) Vielleicht sind den Lesern die berüchtigten Orte zu Rom nicht un-
bekannt, wo zahllose Opfer in dieser Weise ausgesetzt worden sind: der
See Velabris in der Nähe des Aventinischen Berges und die Säule
Lactaria auf dem Gemüsemarkt.

3) Tollantur e coetu mortalium, et quo modo possunt desinant
esse mali ....Rabidos effligimus canes, trucem atque immansuetum
bovem caedimus, liberos quoque, si debiles monstrosique editi sunt,
mergimus. Non ira, sed ratio est a sanis inutilia secernere. (De
ira, lib. I. cap. XV.)/

in dem gleichen Rechte begründet und die Philosophie ist es, die solche Grundsätze verherrlicht.

Aber ein schönerer Tag begann in der Geschichte der Menschheit!

Was ist es für eine Stimme, die plötzlich sich hören läßt?

„Lasset die Kindlein zu mir kommen, denn ihrer ist das Himmelreich: Sinite parvulos venire ad me, talium enim est regnum coelorum [1]).“

Ihr, ihr tödtet sie, setzt sie aus, weiht sie dem Verderben. Laßt sie zu mir kommen! Ich bin ihr Vater und ihr Gott. Sinite parvulos venire ad me. O weihet sie nicht mehr dem Tode, diese reizenden Wesen, diese unsterblichen Seelen, die ich zu meinem Ebenbilde geschaffen. Sinite parvulos venire ad me, talium enim est regnum coelorum.

Diese sanften und zu gleicher Zeit erhabenen Worte, haben die ganze Welt, das ganze, in trostloser Erniedrigung bis in den tiefsten Grund verkehrte Wesen der Menschheit wiedergeboren, wieder hergestellt und erleuchtet! Auf diese Weise wurde das Wesen und das Herz des Menschen erneuert, auf diese Weise durch Jesum Christum der Fürst der Finsterniß überwunden, den die heilige Schrift den Mörder von Anfang an, homicida ab initio [2]) nennt; dem es gelungen, den Mord bis in den Schooß der Familien einzuführen und durch die väterliche Gewalt zu rechtfertigen! Ein Wort genügte dem Heiland der Welt. „Lasset die Kindlein zu mir kommen, denn ihrer ist das Himmelreich.“ Sinite parvulos venire ad me, talium enim est regnum coelorum.

Von da an war Jesus im Himmel und auf Erden der Freund und die Zuflucht der Kinder.

Nicht zu übersehen ist indessen, daß das Wort des Herrn doch noch Etwas auf Erden vorfand, auf das es rechnen konnte. Das Mutterherz nämlich, das sich der Heiland vorbehalten hatte. Trotz der allgemeinen Zersetzung, trotz der vollständigen Verkehrung des natürlichen Gefühls und des menschlichen Herzens, trotz aller Verirrung und Trostlosigkeit fand sich in ihm ein Asyl, in dem nicht alles Bessere verkehrt und erstickt war./

---

1) Matth. c. XIX. v. 14. — 2) Joh. c. VIII. v. 44.

In ihm fanden lange Zeit hindurch unsäglicher Jammer, erstickte Thränen und Schmerzen, die wohl als Sühne gelten konnten, die einzige Zuflucht; in ihm lag aber eben deßhalb auch der Keim einer besseren Zukunft verborgen. Gott hatte nicht zugelassen, daß das Edelste, das Reinste, das Heiligste in der ganzen Schöpfung, daß das Mutterherz in dem allgemeinen Schiffbruch menschlicher Tugenden mit verschlungen werde und ganz zu Grunde gehe. Den Müttern war Jesus sofort verständlich, ihre Seelen irrten sich nicht in ihm. Sobald sie die Worte hörten: „Lasset die Kindlein zu mir kommen, denn ihrer ist das Himmelreich," eilten sie zu ihm.

Von dem Tage ab, an dem diese Worte zuerst gehört wurden, that Jesus, wie das Evangelium dieß so lieblich bekundet, keinen Schritt mehr auf Erden, ohne von Kindern und deren Müttern umgeben zu sein.

Mit dem untrüglichen Instinkt des Herzens, der die Liebe überall erkennt, wo sie sich findet, kamen die armen Frauen vertrauensvoll zu Jesus und brachten ihm ihre Kinder. Die einen trugen sie an der Brust, die andern auf den Armen, wieder andere führten sie an der Hand und baten ihn, dieselben zu berühren, zu segnen, ihnen die Hände aufzulegen, für sie zu beten: Oblati ei sunt parvuli, ut manus eis imponeret, et oraret . . . Afferebans ad illum parvulos et infantes[1].

Mit unendlicher Liebe betrachtete Jesus alle die Kindlein, die sich um ihn versammelten, liebkoste sie, legte die Hand auf ihre schuldlosen Häupter und betete für sie, wie ihre Mütter gebeten hatten: Et complexans eos, orabat super illos[2].

Reizend ist es auch, daß nicht nur die Mütter, sondern auch die Kinder selbst sich zu dem Heiland hingezogen fühlten. Sie begriffen nicht nur das Vertrauen ihrer Mütter, sondern zeigten sogar noch größeres Vertrauen.

Was es auch gewesen sein mag, der sanfte Blick seiner Augen, das Lächeln auf seinen Lippen, die zärtlichen Worte, die ihm aus dem Herzen kamen, irgend etwas in der Person Christi übte einen unennbaren Zauber auf sie aus, so daß man sie auf allen

---

1) Luc. c. XVIII. v. 15. — 2) Marc. c. X. v. 16.

seinen Wegen in den Städten und in den Dörfern Judäa's wiederfindet. Sie liebten ihn eben und folgten ihm nach. Das Glück ihn zu hören, in seiner Nähe zu sein, ließ sie alles Uebrige vergessen. Durch die dichteste Menge drängten sie sich so nahe als möglich zu ihm hin, so daß man ihre Gesichterchen immer in den ersten Reihen bemerken konnte. Sie fühlten sich geliebt und näherten sich ihm, sicher, bevorzugt zu sein, mit großem Vertrauen. Jesus freute sich dessen; er hieß sie näher kommen, er segnete, küßte sie und zeigte sie seinen Jüngern.

Es macht einen traurigen Eindruck, daß den Jüngern das Großartige in dieser göttlichen Liebe zu den Kindern ganz unverständlich war; sie ärgerten sich daran, empfingen die Kinder und deren Mütter mit harten Worten und gingen so weit, sie unter Drohungen hinwegzuweisen: Discipuli autem increpabant eos, comminabantur [1]).

Bemerkenswerth aber ist auch, daß unser Herr, sonst immer so gut und nachsichtig, scheinbar seine Sanftmuth vergessend über seine Jünger, die noch so wenig Milde diesen liebenswürdigen Geschöpfen gegenüber zeigten, unmuthig wurde (qui cum videret, indigne tulit,) und ihnen, hingerissen von dem tiefen Gefühl, das seine Seele bewegte, sagt: „Lasset die Kindlein zu mir kommen (sinite parvulos venire) und wehret ihnen nicht (ne prohibueritis eos); denn ihrer ist nicht nur das Himmelreich, sondern es wird auch nur denen gegeben werden, die ihnen gleichen: Talium est enim regnum coelorum."

Darauf ruft er einen der kleinen Knaben zu sich (secus se) in die Mitte der Jünger (et statuit eum in medio eorum), umarmt ihn und spricht auf ihn zeigend: „Wenn ihr nicht werdet wie dieses Kind, wenn ihr das Reich Gottes nicht aufnehmet wie Kinder (sicut puer), wie kleine Kinder (velut parvulus), so werdet ihr in das Reich Gottes nicht eingehen: Amen dico vobis, quicunque non acceperit regnum Dei sicut puer . . . velut parvulus . . . non intrabit in illud; denn das Himmelreich ist nur für ihres Gleichen: Talium est regnum coelorum."

---

1) Matth. c. XIX. v. 13; Marc. c. X. v. 13.

Wir finden die Kinder immer wieder in Jesu Nähe. Zweimal in der Wüste gelegentlich der Vermehrung der Brode (exceptis parvulis et mulieribus); dann bei dem Einzug in Jerusalem, ja sogar in dem Tempel, wo sie ihm Hosianna singen und endlich auf dem Calvarienberg mit ihren Müttern, denen er sagt, sie sollen nicht über ihn, sondern über ihre armen Kinder weinen.

X.

Jesus Christus hat demnach Diejenigen geliebt, die Niemand vor ihm auf Erden geliebt hatte, die Armen, die Kranken, die Kinder. Vor Allem aber hat er die Sünder geliebt. Diese Eigenthümlichkeit erregte vielleicht am meisten Erstaunen. Er selbst beschreibt diese Liebe in Ausdrücken, die an Einfachheit und Eindringlichkeit unerreicht geblieben sind.

Die Geschichte von Magdalena, von der Ehebrecherin, von der Samaritanerin, vom guten Hirten, vom verlorenen Sohn zeugen von dieser Liebe. Alles hatte einen außergewöhnlichen Charakter.

Es kam so weit, daß ihm von seinen Feinden gerade aus seiner Neigung zu den Sündern der bitterste Vorwurf gemacht wurde. Diesen Vorwurf lehnte er aber keineswegs ab. Er hatte nicht nur gesagt, „kommet her zu mir alle, die ihr mühselig und beladen seid, ich will euch helfen, ich will euch erquicken: reficiam vos," sondern er fügte auch noch ausdrücklich hinzu: „Ich bin nicht gekommen, die Gerechten zu rufen, sondern die Sünder. Veni vocare non justos, sed peccatores."

Staunten wir schon über die Liebe Christi zu den Armen, den Kranken, den Kindern, so ist dieß in noch höherem Grade hier der Fall.

Wir können ja, besonders jetzt, nachdem unser Herz durch das Christenthum erneuert worden, begreifen, daß der Heiland die Kinder geliebt habe; es ist ja diese Empfindung, diesen liebenswürdigen Geschöpfen gegenüber, ganz natürlich.

Aber die Sünder zu lieben! Das ist wunderbar und durchaus unerwartet. Es liegt darin eine geheimnißvolle Tiefe der Empfindung, die unser Begriffsvermögen durchaus übersteigt. Es ist offenbar die höchste Stufe der Güte und übersteigt bei Weitem

die Liebe zu den Armen, den Kranken, den Kindern; denn hier
handelt es sich in der That um das Böse an sich, nicht blos um
die Armuth, die Krankheit, das Unglück, sondern um das Böse,
das Böse selbst. Und gerade die Sünder liebt er am meisten.
In den zärtlichen und innigsten Ausdrücken äußert und bezeugt
er die Liebe zu denselben. Die Liebe, das Mitleiden für sie er-
faßt und durchbringt ihn bis in das Innerste seiner Seele. Es
ist dieß das einzige, was ihn außer Fassung bringt. Er klagt laut
und vergießt Thränen über Jerusalem, über den verlorenen Sohn
und bei der Samaritanerin. Man fühlt hier den Vater, den
Freund, den Schöpfer, welcher das arme, zwar zu seinem Ebenbilde geschaffene, aber zu seinem Unglück durch die Sünde verun-
staltete und verderbte menschliche Geschlecht wieder aufsucht und
wieder herstellen will. Hier finde ich den göttlichen Zug, hier
das unbesiegbare Licht. Nirgends in dem ganzen Evangelium
offenbart sich der Gott augenscheinlicher und bringt mir näher
zum Herzen.

Wer hatte, so möchte ich fragen, vor Jesu Christo die Sünder
geliebt, wer hätte nur daran gedacht, ja wer nur den Ausdruck:
Sünder ... (Peccatores) gebraucht? wer hätte es wagen dürfen,
ihn zu gebrauchen? Nur der Sohn Gottes, der Heilige der Heiligen durfte es. Den Einen mußte er unter Hinweisung auf die
Ehebrecherin sagen können: Wer von euch ohne Sünde ist,
der werfe den ersten Stein auf sie und zu den Andern,
sich in seiner ganzen Größe aufrichtend: Wer von euch kann
mich einer Sünde zeihen?

Die Pharisäer machten ihm, wie gesagt, fortwährend Vorwürfe darüber, aber er ließ sich dadurch nicht im Mindesten be-
irren. Von dem ersten Tag seines öffentlichen Lebens bis zu dem
Ende desselben, bis zu dem Calvarienberg, ja bis zum Tode am
Kreuz erklärt er und erweist er sich als der Freund der Sünder,
Amicus peccatorum. Er war als solcher bekannt, sein Ruf, wenn
der Ausdruck gestattet, ist in dieser Richtung so fest begründet,
daß diese Bezeichnung fast wie ein Name gelten konnte. Auch
war er in der That der wahre Freund der Sünder, nicht blos
ihre Zuflucht; durch eine göttliche Neigung zu ihnen hingezogen,
hatte er so zu sagen, eine Schwäche für sie.

Seine Liebe für die Jünger war groß; größer war nur die, welche er für Diejenigen hegte, die eben nicht seine Jünger waren.

Er liebte keineswegs nur die heimlichen Sünder, die in der Welt für ehrenhaft galten, die, wenn auch von dem Pfade der Tugend abgewichen, doch die öffentliche Achtung nicht verloren hatten; nein die öffentlichen Sünder sind seine Lieblinge, die in der öffentlichen Achtung gesunken, wegen ihrer Unordnungen und ihrer Habsucht gemieden waren, wie die Zöllner und andere gleichen Schlags. Publicanorum amicus. Er verkehrte mit ihnen und suchte sie auf. Er war sogar ihr Gast und zog sich dadurch seitens der Pharisäer den beleidigenden Vorwurf eines Schlemmers zu. Die Bekehrung Matthäi des Zöllners ist ein berühmter Beleg dafür.

Als Jesus einst am Gestade des Meeres dahinzog, sah er Matthäus, einen bekannten und allgemein verhaßten Zöllner, an seinem Zollhause sitzen. Alsbald sagte Jesus zu ihm: „Folge mir nach." Er aber verließ Alles, stand auf und folgte ihm nach. Demnächst von demselben zu Gaste geladen, nahm der Herr die Einladung an.

Da kamen viele Zöllner und andere bekannte Sünder und setzten sich mit Jesu und seinen Jüngern zu Tische. Die Pharisäer aber, die sich unter die Zuschauer mischten, fragten die Jünger: „Warum ißt Euer Meister mit den Zöllnern und Sündern?"

Da aber Jesus dieses hörte sprach er zu ihnen: „Die Gesunden bedürfen des Arztes nicht, sondern die Kranken; gehet aber hin und lernet, was das sei: Ich will Barmherzigkeit und nicht Opfer.

Ich bin nicht gekommen die Gerechten zu berufen, sondern die Sünder."

Dieß begab sich im Anfang seiner öffentlichen Thätigkeit und es war unmöglich, deutlicher und ausdrücklicher als Freund der Sünder sich zu bekennen. Diesem Bekenntniß blieb er denn auch bis zu seinem Ende unwandelbar treu. /

Am Vorabend seiner Leiden, auf dem Wege nach Jerusalem, kam Jesus inmitten seiner Jünger und von einer sich um ihn drängenden großen Menge Volkes umgeben, nach Jericho. Da war ein Mann, mit Namen Zachäus, der war Oberzöllner und sehr reich. Er verstand sehr gut, Geld zusammen zu scharren; war aber wenig geneigt, den Armen zu geben. Er kannte Jesum nicht und suchte zu sehen, wer er wäre, aber er konnte nicht vor dem Volke, denn er war klein von Person (statura pusillus). Trotz der wucherischen Zinsen, die er nahm, hatte er doch gute Regungen. Sein Wunsch, Jesum zu sehen, steigerte sich durch das Jauchzen des Volkes. Er eilte voraus und bestieg einen wilden Feigenbaum und wartete, denn da sollte Jesus vorübergehen, aber Augen und ein Herz, die noch besser waren, als die seinigen, hatten ihn erblickt, und Jesus sprach zu ihm, ihn bei seinem Namen nennend: „Zachäus, steig' eilends herab, denn heute muß ich in deinem Hause bleiben." Zachäus nimmt ihn mit Freuden auf. Wie gewöhnlich fanden sich auch hier wieder eine Menge von Zöllnern und Sündern ein. Am Ende des Mahls aber stand Zachäus tiefgerührt von Jesu Güte auf und sprach: „Siehe Herr, die Hälfte meiner Güter gebe ich den Armen und so ich jemanden betrogen habe, so erstatte ich es vierfach [1])."

Natürlich verfehlten die Pharisäer nicht, darüber zu murren, daß Jesus bei einem Sünder eingekehrt. Der Herr aber antwortete ihnen und sprach: „Heute ist diesem Hause Heil widerfahren, weil auch er ein Sohn Abrahams ist; denn der Menschenschensohn ist gekommen, zu suchen und selig zu machen, was verloren war."

Die Geschichte von der Ehebrecherin geht noch weiter, ebenso die von Magdalena und von dem verlorenen Sohn. Klar geht aus ihnen hervor, daß die Sünder in dem neuen Reiche Gottes vor den Gerechten entschieden den Vorrang haben sollen. Am bestimmtesten aber erklärt es der Heiland in den beiden berühmten Gleichnissen von dem verirrten Schaf und dem verlorenen Groschen. Von nun an konnten sich die hochmüthigen Gerechten keinen falschen Hoffnungen mehr hingeben.

Er sagte zu den Pharisäern: „Wer von euch, der hundert

---

1) Luc. 19, 1 ff.

Schafe hat, und eines davon verliert, läßt nicht die neun und neunzig in der Wüste und geht dem verlorenen nach bis er es findet?

Und hat er es gefunden, so legt er es mit Freuden auf seine Schultern, und wenn er nach Hause kommt, so ruft er seine Freunde und Nachbarn zusammen und spricht zu ihnen: Freuet euch mit mir, denn ich habe mein Schaf gefunden, das verloren war.

Ich sage euch: Ebenso wird auch im Himmel Freude sein über einen Sünder, der Buße thut, mehr als über neunund-neunzig Gerechte, welche der Buße nicht bedürfen."

Immer mehr offenbart es sich, daß er eine große Vorliebe für die Sünder, und Zuvorkommenheit und die freundlichste Güte für sie hat. Geht man mehr ins Einzelne, so erkennt man, daß er ihnen immer, mag er sie beruhigen oder sie tadeln, ihnen ver-zeihen oder sie verurtheilen, eine unvergleichliche Güte und Nach-sicht angedeihen läßt. Wenig sind der Worte, die er spricht, aber sie sind voll von himmlischer, tiefer Zärtlichkeit.

Wenn er sie beruhigt: „Mein Sohn, sei getrost, deine Sün-den sind dir vergeben," oder „Meine Tochter, sei getrost, dein Glaube hat dir geholfen," oder endlich „Man kauft zwei Sper-linge für einen Pfennig, nun denn seid ihr nicht mehr werth als die Sperlinge?"

Wenn er ihnen verzeiht, so geschieht es ohne Vorwurf, ohne viel Tadel, ohne lange Reden. Zu der Ehebrecherin spricht er, nachdem alle ihre Ankläger sich zerstreut hatten und sie allein mit ihm geblieben war: „Weib, wo sind die, welche dich angeklagt haben? Hat dich Niemand verdammt?" und als sie ihm geant-wortet: „Niemand Herr," fährt er fort: „So will auch ich dich nicht verdammen. Geh' hin und sündige nicht mehr."

Sehet Magdalena; sie war eine öffentliche Sünderin, ein Aergerniß für die Stadt; dennoch gestattet er, daß sie sich ihm nahe.

Auch hier murren die Pharisäer: „Ja, wenn dieser ein Pro-phet wäre, so würde er wohl wissen, wer die ist, die ihn berührt." (Quae et qualis est.) Glaubt man nicht, gewisse fromme Frauen zu hören, wie sie mit sauersüßem Mitleiden von gewissen weltlichen Frauen reden?/

Was auch daran gewesen sein mag, Jesus nimmt sich ihrer an und spricht zu Magdalena, nachdem er den Hochmuth, die Kälte, die Herzenshärtigkeit der Pharisäer beschämt hatte, jene unsterblichen Worte: „Ihr werden viele Sünden vergeben, weil sie viel geliebt hat."

Seht ferner die Samaritanerin: ein verkommenes Weib, lebte sie, nachdem sie wiederholt gefallen war und mehrere unerlaubte Verbindungen unterhalten hatte, gerade in einem sechsten derartigen Verhältniß. — Der Herr — ermüdet von der Reise und von der Hitze des Tages, denn es war im Sommer und um die Mittagszeit — hatte sich an den Brunnen Jakobs gesetzt und verlangte von ihr zu trinken. Sie verweigert dieß zwar nicht, aber sie zögert und wendet Verschiedenes ein [1]).

Hierauf erwiederte Jesus: „Wenn du die Gabe Gottes erkänntest und wer der ist, der zu dir spricht: gib mir zu trinken, so würdest du ihn gebeten haben und er hätte dir lebendiges Wasser gegeben, das in das ewige Leben fortströmt."

Wie zart und wie bestimmt zugleich weckt er demnächst ihr Gewissen. „Geh' hin und rufe deinen Mann." — Sie erwiedert — „Ich habe keinen Mann." „Du hast wahr gesagt," antwortet Jesus, „denn fünf Männer hast du gehabt und der, den du jetzt hast, ist nicht dein Mann."

Erschreckt ruft die Arme aus: „Herr ich sehe, daß du ein Prophet bist," eilt zur Stadt und verkündigt Allen mit einer Offenheit, die nicht Wunder nimmt, wenn man die Wirkung der Gnaden auf solche arme Herzen berücksichtigt: „Kommet Alle und sehet den Mann, der mir Alles gesagt hat, was ich gethan habe, ob dieser nicht Christus sei?" So war aus der Samaritanerin ein Apostel geworden.

Ein anderes ergreifendes Beispiel von der Nachsicht Christi für die Sünder ist Nikodemus. Ein vornehmer Jude und der Ersten einer unter den Pharisäern, war er im Grunde doch ein guter Mann, wie man sie denn fast überall findet, wenn man die Gabe hat, sie zu erkennen. Er fühlte sich hingezogen zu dem Herrn, aber er konnte sich nicht für ihn erklären, noch ihn öffentlich

---

1) Joh. c. IV. v. IX.

besúchen aus Furcht vor der Sekte der Pharisäer, die ihn überwachten.
Er ließ anfragen, ob Jesus ihn bei Nacht zu empfangen geneigt ſei. Voll Nachsicht für seine Schwäche lehnte Jesus den
Vorschlag nicht ab, empfing ihn am Abend ohne ihm seine Menschenfurcht vorzuwerfen und hatte eine lange Unterredung mit
ihm.

Solche Nachsicht für die armen Sünder und sogar für die
Sklaven der Menschenfurcht, iſt übrigens in manchen Fällen vollkommen gerechtfertigt. Der beſte Beweis hiefür sind die Tréue
und der Muth, die Nikodemus in den Tagen der Gefahr und
der großen Leiden Jesu Christi wiederfand. Als die Pharisäer
darüber beriethen, wie sie Jesum umbrächten, nahm Nikodemus,
wenn auch nur schüchtern und eher als Rechtsgelehrter, denn als
Jünger des Herrn, deſſen Partei und sagte: „Richtet denn unser
Gesetz einen Menschen, wenn man ihn nicht vorher gehört und
erkannt hat, was er thut?" Die Pharisäer aber wurden zornig
und fragten: „Bist etwa auch du ein Galiläer (tu galilaeus
es)?" Gerade so, wie man auch jetzt noch fragt: Bist etwa auch
du ein Jesuit?

Er leugnete nicht und am Abend der Kreuzigung, als Alles
verloren und die Jünger zerstreut waren, kam er kühn (au-
dacter), mit seinem Freunde Joseph von Arimathäa, der, wie er,
ein heimlicher und schüchterner Jünger des Herrn gewesen, und
verlangte von Pilatus den Leichnam Jesu, um ihn mit Ehren zu
begraben.

Was die Jünger betrifft, so werden wir bald sehen, mit
welcher Freundschaft Jesus sie geliebt hat; denn auch die Freundschaft hat er gekannt, aber er ward verrathen, verlassen und verleugnet von denen, die er am meisten geliebt hatte. Ist es möglich, ohne tiefe Rührung zu sehen, wie er Petrus, Judas, Thomas,
kurz Allen, selbst seinen Henkern verzeiht und wie er ohne Bitterkeit und mit unergründlicher Sanftmuth ihnen ihre Schwäche
und ihren Verrath vorhält!/

Petrus, gutmüthig aber schwach, gutmüthig und edel bis zur
Ueberhebung, aber schwach bis zum Verbrechen, verschwört sich:
„Wenn ich auch mit dir sterben müßte, so würde ich dich doch
nicht verleugnen." Jesus erwiedert ihm nichts, als die Worte:

Dupanloup, Die Geschichte unseres Herrn Jesu Christi. 4

„Wahrlich, ich sage dir, in dieser Nacht, ehe der Hahn krähet, wirst du mich dreimal verleugnen."

Auf dem Oelberg lag Jesus in' Todesangst auf dem Boden und sein Schweiß wurde wie Blut, das auf die Erde rann, aber er sollte noch mehr leiden, alle Qualen der Seele, die Treulosigkeit der Freunde und endlich den schwärzesten Verrath.

Seine liebsten drei Jünger waren bei ihm, Petrus, Jakobus und Johannes, der Jünger, den er lieb hatte; und während seine Seele betrübt war bis zum Tod, schliefen sie ein. Er aber hatte keinen andern Vorwurf als: „Simon du schläfst? Nicht eine Stunde konntest du wachen?" /

Seinen Jüngern, die um ihn versammelt waren und betheuerten: „Wir alle glauben, daß du bist Christus, der Sohn Gottes," antwortet er: „Jetzt glaubet ihr, aber die Stunde wird kommen und ist schon nahe, und ihr werdet euch zerstreuen und mich verlassen." Gleich darauf aber entschuldigt er sie: „Wahrlich, ich sage euch, ihr werdet viel leiden müssen in der Welt um meinetwillen, aber seid getrost, denn ich habe die Welt überwunden."

Selbst wenn es sich um Verbrechen handelt, sind seine Vorwürfe voll göttlicher Milde und Freundlichkeit.

Gelegentlich des Verraths sagt er zu Judas: „Freund, wozu bist du gekommen? . . . Judas, mit einem Kusse verräthst du des Menschen Sohn?"

An Jerusalem, das im Begriff war, zum Mörder Gottes zu werden, richtet er die Worte: „Jerusalem, Jerusalem, die du mordest die Propheten und steinigest die, welche zu dir gesandt sind, wie oft wollte ich deine Kinder versammeln, wie eine Henne ihre Küchlein unter ihre Flügel, du aber hast nicht gewollt."

Dann aber weint er über die Stadt und spricht: „Wenn auch du es erkenntest und zwar an diesem deinem Tage, was dir zu deinem Frieden diene!" /

Wieder ein anderes Mal verweigert man ihm die Aufnahme in eine Stadt und das Brod, das er zu kaufen begehrt. Die Jünger wollen Feuer vom Himmel fallen lassen, damit es die Stadt verzehre, er aber straft sie und spricht: „Ihr wisset nicht, weffen Geiftes ihr feid. Der Menfchenfohn ift nicht gekommen, Seelen zu verderben, fondern felig zu machen."

Ja fogar die Verdammten behandelt er mit Milde. Dem reichen Mann erwiedert er: „Gedenke, Sohn, daß du Gutes empfangen haft in deinem Leben und Lazarus hingegen Uebles; nun aber wird diefer getröftet und du wirft gepeinigt." Nicht einmal, daß er Lazarus vor Hunger hat fterben laffen an feiner Thür, macht er dem Reichen zum Vorwurf.

Denen aber, die fcheinbar nicht ohne Grund gegen ihn murrten: „Diefe haben nur eine Stunde gearbeitet und du haft fie uns gleichgehalten, die wir des Tages Laft und Hitze getragen haben," erwiedert er nur: „Freund, ich thue dir nicht Unrecht; bift du nicht um einen Zehner mit mir übereingekommen? Nimm, was dein ift und gehe hin; ich will aber diefem Letzten auch geben, wie dir. Bift du darum böfe?"

Und zu dem älteren Bruder des verlorenen Sohnes, welcher feinem Vater in ungeziemender, undankbarer und ungerechtfertigter Weife die bitterften Vorwürfe macht und drohet, das Haus zu verlaffen, antwortet er: „Mein Sohn, du bift immer bei mir und was mein ift, ift dein. Aber ein Freudenmahl mußte gehalten werden, weil diefer dein Bruder todt war, und wieder lebendig geworden ift, verloren war, und wieder gefunden worden ift."

In Beziehung auf feine Henker endlich bittet er Gott feinen Vater: „Mein Vater vergib ihnen, denn fie wiffen nicht was fie thun."

So war das Verhältniß Jefu Chrifti den Sündern gegenüber und das Gleiche lehrt auch heute noch feine Religion. Aus diefem Grunde wird das Chriftenthum dem Menfchenherzen eine göttliche Religion bleiben.

Denn welche andere Religion hat je ähnliches zu den Menfchen geredet? Die andern Religionen kümmern fich nicht um das Heil oder das Verderben der Seelen und laffen jeden thun, was ihm gut dünkt. Die chriftliche Religion verbietet das Böfe und gebietet das Gute. Thut einer dennoch das Böfe, fo betrübt fie fich und bemitleidet den Sünder, ebenfo weit entfernt von feiger Nachgiebigkeit, als von Härte. Sie fucht den Gefallenen

4*

wieder aufzurichten, zeigt ihm warum er eine Wiedergeburt erstreben muß, so wie die Mittel, sie durch die Buße zu erringen
und bietet ihm, wie Jesus Christus selbst, in eindringlichster und
überzeugendster Weise Vergebung an:

„Vergebet, so wird euch vergeben werden.“

„Habt Mitleiden, so wird euere Schuld ausgelöscht werden.“

„Seid barmherzig, so werdet ihr Barmherzigkeit empfangen.“

Sprecht: „Vater unser, der Du bist im Himmel, vergib uns
unsere Schulden, wie wir unseren Schuldigern vergeben.“

Alles dieß ist augenscheinlich göttlichen Ursprungs. Wollte
Gott die Ueberzeugung von der Nothwendigkeit, fremde Schuld
zu vergeben, in uns erwecken, so konnte es nur mittelst solcher
Worte geschehen.

Die Natürlichkeit und die einfache und innige Güte in diesen
Worten lassen erkennen, daß eben die göttliche Güte selbst es ist,
die also spricht, und sie ergreifen unwiderstehlich, weil darin Alles
offen, wahr und innerlich nothwendig ist, weil es dem, was erforderlich, überall entspricht und entgegen kommt, weil darin eine
unendliche Kenntniß unserer Bedürfnisse und Schwächen enthalten
ist und zugleich ein so tiefes Mitgefühl für unser Elend sich darin
ausspricht.

Sünder! in diesem einen Wort liegt der Schwerpunkt der
christlichen Lehre. Hiemit erklärt sich Gott als heilig, ja als die
Heiligkeit selbst. Einerseits faßt er, wenn der Ausdruck erlaubt
ist, die Sünder am Nacken und andererseits legt er sie sanft an
sein Herz. /

Damit es aber für alle Zeiten klar und bestimmt ausgesprochen werde, daß darin in der That der Geist und die Grundlage des Christenthums, ist den Sündern eine besonders prächtige
Stelle in dem feierlichsten Gebet des Gottesdienstes während des
erhabensten Momentes des heiligen Meßopfers zwischen den beiden
Erhebungen vor dem dreimaligen Anrufen des Lammes Gottes, das der Welt Sünde hinwegnimmt und vor dem
Vater unser eingeräumt. Es heißt daselbst:

„Auch uns Sündern, deinen Dienern, die auf die Fülle
deiner Erbarmungen vertrauen, wollest du die Theilnahme und Gemeinschaft deiner heiligen Apostel und Blutzeugen, aller heiligen

Frauen und Jungfrauen und aller deiner Heiligen verleihen. Nimm uns auf in deren selige Gemeinschaft, nicht ob unserer Verdienste, sondern vermöge deiner Barmherzigkeit durch Jesum Christum unseren Herrn, durch welchen Du, o Herr! alles dieses Gute immer schaffest, heiligest, belebest, segnest und uns ertheilest. Durch Ihn, mit Ihm, und in Ihm, ist Dir, Gott, allmächtiger Vater, in der Einheit des heiligen Geistes, alle Ehre und Herrlichkeit, von Ewigkeit zu Ewigkeit. Amen."/

XI.

Nachdem der Herr die Liebe für alle Unglücklichen, für die Armen, die Kranken, die Kinder, die Sünder, für alle, die da Leid tragen und die da hier auf Erden Thränen vergießen, das heißt für alle Menschen ohne Ausnahme, für Freunde und Feinde, für Gleichgültige und Fremde geübt hatte, hat er sie auch ge= predigt und eindringlich empfohlen. In Nachstehendem werden wir sehen, mit welcher göttlichen Kunst, mit welcher Autorität, mit welcher Güte und mit welcher Gewalt!

Hören wir zunächst die betreffenden unvergleichlichen Lehren:

„Du sollst Gott lieben über Alles und deinen Nächsten lieben wie dich selbst;" dieß ist nach der Lehre Jesu ein und dasselbe Gebot.

„Gott ist euer Vater, der im Himmel ist; ihr seid seine Kinder und ihr seid alle Brüder . . . meine Brüder. Unus est pater vester coelestis: omnes autem fratres estis .. fratres mei [1])."

„Dieß ist aber ein neues Gebot, daß ihr euch einander liebet wie ich euch geliebt habe. Hoc est praeceptum meum, ut diligatis invicem, sicut dilexi vos [2])."

„Daran soll die Welt erkennen, daß ihr meine Jünger seid, daß ihr euch einander liebet."

„Gleichwie der Vater mich geliebet hat, so habe auch ich euch geliebet: Sicut dilexit me Pater, et Ego dilexi vos."/

---

1) Matth. c. XXIII. v. 8 et 9.
2) Joh. c. XV. v. 12.

Auf diese Weise läßt er die Nächstenliebe aus einer höheren, aus einer ewigen Quelle, aus der Liebe Gottes selbst, entspringen.

Einer solchen Liebe entsprechend, deren Quelle so erhaben, deren Muster so vollkommen und die bestimmt ist, als Merkmal für die Jünger Christi zu dienen, heißt es dann nicht allein „thut Anderen nicht, was ihr nicht wollt, daß euch geschehe, sondern auch thut Anderen, was ihr wünscht, daß euch von ihnen geschehe." Das verlangt die Gerechtigkeit und die Liebe. „Das ist das Gesetz und die Propheten."

Ganz nothwendig folgt hieraus, was der Herr als das Endziel seiner Liebe für die Jünger bezeichnet: „Eine größere Liebe als diese hat niemand, daß er nämlich sein Leben hingibt für seine Freunde: Majorem hac dilectionem nemo habet, ut animam suam ponat quis pro amicis suis[1])."

Es ist nur eine Erklärung der Worte Jesu Christi, wenn der heil. Paulus hinzufügt: „Als wir seine Feinde waren, hat er sein Leben für uns dahin gegeben und uns versöhnt mit seinem Vater, „und wenn der Jünger, den Er lieb hatte, fortfährt: „Und auch wir, wir sollen unser Leben lassen für unsere Brüder: Et nos debemus pro fratribus animas ponere."/

Durch solche Worte hat der Herr in das Herz des Menschen die Nächstenliebe gelegt, die alle Menschen umfaßt, die Keinem etwas Böses wünscht, oder gar ihm anthut, die Allen nach Kräften, ja sogar über Vermögen Gutes thun möchte; seine wahrhaft herzliche Nächstenliebe, sanft, zartfühlend, erfinderisch, voll Hingabe und, wenn nöthig, voll Muth, die liebt, mitfühlt, hilft, verzeiht und Böses mit Gutem vergilt.

Es ist merkwürdig, wie bei den Lehren des Herrn, Alles entschieden darauf gerichtet ist, in dem Herzen des Menschen, den Haß, die Verachtung, den Hochmuth, den Zorn, die Neigung zu beleidigen und die Empfindlichkeit zu ersticken.

„Ihr wißt, daß eueren Vätern gesagt worden ist: J h r sollt nicht tödten. Ich aber sage euch, daß ein Jeder, der über seinen Bruder zürnt und ihn Raca nennt, soll gerichtet werden." |

---

1) Joh. c. XV. v. 13.

Aber es ist nicht genug, seine Freunde und seine Brüder zu lieben: man muß seine Feinde lieben, Gutes thun denen, die uns nicht lieben, für die beten, die uns Uebles zufügen.

„Ihr habt gehört, daß gesagt worden ist: Aug' um Aug', Zahn um Zahn. Ich aber sage euch: wenn dich jemand auf den rechten Backen schlägt, so reiche ihm auch den andern dar.

Ihr habt gehört, daß gesagt worden ist: du sollst deinen Nächsten lieben und deinen Feind hassen. Ich aber sage euch: Liebet eure Feinde, thut Gutes denen, die euch hassen und betet für die, die euch verfolgen und verleumden."

Wie erhaben demnächst die Begründung dieser Lehren und das Beispiel, das zur Ermunterung und Nachahmung beigefügt wird:

„Auf daß ihr Kinder seid eures Vaters, der im Himmel ist, der seine Sonne über die Guten und Bösen aufgehen und über die Gerechten und Ungerechten regnen läßt[1]).

Denn, wenn ihr die liebet, die euch lieben, was sollet ihr da für einen Lohn haben? Thun dieß nicht auch die Zöllner? Und wenn ihr nur eure Brüder grüßet, was thut ihr da mehr? Thun dieß nicht auch die Heiden?

Ihr aber thut Gutes euren Feinden, leihet ohne etwas dafür zu hoffen, so wird euer Lohn groß sein und ihr werdet Kinder des Allerhöchsten sein, denn er ist gütig selbst gegen die Undankbaren und Bösen[2])."/

Zu unseren Nächsten gehören demnach alle Menschen, Bekannte und Unbekannte, Einheimische und Fremde, Gleich = und Andersgläubige, Reiche und Arme, Freunde und Feinde. Keiner ist davon ausgenommen. Kurz, man soll Alle lieben. Bis zu diesem Punkt wollte der Herr das Menschenherz erweitert wissen. Das hieß die ganze Gestalt der Welt verändern, das Innerste des Menschen von Grund aus erneuern.

Es kommt aber darauf an, die Zartheit dieser Liebe näher zu betrachten und zu erkennen, bis zu welchem Grad von Aufrichtigkeit, Achtung, Edelmuth und Schonung dieselbe gesteigert wird./

---

1) Matth. c. V. v. 38. 39. 43. 45.
2) Matth. c. V. v. 46 et 47. Luc. c. VI. v. 36.

„Richtet nicht, so werdet ihr nicht gerichtet werden."

„Verdammet nicht, so werdet ihr nicht verdammet werden."

„Mit demselben Maaße, womit ihr messet, wird euch wieder gemessen werden."

War es möglich etwas Rührenderes und zugleich Entschiedeneres zu sagen?

„Wenn ihr den Menschen vergebt, was sie gegen euch gefehlt, so wird Gott auch euch eure Sünden vergeben; Verzeiht ihr ihnen aber nicht, so wird Gott auch euch nicht verzeihen."

Hiemit war Alles gesagt und es scheint unmöglich zu sein, tiefer in das Herz und in das Gewissen des Menschen einzubringen. Jesus Christus ging aber noch weiter und bringt tief ein bis zu den feinsten Wurzeln der göttlichen und menschlichen Empfindung in unserer Seele. Denn nur in seiner Eigenschaft als Gott konnte er der Nächstenliebe den Vorrang vor Handlungen des Gottesdienstes einräumen und gebieten, daß man den Nächsten mehr lieben solle, als den Gottesdienst, daß man Altar und Opfer lassen und sich zunächst mit seinem Bruder versöhnen solle.

„Wenn du daher deine Gabe zu dem Altar bringest, und dich daselbst erinnerst, daß dein Bruder etwas wider dich habe, so laß deine Gabe allda vor dem Altar und geh' zuvor hin und versöhne dich mit deinem Bruder und dann komm' und opfere deine Gabe[1])." /

„Denn Gott lieben von ganzem Herzen, aus ganzem Gemüthe und aus allen Kräften und den Nächsten als sich selbst, das ist mehr als Brandopfer und als alle anderen Opfer[2])."

Ja, nicht nur das feierliche Opfer ist dem, der hasset, verboten, wie einem Excommunicirten, sondern er kann auch nicht einmal das einfachste tägliche Gebet leise für sich sagen, ohne in dem Vater unser bei den Worten „Und vergib uns unsere Schuld, wie wir vergeben unseren Schuldigen" zu stocken, wenn er noch irgend ein gehässiges Gefühl in seinem Herzen birgt.

Alles, was der Herr in dieser Beziehung gethan und gesagt hat, ist unstreitig mit nichts zu vergleichen. Nichts kann erdacht

---

1) Math. c. V. v. 23. 24.
2) Marc. c. XII. v. 33.

werden, was mehr geeignet wäre, jeden Widerstand im Menschen-
herzen zu brechen und dasselbe zur Nächstenliebe zu zwingen.

„Wie oft muß man seinem Bruder vergeben, sieben mal?"
fragt Petrus. „Nicht sieben mal, sondern sieben mal siebenzig
mal erwiedert Jesus[1])." Das heißt: ohne Aufhören.

Wir sind noch nicht zu Ende. Wir müssen darauf noch
merken, wie bescheiden, wie demüthig, wie zart, wie tapfer die
Nächstenliebe ist.

„Wenn du Almosen gibst, so sollst du nicht mit der Posaune
vor dir herblasen, wie die Heuchler in der Synagoge und auf der
Gasse thun, damit sie von den Menschen gepriesen werden; wahrlich, sage ich euch, sie haben ihren Lohn schon empfangen.

Wenn du aber Almosen gibst, so soll deine linke Hand
nicht wissen, was deine rechte thut, damit dein Almosen im Verborgenen sei, und dein Vater, der im Verborgenen sieht, wird
dir vergelten[2])."

So bescheiden aber die Nächstenliebe sein soll, so freigebig und
großartig soll sie sein.

„Gebet, so wird euch gegeben werden, ein gutes, ein eingedrücktes, gerütteltes und aufgehäuftes Maaß wird man in euren
Schooß geben; denn mit demselben Maaße mit dem ihr messet,
wird euch wieder gemessen werden[3])."

In den Worten Jesu Christi bezieht sich hienach alles auf
die Liebe. Alles zielt darauf hin, das Herz des Menschen durch
Liebe zu bessern.

Und wie geht der Herr gerade auf den Kern der Sache,
ohne Tadel und ohne Verletzen, aber mit der größten Bestimmtheit, Kürze und Sanftmuth!

„Du sollst deinen Nächsten lieben, wie dich selbst." Während
vierzig Jahrhunderten hatte der Mensch dieß Gesetz in seinem
Herzen erstickt. Aber plötzlich erwacht es wieder und zwar in
wahrhaft göttlicher Fülle, weil — und dieß ist besonders merkwürdig — der Herr die Nächstenliebe, die Güte, die Sanftmuth,
die Liebe, lauter Tugenden, von denen man bisher nichts wußte,
nicht als Pflichten vorschreibt, sondern als Seligkeiten bezeichnet.

---

1) Matth. c. XVIII. v. 21. 22. — 2) Matth. c. VI. v. 1—4.
3) Luc. c. VI. v. 38.

Jesus Christus beginnt nicht damit, das arme Menschenherz zu verfluchen und zu verwünschen, das schwach und verwirrt, oft sogar böse, dann aber immer in seiner Bosheit, weil nicht dazu geschaffen, unglücklich ist: nein, in ewig anbetungswürdiger Weise beginnt er mit lauter Seligkeiten, mit lauter Seligkeiten der Liebe.

Der Mensch hatte bisher in der Befriedigung böser Leidenschaften sein Wohl und sein Glück gesucht und zu finden geglaubt. Jesus zeigt ihm, daß es nur in den Tugenden zu finden und zwar in solchen, die gar leicht auszuüben sind, in den tiefsten und zugleich reinsten menschlichen Neigungen, in der rechtmäßigen Liebe, welche annähert, vereinigt, Schranken beseitigt, welche die Einheit herbeiführt im Glauben, im Herzen, in der Seele, das heißt in der Nächstenliebe.

Wir können nicht genug hervorheben, daß Jesus Christus in Beziehung auf die Seelen nicht das aufsucht, was trennt, sondern das, was vereint, den Funken, um ihn wieder anzufachen, den Rest von Gutem, Wahrem und Reinem, der noch vorhanden, um ihn zu bessern, zu veredlen, gottähnlicher zu machen. Das Natürliche im Menschen verdammt er nicht; nein, er sucht es auf, er will es von Schlaken reinigen und an der Hoffnung auf Glückseligkeit, die er ihm liebreich verspricht, wieder aufrichten.

„Selig die Barmherzigen, denn auch sie werden Barmherzigkeit erlangen! Beati misericordes, quoniam et ipsi misericordiam consequentur!"

„Selig die Sanftmüthigen, denn sie werden das Erdreich besitzen! Beati mites, quoniam ipsi possidebunt terram!"

„Selig sind die Friedfertigen, denn sie werden Gottes Kinder heißen! Beati pacifici, quoniam filii Dei vocabuntur!"

„Selig, die reines Herzens Herzens sind, denn sie werden Gott schauen. Beati mundo corde, quoniam ipsi Deum videbunt!"

Wer hier auf Erden bedarf nicht der Sanftmuth, der Reinheit, des Mitleids, des Friedens? Die am glücklichsten scheinen, verbergen oft in der Tiefe ihrer Seele die bittersten Schmerzen und vergießen im Verborgenen die reichlichsten Thränen. Gerade die Reichen empfinden oft eine unerträgliche Oede und wissen sich nicht zu retten. Sind sie aber Anderen gegenüber barmherzig, sanftmüthig, friedfertig, so werden sie in gleicher Weise behandelt werden und Befriedigung finden; auf Erden werden sie geliebt, zum Himmelreich berufen und Kinder Gottes geheißen werden.

Mit dieser Verheißung des Glückes aber verbindet der Herr den Hinweis auf den Himmel. Mit der innigsten Rührung ruft er seinen Jüngern zu:

„So seid denn vollkommen, wie euer himmlischer Vater vollkommen ist! Estote perfecti, sicut et pater vester coelestis perfectus est."

Damit sagte er ihnen: Alles, was ihr bedürft, was euch bewegt, wonach ihr strebt, wird euch gewährt werden durch die Tugend! Er sagte ihnen: Ihr alle seid arm: Nun denn die ewige Herrlichkeit wird euer Erbe sein und ihr werdet das Erbreich besitzen. Ihr seid des Trostes bedürftig, des Mitleids, der Sättigung, des Friedens, ihr wollt Gott schauen, von Gott geliebt werden. Nun denn: Gott wird euch lieben, ihr werdet ihn einst von Angesicht zu Angesicht schauen, ihr werdet seine Kinder sein und alle jene Güter werdet ihr empfangen, wenn ihr eueren Nächsten liebt. Hätte Christus nichts weiter gesagt, so wäre es göttlich, göttlich in jeder Beziehung gewesen. Denn wenn Gott auf Erden erscheinen sollte, so konnte es nur sein, um die Menschen gut und glücklich zu machen, um ihnen mit der Tugend das Glück zu bringen.

Mit einem Male werden die reinsten, die einfachsten, die natürlichsten und doch auf Erden unbekannten, fremden, ja gehaßten Tugenden, werden alle Tugenden als Seligkeiten und zwar als himmlische Seligkeiten eingeflößt. Ueberall werden die Liebe zu Gott und dem Nächsten, überall Trost und Barmherzigkeit — und zwar, wie gesagt nicht als unerläßliche Pflichten, sondern als Seligkeiten, — mit der größten Bestimmtheit und zugleich mit der größten Sanftmuth in den Vordergrund gestellt und damit dem tiefsten Bedürfniß der Menschheit und den heimlichsten und glühendsten Wünschen der gequälten menschlichen Natur Genüge geleistet. Auf diese Weise schafft der Heiland eine neue Welt und bevölkert den Himmel mit guten und liebenswerthen Wesen, die schon auf Erden Gott und sich unter einander geliebt haben.

Ein solcher Anfang ohne jede Spur von Aengstlichkeit oder
Schwanken konnte nur das Werk eines Gottes, nicht eines Menschen sein. Er war der erste Strahl jenes glorreichen Sonnen-
aufgangs am heitersten, klarsten Tage, dessen Morgenröthe Johannes des Täufers Vater mit den Worten begrüßte: „Durch die
innigste Barmherzigkeit unseres Gottes, in welcher uns heimgesucht
hat der Aufgang aus der Höhe, um denen zu leuchten, die im
Finstern und Todesschatten sitzen, und unsere Füße auf den Weg
des Friedens zu leiten."/

XII.

Ich kann mir nicht versagen, hier mit einigen Worten des
glühenden Eifers Erwähnung zu thun, mit dem die Jünger des
Herrn sich dem glorreichen Apostolat der Barmherzigkeit, das er
vor ihnen öffnete, hingaben und im Namen des Herrn Jesu
Christi die herrliche Lehre von der allgemeinen Brüderlichkeit der
Menschen überall verkündeten, durch welche alle die von dem
Egoismus erfundenen und von dem Hochmuth als unübersteigliche
Hindernisse gegen das Mitleiden und die Menschlichkeit aufgerich-
teten abscheulichen Schranken niedergeworfen werden.

Schön ist es zu sehen, wie der heil. Paulus im Gegensatz
zu den Philosophen, die entweder zu dergleichen Unwürdigkeiten
schwiegen, oder in niedriger Gesinnung dieselben zu rechtfertigen
suchten und während die ganze Welt solcher brutalen Gewalt sich
unterwarf, als ächter Apostel Jesu Christi kühn seine Stimme
erhob, Verwahrung einlegte gegen alle jene unmenschlichen Unterscheidungen, offen verkündete, daß er der Griechen und Nicht-
griechen, der Weisen und Ungelehrten (Graecis et Barbaris,
sapientibus et insipientibus debitor sum) der Herren und
der Sklaven Schuldner sei, und mit Bestimmtheit Allen erklärte,
daß es auf der durch die Lehre und das Blut des Erlösers wieder-
geborenen Erde nur eine große Familie von lauter Brüdern geben
könne, welche einmüthig den himmlischen Vater preisen, sich unter
einander zärtlich lieben und gegenseitig sich liebevoll Handreichung
thun./

Dem schönen und fruchtbaren Gedanken der Vereinigung aller

Menschen in Christo Jesu entsprangen denn auch die schönsten Tugenden und es ist entzückend, dieselben im Einzelnen zu verfolgen.

Welches Erstaunen mußte es in der Welt erregen, wenn St. Paulus Worte, wie die folgenden, an die neuen Christen richtete:

„Lieben Brüder, die Bruderliebe bleibe unter euch."

„Die Gastfreundschaft vergesset nicht gegen Fremde und Reisende."

„Gedenket der Gefangenen, wie Mitgefangene und der Mühseligen, wie selbst noch in einem der Mühsal unterworfenen Körper Befindliche."

„Vergesset nicht, mildthätig zu sein und theilet euren Brüdern mit von Allem, was ihr habet. Dadurch erwirbt man sich das Wohlgefallen Gottes."

„Euer Ueberfluß helfe ihrem Mangel ab, damit Alles unter euch gleich sei und Keiner Noth leide. Daß der, welcher viel hatte, nicht mehr habe wie die Anderen und der, welcher wenig hatte, nicht weniger."

„Daß der, welcher Almosen vertheilt, mit demüthigem und einfachem Herzen vertheile und der, welcher den Armen beisteht, mit Sanftmuth und Freundlichkeit beistehe."/

„Eure Barmherzigkeit sei ohne Falsch. Verabscheuet das Böse und bemühet euch, das Gute zu thun. Liebet einander mit brüderlicher Liebe, mit Achtung kommet einander zuvor. Seid nicht träge im Eifer; seid inbrünstig im Gebet; dienet dem Herrn. Erfreuet euch in Hoffnung, seid geduldig in Trübsal; den Heiligen kommet zu Hülfe in ihren Nöthen; befleißet euch der Gastfreundschaft; segnet, die euch verfolgen, segnet, und fluchet nicht; freuet euch mit den Fröhlichen und weinet mit den Weinenden; trachtet nicht nach hohen Dingen, sondern haltet es mit den Niedrigen; befleißet euch des Guten nicht nur vor Gott, sondern auch vor allen Menschen."

„Wenn es möglich ist, so habet, so viel an euch liegt, Friede mit allen Menschen; rächet euch selber nicht, sondern gebet dem Zorne (Gottes) Raum; vielmehr wenn dein Feind Hunger hat, so speise ihn, wenn er Durst hat, so tränke ihn; mit einem

Wort: laß dich nicht vom Bösen überwinden, sondern überwinde durch das Gute das Böse."

„Ja meine Brüder, liebet euch mehr und mehr unter einander in der Einfachheit des Herzens. In Kraft dieser neuen Empfindung sei Einer mildthätig für den Anderen, vergeltet nicht Böses mit Bösem, sondern im Gegentheil, segnet, die euch fluchen; denn ihr seid berufen zum Wohlthun und zur Bruderliebe: Fraternitatis amatores, benedicentes."

Auf diese Weise wurden denn die so süß klingenden Namen: „Der Nächste, der Bruder" durch die Kraft Jesu Christi in der Welt eingebürgert, um für alle Zeiten an die Stelle jener Menge von häßlichen Bezeichnungen und grausamen Unterscheidungen zu treten, die so lange das Unglück des größten Theils der Menschheit ausgemacht hatten. Jene zärtlichen Namen, deren Entstehung offenbar eine göttliche und deren Wirksamkeit eine unwiderstehliche ist, würden nicht nur für kurze Zeit das Glück der Welt entschieden, sondern für alle Ewigkeit den Frieden und das Glück aller Menschen fest begründet haben, wenn die Menschen Jesu Christo hätten gehorchen wollen.

Egoismus und Hochmuth finden sich ja leider troß des Christenthums ohne Zweifel noch immer auf Erden, aber eben so wenig ist zweifelhaft, daß sie durch Jesum Christum in des Herzens Grund tödtlich verwundet worden sind. Seitdem können Egoismus und Hochmuth sich nicht mehr als das öffentliche Recht hinstellen und troß des heimlichen Murrens der Eigensucht und troß des heftigen Widerspruchs der in dem Hochmuth und dem Haß begründeten Leidenschaften hat man sich wohl oder übel der Macht dieser wohlthätigen Namen unterwerfen müssen und muß es noch, so daß für jeden Menschen, sobald ihm das Licht des Christenthums aufgegangen, in dieser Welt kein Mitglied der großen Familie des Menschengeschlechts ein Fremder, ein Unbekannter, ein Gleichgültiger, am wenigsten aber ein Feind sein kann. Alle, ohne Ausnahme und ohne Unterschied, haben ein heiliges Anrecht an unsere Liebe.

Nach der Erklärung Jesu Christi sind demnach nicht nur diejenigen, die ihr Freunde nennt, oder die durch die Bande des Blutes mit euch verbunden sind oder die euch Wohlthaten er-

wiesen oder Dienste geleistet haben, eure Nächsten, eure Brüder,
sondern auch diejenigen, von denen euch der Name, die Abkunft
oder die Wohnung unbekannt sind. Besonders wenn sie unglücklich sind, könnt ihr weder eure Blicke noch euer Herz von ihnen
abwenden, ohne euren Glauben zu verleugnen. Sogar denjenigen,
der euch nicht liebt, der euch Böses zugefügt, dürft ihr nicht
hassen; oder vielmehr, ihr müßt ihn lieben; leidet er, so müßt
ihr Mitgefühl für seine Leiden haben, und wenn er weint, seine
Thränen trocknen, ja sogar erforderlichen Falls mit ihm weinen.
Ist er arm, so müßt ihr euer Gut mit ihm theilen; flucht er
euch trotz eurer Wohlthaten, so segnet ihn; verfolgt er euch trotz
eurer Geduld, so betet für ihn und, wenn es den Anschein hat,
als wolle er ganz zu Grunde gehen, so bittet Gott mit Seufzen
um seine Errettung. Nur so seid ihr die wahren Kinder des
Allerhöchsten, der seine Sonne scheinen läßt über Gute und Böse,
und regnen läßt über Dankbare und Undankbare; denn auch
diese, die Bösen und die Undankbaren sind eure Nächsten, eure
Brüder.

Solcher Art ist die wunderbare Macht, die Tiefe und göttliche Kraft jener geheimnißvollen Namen, die offenbar vom Himmel herabgekommen sind, um das Aussehen der Welt zu ändern,
um Egoismus und Hochmuth ins Herz zu treffen, um die Herzenshärtigkeit des menschlichen Geschlechts zu überwinden und um
den Triumph der Barmherzigkeit vorzubereiten.

Ihr Weltleute sprecht, und sprecht uns seit einem Jahrhundert, viel von Humanität und Philanthropie und auch die öffentlichen Redner rühmen mit prächtigen Worten die Brüderlichkeit
und die Gleichheit; diese Dinge sind uns aber keineswegs unbekannt; ihr habt sie vielmehr, wenn ihr erlaubt, von uns gelernt,
von uns, von unseren Vätern, von unseren Aposteln, von unserem
Gott, der zuerst der Welt die neue, bis dahin unbekannte Bedeutung derselben geoffenbart hat. Jene Worte, für die ihr jetzt
eine so große Vorliebe zu haben scheint, haben erst durch uns den
neuen und wohlthätigen Sinn bekommen, der sie euch in so
hohem Grade empfiehlt.

Um in dieser Beziehung die niedrige und im höchsten Grade
verderbte Gesinnung der Welt zu verbessern, mußte man der

menschlichen Sprache Gewalt anthun und gewöhnlichen Worten eine fast überirdische Bedeutung beilegen. Ohne Jesum Christum, ohne unsere Apostel, ohne das Blut unserer Märtyrer, würde auch heute noch das Wort Humanitas nichts weiter bedeuten, als die Höflichkeit und das gefällige Wesen der alten Heiden. Jesu Christo allein dankt ihr die Gefühle von Humanität und Wohlthätigkeit, mit denen ihr gegen ihn zu Felde zieht; ohne ihn würden euch Mitleid, Gerechtigkeit, Gefühl noch ganz unbekannte Dinge sein; Erbarmen wäre heute noch in eueren Augen ein Laster, Armuth ein Verbrechen und Mitleiden eine Schwäche.

Eine solche Umwälzung in der Redeweise schien den Aposteln Christi nicht einmal durchgreifend genug, um mit Sicherheit eine Umwälzung der Sitten hervor zu bringen. Obgleich diese neuen Worte erhaben klangen und den mildernden Einfluß der evangelischen Gnade deutlich erkennen ließen, so schienen sie den Aposteln doch noch zu gewöhnlich und zu hart; wenn sie auch auf Erden zuerst von Humanität, von Brüderlichkeit, von Wohlthätigkeit sprachen, so sahen sie doch voraus, daß die Humanität immer ein kühles Gefühl bleiben, die Philanthropie beinahe immer unfruchtbar sein, die Wohlthätigkeit leicht einen Beigeschmack von Hochmuth und Eigennutz haben könne und daß selbst die Brüderlichkeit einer edelmüthigen, aber einen Augenblick durch trügerische Lehren verblendeten Nation zum Vorwand dienen werde, um dem blutdürstigsten Hasse zum Triumphe zu verhelfen, die besten auf das Blutgerüst zu bringen und das eigene Vaterland mit Jammer und Verwüstung zu erfüllen.

So erklärt es sich, warum die ersten Prediger des Evangeliums dem Ausdruck „Liebe", so wie Jesus Christus ihn versteht, den Vorzug gaben.

Liebe sagt mehr, sagt besser, sagt Alles; die Liebe ist demüthig, ist rein, ist voll Eifer und Glut, die Liebe vergißt sich selbst, erniedrigt sich ohne Hochmuth; die Liebe scheuet den Anblick der Armen nicht und sucht in das Geheimniß und in die Einzelheiten ihres Elends einzudringen, nicht geschäftsmäßig, verächtlich und von Weitem wirft sie ihnen ihren Ueberfluß zu ohne Wahl und Unterscheidung; die Liebe ist zartfühlend, ist erfinderisch, hat Zutrauen, sie erschöpft sich nicht in Ziffern und zeigt ihren Eifer nicht in Aufstellung von Rechnungen und statistischen Zahlen, nein sie spendet ihre Wohlthaten nach allen Seiten ohne Maaß, und wenn sie Alles gegeben hat, so gibt sie sich selbst noch hin; die Liebe ist außerdem geduldig, sanft und friedfertig, sie leidet Alles, sie glaubt Alles, sie hofft Alles, nie denkt sie Böses und ärgert sich nicht an dem Guten, das von Anderen geschieht und brüstet sich nicht mit dem, was sie selbst thut; sie handelt ohne Nebenabsicht, ohne Ehrgeiz, sie läßt sich nicht erbittern, sie ist ohne Anmaaßung; die Liebe endlich ist ein Glück für den, der sie übt und wird so für diesen selbst zuerst zur Wohlthat; Ueberdieß ist aber die Liebe zugleich die gebieterischste und süßeste Pflicht und die heiligste und edelste Tugend der Religion Jesu Christi.

/ Dieß ist das Wesen der Lehre des Evangeliums. Im Anfang erregten diese göttlichen Lehrsätze, als sie zum ersten mal in der Welt vernommen wurden, stummes Erstaunen. In Griechenland, in Italien war man überrascht, betreten. Der Areopag und der Senat hielten es endlich an der Zeit, nach diesem Jesus, diesen Juden, diesen Fremdlingen, die solche sonderbaren Lehren zu verkünden wagten, sich näher zu erkundigen. Aber vergeblich versuchten nun die jüdische und heidnische Gelehrsamkeit und Gottlosigkeit diese göttliche, aber unbequeme Stimme nicht nur auf den Lippen, sondern auch in den Herzen der Prediger des Evangeliums zu ersticken; es war zu spät. Die Liebe, wie sie das Christenthum lehrt, sollte den Sieg davon tragen.

Schließlich mußte man nachgeben und Rom und die ganze Welt riefen Beifall, als bald darauf der heil. Paulus wie ein Engel Gottes seine Stimme erhob und, von der Höhe des Evangeliums aus alles menschliche Geschrei übertönend, im Namen Jesu Christi den Lobgesang der triumphirenden Liebe erschallen ließ, und also sprach:

„Wenn ich die Sprachen der Menschen und Engel redete, aber die Liebe nicht hätte, so wäre ich wie ein tönendes Erz und wie eine klingende Schelle. Und wenn ich alle meine Güter zur Speisung der Armen austheilte und wenn ich meinen Leib dem brennendsten Schmerz hingäbe, hätte aber die Liebe nicht, so nützte es mir nichts.

Und wenn ich die Gabe der Weissagung hätte und wüßte

alle Geheimnisse und besäße alle Wissenschaft, und wenn ich alle Glaubenskraft hätte, so daß ich Berge versetzen könnte, hätte aber die Liebe nicht, so wäre ich nichts."

Endlich schloß St. Paulus wie verzückt den erhabenen Lobgesang mit den Worten:

„Die Liebe wird nicht sterben! Charitas nunquam excidit. Der Glaube und die Hoffnung werden vergehen, aber die Liebe wird bleiben!"

„Der Glaube, die Hoffnung, die Liebe sind die drei göttlichen Tugenden, die da bleiben und mit ihrem reinen und sanften Licht, dem dunkeln und vergänglichen Dasein der gegenwärtigen Welt zur Leuchte dienen. Nunc autem manent spes, fides, charitas, tria haec; aber das größte unter diesen ist die Liebe! Major autem harum est Charitas! Die Liebe ist die wohlthätige Mutter dieser Welt und die unsterbliche Königin der zukünftigen."

Auch dort, im Himmel, herrscht, regiert, triumphiert die Liebe; und zwar die Liebe allein. Der Glaube ist verschwunden; sein mit Finsterniß vermischtes Licht ist aufgegangen in dem unsterblichen Glanz der stets ohne Wolken leuchtenden Sonne der Wahrheit, welche die ewige Stadt erhellt. Auch die Weissagungen hören für immer auf. Es gibt keine Zukunft mehr, die sie verkünden können, sie verkünden nur immer wieder den stets gegenwärtigen Ruhm des ewigen Tags.

Selbst die Hoffnung ist an der Schwelle des himmlischen Jerusalems stehen geblieben, sie mußte dem vollen, unbestrittenen, vollkommenen Besitz des höchsten Gutes weichen. Die Geduld, welche den Himmel erobert hat, findet dort keinen Platz, da es dort keine Leiden mehr gibt. Alle die durch Ergebung und Harren geübten Tugenden treten die Herrschaft an die Liebe ab. Die Liebe allein ist ewig, unveränderlich, selig, wie Gott, oder vielmehr die Liebe ist Gott: Deus charitas est!

Dieß ist Jesu Christi Lehre von der Liebe. Und so hat der Heiland dieselbe im Herzen des Menschen entzündet.

XIII.

Hier unten gibt es verschiedene Arten der irdischen Liebe und Freundschaft. Einige sind von Gott besonders eingesetzt: Die Gattenliebe, die Vater- und Mutterliebe, die Kindesliebe, die Geschwisterliebe.

Diese erhabenen Empfindungen und Neigungen brauchte der Herr nicht erst im Herzen des Menschen zu entzünden. Sie waren — da Gott nicht zugelassen hatte, daß der Mensch sich so weit verirre — nicht gänzlich erstickt, aber sie waren doch außerordentlich getrübt. Im tiefsten Grunde der Menschennatur, da wo der Mensch, wohl oder übel, immer wieder dem Gott, der ihn geschaffen, begegnet und ihn findet, erhielt sich der Funke, und gerade diese letzten Ueberreste der göttlichen Flamme hat der Herr gesammelt und aufs Neue angefacht, um jene Neigungen wieder in dem Herzen des Menschen zu beleben, die durch ihre erste Einsetzung geheiligt sind und hier auf Erden den Grund der Familie ausmachen, welch' Letztere hinwiederum vorzugsweise Gegenstand der Sorge des Himmels und der Gesetze Gottes und das ewige, erste und letzte Ziel derselben ist.

Hören wir, wie der Herr diese Gefühle wieder erhebt, sie adelt, dem Herzen der Menschen anpaßt und durch einzelne entscheidende Züge feststellt und heiligt.

Was zunächst die Gattenliebe betrifft, so ist es bekannt, daß in der Zeit der vollständigen Schuldlosigkeit im irdischen Paradies Gott selbst die erste Ehe, die unserer Stammeltern, segnete; nicht weniger bekannt ist, mit welcher Freude und Bewunderung der erste Mensch die Gefährtin, die Gott ihm zuführte, begrüßt hat:

„Das ist doch Bein von meinem Beine und Fleisch von meinem Fleische und man wird sie Männin heißen darum, daß sie vom Manne genommen ist, und der Mann wird Vater und Mutter verlassen und seinem Weibe anhangen, und sie werden ein Fleisch sein."

Geben diese wenigen oder merkwürdigen Worte der Ehe nicht eine besondere Weihe? Begründen sie nicht auf einmal die Einheit, die Heiligkeit, die Treue, die fromme Ehrerbietung und die natür-

liche und nothwendige Unterordnung in derselben? Bewunderungswürdig ist, daß Gott dieß ewige Gesetz für die Ehe und ihre
unauflösliche Einheit dem Manne selbst in den Mund legt, um
ihm, der am meisten Gelegenheit hat, diese schöne Ordnung zu
brechen, mit festeren Banden an sie zu knüpfen. Auf diese
Weise erscheint jenes Gesetz selbst als der freiwillige Ausdruck
der innersten Natur des Mannes und seiner ersten Liebe; denn
es bricht unmittelbar und ohne äußeren Zwang aus seinem
eignen Herzen hervor.

Gott konnte beiden Theilen unmöglich deutlicher zu verstehen
geben, wie heilig, wie innig, wie tief, wie zärtlich, wie unver-
letzlich diese menschlichen Verbindungen sein sollten.

Wir wissen aber auch, daß dieß schöne Gesetz nicht lange
geachtet worden ist. Mit dem Glück und der Unschuld jener
ersten Tage verschwand auch bald die Unverletzlichkeit und der
Ruhm der wohlthätigsten Einrichtung des Schöpfers. Mit dem
Manne sank aber auch bald seine Gefährtin von ihrer Höhe
herab.

Die Nacht des Heidenthums bedeckte Alles mit tiefer Finsterniß.
Unmöglich ist es zu sagen, wie tief und bis zu welcher Schmach
diese menschlichen Verbindungen herabsanken; und gerade da, wo
die Civilisation am glänzendsten, da war die Verderbniß am
größten.

Nach menschlichem Ermessen gab es dagegen kein Mittel.
Nur von Gott konnte Hilfe kommen, und sie wurde der Menschheit nicht versagt. Dank sei es dem Gott des Evangeliums, die
Ehe hat durch seine Hand mit einem Male die Würde, die
Lieblichkeit und die Unauflöslichkeit der ersten Einsetzung wieder
erlangt und wie es nichts Reines und Edles gibt, was durch den
Segen des Erlösers nicht reiner und edler, nichts Hohes, das
nicht erhabener, nichts Heiliges, das nicht heiliger würde, so hat
er zu Kanaan nicht nur der unschuldigen Hochzeit zweier armer
junger Leute die Ehre seiner Gegenwart geschenkt, sondern hat
auch durch ein glänzendes Wunder die Festfreude wesentlich erhöht, nicht lange darauf aber dem ehrwürdigen Verhältniß die
höchste Würde verliehen, demselben durch Erhebung zum Sacrament
einen neuen erhabeneren Charakter beigelegt, dasselbe in einer

Weise geheiligt, daß es ein Theil des Gottesdienstes wurde, ihm durch die Macht der heiligsten Gesetze Schutz gegen die Ungeduld und die Laune der Leidenschaft gewährt, und die Einheit der Ehe, ihre Unauflöslichkeit, ihre Heiligkeit sowohl durch die Drohung mit den strengsten Strafen als auch durch das Versprechen der glorreichsten Vorrechte für ewige Zeiten festgestellt.

Die Einheit der ehelichen Verbindung (Monogamie) war trauriger Weise längst außer Acht gelassen und selbst das Gesetz im alten Bunde war nachsichtig in dieser Beziehung, ad duritiam cordis. Jesus Christus führt die Ehe auf ihre ursprüngliche Einrichtung zurück, legt aber, nach Wiederholung der ersten Einsetzungsworte: „Der Mann wird Vater und Mutter verlassen und seinem Weibe anhangen, adhaerebit uxori suae" auf die folgenden Worte: „So sind sie also nicht mehr Zwei, sondern Ein Fleisch et erunt duo in una carne" einen besonderen Nachdruck. Hiedurch wird die ursprüngliche Anordnung der Einheit wesentlich verstärkt und jede unwürdige Vielweiberei auf das bestimmteste verurtheilt. Sie werden zwei sein in einem Fleisch, aber nicht mehr als zwei, und ihre Verbindung wird eine so innige, eine so vollkommene sein, daß sie wie Zwei in einem, duo in uno oder vielmehr, wie Jesus sich verbessernd fortfährt, nicht mehr Zwei, sondern Eins sein; das heißt sie sollen nicht nur ein gemeinsames Geschick haben, sondern sie sollen auch ihrer Natur nach innig verbunden sein und fast in einander aufgehen. Alles bei ihnen soll Eins sein, ein Herz, eine Seele, ein Leib, ein Leben, jam non duo, sed una caro.

Die Unauflöslichkeit aber wird durch die weiteren Worte Christi: „Was nun Gott verbunden hat, das soll der Mensch nicht trennen", noch besonders betont und lediglich Gott anheimgestellt, nach seinem Wohlgefallen eine Trennung durch den Tod herbeizuführen: Quod ergo Deus conjunxit, homo non separet.

Ja, als die Jünger sich wunderten, erklärte Jesus bestimmt, daß es also von Anfang an verordnet gewesen, ab initio fuit sic, und daß nur die Herzenshärtigkeit eines rohen Volkes: ad duritiam cordis, die Abweichung davon in dem alten Gesetz veranlaßt habe.

Das Gesetz selbst und seine Begründung in der höchsten
Vernunft kann nicht einfacher, bestimmter und großartiger verkündet werden. Gott hat sie (die Gatten) vereinigt; Eins für
das Andere und zugleich für Sich Selbst geschaffen. In ihrer
Vereinigung sind sie ein Theil der Schöpfung und Seiner Willens-
äußerung; es wäre somit ein Angriff gegen das göttliche Werk
selbst, eine Störung des Schöpfungsplanes, wollte man die Einheit zwischen ihnen aufheben, sie trennen. So weit kann die
Befugniß des Menschen nicht gehen. Quod ergo Deus conjunxit, homo non separet.

Unmöglich scheint es, die Schranke, welche zum Schutz der
öffentlichen Sittlichkeit und zur Sicherung der ehelichen Liebe
dienen sollte, tiefer zu begründen und fester aufzurichten, unmöglich auch, die Quelle des menschlichen Geschlechts und jene
geheimnißvolle Gemeinsamkeit, deren Kraft und Ehrenhaftigkeit
lediglich in der Einheit und in der Unauflöslichkeit beruht, wirk-
samer zu schützen.

Bossuet, der allen Dingen mit klarem Blick auf den Grund
geht, sagt: „Eine Theilung der ehelichen Liebe findet
nicht mehr statt, eine so heilige Gemeinsamkeit hat keine andere Grenze als den Tod und die Kinder können nicht erleben,
daß ihre Mutter verjagt werde, um an ihre Stelle eine Stief-
mutter zu setzen" und fügt dem hinzu: „In der Treue, der
Heiligkeit, dem Glück der Ehen ist das Gesammtwohl und das
Gedeihen der Staaten begründet. Jenes Gesetz hat daher ebenso
wohl eine politische als eine moralische und religiöse Bedeutung."

Es kam zunächst in der That darauf an, dem Glück der
Familie und allen Neigungen in derselben eine feste Grundlage
zu geben; das Weib aus der Erniedrigung, in welche es gestoßen
worden, zu erheben, ihm seine ursprüngliche Stelle und Würde
in dem ehelichen Verhältnisse wieder einzuräumen, aus dem
schwachen Geschöpf die geachtete Gefährtin des Mannes zu machen
und den Mann selbst dadurch höher zu adeln, daß seiner Gattin,
seiner Mutter, seiner Schwester, seiner Tochter eine seiner eigenen
Würde angemessene Stellung eingeräumt wurde. Darauf beschränkte sich jedoch Jesus Christus keineswegs. Er legte vielmehr zugleich einen festen Grund für die Sittlichkeit im All-

gemeinen; er setzte der menschlichen Verderbtheit und dem menschlichen Wankelmuth in heiliger Strenge die engsten Grenzen, er zügelte
im Schooße der schwer gefährdeten Gesellschaft die ungeordneten
Leidenschaften. Diese eine weihevolle Stunde im Leben des Mannes
sollte mit einem Wort die ganze Menschheit schützen, segnen und heiligen.

Hierdurch nimmt in der That das evangelische Gesetz im
Namen des Himmels von der glühendsten Fähigkeit der Seele
Besitz, um den Ruhm der jugendlichen Reinheit, die Zierde
der Familie, die Krone der menschlichen Gesellschaft und
die Bürgschaft für das treue Festhalten an der Tugend zu
sichern. Indem die Religion auf diese Weise im Namen
der Tugend selbst die lebhafteste und zugleich süßeste Neigung
adelt, macht sie dieselbe zum voraus zum Trost in den Bitterkeiten des Lebens, zur Stütze der Schwäche und sogar zum
sanften Hilfsmittel der Stärke. Sie zähmt, abwechselnd ernst
und nachsichtig, streng und sanft vermittelst des festen Bandes
einer heiligen Verbindung die Leidenschaft der brausenden Jugend;
sie einigt die Gatten durch Bande, welche nur der Tod zu lösen
im Stande ist, nimmt ihre heiligen Schwüre in Empfang und
erlaubt ihnen eben dadurch, sich einer tugendhaften Lust hinzugeben, eröffnet ihrem Herzen die reizendsten und zugleich heiligsten Hoffnungen und verspricht ihnen, den kurzen Tagen voll
Wonne und Entzücken das Glück einer treuen Freundschaft und
aller Vorzüge einer keuschen Vereinigung und einer heiligen
Gemeinschaft folgen zu lassen, vorausgesetzt, daß sie unter ihrem,
der Religion, Schutze und unter ihren Augen sich nur reiner
Freude und unschuldiger Lust hingeben. /

Für solche unter Gottes Augen geschlossene heilige und ehr-
würdige Verbindung verlangt Jesus Christus die tiefsten und
zugleich zartesten Empfindungen und macht sie geradezu zur
Pflicht. Innige Liebe und unverbrüchliche Treue gebietet er mit
göttlicher Autorität. Ein lüsterner Blick, ein bloßer Gedanke,
ein begehrlicher Wunsch, reichen hin, die Ehe im Herzen zu brechen.
Ewig bewunderungswürdig ist, was unser Herr bezüglich auf eheliche
Keuschheit und Treue und Alles, was damit zusammenhängt, sagt.

Wenn die Keuschheit ein Gut ist und zwar ein Gemeingut
der gesammten Menschheit, ein Schatz der Familien, und wenn

die Unkeuschheit ein Uebel, so kann man letzteres nicht gründ=
licher an der Wurzel fassen, als mit den Worten: „Wenn dich
dein rechtes Auge ärgert, so reiße es aus und wirf es von dir;
wenn deine rechte Hand dich zur Sünde verleiten will, so haue
sie ab und wirf sie von dir; denn es ist dir besser, daß eines
von deinen Gliedern verloren gehe, als daß dein ganzer Leib in
die Hölle geworfen werde."

Uebrigens berührt das Evangelium Alles, was sich auf
Keuschheit und Sittenreinheit bezieht, in zartester Weise und
dennoch mit unübertrefflicher Bestimmtheit. Die Geschichte der
Ehebrecherin, das Gespräch Christi mit der Samaritanerin, das
Gleichniß vom verlorenen Sohne, sind in dieser Beziehung nicht
weniger rein, als die evangelische Verheißung: „Selig sind die
reines Herzens sind, denn sie werden Gott schauen" und als die
Worte: „Lasset die Kindlein zu mir kommen, denn ihrer ist das
Himmelreich." Und dennoch enthalten sie Alles, Nichts ist ver=
gessen: Alles was eine Klippe für die Tugend werden könnte,
der Blick, der Gedanke, der Wunsch, der Fuß, die Hand, das
Auge sind erwähnt. Um jeden Preis soll der Mensch die Keusch=
heit bewahren, denn sie ist in jeder Beziehung göttlicher
Natur.

Wie edel, wie erhaben, wie heilig ist auch die Antwort,
welche der Herr den Sadducäern gibt, als sie ihn wegen des
Weibes fragten, das sieben Männer gehabt haben sollte: „Ihr
irret und verstehet weder die Schrift noch die Kraft Gottes; die
aber gewürdigt werden, an jener Welt und an der Auferstehung
Theil zu nehmen, die werden weder heirathen noch verheirathet
werden, sondern sie werden wie die Engel Gottes im Himmel=
reich sein: Qui habebuntur digni saeculo illo, erunt sicut
angeli Dei in coelo."

Alles dieß, ich wiederhole es, kann nur von dem ausgehen,
der selbst Gott ist. Kein Mensch und kein menschliches Auge
wäre im Stande gewesen, so tief in das Wesen der menschlichen
Natur einzudringen. Jener, ein göttlicher Arzt, vermag es, weil
er da eindringt, wo er geschaffen und die Grundlage selbst ge=
bildet hat und er thut es in der vollkommensten, klarsten, wür=
digsten und zugleich in entzückend einfacher Weise.

Auch die übrigen aus der Familie entspringenden Neigungen übersieht Jesus Christus keineswegs.

Es ist namentlich bemerkenswerth, daß er seine größten Wunder für diese, von Gott selbst eingesetzten Neigungen bewirkt.

Der Elternliebe zu Gefallen erweckt er den Sohn der Wittwe zu Naim und die Tochter des Jairus, heilt er den Sohn des königlichen Hauptmanns zu Kapharnaum und die Tochter des kananäischen Weibes, sowie am Fuße des Tabor den Sohn eines unglücklichen Vaters.

Das Töchterchen von Jairus war zwölf Jahre alt und war das einzige Kind, gerade in dem Alter, wo die Kinder den Eltern die meiste Freude machen. Sobald Jairus Jesum erblickt, wirft er sich ihm zu Füßen, betet ihn an und spricht: „Meine Tochter liegt in den letzten Zügen, ist vielleicht schon todt, komme und lege ihr die Hand auf, daß sie gesund werde und lebe." Die Mutter war klagend am Bette des Kindes geblieben. Voll Mitleiden eilte Jesus dahin und erweckte das Mädchen vom Tode und gab sie den weinenden Eltern zurück.

Wer kennt nicht die Geschichte von Naim? Siehe sie trugen einen Todten hinaus, den einzigen Sohn seiner Mutter, die Wittwe war. In dieser Trauer folgte sie dem Sarge ihres Sohnes; da nun der Herr sie sah, ward er von Mitleiden über sie gerührt und sprach zu ihr: „Weine nicht, noli flere"; das Evangelium aber setzt einfach hinzu: „Und er gab ihn seiner Mutter zurück, reddidit illum matri suae."

Dem Officier von Kapharnaum aber, der ihm sagt: „Komm' Herr hinab, ehe denn mein Sohn stirbt", erwidert er nur: „Geh' hin, dein Sohn lebt, filius tuus vivit." Und der Vater glaubte und ging getröstet nach Hause, wo er seinen Sohn lebend fand.

Sehr einfache und doch ergreifende Worte waren es immer, mit denen der Herr die Thränen der Hilfesuchenden trocknete und ihre herbsten Schmerzen linderte.

Man vergleiche die Geschichte der Kananäerin, jener armen Heidin, deren Tochter er heilte. Sie rührte mit ihrem Flehen, wie die Mutterliebe es nie bringender hervorgebracht hat, bis zum tiefsten Grunde das Herz des Gottmenschen. /

Auch die Geschwisterliebe, deren ich oben Erwähnung gethan, wird in dem Evangelium nicht vergessen.

Für Martha und Maria, die Schwestern des Lazarus, erweckte Jesus den Lazarus vom Tode; „Ach Herr," riefen sie, „wärest du hier gewesen, unser Bruder wäre nicht gestorben." „Euer Bruder wird auferstehen," antwortete Jesus; dann aber betrübte er sich und weinte über den Todten, den er ihnen dann zurückgab. Als aber die umstehenden Juden dieß sahen, riefen sie aus: „Sehet, wie sehr er ihn liebte! Ecce quomodo amabat eum."

Aber nicht nur Wunder hat der Herr den großen Neigungen des Menschenherzens gewidmet, sondern auch Belehrungen von außerordentlicher Tiefe und Bedeutung.

Vor Allem erwähne ich die Verehrung und Liebe der Kinder für ihre Eltern.

Man soll Gott über Alles, aus ganzem Herzen, aus ganzem Gemüthe, aus allen Kräften lieben, und doch sollen die Liebe der Kinder zu den Eltern und die denselben zu leistende Hilfe, sogar dem Tempel und dem Gottesdienste nicht nachgesetzt werden. Der bitterste Vorwurf, welchen der Herr den Pharisäern macht, ist der, daß sie den Anforderungen ihrer falschen Ueberlieferungen gemäß die Kindesliebe und die Ehrfurcht vor den Eltern verwarfen.

Schließlich dürfen wir nicht außer acht lassen, daß der Herr gerade der Familienliebe, der Liebe zwischen Eltern und Kindern und zwischen Geschwistern, die rührendsten und theilnehmendsten Aeußerungen widmet. Von da her entnimmt er, um sein Verhältniß zu den Menschen zu verdeutlichen, die Bezeichnungen, die dem Ohre des Menschen am wohlthuendsten sind, wie Vater, Mutter, Sohn, Tochter, Schwester: „Wenn ihr den Willen thut meines Vaters im Himmel, so seid ihr mir, wie eine Mutter, ein Sohn, eine Schwester."

Nachdem wir nun gesehen haben, welche Stelle Liebe und Güte in dem Herzen Jesu einnehmen und was er Alles gethan, um diese Gefühle in dem Herzen der Menschen durch seine Lehre zu wecken, zu beleben und zu adeln, so mag es jetzt gestattet sein, diese Lehre selbst etwas näher ins Auge zu fassen und die Freundlichkeit, die Liebe zu den Seelen und die wahrhaft göttliche Herablassung, die er mit dem Vortrag dieser Lehren verband, zu erörtern. |

XIV.

Betrachtet man das, was man die Lehrmethode Jesu Christi nennen könnte, näher, so wird man zunächst durch einen wunderbaren Gegensatz überrascht, der sich allein in dem Evangelium in dieser Weise findet. Der Erhabenheit und der Tiefe der von Christo gelehrten Dinge kommen nur die außerordentliche Einfachheit und der Mangel an menschlicher Kunst gleich, mit denen er sie vorträgt.

Nicht auf dem Wege der Speculation und philosophischer Entwickelung, sondern durch unmittelbare Erkenntniß und eine natürliche Anschauung, löst er mit einem Worte die höchsten Aufgaben des Gedankens und des Lebens, ohne anscheinend aus dem gewöhnlichen Gesichts- und Gedankenkreise der Bewohner dieser Erde herauszutreten.

Weder bei dem feierlichen Vortrage seiner Lehren noch in der, freilich immer belehrenden Unterhaltung, bedient sich Christus langer Reden, schwieriger Perioden und Erörterungen; immer sind seine Aeußerungen kurz, einfach, gerecht und doch sanft, bestimmt und doch voll Güte.

Er sucht nie durch Gründe zu überzeugen oder durch eine durchdachte Gliederung von Beweisen und Schlüssen. Das Volk, mit dem er es zunächst zu thun hatte, würde ihn auch nicht begriffen haben. Niemand hat wohl behauptet oder auch nur die Empfindung gehabt, daß dem Evangelium ein System zu Grunde liege. Es hat etwas Widerstrebendes, von einem evangelischen System zu reden. Nein, seine Lehren sind Folgerungen aus den natürlichen Verhältnissen und aus der Tiefe der himmlischen und menschlichen Dinge geschöpft. Deßhalb gehen sie gerade zum Herzen und lassen auch keine Einwendungen zu.

Es sind kurze, unwidersprechliche Lehrsätze, die aber doch nichts Lehrhaftes haben. Man kann nicht sagen, daß die Evangelien sentenziöser Natur seien. Sie gleichen nicht einmal den Sprüchen im Buche der Weisheit. Sie sind einfacher zugleich und gewaltiger. Vor Allem sind sie nicht anspruchsvoll. Bei solcher Kraft und solcher Güte brauchen sie nicht, ja sie können nicht anspruchsvoll sein. Sie sind mit einem Wort ganz und gar göttlich. Ueberall fühlt man den Meister heraus, aber nicht den Lehrmeister, sondern den Meister über die Seelen und über Alles, zugleich aber auch den Vater, den Heiland, den Freund.

Nie macht sich bei ihm ein immer peinliches Streben nach persönlicher Ueberlegenheit bemerklich. Nie hat es den Anschein, als bedürfe der Herr des Kampfes, der Anstrengung, der Waffen, um zu siegen. Er bedarf nicht einmal der Anführung von Gründen, für das was er sagt, denn diese Gründe entsprechen so sehr der Natur der Dinge, daß es überflüssig wäre, sie besonders zu entwickeln. Man fühlt, daß Allen, selbst den einfachsten und eben darum eindringlichsten Sätzen, neben der höchsten Vernunft, die höchste Liebe zu Grunde liegt.

So findet man nie Phrasen oder irgend einen rednerischen Aufputz bei ihm, nie einen philosophischen Anstrich oder einen gelehrten Styl; keinen besonderen Aufwand von Wissenschaft oder Mühe, kurz nichts, was auf einen Weisen, auf einen Philosophen, auf einen Lehrer schließen ließe. Es ist der gerade Gegensatz von Schulgelehrsamkeit, man kann im Gegentheil nichts sich denken, was verständlicher und für Jeden zugänglicher wäre. Es ist ja auch der große Haufe, der belehrt werden soll, und nach dem großen Haufen richtet sich Jesus. Den Einfältigen predigt er Wahrheiten von solcher Tiefe und Erhabenheit, daß auch der feinste Geist nicht bis zu ihren äußersten Gipfeln oder bis in ihre tiefsten Tiefe zu dringen vermag; aber einfach und zutraulich vorgetragen, werden sie von Jedem mit Entzücken begriffen. Dem Anscheine nach durchaus menschlich, übertreffen sie doch, bei eingehender Betrachtung, bei weitem jede menschliche Wissenschaft. Es lohnt die Mühe, diese wunderbare Lehrmethode näher zu betrachten.

Faßt man zunächst die Form, welche dieser Lehrer ganz neuer Art für seine Lehre gewählt, in's Auge, die Worte, in welche er sie einkleidet, die Bilder, Parabeln und Gleichnisse, durch welche er sie erläutert, so bemerkt man mit Erstaunen, daß er sich in dem Gesichtskreis des gewöhnlichsten Lebens bewegt. Nirgends findet sich auch nur eine Anspielung auf die erhabenen Gegenstände des menschlichen Wissens, kaum eine vorübergehende Hindeutung auf eine höhere Welt. Die Dinge, welche den bescheidenen Bewohnern der Städtchen und Weiler in Judäa und

den armen Fischern am See Genezareth am nächsten liegen, führt
er immer im Munde und beständig kehren sie in allen seinen
Reden wieder. Wie gesagt, der Mensch und immer wieder der
Mensch mit allen den gewöhnlichsten Dingen und den einfachsten
Begebenheiten in seinem Leben, bildet den Kreis, in dem sich
die Gedanken dieses Lehrers bewegen.

So hat er zum Beispiel nichts vergessen, was sich auf das
Landleben bezieht. Er spricht vom Landmann und seinem Acker,
von den verschiedenen Arten des Bodens, von der Erndte, von
den Kräutern und dem Stroh, vom Dünger, vom guten und
vom schlechten Saamen. Das gute und das schlechte Erdreich,
der harte und steinigte, der leichte und unfruchtbare Boden; was
dem Feldbau schädlich ist, so jegliche Art von Unkraut, Alles
dient ihm, um den Seelen in der sanftesten und eindringlichsten
Weise die erhabensten Lehren begreiflich zu machen.

Er nennt die Bäume und ihre Früchte und Blätter: so
findet sich im Evangelium der fruchtbare und der unfruchtbare
Feigenbaum, der Maulbeerbaum, das Rohr, das vom Wind in
der Wüste bewegt wird, die Lilie und der Weinstock, das Senfkorn.

Er nennt die Thiere, mit denen der Mensch tagtäglich in
Berührung kommt, den Ochsen, das Kameel, den Wolf und den
Fuchs, den Sperling und den Adler, die Taube und die
Schlange; er unterscheidet die harmlosen und klugen Schlangen
und die zahlreiche und gefährliche Brut der Vipern: progenies
viperarum; den Raben, den Wurm und die Fliege, den
Storpion und vor Allen das Schaf und das Lamm und den
Hund des Hirten; die Henne und ihre Küchlein.

Bilder von der treffendsten Lebendigkeit sind die Schweine
in dem Gleichniß vom verlorenen Sohn, die Hunde in der
Geschichte von Lazarus, die Vögel in Beziehung auf die Vorsehung.

Wie ein Landmann spricht er von den Anzeichen der
Witterung, von gutem und schlechtem Wetter, von den Winden
und den Jahreszeiten, vom Sonnenaufgang und Sonnenunter-
gang; vom Regen, von Flüssen und Strömen, vom Meer und
von Seen; er redet von Knospen und den zarten Sproßen beim
nahenden Frühjahr; vom Blitz, der vom Aufgang zum Niedergang leuchtend dahinfährt, von den Wolken, die von Westen

einherziehen, vom Gewitter, vom Donner; von der Nacht, von
Lampen, von den Sternen; von Netzen redet er und vom Fischfang, vom Nachen und vom Fisch, von Eiern und von Kieseln,
von dem Triebsand und dem festen Gestein; und alle diese Dinge
müssen ihm dazu bienen, um den Geist und das Herz derjenigen,
die ihm zuhören, zu fesseln, zu erfreuen, zu erheben.

Gerne gebraucht er das Bild des Hausvaters, des Haus-
halters und der Rechnung, die er zu legen hat, des Herrn und
seiner Knechte, der Arbeiter und ihres Lohnes, der Diener und
ihres Verdienstes, der Winzer und der Holzhauer, mit ihrer
Schaufel und ihrem Pflug, ihrer Hacke und ihrer Axt. Der
Straßen und Wege erwähnt er, die man verfolgen oder meiden
muß, und wie es darauf ankommt, ob man durch die enge oder
die weite Pforte eingehe.

Selbst das Gold und das Silber nennt er, grobes und
kleines Geld, den Groschen und den Pfennig, das Talent, die
Goldgrube, den verborgenen Schatz, den neuen und den alten
Wein, das Getreide und den Mühlstein, das Mehl und die
Spreu, das Oel, das Faß und den Weinschlauch, den Krug und
das Glas, Kleidungsstücke, altes und neues Tuch, den Mantel,
das Unterkleid, den Quersack, das Hochzeitskleid, den Beutel,
den Gürtel, die Sandale und den Wanderstab; das Gasthaus,
das Wohnhaus, die Hütte, den Boden und die Scheuer, den
Fußpfad und die Hecke; die Lampe, die in der Nacht leuchtet;
mit einem Wort, während er die erhabensten Lehren vorträgt,
tritt man nicht einen Augenblick aus den Kreisen des gewöhnlichen Lebens heraus. Er kennt dessen Freuden und Leiden,
denen man auf dem Wege so zu sagen mit jedem Schritte begegnet; die Hochzeit und die Hochzeitsgäste, den Gatten und die
Gattin, die Gefährten von beiden; die Schmerzen und das Entzücken bei der Geburt eines Kindes; die Kranken und die Aerzte;
die Lahmen, die Blinden, die Tauben, die Stummen, die Gichtbrüchigen, die Aussätzigen, kurz alle Leiden des Lebens, die zum
Tode führen, dessen Zeit und Stunde man nicht kennt. Immer
aber bewegt er sich in den einfachsten und bescheidensten Lebens-
kreisen. Nur von ferne, wie die Leute, zu denen er redet, sieht
er den Hof, mit seinen Hofleuten in reichen Kleidern, die

Schmeichler der Fürsten, die er, wie das Volk es thut, mit Füchsen vergleicht. Er kennt sehr wohl den Luxus und die Verweichlichung der Fürsten und dennoch erklärt er, daß die hart auf das Volk drückende Steuer ihnen gebührt, da ihr Bild auf die Geldmünzen geprägt ist. Aber nicht das menschliche Leben allein, sondern der Mensch selbst liefert ihm die Bilder zu seinen Reden. Das Auge, die Hand, der Fuß, das Ohr, der Kopf, die Haare auf dem Kopfe, sie finden sich immer wieder in seinen Reden und dienen wesentlich dazu, dieselben zu beleben und in unvergleichlicher Weise zu erläutern. Die Männer sagen: „Nie hat ein Mensch gesprochen, wie er spricht," und ein Weib ruft aus: „Selig der Schooß, der dich getragen und die Brüste, die dich genährt haben!"

Dieß war, wie gesagt, der Ideenkreis, in dem sich die Lehre Jesu bewegte; es ist eigentlich von nichts Anderem in dem Evangelium die Rede: Und dennoch, welche erhabenen Wahrheiten von Gott, von der Seele, dem Glauben, dem Zweck des Lebens, dem ewigen Leben und von dem Himmelreich werden in dieser einfachen Form und mit Hilfe jener Gegenstände, welcher den Unwissendsten, dem Volke, der großen Menge bekannt sind, dargestellt! Denn man darf nicht außer Acht lassen, daß Jesus, wenn er auch in seinen Reden, so zu sagen, immer auf der Erde, immer Mensch bleibt, doch immer nur vom Himmel spricht und von dem, was zu ihm hinführt. Bei den einfachsten, dem diesseitigen Leben entlehnten Bildern, handelt es sich doch immer nur um das jenseitige Leben; seine Rede scheint sich ganz auf die Erde zu beziehen, in der That aber kommt sie nicht nur vom Himmel, sondern bezieht sich auch nur auf den Himmel.

Es unterliegt keinem Zweifel, und man hat mit Recht darauf aufmerksam gemacht, daß die Lehre des Evangeliums obgleich anscheinend nur auf den Himmel gerichtet, auch in dem diesseitigen Leben die Grundlage für das Glück der menschlichen Gesellschaft bildet, weil sie die Grundsätze feststellt, welche das Glück bedingen. Aber dennoch ist es richtig, daß Jesus Christus sich nicht unmittelbar damit beschäftigt. „Suchet das Reich Gottes und seine Gerechtigkeit, so wird euch alles Uebrige von selbst zufallen." Er denkt nur an die Seele und Gott, an die Tugend

und die Unsterblichkeit durch die Tugend. Aber auch bei diesen
Hauptsachen steht die Einfachheit des Vortrags auf gleicher Höhe
mit der Erhabenheit der Lehre.

Ohne alles philosophische Gepränge stellt Jesus zum Beispiel
Gott unter dem Bilde eines Vaters dar und hat mit einem
Male Alles gesagt, was die tiefste Wissenschaft von Gott und von
dem Verhältnisse zwischen Gott und dem Menschen zu sagen vermöchte. Denn unter diesem Bilde erkennt man sofort Gott den
Schöpfer, Gott, als die Quelle alles Guten, und Gott, als den,
der allein richtet und vergibt. Diesen Gott, das heißt den Gott,
zu welchem uns die erhabenste und reinste Philosophie hinführt,
offenbart er. Es ist namentlich ein Gleichniß, ein gleichfalls den
allergewöhnlichsten Ereignissen des menschlichen Lebens entnom-
mener Vorgang in dem Evangelium, welcher durch die Tief-
sinnigkeit der durch ihn bewirkten Offenbarung und durch die
Liebe andererseits, welche sich darin kund gibt, für alle Zeiten
dem Verständniß des Menschen, wie ihrem Gefühl zur höchsten
Freude gereichen wird. Wir meinen das Gleichniß vom verlorenen Sohn. Es gibt, wie gesagt, nichts Gewöhnlicheres, es
ist ein Vorgang, wie er nur zu häufig im häuslichen Leben
zwischen Vater und Sohn vorkommt, und dennoch bringt er tief
ein in das Wesen Gottes und des Menschen und zwar nur
deßhalb, weil es sich dabei lediglich um Gott und um den
Menschen handelt.

Wenn Jesus Christus von dem Vertrauen in die Vorsehung
spricht, so geschieht es auch, wie wir gesehen, unter den allergewöhnlichsten, zugleich aber den treffendsten und reizendsteu Bildern.
Die Vögel und die Lilien des Feldes genügen ihm.

Auch das Ziel des Lebens und das Gesetz des Lebens, das,
was Jesus Christus das Himmelreich nennt und was den Haupt-
gegenstand seiner Predigten und somit auch die wichtigste Frage
für den Menschen ausmacht, stellt er gleichfalls unter den be-
kanntesten Bildern der bescheidensten Lebensweise dar: „Das
Himmelreich ist gleich einem Acker, der Mensch aber, der seinen
Werth erkannt hat, verkauft alles und kauft den selbigen Acker.“
Oder es ist „eine werthvolle Perle, die man um jeden Preis
kaufen muß.“

„Und was hülfe es dem Menschen, wenn er die ganze Welt
gewönne, und litte Schaden an seiner Seele?"

Ebenso stellt er den Fischern von Genezareth die erhabene
und tiefsinnige Lehre von der letzten Grundlage des Moralge-
setzes, daß nämlich jeder nach seinen Werken empfange, unter
dem alltäglichen Bilde des Netzes und der Fische dar. „Das
Himmelreich ist gleich einem Netze, das der Fischer in's Meer
wirft; er nimmt beide heraus, die guten Fische und die schlechten,
aber schließlich behält er die guten und wirft die schlechten
hinweg."

Nichts kann treffender, nichts dem einfachen Sinn des Volkes
entsprechender und nichts — und dieß ist abermals eine be-
merkenswerthe Eigenschaft der Lehrmethode Jesu Christi — er-
greifender sein, als diese Jedem bekannten Bilder, durch die er
seine erhabensten Lehren verdeutlicht.

Wenn ferner Jesus Christus zeigen will, wie gütig Gott ist
und mit welchem Vertrauen der Mensch seine Bitten an ihn
richten soll, so thut er dieß wieder in der einfachsten Weise:
„Wenn dein Kind Brod von dir bittet, wirst du ihm einen
Stein, und wenn es um Fische bittet, einen Skorpion geben?"
Es ist nicht möglich, ein näher liegendes Bild zu finden, nicht
möglich, mit größerer Sanftmuth und Kraft zugleich diese Lehre
dem Menschen, so zu sagen, vor die Augen zu stellen; denn Nie-
mand ist im Stande, sich der unwiderstehlichen Richtigkeit des
Schlusses zu entziehen: „Wenn nun ihr, die ihr arg seid, euern
Kindern nur Gutes gebt, wie viel mehr euer Vater, der im
Himmel ist?"

Das Gleiche gilt von dem berühmten Gleichniß von dem
Splitter und dem Balken. Den Ersteren sieht der Heuchler im
Auge des Nächsten, während er den Andern in seinem eigenen
Auge nicht bemerkt. Hat man je das Herz des Menschen mehr
in's Leben getroffen und hat man je eine der tiefsinnigsten
Wahrheiten unter einem gewöhnlicheren und treffenderen Bilde
gelehrt? Kinder und Greise haben dafür das gleiche Ver-
ständniß.

Nicht anders ist es mit dem Gleichniß von den zwei Blinden, von denen der eine den anderen führen soll. „Wenn ein

Blinder einen anderen Blinden führt, so werden sie beide in die Grube fallen," sagt Jesus Christus. Das versteht sich von selbst. Der Satz ist wieder so einfach wie möglich, zugleich aber ist er ebenso treffend, wie überzeugend und birgt in seinen schlichten Worten die tiefste Weisheit.

Und das Licht unter dem Scheffel? „Stellt man wohl ein brennendes Licht unter den Scheffel? Nein, man stellt es vielmehr auf den Leuchter, damit es das ganze Haus erhelle." Auch hier wieder eine ganz gewöhnliche dem Leben entnommene Bemerkung und doch zieht daraus der Meister die wichtigste Lehre: „So sollen auch euere Werke glänzen und leuchten, damit die Menschen sie sehen und den himmlischen Vater loben."

Um endlich aber die erhabenste Lehre zu verdeutlichen, die dem Menschen überhaupt, namentlich aber dem Priester, ertheilt werden kann, entlehnt Jesus ein Bild aus der Küche, das Bild des Salzes: „Ihr seid das Salz der Erde, wenn nun das Salz seine Kraft verliert, wozu ist es gut, als daß es hinausgeworfen und von den Menschen zertreten werde?

Dieß ist die evangelische Lehrweise, deren der Herr sich stets bedient. Nichts entspricht weniger der Methode, die in den Schulen der Gelehrten üblich, und der gewöhnlichen Art und Weise. Nein, niemals hat ein Mensch in dieser Art gelehrt. Man lese Zoroaster, Plato, Confucius, man wird in ihren Büchern nichts Aehnliches finden. Der menschliche Geist glänzt dort und leuchtet neben mehr oder minder dunkeln Schatten. Aber eine so tiefsinnige Einfachheit, einen so ergreifenden natürlichen Sinn, den volksthümlichen und reinmenschlichen Charakter des Evangeliums sucht man vergeblich darin. Ich muß es wiederholen, die Lehrweise des Herrn hat ihres Gleichen nicht auf Erden.

Aber aus welchem Grunde, warum hat das ewige Wort, welchem Donner und Blitz zu Gebot steht, um das Menschengeschlecht zu zerschmettern, die einfache vertrauliche Form angenommen und die erhabensten Lehren, so wie das vollkommenste Sittengesetz in eine so demüthige und den gewöhnlichsten Verhältnissen des menschlichsten Lebens entlehnte Sprache eingekleidet?

Auch hiefür ist der Grund in der herablassenden und göttlichen Güte zu suchen. Jesus kommt nicht für die großen Geister allein, sondern für die kleinen, das heißt für die große Menge, das heißt für Alle. Deßhalb mäßigt er das göttliche Licht dem gewöhnlichen Verständniß der Menschen entsprechend, und macht aus dem Heile der Seelen keine Frage der Kunst und Wissenschaft, nur für einige Wenige und besonders Bevorzugte zugänglich, sondern eine Frage des gewöhnlichen Menschenverstandes; weil dieser gewöhnliche Menschenverstand ein Gemeingut Aller, wie ja auch das Himmelreich für Alle bereitet ist.

Diese göttliche Anordnung, deren Zärtlichkeit und Barmherzigkeit ihm vollkommen klar war, rührte ihn selbst eines Tages auf das tiefste und veranlaßte ihn zu einem Herzenserguß, in welchem sich seine unendliche Liebe in der unzweideutigsten Weise ausgesprochen und offenbart hat.

„Ich danke dir, mein Vater, daß du diese Dinge den Kleinen, den Unwissenden, dem großen Haufen offenbart und nur den Hoffärtigen verborgen hast; denn so hat es deine göttliche Weisheit und deine göttliche Güte beschlossen."

Aber selbst den Hochmüthigen und Vornehmen gegenüber, verleugnet sich seine herablassende Güte keineswegs, vorausgesetzt daß dieselben ohne Falsch sind. Nikodemus zum Beispiel. Wohl läßt er denselben anfangs seine Schwäche fühlen, demüthigt seinen Stolz und zeigt ihm die Hohlheit seiner Wissenschaft; dann aber offenbart er ihm die Lehre von der Erlösung, das Geheimniß der geistigen Wiedergeburt, und spricht mit ihm von dem Lichte, welches in die Welt gekommen und der Finsterniß, welche dasselbe nicht angenommen.

Von da an bleibt Nikodemus innerlich getroffen, überwunden, überzeugt von der Finsterniß seiner eigenen Werke und für immer gewonnen, ein getreuer Anhänger Jesu.

Bei der Unterredung mit der Samaritanerin zeigt sich ein anderer Gegensatz: eine Frau, eine Frau aus dem Volke, ach! in ihrer Schwäche, in ihrer Verderbniß; auf der andern Seite der Herr, überzeugend, gewinnend, liebenswürdig, voll der rührendsten Versprechungen, dieß alles verbunden mit der imponierendsten Würde. Kaum gewonnen, wird das Weib zum Apostel und

6*

zeigt sofort die uneigennützigste Offenheit und den größten
Eifer.

Sich nach Andern zu richten, zu ihnen sich herabzulassen,
ist der sicherste Beweis von Güte. Die Mutter thut es dem
Kinde gegenüber und es ist dieß gerade ein charakteristischer Zug
der Mutterliebe, welche sich ja so sehr der göttlichen Liebe nähert.
Mit der größten Herablassung thut es der Herr: Das Evangelium ist die süßeste Milch, das kräftigste Brod, welches den
größten Geistern zusagt und den kleinsten, den stärksten und den
schwächsten und welches Alle entzückt, Alle bezaubert und Alle
erleuchtet.

In allem diesem zeigt sich so viel Liebe, so viel Zartgefühl,
Alles ist so sehr aus der Natur und aus den tiefsten Falten
des menschlichen Herzens geschöpft, daß man zur höchsten Bewunderung hingerissen, sich der Ueberzeugung nicht entschlagen
kann, daß nur Gott selbst im Stande war, mit solcher Güte
so tief in alle Einzelheiten des menschlichen Lebens einzudringen.

Welcher Weise hat Aehnliches gethan? Welches Buch spricht
in ähnlicher Art? Welcher Prediger? Nein, kein Prediger,
kein Redner, wie groß er auch gewesen, hat je Aehnliches geleistet.
Niemand war je mit der Wirklichkeit so vertraut; wir sind viel
zu sehr mit uns selbst beschäftigt, als daß wir es vermöchten.
Nur ein Gott konnte seiner selbst so vergessen, um nur an uns zu
denken, konnte einen solchen Werth darauf legen, von uns verstanden zu werden, daß er alle seine Gleichnisse, alle seine
Bilder, seine ganze Redeweise uns und unseren Verhältnissen
entlehnte.

Nur das Wort von Ewigkeit her vermochte es, die erhabenste
Lehre, das vollkommenste Sittengesetz in völlig erschöpfender Weise
in den Raum von wenigen Seiten einzuschließen und in so einfachen, vertraulichen und klaren Worten zum Ausdruck zu
bringen. So zu sprechen, so sich der von Gott geschaffenen und
den Menschen gegebenen Sprache zu ihrer Belehrung zu bedienen,
so in ihrer Sprache zu den Menschen zu sprechen, ist
unbegreiflich; denn Alles im Evangelium geschieht lediglich
für die Menschheit, sogar die Wahl der Form und jedes
einzelnen Wortes.

Das Evangelium ist vor Allem das Buch der Menschheit, dem Orte wo, der Art, wie sie ist, entsprechend, um sie zu erheben, zu adeln, zu reinigen.

In dem Evangelium findet sich nichts, was nicht auf die Besserung und Heiligung der Seelen gerichtet wäre. Die meisten Gleichnisse haben keinen andern Zweck, als die Menschen zu veranlassen, das Himmelreich zu lieben, danach zu streben, das Böse zu hassen, das Gute zu lieben, und kein anderes Ziel als, die Sünder zu retten.

Aehnliches, wie der verlorene Sohn, die Ehebrecherin, Magdalena, die Samaritanerin, der gute Hirte, findet sich sonst nirgends in keinem Buche der Erde, weder in früherer noch in späterer Zeit.

Es ist keine Linie darin, in welcher die Liebe zu den Menschen nicht zu erkennen wäre und zwar die Liebe des Schöpfers, der selbst zum Erlöser wird. Es ist eine durchaus uneigennützige und zugleich die tiefste Liebe; eine Liebe, die in gewisser Weise auf sich selbst keine Rücksicht nimmt, für uns aber keine Grenzen kennt.

Verdammt sind nur die Hochmüthigen, die feindselig und als Verfolger dem Christenthum gegenüberstehen, wie die Pharisäer; verworfen ist nur der heuchlerische und hochmüthige Unglaube.

Schließlich ist noch zu bemerken, daß in dem Evangelium stets aus dem tiefsten Grunde der menschlichen Natur geschöpft ist. Daher erklärt sich denn auch, warum alle die darin vorkommenden Persönlichkeiten, gute wie schlechte, ein gewisse Berühmtheit erlangt haben und in Jedermanns Munde sind: Judas, Petrus, Kaiphas, Pilatus, Herodes, die Pharisäer, die Schriftgelehrten werden immer als Urbilder ganzer Klassen von Menschen gelten und ihre Namen werden von Jahrhundert zu Jahrhundert bis ans Ende dazu dienen, die Verräther, die Feigen, die schlechten Priester und alle, die in allen Nationen und in allen Jahrhunderten einem Kaiphas, einem Pilatus, einem Herodes gleichen, zu brandmarken und der Verachtung Preis zu geben.

XV.

Die Freundschaft ist ein Bedürfniß des menschlichen Herzens, sein Glück und seine Ehre.

Es ist bekannt, daß St. Paulus den Mangel ·des Gefühls als ein besonderes Zeichen der Erniedrigung des Heidenthums betrachtet, und St. Johannes, der vielgeliebte Jünger des Herrn, erklärt, daß der todt sei (manet in morte), der keine Liebe habe.

In der That, das Herz, das die Liebe nicht kennt, schlägt nicht mehr, es hat kein Leben. Man kann sagen, das Herz sei todt, das, in sich selbst verschlossen und in Eigensucht erstarrt, sich für nichts mehr öffnet.

Ist nun auch die Freundschaft nicht das lebhafteste und erhabenste Gefühl, welches das Leben des Herzens nährt, so bewahrt sie dasselbe doch jedenfalls vor dem Tode. Das Evangelium macht uns zwar vor Allem die Liebe Gottes zur Pflicht, ist aber dennoch im Lobe der Freundschaft kaum weniger sparsam.

„Ein treuer Freund, die Brustwehr des Tapfern [1]).

Wer einen solchen gefunden, hat einen Schatz gefunden [2])."

Ferner: „Nichts kann mit treuer Freundschaft verglichen werden. Gold und Silber haben keinen Werth im Vergleich mit dem Glück, das ein treuer Freund gewährt [3])."

Und endlich der wunderbare Satz: „Ein treuer Freund ist ein Mittel für das Leben und für die Ewigkeit [4])."

Es findet ihn aber, wer Gott fürchtet [5]).

Wahrlich, es nimmt mich nicht Wunder, wenn der heil. Augustin ausruft: „Ganz verlassen ist, wer ohne Freund lebt ... Welche Annehmlichkeit, welches Glück, welche Sicherheit gibt es in solchem Leben? Wehe über die Einsamen [6])!"

---

1) Amicus fidelis, protectio fortis.

2) Qui autem invenit illum, invenit Thesaurum.

3) Amico fideli nulla est comparatio, et non est digna ponderatio auri et argenti contra bonitatem fidei illius ....

4) Amicus fidelis, *medicamentum vitae et immortalitatis* ....

5) Et qui metuunt Dominum invenient illum.

6) Omnino solus est, qui sine amico est ... quae jucunditas? quae felicitas? quae securitas? Vae Soli.

Wir sind auch in der That nicht geschaffen, um in solcher Herzensverlassenheit hier unten zu leben. Wir bedürfen, wie dieß gleichfalls die heilige Schrift so schön sagt, in irgend einer Weise einer Seele, die zu unserer Seele paßt (anima secundum animam tuam), ein Wesen, zu dem unser Herz das vollste Vertrauen hegt, das heißt, einen Freund, dem wir Alles sagen, Alles anvertrauen können: ja ich wage zu behaupten, wir bedürfen sogar befreundeter Gesichter, deren Begegnen uns glücklich macht und die selbst erglänzen, wenn sie uns wiedersehen. In solcher Freude vergießt man seine Leiden; man ruht aus; man findet die Erweiterung des Herzens, welche Frieden verleiht.

Wie viele Freundschaften gibt es doch, die in der Jugendzeit, auf der Schule vielleicht, scheinbar leichtsinnig, oft in Folge eines einzigen Blickes geschlossen, dennoch Jahre lang sich erhalten; es beglückt, dieselben am Ende des Lebens wieder zu finden. Sie überdauern Alles. Sie gründen sich eben auf wahre, einfache, aufrichtige Herzensneigung. Später, auf der Höhe des Lebens bietet oft, wenn manch' andere Neigung Schiffbruch gelitten hat, das Herz mannigfach verrathen und verlassen worden ist, und die meisten Erwartungen sich als trügerisch erwiesen haben, nur die treue Brust des alten bewährten Freundes eine sichere Zuflucht.

Da wenigstens sind Täuschungen selten und oft ist es einer solchen Jugendfreundschaft vorbehalten, in den härtesten Prüfungen Trost zu gewähren.

Man weiß, was der bitterste Schmerz war des sterbenden Dichters:

Ich sterbe. Auf das Grab, dem ich mich langsam nahe,
   Fällt keine Thräne eines Freund's.
Leb' wohl geliebtes Land . . . .
Ach mögen die, die meinem Lebewohl sind taub,
   Sich lange deiner Schönheit freu'n.
Sie mögen hochbetagt und tief betrauert sterben
   Das Aug' vom Freunde zugedrückt.

Es gibt wohl auch in der That wenig Menschen, die, unzugänglich für diese letzte süße Empfindung im Leben, die Sehnsucht nach einer solchen Jugendneigung und den Trost, der in ihr liegt, nicht fühlen. Immer macht bei dem Menschen der Wunsch sich geltend, in der Todesstunde nicht allein zu sein. Wir wollen jemand in unserer Nähe wissen, dessen Herz mit dem unsrigen gleichen Schritt gehalten, der der Hauptsache nach auch mit den geheimsten Verschlingungen unseres Lebens vertraut, im Stande ist, uns durch alle Erinnerungen der Vergangenheit zu begleiten und ohne Bitterkeit auch bei der Betrachtung der Gegenwart zu verweilen.

Nein, wahrlich die Freundschaft ist kein leerer Schall. Sie wurzelt tief in dem Herzen des Menschen. Unmöglich konnte sie dem Heiland fremd sein.

Es ist bemerkenswerth, daß Gott schon vor der Menschwerdung Christi, noch ehe er aus seiner Majestät heraustretend zu uns herabgestiegen war, das Gefühl der Freundschaft bis zu sich selbst erhoben und auf diese Weise geheiligt hat.

In den ersten Zeiten finden sich drei Personen, die als Träger der drei erheblichsten Dinge im Alterthum zu erachten sind. Abraham repräsentiert den alten Bund, Moses das Gesetz, Elias die Weissagung. Alle drei nannte Gott seine Freunde und behandelte sie als solche.

Nicht ohne Erstaunen liest man in der heiligen Schrift die Beschreibung der Einzelheiten dieser Freundschaft; denn die Freundschaft setzt immer Gleichheit, eine Gleichheit in der Liebe, ja selbst Vertraulichkeit, nicht aber Unbescheidenheit voraus; was unter Fremden so bezeichnet werden müßte, hört unter Freunden auf, es zu sein. Ganz besonderes Interesse bietet in dieser Beziehung die Freundschaft zwischen Gott und Abraham, bei der eine wunderbare Vertraulichkeit sich nicht verkennen läßt. Abraham nimmt Gott in sein Zelt auf und bittet ihn sein Mahl mit ihm zu theilen, worauf Gott, der im Begriffe ist, eines der größten Strafgerichte in's Werk zu setzen, spricht: „Kann ich Abraham verbergen, was ich thun werde?"

So die Ansprüche der Gastfreundschaft und eines freundschaftlichen Verhältnisses als berechtigt anerkennend, vertraut Gott Abraham die wichtigsten Geheimnisse an. Ein solches Verhalten entspricht auch der Würde Gottes vollkommen. Abraham hätte andern Falls mit Recht sagen können: „Er hat unter meinem Dach geruht, er hat an meinem Tisch gesessen, als mein Gast und mein Freund ist er bei mir gewesen, aber von seinen Plänen hat er mir nichts gesagt, er hat mir Alles verheimlicht."

Denn das Vertrauen ist ein charakteristisches Merkmal der Freundschaft und zugleich ein Beweis von Achtung, ohne welche d'e
Freundschaft nicht gedacht werden kann.

Ein ähnliches Verhältniß bestand zwischen Gott und Moses.
Die Schrift sagt: „Der Herr aber redete mit Moses von
Angesicht zu Angesicht, wie ein Mann mit seinem Freund zu
reden pflegt[1].“

Aehnliches findet sich bei den Unterredungen des Elias mit
Gott; auf der einen Seite zeigt sich eine hingebende und fast
zudringliche Vertraulichkeit, auf der andern aber eine außerordentliche Herablassung.

Dieß alles aber verschwindet dem gegenüber, was wir in
dem Evangelium von dem Herrn hören.

Das Wort, welches Fleisch geworden, war, wie wir dieß bereits gezeigt haben, ist kein abstrakter Gott und nicht unzugänglich
für unsere Augen und unsere Herzen. Er war Mensch geworden,
um in allen Stücken dem Menschen gleich zu werden, mit Ausnahme der Sünde. In ihm war die Menschlichkeit mit der Göttlichkeit eins geworden. Nur die Apollinaristen behaupteten, das
Wort vertrete bei Jesus Christus die Stelle der Seele: es war
dieß jedoch ein großer Irrthum. Jesus Christus hatte vielmehr
eine der unsrigen ganz gleiche Seele, ein dem unsrigen gleiches
Herz, ein menschliches, gefühlvolles, liebreiches Herz, wie das
unsrige, und Alles dieß in einem höheren Maaße, namentlich
aber war seinem Herzen die Freundschaft kein fremdes Gefühl.
Auch er hatte seine Lieblinge, seine Bevorzugten, sein Bedürfniß
einer innigeren Zuneigung und er wollte sie haben. Es wird
darauf in dem Evangelium ein besonderer Nachdruck gelegt. Ja,
einer der Jünger erhielt davon die besondere Benennung: der
Jünger, den Jesus lieb hatte.

Es finden sich davon noch mehrere Beispiele.

Eines derselben, in welchem der Herr ganz besonders den
hohen Grad und die Zärtlichkeit seiner Liebe für die Freunde
zeigt, ist besonders berühmt.

Das Evangelium erzählt, daß Jesus Martha liebte und ihre

---

1) Loquebatur Dominus ad Moysen facie ad faciem, *sicut solet
loqui homo ad amicum suum* . . .

Schwester Maria und Lazarus, ihren Bruder[1]). Er pflegte sie,
seine Freunde zu nennen: „Lazarus, unser Freund schläft," sagte
er, Lazarus, amicus noster, dormit ... Er war gerne bei
ihnen zu Bethanien am Oelberg. Er war dort ihr Gast, wiederholt bereiteten sie ihm die Mahlzeit: Fecerunt ei coenam ibi.
Martha bediente ihn dabei. Martha ministrabat. Maria saß
ihm zu Füßen und hörte ihm zu, so daß Martha sich darüber
beschwerte, daß ihre Schwester ihr die Sorge für das Hauswesen
überlasse. Bei dieser Gelegenheit antwortete ihr der Herr:
„Maria hat das beste Theil erwählt, das ihr nicht genommen
werden soll."

Diese beide frommen Frauen sprachen mit ihm in einer,
wenn auch ehrerbietigen, doch durchaus zutraulichen Weise. Nicht
nur Martha, sondern auch Maria. Lazarus war schwer erkrankt.
Beide Schwestern schickten zu Jesus und ließen ihm nur die Worte
sagen: „Herr siehe, der, den du liebst, ist krank[2])." Diese Worte,
der Ausdruck des hingebendsten Vertrauens, sagten genug.

Lazarus stirbt, während Jesus in Galiläa weit von Bethanien weilte. Sowie Letzterer angekommen, eilen ihm die Schwestern entgegen; Martha zuerst, später Maria, aber beide haben
keine andern Worte als: „Herr, wärest du hier gewesen, unser
Bruder wäre nicht gestorben[3])." Jesus geht zu dem Grabe des
Lazarus und er, der weder bei dem Kusse des Judas noch bei
der Verleugnung durch Petrus eine Thräne hat, weint am Grabe
seines Freundes: Lacrymatus est Jesus; so daß die Juden,
die es sahen, ausriefen: „Siehe, wie er ihn lieb hatte! Ecce
quomodo amabat eum!"

Jesus erweckt Lazarus vom Tode und gibt ihn seinen Schwestern zurück. Der ganze Flecken Bethanien war voll Freude,
Alle wollten Lazarus und seine Schwestern sehen. Bei einem
Gastmahl, das bei dieser Gelegenheit gegeben wurde, salbte Maria
wiederholt die Füße Jesu, nachdem sie das kostbare Gefäß, in
dem die Salbe aufbewahrt war, zerbrochen hatte, so daß das

---

1) Diligebat autem Jesus Martham et Mariam sororem ejus et
Lazarum. (Joh. c. Xl.)

2) Ecce, quem amas infirmatur.

3) Si fuisses hic, frater meus non fuisset mortuus.

Haus voll wurde vom Geruch derselben. Judas murrte dabrüber, aber Jesus übernahm die Vertheidigung Marias mit den Worten:

„Wahrlich, ich sage euch, wo man immer in der ganzen Welt dieß Evangelium verkünden wird, da wird man auch zu ihrem Andenken sagen, was sie gethan hat."

„Arme habet ihr immer bei euch, und könnt ihnen, wenn ihr wollt, Gutes thun: mich aber habt ihr nicht immer."

Es geschah dieß aber wenige Tage vor seinem Tod.

Während der letzten Woche seines Lebens weilte der Herr oft in Bethanien, wo seine Freunde wohnten.

Am ersten Tage ging Jesus nach Jerusalem und zog triumphirend daselbst ein. Am Abend aber nach der Aufregung und der Ermüdung des Tages kehrte er — denn man nahm auch die Seinigen gerne mit ihm auf — nach Bethanien zurück, um im Freundeskreise auszuruhen. Am andern Morgen ging er abermals nach Jerusalem, war aber Abends wieder in Bethanien [1]).

Am Tage der Himmelfahrt führte er die Jünger auf's Neue nach Bethanien, eduxit eos in Bethaniam, denn von da aus bestieg er den Oelberg. Ist die Annahme wohl zu kühn, daß er dort Abschied genommen von seinen Freunden, daß er sie noch einmal gesegnet habe und daß sie Zeugen sein durften von seiner Himmelfahrt?

Aber nicht auf Lazarus und seine Schwestern beschränkte der Herr seine Freundschaft und den Trost, den solches Verhältniß ihm gewährte; nein, auch unter den Aposteln suchte und fand er Freunde und Vertraute, mit denen er seine Leiden und Freuden theilte, denen er tiefere Einsicht in seinen Ruhm, in seine Wunder, in seine Geheimnisse gestattete, so daß wir da sowohl das Bedürfniß der Freundschaft, als auch das Glück, das sie gewährt, dargestellt finden.

Es waren unter den Jüngern besonders drei, die er vor den Anderen auszeichnete und bevorzugte. Petrus und die

1) Et relictis illis, abiit foras, extra civitatem, *ibique mansit* . . . cum jam vespera esset hora . . . *Mane* autem revertens . . .

beiden Söhne des Zebedäus, Jakobus, und Johannes, der Evangelist.

Mit Jakobus und Johannes tritt er in das Haus des Simon Petrus, deſſen Schwiegermutter er heilt. Er nimmt dort ein Mahl ein, bei dem Letztere ihn bedient.

Nur dieſen dreien gibt er ſymboliſche Namen. Simon nennt er Petrus, was einen Felsen bedeutet, die beiden andern aber heißt er die Söhne des Donners.

Nur Petrus, Jakobus und Johannes dürfen Zeugen ſein bei der Auferweckung der Tochter des Jairus.

Dieſelben auch nimmt er mit auf den Berg Tabor, während er die übrigen Jünger am Fuße des Berges zurück läßt. Vor jenen allein findet die Verklärung ſtatt.

Dieſe drei Jünger erlauben ſich auch dem Herrn gegenüber eine größere Vertraulichkeit. Ohne Verſtändniß für die bevorzugte Stellung, die ihnen aus der Freundſchaft des Herrn erwächſt, verlangen ſie voll Ehrgeiz von ihm, in ſeinem Reiche zunächſt bei ihm zu ſeiner Rechten und Linken zu ſitzen; und ebenſo verlangen ſie, daß Feuer vom Himmel falle und die Samaritaniſche Stadt verzehre, die ſie nicht aufgenommen hatte.

Er aber ärgert ſich nicht an ihrem geringen Verſtändniß für ſeine Lehren, er gibt ihnen vielmehr eine ebenſo milde als tiefſinnige Antwort, um ihnen deutlich zu machen, daß Güte und Demuth zumeiſt ſeinen Jüngern ziemen.

Später, auf dem Oelberg ſind es wieder dieſe drei, zu denen ſich Andreas geſellt, welche ihn fragen, wann die letzten Tage Jeruſalems und der Welt kommen werden.

Auch in Gethſemane tritt die Bevorzugung wieder deutlich hervor. Die übrigen Jünger heißt er zurückbleiben, während er gehen und beten wolle, die drei bevorzugten Jünger aber nimmt er mit ſich, und in ihrer Gegenwart fällt er auf ſein Angeſicht, betet und leidet Todesangſt; an ſie richtet er den ſanften Vorwurf: „Habet ihr denn nicht eine Stunde mit mir wachen können?“

Unter dieſen dreien waren aber Petrus und Johannes noch ganz beſonders, jeder in ſeiner Weiſe, begünſtigt.

Nur ſie wurden vorausgeſchickt, um das Abendmahl zu bereiten und die Halle, in der das eucharistische Mahl gehalten werden sollte.

St. Petrus wurde zum Haupte der Kirche ausersehen und — wie bekannt — mit unendlicher Güte und Barmherzigkeit behandelt;

St. Johannes war dagegen vorzugsweise der Freund Christi, der ihn mit dem ganzen Vertrauen göttlicher Neigung, wenn auch stets mit göttlicher Zurückhaltung, behandelte. Es finden sich in der heiligen Schrift in Bezug auf diesen Punkt keine weitläufigen Auseinandersetzungen, wohl aber bezeichnende einzelne Züge von tiefer Bedeutung.

Zunächst wird er, wie wir gesehen haben, mit Petrus und Jakobus regelmäßig vor den übrigen Jüngern bevorzugt; zuletzt aber vor der Einsetzung des heiligen Abendmahls für dieses große Mysterium des Glaubens und der Liebe mit Petrus allein[1]). Es war ihm damals vielleicht die Bedeutung dieses letzten Mahles nicht klar. Welche Erinnerung aber für sein ganzes späteres Leben, dieses coenaculum magnum, grande stratum für die Eucharistie bereitet zu haben. Wie dankbar war er gewiß, zu dieser süßen und großen Dienstleistung ausersehen worden zu sein; Eifersucht würde er wohl nicht empfunden haben, wenn diese Ehre einem andern zu Theil geworden wäre, wohl aber ein unauslöschliches Bedauern, wie es der Freundschaft eigen ist.

Bei dem Abendmahl selbst endlich, am Abend vor dem Tode des Heilands, tritt dessen Vorliebe für Johannes noch besonders hervor: Der heil. Johannes lehnt sein Haupt an die Brust Jesu, *in sinu Jesu* recumbens ... an seine Brust, an sein Herz, recubuit *supra pectus Jesu* ... qui et recubuit *in coena supra pectus Jesu:* Dreimal werden diese Worte wiederholt und dieser Umstand knüpft sich unauflöslich an seinen Namen.

Von diesem Augenblicke an erhielt er auch, nachdem der Herr diese seine Vorliebe so deutlich an den Tag gelegt hatte, die Bezeichnung: discipulus, quem diligebat Jesus.

---

1) Misit Petrum et Joannem ... dicens: Parate nobis Pascha ... (Luc. c. XXII, v. 8.)

Man findet diese Bezeichnung fünfmal im Evangelium und sie bezieht sich immer auf Johannes, den Evangelisten.

Am Fuße des Kreuzes, wo er es so wohl verdiente ... Discipulum stantem, *quem diligebat Jesus.*

Nach der Auferstehung ... Petrus, nachdem er so tief gefallen war, suchte und fand Johannes; zu ihnen eilte Maria Magdalena ... Ad Simonem Petrum et ad alium discipulum, *quem amabat Jesus.*

Als Jesus den Jüngern ohne ein äußeres Zeichen seiner Wiederauferstehung am See Tyberius erschien, war es Johannes, der ihn erkannte und ausrief: es ist der Herr! Die Schrift aber erzählt: Dixit ergo discipulus ille *quem diligebat Jesus,* Petro: Dominus est.

Im letzten Augenblick endlich, nachdem Petrus dreimal seine Liebe betheuert hatte, dreht er sich noch nach Johannes um: Conversus Petrus, vidit illum discipulum, *quem diligebat Jesus.*

So bezeichnet ihn das Evangelium, und so wird ihn die Kirche immerdar bezeichnen.

Aber diese Bezeichnung steht nicht vereinzelt da. Daneben finden sich im Gegentheil noch ganz außerordentliche Zeichen der Vorliebe des Herrn für diesen Jünger. Der Herr schenkt ihm sein Herz, sein Kreuz, seine Mutter und vertraut ihm alle seine Geheimnisse.

1. Bei dem Abendmahl schenkt er ihm sein Herz. Supra pectus, in sinu. Dreimal werden, wie ich oben erwähnt, diese Worte wiederholt.

2. Auf dem Calvarienberge schenkt er ihm sein Kreuz, denn er verleiht ihm eine tapfere, heldenmüthige Liebe. Johannes allein steht am Fuße des Kreuzes. In Gethsemane ist er mit den andern entflohen, omnes fugerunt. Jesus führt ihn zurück, richtet ihn auf und so steht er denn mit der heiligen Jungfrau aufrecht neben dem Kreuz, stantem juxta crucem.

3. Er schenkt ihm seine Mutter. Bei genauer Betrachtung erscheint Alles, was am Fuße des Kreuzes vorgeht, bewunderungswürdig. Auch hier findet sich die gewöhnliche

Kürze im Ausdruck. Nur wenige Worte, aber diese Worte im höchsten Grade ergreifend. In Ihnen liegt ein Maaß von Zärtlichkeit und Vertrauen, das Alles übersteigt. „Mein Sohn, dieß ist deine Mutter."

4. Jesus endlich vertraut ihm alle Geheimnisse nicht nur, sondern gestattet ihm auch die ganze Vertraulichkeit einer innigen Freundschaft.

Bei dem Abendmahl zum Beispiel wagt Petrus, obwohl der Erste unter den Aposteln, keine direkte Frage an den Herrn; er macht vielmehr Johannes ein Zeichen, innuit. Johannes nimmt auch keinen Anstand, den Herrn zu fragen, wer ihn verrathen werde. Der Herr antwortet ihm auch sofort leise wie einem Vertrauten, und bezeichnet Judas als den Verräther.

Johannes ist es, den der Herr zuerst zu seinem Grabe zieht. *Venit primus ad monumentum.*

Ihm offenbart er sich und Johannes ist nicht einen Augenblick im Zweifel; sofort ruft er aus: „Es ist der Herr! Dominus est."

Ihm sagt er voraus, was er für Absichten mit ihm hat, indem er Petrus auf die Frage: „Herr, was soll aber dieser? Hic autem quid?" ... antwortet: Auch hier bedeutet das Wörtchen hic offenbar: der, den du liebst. Die Antwort selbst aber lautet: Si eum volo manere donec veniam, quid ad te?

Ihm endlich offenbart der Herr, sei es für sein Evangelium, für seine Briefe oder für die Apokalypse, alle seine Geheimnisse in Betreff seiner Göttlichkeit, seiner Liebe, seiner Kirche und der Zukunft.

Man muß diese drei Schriften lesen, besonders den Anfang derselben. Welche Sprache! Was ist aus dem armen galiläischen Schiffer geworden! In welche Regionen erhebt er sich!

Der heil. Petrus ist und bleibt der erste der Apostel, der heil. Paulus wird mit Recht als der große Apostel bezeichnet, aber Johannes wird stets der Adler, der Sohn des Donners und zugleich die Taube sein und der Lieblingsjünger, der Freund der Sonne der Gerechtigkeit und wird sich baden in den Strahlen des ewigen Lichts.

Er war bestimmt, länger als alle die andern Jünger auf Er=
den zu weilen, um daselbst die Menschenfreundlichkeit und Liebe
zu lehren und bis zu seinem letzten Seufzer ihre Vorschriften
einzuschärfen, um neben andern bedeutungsvollen Dingen zu
zeigen, welche Stelle die Freundschaft in dem Leben des
Herrn eingenommen, und wie er sich seinem Freunde gegen=
über verhalten hat, wie er namentlich mit der größten und
zartesten Zurückhaltung in Worten, doch thatsächlich die zärt=
lichsten, vertrauensvollsten und edelmüthigsten Gesinnungen ver=
band.

Mit welchen Gefühlen muß der heil. Johannes später, nach
der Himmelfahrt und noch später im ganzen Verlauf seines
Lebens seinen Schülern in Beziehung auf den Heiland gesagt
haben:

„Er hat mich geliebt, er hat mich heiß geliebt, dilexit me.
Er hat uns alle geliebt, vorzüglich aber Petrus, meinen Bruder
und mich. Uns hat er auf den Tabor geführt, wo wir des
Verständnisses und nach Gethsemane, wo wir des Muths ermangelten.
Wir durften Zeugen sein von der Auferweckung der Tochter
des Jairus. Uns, Petrus und mich, hat er auserwählt, um
das Abendmahl herzurichten, bei welcher Gelegenheit er mich
an seinem Herzen ruhen ließ. Mich hat er zum Kreuze zu=
rückgeführt, mir seine Mutter anvertraut und mir sie zur
Mutter gegeben und mir hat er alle seine Geheimnisse an=
vertraut, wie ich sie euch in seinem Namen seitdem mitgetheilt
habe.“

XVI.

Allein auch die Freundschaft, die der Herr allen seinen
Jüngern erwies, müssen wir näher betrachten. Er, der im Ge=
spräch mit dem geliebtesten seiner Jünger so zurückhaltend war,
zurückhaltender noch als mit Petrus, ist der Gesammtheit seiner
Jünger gegenüber von der bewunderungswürdigsten Offenheit
und Hingebung. Er gibt ihnen Schmeichelnamen und gebraucht
die zärtlichsten Ausdrücke.

Er bezeichnet sie nicht mehr blos als Diener und Jünger:

„Ihr nennt mich Meister und Herr; und ihr saget recht, denn ich bin es [1]).“

„Ihr habt nur einen Meister und das ist Christus [2]).“

Sie sind also in der That seine Diener, seine Jünger, er ihr Herr und ihr Meister und er ist jedenfalls ein sehr gütiger Meister, denn er hat sie bedient [3]) und ihnen die Füße gewaschen. Aber trotz dem können sie sich nicht täuschen. Auch bei diesem erhabenen Vorgang bleibt er der Herr und Meister und bleiben sie die Diener und Jünger.

Um sie jedoch fühlen zu lassen, wie zärtlich er sie liebt, gibt er ihnen die liebevollsten Namen; zunächst den, den eine zärtliche Mutter sogar ihren kleinsten Kindern, ihren Lieblingen gibt:

Kindlein … *filioli* … Er gebraucht diesen Namen zum erstenmal, als jener Jüngling, den er liebevoll angeblickt hatte (intuitùs eum dilexit) sich traurig von ihm entfernte, (abiit moerens). Noch trauriger war der Herr selbst und sein Schmerz machte sich Luft in den Worten: quam difficile est! in denen sich eben so sein tiefes Mitleid, wie sein tiefer Schmerz offenbaren: „Wie schwer werden die, welche viel Geld haben, in das Reich Gottes eingehen [4])!“

Als aber die Jünger über seine Worte erstaunten und sprachen, „Wer kann denn selig werden [5])?“ gab er ihnen zum ersten mal den zärtlichen Namen und sprach zu ihrer Beruhigung und tröstlichen Belehrung „*filioli* … Kindlein. Ja es ist schwer, daß ein Reicher ins Himmelreich eingehe, aber was unmöglich bei den Menschen, ist möglich bei Gott! Uebrigens meine ich damit die Reichen, die ihr Vertrauen auf das Geld setzen! Confidentes in pecuniis.“

Mit demselben zärtlichen Namen redet der Herr seine Jünger am Vorabende seines Todes in einem letzten Ueberwallen des

---

1) Vos vocatis me, Magister et Domine; et bene dicetis: sum etenim.

2) Unus magister vester, Christus.

3) Ego autem in medio vestrum sum, sicut qui ministrat.

4) Qui pecunias habent … in regnum Dei introibunt!

5) Et quis potest salvus fieri?

Gefühls, nach dem Abendmahl noch einmal an: „Kindlein! Eine kleine Weile bin ich noch bei euch[1])."

Nur aus dem tiefsten Grunde des Herzens konnte ein Name kommen, wie ihn der Herr damals seinen Jüngern gab, nur aus der zärtlichsten Zuneigung! Man empfindet, daß er im Geiste in jenem Augenblick alle seine Jünger an die Brust drückte, wie eine Mutter es thut, wenn sie im Begriffe ist, die Kinder ihrer Liebe zu verlassen.

Wie zärtlich aber auch diese Bezeichnung sein mochte, so mußte doch noch ein großer Zwischenraum zwischen dem Herrn und seinen Jüngern bestehen; wie groß auch die Vertraulichkeit war, welche sie andeutete, sie ließ doch die väterliche Majestät, die göttliche Erhabenheit und andererseits die kindliche Verehrung völlig unberührt. Der Herr ging daher noch einen Schritt weiter. Er nannte sie seine Freunde.

Am Vorabende seines Todes sagt er zu ihnen: „Ihr seid meine Freunde. *Amici mei estis.*" Von da ab trennt sie nichts mehr von einander, zwischen ihnen gibt es kein Geheimniß mehr, keinen Rückhalt, keine Vorsicht, sondern nur den Erguß der vertrauendsten Freundschaft, weil unter Freunden Alles Gemeingut wird, weil es in der Natur der Freundschaft liegt, daß man sich Alles sagt, Alles vertraut. „Ich nenne euch nun nicht mehr Knechte, denn der Knecht weiß nicht, was sein Herr thut[2]), sondern ich habe euch meine Freunde genannt, weil ich Alles, was ich von meinem Vater gehört, euch kund gethan habe[3])."

„Ich habe euch Alles gesagt: ich habe keine Geheimnisse vor euch, nicht einmal die Geheimnisse meines Vaters habe ich euch vorenthalten."

Schon vor jenem großen Tage und jener letzten Stunde hatte er sie in zartester Weise, als wenn ihm das Wort nur

---

1) Filiori . . . adhuc modicum vobiscum sum.

2) Jam non dicam vos servos . . . Quia nescit servus quid faciat dominus ejus . . (Joh. cap. XV. v. 15.)

3) Vos autem dixi amicos . . . quia omnia quaecumque, audivi a patre meo, nota feci vobis. (Joh. c. XV. v. 15.)

entſchlüpft wäre, ſeine Freunde genannt. Damals freilich ſchickte er ſie in den Tod und hieß ſie, nichts fürchten.

„Euch aber, meinen Freunden, ſage ich: Fürchtet euch nicht vor denen, die den Leib tödten, und danach nichts mehr thun können[1]).“

Bei derſelben Gelegenheit richtete er auch folgende zärtliche Worte an ſie: „Fürchte dich nicht, du kleine Heerde, denn es hat eurem Vater gefallen, euch das Reich zu geben[2]).“ Man muß die ganze Stelle leſen, um die Zärtlichkeit zu verſtehen, die in dieſen Worten liegt.

Doch ſelbſt dieſe geheimnißvolle Freundſchaft war noch einer Steigerung fähig.

Der beſte Freund iſt ein Bruder. Da wo ſich eine brüder⸗ liche Freundſchaft findet, iſt ſie ohne Vergleich zärtlicher und auf⸗ opfernder, wie jede andere. Von demſelben Schooße getragen, genährt von derſelben Milch, an daſſelbe Mutterherz gedrückt, macht man nur noch eine Seele aus. Die brüderliche Freund⸗ ſchaft begnügt ſich nicht mit einem Verhältniß, wie es in der Regel zwiſchen Freunden beſteht. Das Letztere ſchließt die Aner⸗ kennung verſchiedener Lebensſtellungen nicht aus. Ein König kann jemand ſeinen Freund nennen; er kann auch wirklich Freunde haben und bleibt dennoch König, während der Bruder⸗ name eine völlige Gleichheit in allen Dingen vorausſetzt. Brüder⸗ liche Freundſchaft ſetzt gleiches Blut, gleichen Vater, gleiche Ab⸗ ſtammung, gleiches Recht, gleiches Schickſal, gleiches Haus, gleichen Heerd, gleiche Zukunft voraus.

Nun denn gerade dieſen Namen gab der Herr zuletzt noch ſeinen Jüngern als Beweis ſeiner Freundſchaft.

„Gehe hin zu meinem Brüdern, Vade ad fratres meos,“ ſagt er zu Maria Magdalena.

„Fürchtet euch nicht! verkündet es meinen Brüdern, daß ſie nach Galiläa gehen[3]).“

---

1) Dico autem *vobis, amicis meis* . . . Ne terreamini ab his qui occidunt corpus. (Luc. c. XII. v. 4.)

2) Nolite timere, *pusillus grex.* (Luc. c. XII. v. 32.)

3) Nolite timere. Ite nunciate fratribus meis ut eant in Gali⸗ laam. (Matth. c. XXVIII. v. 10.)

„Sage ihnen: Ich fahre hinauf zu meinem Vater und zu eurem Vater, zu meinem Gott und zu eurem Gott[1])."

In dieser Weise verschwinden zwischen Jesus und seinen Jüngern jede Entfernung, jede Verschiedenheit der Größe, jeder Unterschied: er ist mit einem Wort, ihr Bruder. Seine Freundschaft ist nicht blos ein Geschenk seines Wohlwollens; sie entspringt vielmehr aus dem Gefühl der Familienangehörigkeit, sie ist der Ausfluß einer Zärtlichkeit, auf die wir ein Recht haben, das wir bei unserm Vater, der auch sein Vater ist, in Anspruch nehmen könnten, wenn Jesus Christus es überhaupt zu vergessen vermöchte.

Ist es unter diesen Umständen zum verwundern, wenn der heil. Paulus so viel Gewicht, wie er es thut, auf diesen Brudernamen legt, den der Herr seinen Jüngern gegeben hat?

Nachdem er im zweiten Kapitel des Briefes an die Hebräer den Glanz und die Göttlichkeit Jesu Christi beschrieben, fährt er fort: „Aus diesem Grunde schämt er sich auch nicht, sie Brüder zu nennen[2])."

Der heil. Paulus geht sogar noch weiter und sagt: „Darum mußte er in Allem seinen Brüdern gleich werden[3]). Aus dem Weibe geboren, wurde er auch, wie wir, wurde er auch des Fleisches und Blutes theilhaftig[4])."

Durch seine Mutter also sind wir seine Brüder und er hat uns auch zu seinen Brüdern dem Vater nach gemacht: „Wie viele aber ihn empfangen haben, denen hat er die Macht gegeben, Gottes Kinder zu werden, so daß wir Gottes Kinder genannt werden und es auch wirklich sind[5])."

Wir alle, die wir Jesum Christum empfangen haben, sind also seine Freunde, seine Brüder, seine Kinder. Was die

---

1) Vade ad fratre meos, et dic eis: Ascendo ad Patrem meum, et Patrem vestrum, Deum meum, et Deum vestrum .. (Joh. cap. XX. v. 17.)

2) Non confunditur fratres eos vocare.

3) Debuit per omnia fratribus similari.

4) Factus ex muliere . . . carni et sanguini participavit.

5) Quotquot autem receperunt eum, dedit eis potestatem filios Dei fieri . . . Filii Dei nominemur et simus . . .

menschliche Zuneigung Zärtliches und die Freundschaft tief In-
niges ersinnen mögen, hat er gewählt, um unser Herz zu rühren,
jede Schranke zu beseitigen, unsere Seelen in seine unmittelbare
Nähe zu ziehen und sie mit der seinigen in Liebe zu ver-
einen.

Denn alles dieses hat er nicht auf seine bevorzugten Apostel
beschränkt, sondern hat es vielmehr auf alle seine Jünger, selbst
auf die untergeordnetsten ausgedehnt. Merkwürdiger Weise zeigen
sogar die Ausdrücke seiner Liebe und Zärtlichkeit eine immer er-
greiserendere Tiefe, je mehr der Kreis derer sich erweitert, die er
liebt und die er beruft, ihn zu lieben.

Eines Tages streckte er die Hand aus über seine Jünger
und alles das Volk, das ihn umgab und sprach: „Wer aber hier
unten den Willen thut meines Vaters im Himmel, der ist mein
Bruder, meine Schwester, meine Mutter: Ipse meus frater, et
soror et mater est."

Wenn wir also den Willen thun seines Vaters im Himmel,
so sind wir ihm nicht nur wie Bruder, sondern auch wie Schwester,
oder Mutter.

Er liebt uns nicht nur, wie man einen Bruder liebt, sondern
so, wie man eine Schwester, eine Mutter liebt!

Dieser Ausdruck ist denn wohl auch der zarteste, der zärtlichste,
der sich überhaupt in der Schrift findet, und gerade dieser ist an
alle Christen, an alle Menschen gerichtet.

So ist also die Liebe des Herrn beschaffen.

Den höchsten Gipfel aber erreicht diese Liebe in den letzten
Worten, die er an die Jünger bei seinem Scheiden richtet:

„Kinder! Eine kleine Weile bin ich noch bei euch.

Ein neues Gebot gebe ich euch, daß ihr euch einander liebet,
wie ich euch geliebt habe, daß auch ihr euch einander liebet.

Daran werden Alle erkennen, daß ihr meine Jünger seid,
wenn ihr euch lieb habt unter einander."

Dann kündet er ihnen an, daß er sie verlasse, um einen Ort
für sie zu bereiten.

„Und wenn ich werde hingegangen sein, und einen Ort für
euch bereitet haben, so will ich wiederkommen und euch zu mir
nehmen, damit auch ihr seid, wo ich bin.

Wohin ich aber gehe, das wisset ihr, auch den Weg wisset ihr.

Ich bin der Weg, die Wahrheit und das Leben.

Nun aber gehe ich hin zu dem, der mich gesandt hat, und weil ich euch dieses gesagt habe, hat die Traurigkeit euer Herz erfüllt.

Aber ich sage euch die Wahrheit. Es ist euch gut, daß ich hingehe; denn wenn ich nicht hingehe, wird der Tröster nicht zu euch kommen; gehe ich aber hin, so werde ich ihn zu euch senden.

Und ich will den Vater bitten und er wird euch einen andern Tröster geben, damit er in Ewigkeit bei euch bleibe, den Geist der Wahrheit.

Er wird bei euch bleiben und in euch sein.

Ich will euch nicht als Waisen zurücklassen: ich will zu euch kommen.

Noch eine kleine Weile und die Welt sieht mich nicht mehr. Ihr aber werdet mich sehen, weil ich lebe und auch ihr leben werdet.

An demselben Tage werdet ihr erkennen, daß ich in meinem Vater bin, und ihr in mir und ich in euch.

Wer mich aber liebt, der wird von meinem Vater geliebt werden, ich werde ihn auch lieben und mich selbst ihm offenbaren.

Den Frieden hinterlasse ich euch, meinen Frieden gebe ich euch. Nicht wie die Welt gibt, gebe ich ihn euch. Euer Herz betrübe sich nicht und fürchte sich nicht.

Bleibet in mir und ich in euch.

Wenn ihr in mir bleibet und meine Worte in euch bleiben, so möget ihr bitten, was ihr immer wollet, es wird euch gegeben werden.

Gleichwie mich der Vater geliebt hat, so habe auch ich euch geliebt. Bleibet in meiner Liebe.

Wenn ihr meine Gebote haltet, so bleibt ihr in meiner Liebe; so wie auch ich meines Vaters Gebote gehalten habe und in seiner Liebe bleibe.

Dieses habe ich zu euch geredet, damit meine Freude in euch sei und eure Freude vollkommen werde."

Es ist unmöglich den Zusammenhang dieser göttlichen Worte mit denjenigen zu verkennen, mit denen der vielgeliebte Jünger des Herrn den bewunderungswürdigen Bericht über die letzten Tage seines angebeteten Meisters beginnt.

Jesus war es nicht verborgen, daß seine Stunde gekommen, von dieser Welt hinweg und zu seinem Vater zu gehen. Er blieb sich in der Liebe zu denen, die in dieser Welt die Seinen waren, bis zum Ende gleich.

Nach der Feier des Osterlammes, da sie noch zusammen waren und aßen, nahm er daher das Brod, dankte, und segnete es, brach es und gab es seinen Jüngern mit den Worten:

„Nehmet und esset: Dieß ist mein Leib, der für euch dahingegeben ist. Thut dieß zu meinem Gedächtniß.“

Und nachdem sie gegessen hatten, nahm er deßgleichen auch den Kelch, dankte und reichte ihn denselben mit den Worten:

„Trinket alle daraus, denn das ist mein Blut, das Blut des neuen Bundes, für euch vergossen und für Viele zur Vergebung der Sünden.“

Und sie tranken alle daraus.

Und verließen die Halle, nachdem sie das Danklied gesungen hatten.

XVII.

Mit den folgenden Worten aber nahm der Herr Abschied von seinen Jüngern:

„Noch eine kleine Weile, so werdet ihr mich nicht mehr sehen; und wieder eine kleine Weile, so werdet ihr mich wieder sehen; denn ich gehe zum Vater.

Wahrlich, wahrlich ich sage euch, ihr werdet weinen und wehklagen, aber die Welt wird sich freuen. Ihr werdet traurig sein, aber eure Traurigkeit wird in Freude verwandelt werden.

Das Weib, wenn es gebärt, ist traurig, weil ihre Stunde gekommen ist; wenn sie aber das Kind geboren hat, so denkt sie nicht mehr an die Angst wegen der Freude, daß ein Mensch zur Welt geboren worden ist.

Auch ihr habt jetzt zwar Trauer, aber ich werde euch wieder sehen und euer Herz wird sich freuen und niemand wird eure Freude von euch nehmen.

An jenem Tage werdet ihr mich um nichts mehr fragen. Wahrlich, wahrlich ich sage euch, wenn ihr den Vater in meinem Namen um etwas bitten werdet, so wird er euch geben.

Bisher habt ihr um nichts in meinem Namen gebeten. Bittet, so werdet ihr empfangen, auf daß eure Freude vollkommen werde.

An jenem Tage werdet ihr in meinem Namen bitten und ich sage euch nicht, daß ich den Vater für euch bitten werde:

Denn der Vater selbst liebt euch, weil ihr mich geliebt und geglaubt habet, daß ich von Gott ausgegangen bin.

Dieses habe ich zu euch geredet, auf daß ihr Frieden in mir habet. In der Welt werdet ihr Bedrängniß haben; aber vertrauet, ich habe die Welt überwunden."

Dieses sprach Jesus, dann erhob er seine Augen zum Himmel und sprach folgendes Gebet:

"Vater, die Stunde ist gekommen.

Verherrliche deinen Sohn, damit dein Sohn dich verherrliche; so wie du ihm die Macht über alles Fleisch gegeben hast, damit er Allen, die du ihm gegeben hast, das ewige Leben gebe.

Das ist aber das ewige Leben, daß sie dich, den allein wahren Gott, erkennen, und den du gesandt hast, Jesum Christum.

Ich habe dich verherrlichet auf Erden: ich habe das Werk vollbracht, das du mir zu verrichten gegeben.

Und nun, Vater, verherrliche mich bei dir selbst mit jener Herrlichkeit, die ich bei dir hatte, ehe die Welt war.

Ich habe deinen Namen den Menschen offenbaret, die du mir gegeben, nachdem du sie von der Welt losgelöset hattest. Sie waren dein, und du hast sie mir gegeben; und dein Wort haben sie gehalten.

Nun wissen sie, daß Alles, was mir gegeben, von dir ist; denn die Worte, die du mir gegeben hast, habe ich ihnen gegeben: und sie haben dieselben angenommen und wahrhaftig erkannt, daß ich von dir ausgegangen bin, und geglaubt, daß du mich gesandt hast.

Ich bitte für sie. Nicht für die Welt bitte ich, sondern für die, die du mir gegeben hast; denn sie sind dein."

„Und Alles, was mein ist, ist dein; und was dein ist, ist mein: und ich bin verherrlicht in ihnen.

Ich bin nicht mehr in der Welt, aber diese sind in der Welt, und ich komme zu dir. Heiliger Vater, erhalte sie in deinem Namen, die du mir gegeben hast, damit sie Eins seien, wie wir es sind.

Als ich bei ihnen war, bewahrte ich sie in deinem Namen. Die du mir gegeben hast, habe ich bewahrt, und keiner von ihnen ist verloren, außer der Sohn des Verderbens, damit die Schrift erfüllet würde.

Nun aber komme ich zu dir, und rede dieses in der Welt, damit sie meine Freude vollkommen in sich haben.

Ich habe ihnen dein Wort gegeben, und die Welt hasset sie, weil sie nicht von der Welt sind, so wie auch ich nicht von der Welt bin.

Ich bitte nicht, daß du sie von der Welt wegnehmest, sondern, daß du sie vor dem Bösen bewahrest.

Sie sind nicht von der Welt, so wie auch ich nicht von der Welt bin.

Heilige sie in der Wahrheit. Dein Wort ist die Wahrheit.

Wie du mich in die Welt gesandt hast, so sende auch ich sie in die Welt.

Und ich heilige mich selbst für sie, damit auch sie in der Wahrheit geheiligt seien.

Aber ich bitte nicht für sie allein, sondern auch für diejenigen, welche durch ihr Wort an mich glauben werden.

Damit Alle Eins seien, wie du, Vater, in mir bist und ich in dir bin; damit auch sie in uns Eins seien; damit die Welt glaube, daß du mich gesandt hast.

Und ich habe die Herrlichkeit, die du mir gegeben, auch ihnen gegeben; damit sie Eins seien, wie auch wir Eins sind.

Ich in ihnen und du in mir; damit sie vollkommen Eins seien und die Welt erkenne, daß du mich gesandt hast, und sie liebst, wie du auch mich liebst.

Vater, ich will, daß wo ich bin, auch die bei mir seien, die du mir gegeben hast, damit sie meine Herrlichkeit sehen, die du mir gegeben hast; denn du hast mich geliebt, ehe denn die Welt gegründet ward.

Gerechter Vater, die Welt hat dich nicht erkannt: ich aber habe dich erkannt, und diese haben erkannt, daß du mich gesandt hast.

Und ich habe ihnen deinen Namen bekannt gemacht, und ich werde ihn bekannt machen, damit die Liebe, womit du mich geliebet, in ihnen sei und ich in ihnen."

Nach diesem erhabenen Gebet begab sich Jesus auf den Weg zum Calvarienberge und auf diesem Wege begegnet er zunächst in Gethsemane, Judas, dann bei Caiphas findet er die falschen Zeugen, die Backenstreiche, das Anspeien, die bösen Priester, im Amtshause dann den Pilatus, die Kriegsknechte, die Dornenkrone, den Scepter von Rohr, die Geißelung, Barabbas, und den unerbittlichen Ruf: kreuzige ihn; und endlich das Kreuz selbst, die spitzigen Nägel, den Wermuth und den Essig, die Blöße, den beißenden Spott, gänzliches Verlassensein und den Tod.

Die letzten Worte aber, die er von der Höhe des Kreuzes zur Erde herniedersandte, sind folgende.

Zu seinem Vater: „Vater vergib ihnen, denn sie wissen nicht, was sie thun."

Zu dem guten Schächer: „Wahrlich, wahrlich! heute noch wirst du mit mir im Paradiese sein."

Zu seiner Mutter: „Weib, siehe dein Sohn."

Zum heil. Johannes: „Siehe deine Mutter."

Zum zornigen Gott: „Mein Gott, mein Gott, warum hast du mich verlassen?"

Dann: „Mich dürstet."

Dann: „Es ist vollbracht."

Und endlich: „Mein Vater, in deine Hände befehle ich meinen Geist."

Nachdem er einen lauten Schrei ausgestoßen, neiget er sein Haupt und gibt seinen Geist auf.

XVIII.

Der dritte Tag ließ nicht auf sich warten.

Die Elf saßen mit einigen andern Jüngern zu Tische und unterhielten sich von Allem, was sich begeben hatte, als Jesus plötzlich mitten unter ihnen stand und sprach: „Der Friede sei mit euch; ich bin es, fürchtet euch nicht!"

Sie aber erschraken und fürchteten sich, und meinten einen Geist zu sehen.

Und er sprach zu ihnen: „Warum seid ihr erschrocken und warum steigen solche Gedanken in euren Herzen auf?"

„Sehet meine Hände und meine Füße, ich bin es selbst; tastet und sehet; denn ein Geist hat nicht Fleisch und Bein, wie ihr sehet, daß ich habe."

Und als er dieß gesagt hatte, zeigte er ihnen die Hände und Füße und seine Seite.

Da sie aber noch nicht glaubten vor Freuden und sich verwunderten, sprach er: „Habt ihr hier etwas zu essen?"

Und legten sie ihm einen Theil von einem gebratenen Fische und eine Honigscheibe vor.

Und nachdem er vor ihnen gegessen hatte, nahm er das Uebrige und gab es ihnen.

Er sprach dann abermals zu ihnen: „Der Friede sei mit euch! Wie mich der Vater gesandt hat, so sende auch ich euch.

Da er dieß gesagt hatte, hauchte er sie an und sprach zu ihnen: „Empfanget den heiligen Geist.

Welchen ihr die Sünden nachlassen werdet, denen sind sie nachgelassen: und welchen ihr sie behalten werdet, denen sind sie behalten."

Auf dem Berge aber, wohin er sie beschieden hatte, sagte er zu ihnen: „Mir ist alle Gewalt gegeben im Himmel und auf Erden. Darum gehet hin und lehret alle Völker und taufet sie im Namen des Vaters, des Sohnes und des heiligen Geistes; und lehret sie Alles halten, was ich euch befohlen habe. Gehet hin in die ganze Welt und prediget das Evangelium allen Geschöpfen. Wer da glaubt und sich taufen läßt, der wird selig werden. Und siehe, ich bin bei euch alle Tage bis an's Ende der Welt."

Nachdem Jesus in dieser Weise zu ihnen gesprochen und sich während vierzig Tagen nach seinem Leiden und Sterben als auferstanden und lebend gezeigt und sie gelehrt hatte, was sie behufs Gründung des Reiches Gottes zu thun und zu leiden haben würden, führte er sie aus Jerusalem bis nach Bethanien und auf den Oelberg.

Auf diesem heiligen Berge waren damals mehr als fünf=
hundert Jünger versammelt.

Und als der Herr Jesus obige Worte zu ihnen gesprochen,
sahen sie, wie er sich zum Himmel erhob. Er breitete seine
Hände über sie aus, und segnete sie. Und es geschah, während
er sie segnete, schied er von ihnen. Eine Wolke entzog ihn
ihren Blicken. Er aber fuhr zum Himmel auf, wo er sitzet zur
rechten Hand Gottes.

Und als sie ihm nachschauten, wie er in den Himmel fuhr,
siehe, da standen bei ihnen zwei Männer in weißem Gewande,
welche sprachen: „Ihr Männer von Galiläa, was stehet ihr da
und schauet gen Himmel? Dieser Jesus, der von euch hinweg in
den Himmel aufgenommen worden, wird ebenso wiederkommen,
wie ihr ihn sehet hingehen in den Himmel."

Und sie beteten ihn an und kehrten zurück nach Jerusalem
mit großer Freude. Und sie waren immer im Tempel und
lobten und priesen Gott.

Nachdem sie aber den heiligen Geist empfangen hatten,
gingen sie hin und predigten überall, und der Herr wirkte mit
ihnen und bekräftigte das Wort durch die darauf folgenden
Wunder, welche die Welt bekehrt haben.

Geschichte unseres Herrn Jesu Christi.

Erstes Buch.
Die Ankunft des Sohnes Gottes.

Das Wort von Ewigkeit her. — Johannes der Täufer, der Vorläufer. — Zacharias, Elisabeth. — Das Wort wird Fleisch. — Maria besucht Elisabeth. — Maria's Lobgesang. — Die Geburt Johannes des Täufers. — Der Lobgesang des Zacharias. — Die Reise nach Bethlehem. — Die Geburt Jesu. — Die Hirten. — Die drei Weisen. — Maria's Reinigung und die Darstellung Jesu im Tempel. — Der Greis Simeon. — Der Lobgesang des heiligen Greises. — Die Prophetin Anna. — Die Flucht nach Aegypten und der Kindermord zu Bethlehem. — Die Rückkehr nach Nazareth. — Die Reise nach Jerusalem. — Jesus unter den Schriftgelehrten. — Die Abstammung Jesu nach dem Evangelium Matthäi.

(Joh. c. I. Luc. c. I. Matth. c. I. Luc. c. II. Marc. c. II. Matth. c. II.)

Der Anfang des Evangeliums von Jesu Christo, dem Sohne Gottes.

Im Anfang war das Wort[1],

Und das Wort war bei Gott,

Und Gott war das Wort.

Dieses war von Anfang bei Gott.

Alles ist durch dasselbe gemacht worden, und ohne dasselbe wurde nichts gemacht, was gemacht worden ist[2].

In ihm war das Leben, und das Leben war das Licht der Menschen[3].

Und das Licht leuchtete in der Finsterniß, aber die Finsterniß hat es nicht begriffen[4].

Aus diesem Grunde wurde ein Mensch von Gott gesandt, der hieß Johannes.

---

1) Anhang Buch I. 1. — 2) Ibid. 2. — 3) Ibid. 3.
4) Ibid. 4.

Dieser kam zum Zeugniß, damit er Zeugniß von dem Lichte gäbe, auf daß Alle durch ihn glauben möchten [1]).

Er war nicht das Licht, sondern er sollte Zeugniß von dem Lichte geben.

Das Wort war das wahre Licht, welches alle Menschen, die in diese Welt kommen, erleuchtet.

Es war in der Welt, und die Welt ist durch dasselbe gemacht worden, aber die Welt hat ihn nicht erkannt.

Er kam in sein Eigenthum und die Seinigen nahmen ihn nicht auf [2]).

Alle aber, die ihn aufnahmen, gab er Macht, Kinder Gottes zu werden [3]), denen, die an seinen Namen glauben, welche nicht aus dem Geblüte, nicht aus dem Willen des Fleisches, noch aus dem Willen des Mannes, sondern aus Gott geboren sind.

Und das Wort ist Fleisch geworden [4]).

Und hat unter uns gewohnt voll der Gnade und Wahrheit.

Und- wir haben seine Herrlichkeit gesehen, die Herrlichkeit als des Eingebornen vom Vater.

Johannes gab Zeugniß von ihm, rief und sprach: Dieser war es, von dem ich gesagt habe: der nach mir kommen wird, doch er ist größer als ich und mächtiger als ich, denn er war eher als ich.

Und von seiner Fülle haben wir alle empfangen [5]) Gnade über Gnade [6]).

Denn das Gesetz wurde durch Moses gegeben; Gnade und Wahrheit ist durch Jesum Christum geworden [7]).

Niemand hat Gott je gesehen; der eingeborne Sohn, der im Schooße des Vaters ist, der hat es uns erzählt.

In den Tagen Herodes', des Königs von Judäa [8]), war ein Priester, mit Namen Zacharias, von der Priesterklasse Abia [9]), einer der vier und zwanzig Priesterfamilien, die im Tempel der Reihe nach den Dienst hatten. Sein Weib war wie er vom Stamme Aarons und hieß Elisabeth.

---

1) Anhang Buch I. 5. — 2) Ibid. 6. — 3) Ibid. 7.
4) Ibid. 8. — 5) Ibid. 9. — 6) Ibid. 10. — 7) Ibid. 11.
8) Ibid. 12. — 9) Ibid. 13.

Beide waren gerecht vor Gott und wandelten in allen Geboten und Satzungen des Herrn tadellos.

Und sie hatten kein Kind, denn Elisabeth war unfruchtbar und beide waren in ihren Tagen schon vorgerückt.

Es begab sich aber, als er nach der Ordnung seiner Priesterklasse vor Gott das Priesteramt verrichtete, traf ihn nach der Gewohnheit des Priesterthums das Loos zu räuchern und er ging in den Tempel des Herrn hinein.

Die ganze Menge des Volkes aber war draußen und betete [1]).

Da erschien ihm ein Engel des Herrn, der zur Rechten des Rauchaltars stand. Und Zacharias erschrak, als er ihn sah und Furcht überfiel ihn.

Der Engel aber sprach zu ihm: „Fürchte dich nicht, Zacharias, denn dein Gebet ist erhört worden, und Elisabeth, dein Weib, wird einen Sohn gebären, den sollst du Johannes heißen.

Du wirst Freude und Wonne haben und Viele werden sich mit euch freuen, denn er wird groß sein vor dem Herrn; Wein und starkes Getränk wird er nicht trinken und noch im Mutterleibe mit dem heiligen Geiste erfüllet werden.

Er wird Viele von den Kindern Israels zum Herrn, ihrem Gott bekehren und er wird der Vorläufer des Herrn sein und vor ihm hergehen im Geiste und in der Kraft des Elias [2]), um die Gesinnungen der Väter auf die Kinder [3]), die Ungläubigen zur Weisheit der Gerechten zu bringen und dem Herrn ein vollkommenes Volk zu bereiten.‟

Da sprach Zacharias zu dem Engel: „Woher soll ich das erkennen [4])? Denn ich bin alt und mein Weib ist vorgerückt in ihren Tagen.‟

Und der Engel sprach zu ihm: „Ich bin Gabriel, der vor Gott steht und bin gesandt worden, dir diese frohe Botschaft zu bringen.

Und siehe du wirst stumm sein und nicht reden können bis auf den Tag, da dies geschehen wird; darum weil du meinen Worten nicht geglaubt hast, die zu ihrer Zeit in Erfüllung gehen werden.‟

---

1) Anhang Buch I. 13. — 2) Ibid. 14. — 3) Ibid. 15. — 4) Ibid. 16.

Das Volk aber wartete auf Zacharias, und es wunderte sich, daß er so lange im Tempel verweilte. Als er nun herauskam, konnte er nicht zu ihnen reden und als er sie durch Zeichen zu verständigen suchte, merkten sie, daß er ein Gesicht im Tempel gehabt hatte, in Folge dessen er die Sprache verloren. Und er blieb stumm [1]).

Und als die Tage seines Dienstes vollbracht waren, ging er in sein Haus.

Nach diesen Tage aber empfing sein Weib Elisabeth und sie verbarg sich fünf Monate lang und sprach: „So hat mir gethan der Herr zur Zeit, da er mich angesehen, um meine Schmach vor den Menschen von mir zu nehmen [2]).“

Im sechsten Monat aber ward der Engel Gabriel von Gott gesandt in eine Stadt in Galiläa mit Namen Nazareth zu einer Jungfrau, die einem Manne vom Hause Davids verlobt war, welcher Joseph hieß; und der Name der Jungfrau war Maria.

Und der Engel kam zu ihr hinein und sprach: „Gegrüßt seist du voll der Gnaden. Der Herr ist mit dir, du bist gebenedeit unter den Weibern.“

Da sie dieß hörte, erschrak sie über seine Rede und dachte nach, was das für ein Gruß sei.

Und der Engel sprach zu ihr: „Fürchte dich nicht, Maria, denn du hast Gnade gefunden vor Gott! Siehe, du wirst empfangen in deinem Leibe und einen Sohn gebären, und du sollst seinen Namen Jesus heißen. Dieser wird groß sein und der Sohn des Allerhöchsten genannt werden. Gott der Herr wird ihm den Thron seines Vaters David geben und er wird herrschen im Hause Jakobs [3]) ewiglich, und seines Reiches wird kein Ende sein.“

Maria aber sprach zu dem Engel: „Wie wird das sein [4]), da ich keinen Mann erkenne [5]).“

Der Engel antwortete und sprach: „Der heilige Geist wird über dich kommen, und die Kraft des Höchsten wird dich beschatten [6]); darum wird auch das Heilige, welches aus dir geboren werden soll, Sohn Gottes genannt werden. Und siehe,

---

1) Anhang Buch I. 17. — 2) Ibid. 18. — 3) Ibid. 19.
4) Ibid. 20. — 5) Ibid. 21. — 6) Ibid. 22.

Elisabeth, deine Verwandte, auch diese hat einen Sohn in ihrem Alter empfangen, und sie, die unfruchtbar heißt, geht nun schon im sechsten Monate: denn bei Gott ist kein Ding unmöglich."

Maria aber sprach zu dem Engel: „Siehe, ich bin eine Magd des Herrn, mir geschehe nach deinem Worte."

Und der Engel schied von ihr, nachdem sie in dieser Weise eingewilligt hatte.

Maria aber machte sich in jenen Tagen auf und ging eilends auf das Gebirg nach Hebron eine Stadt des Stammes Juda, und sie kam in das Haus des Zacharias und grüßte Elisabeth.

Und es begab sich, als Elisabeth den Gruß hörte, hüpfte das Kind freudig in ihrem Leibe auf und Elisabeth ward erfüllt von dem heiligen Geist, und sie rief mit lauter Stimme und sprach: „Gebenedeit bist du uuter den Weibern und gebenedeit ist die Frucht deines Leibes.

Und wie geschieht mir dieß, daß die Mutter meines Herrn zu mir kommt? Denn siehe, als die Stimme deines Grußes in meinen Ohren erscholl, hüpfte das Kind freudig auf in meinem Leibe.

Und selig bist du, daß du geglaubt hast, denn was dir vom Herrn gesagt worden ist, wird in Erfüllung gehen."

Und Maria sprach: „Hoch preiset meine Seele den Herrn und mein Geist frohlockt in Gott, meinem Heilande.

Denn er hat angesehen die Niedrigkeit seiner Magd; denn siehe, von nun an werden mich selig preisen alle Geschlechter.

Denn Großes hat an mir gethan, der da mächtig ist und dessen Namen heilig ist.

Er ist barmherzig von Geschlecht zu Geschlecht, denen, die ihn fürchten.

Er übt Macht mit seinem Arme und zerstreut, die da hoffärtig sind in ihres Herzens Sinne.

Die Gewaltigen stürzt er vom Thron und erhöhet die Niedrigen.

Die Hungrigen erfüllt er mit Gütern und läßt leer ausgehen die Reichen.

Er nimmt sich Israels an, als seines Kindes, eingedenk seiner Barmherzigkeit, wie er zu unsern Vätern gesprochen hat, zu Abraham und seinen Nachkommen."

Und Maria blieb bei Elisabeth ungefähr drei Monate und kehrte dann zurück in ihr Haus.

Es kam aber die Zeit, da Elisabeth gebären sollte und sie gebar einen Sohn.

Und es hörten die Nachbarn und ihre Verwandten, daß der Herr große Barmherzigkeit an ihr gethan habe, und sie freuten sich mit ihr. Und am achten Tage kamen sie, das Knäblein zu beschneiden, und hießen es nach seines Vaters Namen Zacharias.

Seine Mutter aber nahm das Wort und sprach: „Nein, sondern Johannes soll es heißen."

Und sie sprachen zu ihr: „Es ist doch niemand in der Verwandtschaft, der diesen Namen hat." Da winkten sie seinem Vater, wie er ihn wollte heißen lassen.

Und er forderte ein Schreibtäfelein und schrieb die Worte: „Johannes ist sein Name." Und sie wunderten sich alle.

Und sogleich that sich sein Mund auf, und seine Zunge ward gelöst und er redete und lobte Gott.

Da überfiel alle, die umherwohnten eine Furcht, und im ganzen Gebiete von Judäa breitete sich der Ruf aus von allen diesen Dingen. Und alle, die es gehört hatten, nahmen es zu Herzen und sprachen: „Was wird wohl aus diesem Kinde werden, denn die Hand des Herrn war mit ihm[1])."

Und Zacharias, sein Vater, ward voll des heiligen Geistes, weissagte und sprach:

„Gepriesen sei der Herr, der Gott Israels, denn er hat sein Volk heimgesucht, und ihm Erlösung verschafft.

Einen mächtigen Heiland hat er uns erweckt in dem Hause Davids, seines Knechtes[2]), wie er es durch den Mund seiner Propheteu zu allen Zeiten verheißen hat: uns zu erlösen von unseren Feinden und aus der Hand Aller, die uns hassen, an unsern Vätern Barmherzigkeit zu thun und eingedenk zu sein seines heiligen Bundes und des Eides, den er unserm Vater Abraham geschworen hat, uns zu verleihen, daß wir aus der Hand unserer Feinde erlöset, furchtlos ihm dienen[3]) in Heiligkeit und Gerechtigkeit vor ihm alle Tage unseres Lebens.

---

1) Anhang Buch I. 24. — 2) Ibid. 25. — 3) Ibid. 26.

Und du, Kind [1]), wirst ein Prophet des Höchsten genannt werden: denn du wirst vor dem Angesichte des Herrn einhergehen, um ihm den Weg zu bereiten, um sein Volk zur Erkenntniß des Heils zu führen und zur Vergebung der Sünden, durch die innigste Barmherzigkeit unseres Gottes, in welcher uns heimgesucht hat die auf den Höhen des Himmels aufgehende Sonne,

um denen zu leuchten, die im Todesschatten sitzen und unsere Füße auf den Weg des Friedens zu leiten."

Das Kind aber wuchs, ward stark am Geist und war in der Wüste, bis zu dem Tage, da es sich zeigen sollte in Israel.

Als Maria mit Joseph vermählt war, fand sich's, ehe sie zusammenkamen, daß sie empfangen hatte vom heiligen Geiste.

Joseph aber, ihr Mann, weil er gerecht war und sie nicht in üblen Ruf bringen wollte, gedachte, sie heimlich zu verlassen. Als er aber mit diesem Gedanken umging, siehe, da erschien ihm der Engel des Herrn im Schlafe und sprach: „Joseph, Sohn Davids, fürchte dich nicht, Maria, dein Weib, zu dir zu nehmen; denn was in ihr erzeugt worden, das ist vom heiligen Geiste: und sie wird einen Sohn gebären, dem sollst du den Namen Jesus geben: denn er wird sein Volk erlösen von seinen Sünden.

Dieß Alles aber ist geschehen, auf daß erfüllet werde, was von dem Herrn gesagt worden, durch seinen Propheten, der da spricht: S i e h e   d i e   J u n g f r a u   w i r d   e m p f a n g e n   u n d   e i n e n   S o h n   g e b ä r e n   u n d   s i e   w e r d e n   i h m   d e n   N a m e n   E m m a n u e l   g e b e n ,   w e l c h e s   g e d o l m e t s c h t   h e i ß t :   G o t t   m i t   u n s . "

Als nun Joseph vom Schlafe aufstand, that er, wie ihm der Engel des Herrn befohlen hatte und nahm sein Weib zu sich. Und er wohnte ihr nicht bei, bis sie ihren erstgebornen Sohn gebar [2]); und er nannte seinen Namen Jesus.

Mit der Geburt Jesus ging es aber in folgender Weise zu:

Es geschah aber in denselben Tagen, daß vom Kaiser Augustus ein Befehl ausging, das ganze Land zu beschreiben [3]).

Dieß war die erste Beschreibung und geschah durch Cyrinus,

---

1) Anhang Buch I. 27. — 2) Ibid. 28. — 3) Ibid. 29.

den Statthalter von Syrien; und Alle gingen hin, sich anzugeben, ein jeder in seiner Stadt.

Und es ging auch Joseph von Galiläa, von der Stadt Nazareth nach Judäa in die Stadt Davids, welche Bethlehem heißt, weil er aus dem Hause und dem Geschlechte Davids war, um mit Maria, seinem verlobten Weibe, die schwanger war, sich anzugeben.

Es begab sich aber, als sie daselbst waren, kam die Zeit, daß sie gebären sollte.

Und sie gebar ihren erstgebornen Sohn, wickelte ihn in Windeln, und legte ihn in die Krippe, weil in der Herberge kein Platz für sie war.

Und es waren Hirten in derselben Gegend, die hüteten, und der Reihe nach Nachwache hielten bei ihren Heerden[1]).

Und siehe, ein Engel des Herrn stand vor ihnen, und die Herrlichkeit Gottes umleuchtete sie; und sie fürchteten sich sehr. Der Engel aber sprach zu ihnen:

„Fürchtet euch nicht: denn siehe, ich verkündige euch eine große Freude, die allem Volk widerfahren wird; denn heute ist euch in der Stadt Davids der Heiland geboren worden, welcher Christus der Herr ist.

Und dieß soll euch zum Zeichen sein: ihr werdet ein Kind finden, in Windeln eingewickelt und in einer Krippe liegend.“

Und sogleich war bei dem Engel eine Menge himmlischer Heerschaaren, welche Gott lobten und sprachen:

„Ehre sei Gott in der Höh' und Friede den Menschen auf Erden, die eines guten Willens sind.“

Und es geschah, als die Engel von ihnen geschieden waren in den Himmel, sprachen die Hirten zu einander: „Laßt uns bis nach Bethlehem gehen, und das sehen, was zu uns gesprochen worden ist, und was der Herr uns angezeigt hat.“

Und sie kamen eilends, und fanden Maria und Joseph und das Kind, das in der Krippe lag.

Als sie es aber sahen, fanden sie wahr, was von diesem Kinde zu ihnen gesagt worden war.

---

1) Anhang Buch I. 30.

Und Alle, die es hörten, verwunderten sich über die Dinge, welche die Hirten ihnen erzählt hatten.

Maria aber behielt alle diese Worte, und überlegte sie in ihrem Herzen.

Und die Hirten kehrten zurück, und priesen und lobten Gott um alles dessen willen, was sie gehört und gesehen hatten, und wie ihnen gesagt worden war.

Und als acht Tage um waren, und das Kind beschnitten werden sollte, ward sein Name Jesus genannt, wie ihn schon der Engel genannt hatte, ehe er im Mutterleibe empfangen war.

Als nun Jesus geboren war zu Bethlehem im Stamme Juda zur Zeit des Königs Herodes, siehe, da kamen Weise aus dem Morgenlande [1]) nach Jerusalem, und sprachen:

„Wo ist der neue König der Juden? Denn wir haben seinen Stern im Morgenlande gesehen [2]), und sind gekommen, ihn anzubeten."

Als der König Herodes dieß hörte, erschrak er und ganz Jerusalem mit ihm. Und er versammelte alle Hohenpriester [3]) und die Schriftgelehrten des Volkes, und erforschte von ihnen, wo Christus geboren werden sollte. Sie aber sprachen zu ihm:

„Zu Bethlehem im Stamme Juda, denn also stehet geschrieben durch den Propheten: Und du Bethlehem im Stamme Juda bist keineswegs die geringste unter den Fürstenstädten Juda's; denn aus dir wird hervorgehen der Fürst, der mein Volk Israel regieren soll."

Da berief Herodes die Weisen heimlich und erforschte von ihnen genau die Zeit, da der Stern ihnen erschienen war. Dann sandte er sie nach Bethlehem, und sprach: „Gehet hin und forschet genau nach dem Kinde, und wenn ihr es gefunden habt, so zeigt mir's an, damit auch ich komme, es anzubeten."

Als diese den König gehört hatten, zogen sie hin, und siehe, der Stern, den sie im Morgenlande gesehen hatten, ging vor ihnen her, bis er über dem Orte, wo das Kind war, ankam und stillstand.

Da sie aber den Stern sahen, hatten sie eine überaus große Freude; und sie gingen in das Haus, fanden das Kind mit

---

1) Anhang Buch I. 31. — 2) Ibid. 32. — 3) Ibid. 33.

Maria, fielen nieder und beteten es an. Sie thaten auch ihre Schätze auf, und brachten ihm Geschenke: Gold, Weihrauch und Myrrhen.

Und als sie im Schlafe durch eine Offenbarung gewarnt wurden, daß sie nicht mehr zu Herodes zurückkehren sollten, zogen sie auf einem andern Weg in ihr Land zurück.

Nachdem die Weisen wieder abgereist und da die Tage der Reinigung Maria's nach dem Gesetz Mosis erfüllt waren, brachten sie Jesum nach Jerusalem, um ihn dem Herrn darzustellen, wie geschrieben steht in dem Gesetze des Herrn: Jede männliche Erstgeburt soll dem Herrn geheiligt werden, und um ein Opfer darzubringen, wie es im Gesetze des Herrn geboten ist, ein Paar Turteltauben oder ein Paar junge Tauben.

Und siehe, es war ein Mann zu Jerusalem mit Namen Simeon, und dieser Mann war gerecht und gottesfürchtig und wartete auf den Trost Israels[1]), und der heilige Geist war in ihm.

Es war ihm von dem heiligen Geiste offenbaret worden, daß er den Tod nicht sehen werde, bis daß er den Gesalbten des Herrn gesehen.

Und er kam aus Antrieb des Geistes in den Tempel; und als die Eltern[2]) das Kind Jesus hineinbrachten, um da für ihn zu thun, was nach dem Gesetze Gewohnheit war, nahm er es auf seine Arme, pries Gott und sprach:

„Nun entlässest du, Herr, nach deinem Worte deinen Diener in Frieden; denn meine Augen haben dein Heil gesehen, das du bereitet hast vor dem Angesichte aller Völker, als ein Licht zur Erleuchtung der Heiden und zur Verherrlichung deines Volkes Israel."

Und sein Vater und seine Mutter wunderten sich über die Dinge, welche von ihm gesagt wurden.

Und Simeon segnete sie und sprach zu Maria seiner Mutter:

„Siehe, dieser ist gesetzt zum Falle und zur Auferstehung Vieler in Israel[3]), und als ein Zeichen, dem man widersprechen

---

1) Anhang Buch I. 35. — 2) Ibid. 36.
3) Ibid. 87.

wird [1]): und ein Schwert wird deine eigene Seele durchdringen [2]), damit die Gedanken vieler Herzen offenbar werden."

Es war aber auch eine Prophetin, Anna, eine Tochter Phanuels, aus dem Stamme Aser: diese war vorgerückt zu hohen Jahren, hatte nach ihrer Jungfrauschaft sieben Jahre mit ihrem Manne gelebt und war nun eine Wittwe von vier und achtzig Jahren. Sie kam nimmer vom Tempel und diente Gott mit Fasten und Beten Tag und Nacht.

Diese kam in derselbigen Stunde auch hinzu und pries den Herrn und redete von ihm zu Allen, welche auf die Erlösung Israels warteten.

Und da sie Alles nach dem Gesetz des Herrn vollendet hatten, kehrten sie nach Galiläa in ihre Vaterstadt Nazareth zurück.

Und siehe, da erschien der Engel des Herrn dem Joseph im Schlafe, und sprach:

„Steh' auf und nimm das Kind und seine Mutter, und flieh' nach Aegypten, und bleib allda, bis ich dir's sage. Denn es wird geschehen, daß Herodes das Kind sucht, um es zu tödten."

Da stand er auf, nahm das Kind und seine Mutter bei der Nacht und zog nach Aegypten. Und er blieb allda, bis zum Tode des Herodes, damit erfüllet werde, was von dem Herrn durch den Propheten gesagt worden ist: „Aus Aegypten habe ich meinen Sohn berufen."

Als nun Herodes sah, daß er von den Weisen hintergangen war, wurde er sehr zornig, und schickte aus und ließ ermorden in Bethlehem und der Umgegend desselben alle Knäblein von zwei Jahren und darunter, nach der Zeit, die er von den Weisen erforscht hatte.

Da ward erfüllet, was gesagt ist durch den Propheten Jeremias:

„Eine Stimme wird gehört zu Rama,
Viel Weinens und Heulens
Rachel beweinet ihre Kinder
Und will sich nicht trösten lassen, weil sie dahin sind."

---

1) Anhang Buch I. 38. — 2) Ibid. 39.

Nachdem aber Herodes gestorben war, siehe, da erschien der Engel des Herrn dem Joseph im Schlafe in Aegypten und sprach: „Steh' auf, nimm das Kind und seine Mutter, und ziehe in das Land Israel; denn die dem Kinde nach dem Leben strebten, sind gestorben.“

Da stand er auf, nahm das Kind und seine Mutter und kam in das Land Israel. Als er aber hörte, daß Archelaus anstatt Herodes, seines Vaters, im Judenlande regiere, fürchtete er sich, dahin zu ziehen: und nachdem er im Schlafe erinnert worden, zog er in das Land von Galiläa.

Und er kam und wohnte in der Stadt, welche Nazareth genannt wurde; damit erfüllet würde, was durch die Propheten gesagt worden ist: daß er ein Nazaräer wird genannt werden.

Das Kind aber wuchs, ward stark, war voll Weisheit und die Gnade Gottes war in ihm.

Und es gingen seine Eltern alle Jahre nach Jerusalem auf das Osterfest. Als er nun zwölf Jahre alt war, reisten sie, wie gewöhnlich, zum Feste nach Jerusalem.

Und da sie am Ende der Festtage wieder zurückkehrten, blieb der Knabe Jesus in Jerusalem, ohne daß es seine Eltern wußten. Da sie aber meinten, er sei bei der Reisegesellschaft, so machten sie eine Tagereise, und suchten ihn unter den Verwandten und Bekannten. Da sie ihn aber nicht fanden, kehrten sie nach Jerusalem zurück und suchten ihn.

Und es geschah, nach drei Tagen fanden sie ihn im Tempel, sitzend unter den Lehrern, wie er ihnen zuhörte und sie fragte.

Und es erstaunten Alle, die ihn hörten, über seinen Verstand und seine Antworten.

Und als sie ihn sahen, wunderten sie sich, und seine Mutter sprach zu ihm: „Kind, warum hast du uns das gethan? Siehe, dein Vater und ich haben dich mit Schmerzen gesucht.“

Und er sprach zu ihnen: „Warum habt ihr mich gesucht? Wußtet ihr nicht, daß ich in dem sein muß, was meines Vaters ist [1])?“

---

1) Anhang Buch I. 40.

Sie aber verstanden diese Rede nicht, die er ihnen sagte.

Und er zog mit ihnen hinab und kam nach Nazareth und war ihnen unterthänig. Und seine Mutter bewahrte alle diese Worte in ihrem Herzen.

Und Jesus nahm zu an Weisheit und Alter und an Gnade vor Gott und den Menschen [1]).

Dieß ist aber die Abstammung Jesu Christi, des Sohnes Davids, des Sohnes Abrahams.

Abraham zeugte den Isaak; Isaak aber zeugte den Jakob; Jakob aber zeugte den Judas und seine Brüder.

Judas aber zeugte den Phares und den Zara von der Thamar; Phares aber zeugte den Esron; Esron aber zeugte den Aram.

Aram aber zeugte den Aminadach; Aminadach aber zeugte den Naasson; Naasson aber zeugte den Salmon; Salmon aber zeugte den Booz von der Rahab; Booz aber zeugte den Obed aus der Ruth; Obed aber zeugte den Jesse; Jesse aber zeugte David den König.

David aber der König zeugte den Salomon von der, welche des Urias Weib gewesen war.

Salomon aber zeugte den Roboam; Roboam aber zeugte den Abias; Abias aber zeugte den Asa.

Asa aber zeugte den Josaphat; Josaphat aber zeugte den Joram; Joram aber zeugte den Ozias.

Ozias aber zeugte den Joatham; Joatham aber zeugte den Achaz; Achaz aber zeugte den Ezechias; Ezechias aber zeugte den Manasses; Manasses aber zeugte den Amon; Amon aber zeugte den Josias.

Josias aber zeugte den Jechonias und seine Brüder um die Zeit der Wegführung nach Babylon.

Und nach der Wegführung nach Babylon zeugte Jechonias den Salathiel; Salathiel aber zeugte den Zorobabel.

Zorobabal aber zeugte den Abiud; Abiud aber zeugte den Eliacim; Eliacim aber zeugte den Azor.

Azor aber zeugte den Sadoc; Sadoc aber zeugte den Achim; Achim aber zeugte den Eliud; Eliud aber zeugte den Eleazar; Eleazar aber zeugte den Mathan; Mathan aber zeugte den Jakob;

---

1) Anhang Buch I. 41.

Jakob aber zeugte den Joseph, den Mann Mariä, von welcher geboren wurde Jesus, der genannt wird Christus.

Also sind alle Glieder von Abraham bis auf David vierzehn Glieder; und von David bis zur babylonischen Gefangenschaft vierzehn Glieder: und von der babylonischen Gefangenschaft bis auf Christus vierzehn Glieder.

Zweites Buch.
Die Taufe Jesu Christi und das Zeugniß Johannes des Täufers.

Johannes der Täufer in der Wüste. — Die Predigt von der Buße. — Jesus Christus am Jordan. — Du bist mein geliebter Sohn. — Geschlechtsregister Jesu Christi nach St. Lucas. — Jesus Christus in der Wüste. — Die dreimalige Versuchung. — Johannes der Täufer gibt wiederholt Zeugniß von Jesu Christo. — Erste Berufung der Apostel: Andreas, Simon Petrus und Philippus. — Nathanael. — Die Hochzeit zu Kanaa. — Die Verjagung der Verkäufer aus dem Tempel. — Die Unterredung Jesu mit Nikodemus. — Die Wiedergeburt. — Das Heil der Welt. — Das Licht und die Finsterniß. — Johannes der Täufer legt abermals Zeugniß ab von Jesu Christo. — Einkerkerung und Enthauptung Johannes des Täufers. — Herodes, Herodias und ihre Tochter.

(Luc. c. III. Matth. c. III. Marc. c. I. Joh. c. I. Luc. c. III et IV. Matth. c. IV. Joh. c. I, II et III. Matth. c. XIV. Marc. c. VI. Luc. c. III. Matth. c. II. Luc. c. VII.)

Aber im fünfzehnten Jahre der Regierung des Kaisers Tiberius, als Pontius Pilatus Landpfleger von Judäa, Herodes Vierfürst von Galiläa, Philippus sein Bruder Vierfürst von Ituräa und der Landschaft Trachonitis und Lysanias Vierfürst von Abilene war, unter den Hohenpriestern Annas und Kaiphas erging das Wort des Herrn an Johannes den Sohn des Zacharias in der Wüste.

Dieß war der Anfang des Evangeliums Jesu Christi, des Sohnes Gottes, wie geschrieben steht in dem Propheten Jesaias: Siehe, ich sende meinen Engel vor deinem Angesichte her, der deinen Weg vor dir bereiten wird.

Und Johannes kam in die ganze Gegend am Jordan und predigte die Taufe der Buße zur Vergebung der Sünden, und rief:

„Thut Buße, denn das Himmelreich ist nahe[1].“

Und er fügte hinzu:

„Dieser ist es, von dem geschrieben steht im Buche der Reden des Jesaias des Propheten: Die Stimme eines Rufenden in der Wüste: Bereitet den Weg des Herrn, machet gerade seine Pfade.

Jedes Thal soll ausgefüllt und jeder Berg und Hügel abgetragen werden.

Was krumm ist, soll gerade, was uneben ist, soll ebener Weg werden.

Und alles Fleisch soll das Heil Gottes sehen.“

Johannes aber trug ein Kleid von Kammeelhaaren, und einen ledernen Gürtel um seine Lenden und seine Nahrung waren Heuschrecken und wilder Honig.

Da ging Jerusalem zu ihm hinaus und ganz Judenland und die ganze Gegend am Jordan. Und sie ließen sich von ihm taufen im Jordan und bekannten ihre Sünden.

Als er aber viele Pharisäer und Sadduzäer zu seiner Taufe kommen sah[2], sprach er zu ihnen:

„Ihr Schlangenbrut, wer hat euch gelehret, dem zukünftigen Zorne zu entfliehen? Bringet lieber daher würdige Früchte der Buße und maßet euch nicht an, bei euch selbst zu sagen: Wir haben Abraham zum Vater; denn ich sage euch: Gott kann dem Abraham aus diesen Steinen Kinder erwecken.“

„Und die Axt ist schon an die Wurzel der Bäume gesetzt. Ein jeder Baum also, der keine gute Früchte bringt, wird abgehauen und ins Feuer geworfen.“

Und das Volk fragte ihn und sprach: „Was sollen wir denn thun?“

Er aber antwortete und sprach zu ihnen:

„Wer zwei Röcke hat, der gebe dem einen, der keinen hat, und wer Speise hat, der thue deßgleichen.“

---

1) Anhang Buch II. 1. — 2) Ibid. 2.

Und es kamen auch Zöllner, um sich taufen zu lassen und sprachen zu ihm: „Meister, was sollen wir thun?"

Er aber sprach: „Fordert nicht mehr, als was euch gesetzt ist."

Und es fragten ihn die Kriegsleute, und sprachen: „Was sollen wir denn thun."

Und er sprach zu ihnen: „Thut Niemanden Gewalt noch Unbild an, und seid zufrieden mit eurem Solde."

Als aber das Volk in dem Wahne stand, und alle in ihren Herzen dachten, ob er nicht etwa Christus wäre, so antwortete Johannes und sprach zu Allen:

„Ich taufe euch zwar im Wasser zur Buße[1]), der aber nach mir kommt, ist stärker, als ich und ich bin nicht würdig, seine Schuhe zu tragen, oder seine Schuhriemen aufzulösen. Dieser wird euch mit heiligem Geiste und mit Feuer taufen."

„Er hat seine Wurfschaufel in der Hand und wird seine Tenne reinigen[2]). Seinen Weizen wird er in seine Scheune sammeln, die Spreu aber mit unauslöschlichem Feuer verbrennen."

Und noch viel Anderes lehrte und verkündigte er dem Volke.

In diesen Tagen aber, als Johannes alles Volk taufte, kam Jesus aus Galiläa, damit er von ihm getauft würde.

Als aber Johannes ihn auf sich zukommen sah, um getauft zu werden, sprach er: „Siehe das Lamm Gottes, siehe das da hinwegnimmt die Sünden dieser Welt."

„Dieser ist's von dem ich gesagt habe, es kommt ein Mann nach mir, der ist größer denn ich, denn er war eher denn ich; und ich kannte ihn nicht; aber damit er in Israel offenbar würde, darum bin ich gekommen mit Wasser zu taufen."

Johannes aber weigerte sich, Jesum zu taufen und sprach:

„Ich habe nöthig, von dir getauft zu werden, und du kommst zu mir?"

Jesus aber antwortete und sprach zu ihm:

„Lasse es jetzo geschehen, denn so geziemt es sich, daß wir jegliche Gerechtigkeit erfüllen."

Johannes widersetzte sich nun nicht weiter.

---

1) Anhang Buch II. 4. — 2) Ibid. II. 5.

Als aber Jesus getauft war, stieg er sogleich aus dem Wasser herauf und während er betete, öffnete sich ihm der Himmel und er sah den Geist Gottes wie eine Taube herabsteigen, und auf sich kommen.

Und siehe eine Stimme vom Himmel sprach:

„Dieser ist mein geliebter Sohn, an welchem ich Wohlgefallen habe."

Und Jesus war, als er anfing, ungefähr dreißig Jahre alt, und wurde für einen Sohn Josephs gehalten: Dieser war ein Sohn des Heli, dieser ein Sohn des Mathat, dieser ein Sohn des Levi, dieser ein Sohn des Melchi, dieser ein Sohn des Janne, dieser ein Sohn des Joseph, dieser ein Sohn des Mathathias,

dieser ein Sohn des Amon, dieser ein Sohn des Nahum, dieser ein Sohn des Hesli, dieser ein Sohn des Nagge, dieser ein Sohn des Mahat, dieser ein Sohn des Mathathias, dieser ein Sohn des Semei, dieser ein Sohn des Joseph, dieser ein Sohn des Juda, dieser ein Sohn des Joanna, dieser ein Sohn des Resa,

dieser ein Sohn des Zorobabel, dieser ein Sohn des Salathiel, dieser ein Sohn des Neri, dieser ein Sohn des Melchi, dieser ein Sohn des Addi, dieser ein Sohn des Kosan, dieser ein Sohn des Elmadan, dieser ein Sohn des Her, dieser ein Sohn des Jesus, dieser ein Sohn des Eliezer, dieser ein Sohn des Jorim, dieser ein Sohn des Mathat, dieser ein Sohn des Levi, dieser ein Sohn des Simeon, dieser ein Sohn des Juda, dieser ein Sohn des Joseph, dieser ein Sohn des Jona, dieser ein Sohn des Eliakim, dieser ein Sohn des Melea, dieser ein Sohn des Menna, dieser ein Sohn des Mathata, dieser ein Sohn des Nathan, dieser ein Sohn des David,

dieser war ein Sohn des Jesse, dieser ein Sohn des Obed, dieser ein Sohn des Booz, dieser ein Sohn des Salmon, dieser ein Sohn des Naasson, dieser ein Sohn des Aminadab, dieser ein Sohn des Aram, dieser ein Sohn des Esron, dieser ein Sohn des Phares, dieser ein Sohn des Judas,

dieser ein Sohn des Jakob, dieser ein Sohn des Isaak, dieser ein Sohn des Abraham, dieser ein Sohn des Thare, dieser ein Sohn des Nachor, dieser ein Sohn des Sarug, dieser ein

Sohn des Ragau, dieser ein Sohn des Phaleg, dieser ein Sohn des Heber, dieser ein Sohn des Sale, dieser ein Sohn des Cainan, dieser ein Sohn des Arphaxad, dieser ein Sohn des Sem,

dieser ein Sohn des Noe, dieser ein Sohn des Lamech, dieser ein Sohn des Mathusalen, dieser ein Sohn des Henoch, dieser ein Sohn des Jared, dieser ein Sohn des Malaleel, dieser ein Sohn des Cainan, dieser ein Sohn des Henos, dieser ein Sohn des Seth, dieser ein Sohn des Adams,

dieser war Gottes.

Jesus aber, voll des heiligen Geistes, ging weg vom Jordan und ward vom Geiste in die Wüste geführt.

Allda blieb er vierzig Tage und vierzig Nächte, mitten unter wilden Thieren, und wurde von dem Teufel versucht. Er aß nichts in denselben Tagen und als sie vorüber waren, hungerte ihn. Da sprach der Teufel zu ihm:

„Bist du Gottes Sohn, so sprich zu diesem Steine, daß er Brod werde." Jesus aber antwortete ihm: „Es steht geschrieben: Nicht vom Brode allein lebt der Mensch, sondern von jedem Worte Gottes."

Der Teufel aber führte ihn nach Jerusalem und stellte ihn auf die Zinne des Tempels, und sprach zu ihm: „Bist du Gottes Sohn, so stürze dich von da hinab; denn es steht geschrieben: Seinen Engeln hat er deinethalben geboten, dich zu bewahren, und sie werden dich auf den Händen tragen, daß du nicht etwa deinen Fuß an einen Stein' stoßest."

Und Jesus antwortete und sprach zu ihm: „Es ist gesagt. Du sollst den Herrn, deinen Gott nicht versuchen[1])."

Und der Teufel führte ihn auf einen hohen Berg und zeigte ihm alle Reiche des Erdkreises in einem Augenblick und sprach zu ihm: „Die ganze Macht und ihre Herrlichkeit will ich dir geben; denn sie sind mir übergeben und ich gebe sie, wem ich will. Wenn du nun vor mir niederfällst und mich anbetest, so soll Alles dein sein."

---

1) Anhang Buch II. 6.

Da sprach Jesus zu ihm: „Weiche Satan! denn es steht geschrieben: Du sollst Gott deinen Herrn anbeten und ihm allein dienen."

Nachdem nun der Teufel die ganze Versuchung vollendet hatte, wich er von ihm auf einige Zeit. Und siehe, die Engel traten zu ihm und dienten ihm.

Johannes der Täufer gibt wiederholt Zeugniß von Jesu Christo.

In jenen Tagen aber bezeugete Johannes Jesu aufs Neue: „Ich sah den Geist wie eine Taube vom Himmel herabsteigen und er blieb auf ihm.

Ich kannte ihn nicht, aber der mich gesandt hat, mit Wasser zu taufen, sprach zu mir: Ueber welchen du sehen wirst, den Geist herabsteigen und auf ihm bleiben, dieser ist's, der mit dem heiligen Geiste tauft.

Und ich habe es gesehen und bezeuget, daß dieser ist der Sohn Gottes."

Und dieses ist das fernere Zeugniß des Johannes, als die Juden von Jerusalem Priester und Leviten an ihn sandten, daß sie ihn fragen sollten: Wer bist Du?

Und er bekannte und leugnete es nicht, und bekannte: „ich bin nicht Christus."

Und sie fragten ihn: „Was denn? Bist du Elias?" und er sprach: „Ich bin es nicht." „Bist du der Prophet?" Und er antwortete: „Nein."

Da sprachen sie zu ihm: „Wer bist du denn?, damit wir denen, die uns gesandt haben, Antwort geben. Was sagst du von dir selbst?"

Er sprach: „Ich bin die Stimme eines Rufenden in der Wüste: Bereitet den Weg des Herrn, wie der Prophet Jesaias gesagt hat."

Die Abgesandten aber waren Pharisäer und sie fragten ihn und sprachen zu ihm: „Warum taufest du aber, wenn du nicht Christus, noch Elias, noch der Prophet bist?"

Johannes antwortete ihnen und sprach: „Ich taufe mit Wasser, aber in eurer Mitte steht der, den ihr nicht kennet.

Dieser ist es, der nach mir kommen wird, der vor mir gewesen ist, und dessen Schuhriemen aufzulösen ich nicht würdig bin."

Dieses ist zu Bethanien geschehen, jenseits des Jordan, wo Johannes taufte.

Des andern Tags stand Johannes abermals da mit zweien von seinen Jüngern. Und als er Jesum wandeln sah, sprach er:

„Siehe, das Lamm Gottes!"

Und die zwei Jünger hörten ihn das sagen, und folgten Jesu nach.

Jesus aber wandte sich um, und als er sah, daß sie ihm folgten, sprach er zu ihnen: „Was suchet ihr?" Sie sprachen zu ihm: „Rabbi (daß heißt verdolmetscht: Meister), wo wohnest du?"

Er sprach zu ihnen: „Kommet und sehet es!" Da kamen sie und sahen, wo er sich aufhielt und blieben denselben Tag bei ihm, denn es war um die zehnte Stunde (4 Uhr Nachmittags).

Andreas aber, der Bruder des Simon Petrus, war einer von den beiden, welche dieß von Johannes gehört hatten und Jesu nachgefolgt waren.

Dieser fand zuerst seinen Bruder Simon: und sprach zu ihm: „Wir haben den Messias (welches verdolmetscht heißt: Christus) gefunden." Und er führte ihn zu Jesu. Jesus sah ihn an und sprach: „Du bist Simon der Sohn des Jonas: Du sollst Cephas heißen, welches verdolmetscht wird: Petrus."

Am folgenden Tage wollte er fort nach Galiläa ziehen, da fand er den Philippus: Und Jesus sprach zu ihm: „Folge mir nach." Es war aber Philippus von Bethsaida der Stadt des Andreas und Petrus.

Philippus fand den Nathanael und sprach zu ihm: „Wir haben den gefunden, von welchem Moses in dem Gesetze und die Propheten geschrieben haben, den Sohn Josephs von Nazareth."

Und Nathanael sprach zu ihm: „Kann denn aus Nazareth etwas Gutes kommen[1]?" Philippus sprach zu ihm: „Komm' und sieh."

Jesus sah den Nathanael zu sich kommen und sprach von ihm: „Siehe ein wahrer Israelit, in welchem kein Falsch ist."

---

1) Anhang Buch II. 7.

Nathanael sprach zu ihm: „Woher kennst du mich?" Jesus antwortete und sprach zu ihm: „Noch ehe dich Philippus traf, da du unter dem Feigenbaume warest, sah ich dich."

Nathanael antwortete ihm und sprach: „Rabbi, du bist der Sohn Gottes, du bist der König von Israel."

Jesus antwortete ihm und sprach zu ihm: „Weil ich dir gesagt habe, ich habe dich unter dem Feigenbaume gesehen, glaubst du; Du wirst noch Größeres als dieses sehen."

Und er sprach zu ihm: „Wahrlich, wahrlich sage ich euch, ihr werdet den Himmel offen und die Engel Gottes auf- und absteigen sehen über dem Menschensohne."

Und am dritten Tage ward eine Hochzeit gehalten zu Kanaa in Galiläa: und die Mutter Jesu war dabei.

Auch Jesus und seine Jünger waren zur Hochzeit geladen. Und als es am Weine gebrach, sagte die Mutter Jesu zu ihm: „Sie haben keinen Wein."

Jesus aber sprach zu ihr: „Weib, was habe ich mit dir zu schaffen? Meine Stunde ist noch nicht gekommen[1])."

Da sagte seine Mutter zu den Dienern: „Was er euch sagt, das thut."

Es standen aber daselbst sechs steinerne Wasserkrüge, zu den bei den Juden üblichen Reinigungen, von denen jeder zwei bis drei Maaß hielt.

Jesus sprach zu ihnen: „Füllet die Krüge mit Wasser." Und sie fülleten sie bis oben.

Und Jesus sprach zu ihnen: „Schöpfet nun und bringet es dem Speisemeister." Und sie brachten's ihm.

Als aber der Speisemeister das Wasser kostete, welches zu Wein geworden war, und nicht wußte, woher das wäre (die Diener, welche das Wasser geschöpft hatten, wußten es), rief der Speisemeister den Bräutigam und sprach zu ihm: „Jedermann setzt zuerst den guten Wein auf, und dann, wenn sie genug getrunken haben, den geringeren: Du aber hast den guten Wein bis jetzt aufbewahrt."

Diesen Anfang der Wunder machte Jesus zu Kanaa in

---

1) Anhang Buch II. 8.

Galiläa: und er offenbarte seine Herrlichkeit, und seine Jünger glaubten an ihn.

Danach ging er hinab nach Kapharnaum, er, seine Mutter und seine Brüder und seine Jünger, aber sie blieben daselbst nur wenige Tage. Und das Osterfest der Juden war nahe und Jesus zog hinauf nach Jerusalem.

Und er fand im Tempel die Leute, welche Ochsen und Schafe und Tauben verkauften und die Wechsler, die da saßen.

Da machte er eine Geißel aus Stricken und trieb sie Alle zum Tempel hinaus, auch die Schafe und Ochsen, verschüttete das Geld der Wechsler und stieß die Tische um. Zu denen aber, welche die Tauben verkauften, sprach er: „Schaffet dieß weg von da und machet das Haus meines Vaters nicht zu einem Kaufhause!"

Da erinnerten sich seine Jünger, daß geschrieben steht: „Der Eifer für dein Haus verzehret mich."

Die Juden aber antworteten und sprachen zu ihm: „Welches Wunder zeigest du uns, daß du dieses zu thun berechtigt seiest."

Jesus antwortete und sprach zu ihnen: „Löset diesen Tempel, so will ich ihn in drei Tagen wieder aufrichten:"

Da sprachen die Juden: „Sechs und vierzig Jahre ist an diesem Tempel gebaut worden, und du willst ihn in drei Tagen aufrichten?"

Er aber redete von dem Tempel seines Leibes.

Als er von den Todten auferstanden war, dachten seine Jünger daran, daß er dieß gesagt hatte, und sie glaubten der Schrift und der Rede, die Jesus gesagt hatte.

Als er nun am Osterfeste zu Jerusalem war, glaubten viele an seinen Namen, da sie seine Wunder sahen, die er wirkte.

Jesus selbst hingegen vertraute sich ihnen nicht, weil er sie Alle kannte, und weil er nicht nöthig hatte, daß ihm jemand Zeugniß gab von einem Menschen, denn er wußte selbst, was im Menschen war.

Es war aber ein Mensch unter den Pharisäern, Nikodemus mit Namen, ein Oberster der Juden. Dieser kam des Nachts zu ihm und sprach zu ihm: „Meister, wir wissen, daß du ein Lehrer bist, der von Gott gekommen ist; denn Niemand kann diese

Wunder wirken, welche du wirkest, wenn nicht Gott in ihm ist."

Jesus antwortete und sprach zu ihm: „Wahrlich, wahrlich, ich sage dir, wenn Jemand nicht neu geboren wird, so kann er das Reich Gottes nicht sehen."

Nikodemus sprach zu ihm: „Wie kann ein Mensch geboren werden, wenn er alt ist? Kann er wohl noch einmal in seiner Mutter Leib zurückkehren und wiedergeboren werden?"

Jesus antwortete: „Wahrlich, wahrlich, ich sage dir, wenn Jemand nicht wiedergeboren wird aus dem Wasser und dem heiligen Geiste, so kann er in das Reich Gottes nicht eingehen[1]).

Was aus dem Fleisch geboren ist, das ist Fleisch[2]): und was aus dem Geiste geboren ist, das ist Geist. Verwundere dich nicht, daß ich dir sage: Ihr müsset neu geboren werden. Der Wind weht, wo er will[3]), du hörest sein Sausen, du weißt aber nicht, woher er kommt, oder wohin er geht; so ist es mit jedem, der aus dem Geiste geboren wird."

Nikodemus antwortete und sprach: „Wie kann dieses geschehen?"

Jesus antwortete und sprach zu ihm: „Du bist ein Meister in Israel und weißt dieß nicht? Wahrlich, wahrlich, ich sage dir, wir reden, was wir wissen, und wir bezeugen, was wir gesehen haben; aber ihr nehmet unser Zeugniß nicht an.

Wenn ich Irdisches rede und ihr nicht glaubet[4]), wie werdet ihr, wenn ich euch Himmlisches rede, glauben?

Und Niemand steigt in den Himmel hinauf, als der von dem Himmel herabgestiegen ist, nämlich der Menschensohn, der im Himmel ist.

Und gleichwie Moses die Schlange in der Wüste erhöhet hat, so muß der Menschensohn erhöhet werden, damit Alle, die an ihn glauben, nicht verloren gehen, sondern das ewige Leben haben.

Denn also hat Gott die Welt geliebt, daß er seinen eingebornen Sohn hingab, damit Alle, die an ihn glauben, nicht verloren gehen, sondern das ewige Leben haben.

---

1) Anhang Buch II. 9. — 2) Ibid. 10. — 3) Ibid. 11.
4) Ibid. 12.

Denn Gott hat seinen Sohn nicht in die Welt gesandt, daß er die Welt richte, sondern, daß die Welt durch ihn selig werde.

Wer an ihn glaubt, der wird nicht gerichtet, wer aber nicht glaubt, der ist schon gerichtet[1]), weil er an den Namen des eingeborenen Sohn Gottes nicht glaubt.

Das aber ist das Gericht, daß das Licht in die Welt gekommen ist, und die Menschen die Finsterniß mehr lieben, als das Licht, denn ihre Werke waren böse.

Denn Jeder, der Böses thut, hasset das Licht, und kommt nicht an das Licht, damit seine Werke nicht gestraft werden.

Wer aber die Wahrheit thut, kommt an das Licht, damit seine Werke offenbar werden, weil sie in Gott gethan sind."

Danach kam Jesus mit seinen Jüngern in das Land Judäa und hielt sich mit ihnen daselbst auf und taufte.

Es taufte aber auch Johannes zu Aennon bei Salim, weil daselbst viel Wasser war, und man kam dahin und wurde getauft. Denn Johannes war noch nicht in das Gefängniß gebracht worden.

Es erhob sich aber eine Frage unter den Jüngern des Johannes und den Juden über die Reinigung[2]).

Und sie kamen zu Johannes und sprachen zu ihm: „Meister! der bei dir jenseits des Jordan war, und dem du Zeugniß gabst, siehe der tauft, und alle kommen zu ihm."

Johannes antwortete und sprach: „Ein Mensch kann nichts empfangen, wenn es ihm nicht gegeben ist vom Himmel.

Ihr selbst gebt mir Zeugniß, daß ich gesagt habe: Ich bin nicht Christus, sondern ich bin vor ihm hergesandt. Wer die Braut hat, der ist der Bräutigam: der Freund des Bräutigams aber, der stehet und ihn höret, freuet sich hoch über die Stimme des Bräutigams. Nun ist diese meine Freude erfüllt.

Er muß wachsen, ich aber muß abnehmen.

Wer von Oben kommt ist über Alle; wer von der Erde ist, ist von der Erde und redet von der Erde. Wer vom Himmel kommt ist über Alle, er bezeugt, was er gesehen und gehört hat; aber Niemand nimmt sein Zeugniß an[3]).

---

1) Anhang Buch II. 13. — 2) Ibid. 14. — 3) Ibid. 15.

Wer aber sein Zeugniß angenommen hat, der besiegelt, daß Gott wahrhaft ist [1]).

Denn der, welchen Gott gesandt hat, redet Worte Gottes; denn Gott gibt den Geist nicht nach dem Maaße.

Der Vater liebt den Sohn, und hat Alles in seine Hand gegeben.

Wer an den Sohn glaubt, der hat das ewige Leben; wer aber dem Sohne nicht glaubt, der wird das Leben nicht sehen, sondern der Zorn Gottes bleibt über ihm.“

Als aber Herodes der Vierfürst von Johannes gestraft wurde [2]) um der Herodias, seines Bruders Weibes willen und wegen der Uebelthaten, die Herodes begangen hatte, fügte er zu Allem noch dieses hinzu, daß er den Johannes in das Gefängniß schloß und Alles dieß um der Herodias willen, die er geheirathet hatte; denn Johannes sagte zu ihm: „Es ist dir nicht erlaubt, die Frau deines Bruders zum Weibe zu nehmen.“

Und er wollte in Uebereinstimmung mit Herodias ihn tödten, aber er fürchtete das Volk, weil es Johannes für einen Propheten hielt. Er fürchtete aber auch diesen selbst, weil er wußte, daß er ein gerechter und heiliger Mann sei: und er nahm ihn in Schutz und that Vieles, nachdem er ihn angehört hatte, und er hörte ihn gern.

Als aber Johannes die Werke Jesu [Christi im Gefängniß hörte, sandte er zwei aus seinen Jüngern, und ließ ihm sagen: „Bist du es, der da kommen soll, oder sollen wir auf einen andern warten [3])?“

Nachdem sie Jesus gefunden hatten, sagten sie zu ihm, wie Johannes ihnen es aufgetragen hatte.

Zu derselben Stunde aber heilte Jesus verschiedene Kranke von den Leiden und Wunden, mit denen sie behaftet waren, befreite Besessene von den bösen Geistern und machte Blinde sehend.

Demnächst antwortete er den Boten und sprach zu ihnen: „Gehet hin und verkündet dem Johannes, was ihr gehört und gesehen habt. Blinde sehen, Lahme gehen, Aussätzige werden gereinigt, Taube hören, Todte stehen auf und den Armen wird das Evangelium gepredigt.

---

1) Anhang Buch II. 16. — 2) Ibid. 17. — 3) Ibid. 18.

Und selig ist, wer sich an mir nicht ärgert [1].“

Als aber die Boten des Johannes gegangen waren, fing Jesus an zu dem Volke von Johannes zu reden: „Was seid ihr in die Wüste hinausgegangen zu sehen? Ein Rohr, das vom Winde hin und her getrieben wird? Oder was seid ihr hinausgegangen zu sehen? Einen Menschen mit weichen Kleidern angethan? Siehe, die da weiche Kleider tragen und herrlich leben, sind in den Häusern der Könige.

Oder was seid ihr hinausgegangen zu sehen? Einen Propheten? Ja, ich sage euch, er ist mehr, als ein Prophet; denn dieser ist's, von dem geschrieben steht: Siehe, ich sende einen Engel vor deinem Angesichte her, der deinen Weg vor dir bereiten soll.

Wahrlich, ich sage euch, unter denen, die von Weibern geboren wurden, ist kein Größerer aufgestanden, als Johannes, der Täufer, aber der Geringste im Himmelreich ist größer, denn er [2].

Und von den Tagen Johannis des Täufers an bis jetzt leidet das Himmelreich Gewalt [3], und die Gewalt brauchen, reißen es an sich.

Denn alle Propheten und das Gesetz haben geweissaget bis auf Johannes, und wenn ihr es annehmen wollet, so ist er Elias, der da kommen soll [4].

Wer Ohren hat zu hören, der höre.“

Herodias hatte aber bis dahin vergeblich die Gelegenheit gesucht, Johannes tödten zu lassen. Endlich bot sich eine günstige Veranlassung. An seinem Geburtstag gab Herodes den Fürsten, den Hauptleuten und den Vornehmsten in Galiläa ein Gastmahl.

Da wurde die Tochter der Herodias in die Festhalle geführt, tanzte vor der ganzen Versammlung und gefiel dem Herodes und seinen Gästen. Der König aber sagte zu dem Mägdlein: „Begehre von mir, was du willst, ich will es dir geben.“ Und er schwor ihr: „Was du immer von mir begehrest, ich will es dir geben, und sollte es auch die Hälfte meines Reiches sein.“

Da ging sie hinaus und sprach zu ihrer Mutter: „Was soll ich begehren?“ Diese aber sprach: „Das Haupt Johannes, des Täufers.“

---

1) Anhang Buch II. 19. — 2) Ibid. 20. — 3) Ibid. 21. — 4) Ibid. 22.

Und sogleich ging sie eilends hinein zu dem Könige, begehrte und sprach: „Ich will, daß du mir sogleich auf einer Schüssel das Haupt Johannes, des Täufers gebest."

Da ward der König traurig; aber wegen des Eides und derjenigen, die mit zu Tische waren, wollte er sie nicht betrüben, sondern schickte einen Trabanten hin und befahl, sein Haupt auf einer Schüssel zu bringen. Und dieser enthauptete Johannes in dem Gefängniß und brachte sein Haupt auf einer Schüssel und gab es dem Mägdlein, und das Mägdlein gab es ihrer Mutter.

Als dieß seine Jünger gehört, kamen sie, und holten seinen Leichnam und legten ihn in ein Grab; und sie gingen hin und thaten's Jesu zu wissen.

Drittes Buch.
Jesus Christus und seine Apostel.

Die Berufung von Petrus und Andreas; von Jakobus und Johannes. — Der wunderbare Fischzug. — Drei andere Berufungen. — Die Berufung Matthäus des Zöllners. — Die Wahl und die Namen der zwölf Apostel. — Ihre Aussendung. — Die Vorschriften und die Befugnisse, die Jesus ihnen ertheilte. — Die apostolische Armuth. — Die Predigt. — Die Klugheit der Schlangen und die Einfalt der Tauben. — Die Verfolgungen. — Das Vertrauen auf Jesum Christum. — Ihn über Alles lieben. — Aussendung, Wunder und Rückkehr der Apostel. — Jesus veranlaßt sie, auszuruhen. — Aussendung der zwei und siebenzig Jünger. — Ihre Heimkehr. — Geheimnisse, die den Weisen der Welt verborgen. — Die guten und die schlechten Knechte. — Für Jesum Christum auf Alles verzichten. — Hundertfältig soll denen vergolten werden, die Alles für Jesum Christum verlassen. — Die unnützen Knechte. — Wer nicht wider euch ist, ist für euch. —

(Luc. c. V. Matth. c. IV. Matth. c. VIII. Luc. c. IX. Marc. c. II. Matth. c. X. Luc. c. IX. Matth. c. IX. Luc. c. XI. Luc. c. XII. Luc. c. XVII. Luc. c. XII. Luc. c. XIV. Matth. c. XIX. Marc. c. IX.)

Es geschah aber, als ihn das Volk drängte, um das Wort Gottes zu hören, und er am See von Genezareth stand, sah Jesus zwei Schiffe am See stehen. In einem dieser Schiffe sah er die beiden Brüder, Simon, der da Petrus genannt wird, und Andreas seinen Bruder, wie sie ihr Netz in's Meer warfen; denn sie waren Fischer.

Und er sprach zu ihnen: „Folget mir nach, und ich will euch zu Menschenfischern machen!"

Sie aber verließen alsbald ihre Netze, und folgten ihm nach.

Und als er von da wegging, sah er zwei andere Brüder, Jakobus, den Sohn des Zebedäus, und Johannes, seinen Bruder mit ihrem Vater, welche das Schiff verlassen hatten und ihre Netze ausbesserten und wuschen.

Bei dieser Gelegenheit stieg Jesus, von der Menge des Volkes gedrängt, in das eine der Schiffe, welches dem Simon gehörte, und bat ihn, von dem Lande etwas abzufahren. Und er setzte sich, und lehrte das Volk aus dem Schiffe.

Als er aber zu reden aufgehört hatte, sprach er zu Simon: „Fahret hinaus in die Tiefe und werfet eure Netze zum Fange aus."

Da antwortete Simon und sprach zu ihm: „Meister, wir haben die ganze Nacht gearbeitet und nichts gefangen; aber auf dein Wort will ich das Netz auswerfen."

Als sie dieß gethan hatten, fingen sie eine große Menge Fische, so daß ihr Netz zerriß.

Und sie winkten ihren Genossen, die im anderen Schiffe waren, daß sie kommen und ihnen helfen möchten. Und sie kamen, und füllten beide Schifflein, so daß sie beinahe versunken wären.

Als dieß Simon Petrus sah, fiel er Jesu zu Füßen und sprach: „Herr, gehe weg von mir, denn ich bin ein sündhafter Mensch!"

Denn Staunen hatte ihn ergriffen und Alle, die bei ihm waren, über den Fischfang, denn sie gemacht hatten: Deßgleichen auch den Jakobus und Johannes, die Söhne des Zebedäus, welche Simons Genossen waren.

Und Jesus sprach zu Simon: „Fürchte dich nicht, von nun an wirst du Menschen fangen."

Zu gleicher Zeit rief Jesus den Jakobus und den Johannes. Sie aber verließen alsogleich die Netze und ihren Vater mit seinen Genossen.

Alle vier aber führten ihre Schiffe an's Land, verließen Alles und folgten ihm nach.

Als aber Jesus in derselben Gegend viel Volk um sich her sah, befahl er über den See zu fahren.

Auf dem Wege zum Ufer trat ein Schriftgelehrter hinzu, und sprach zu ihm: „Meister, ich will dir nachfolgen, wohin du auch gehen wirst."

Und Jesus sprach zu ihm: „Die Füchse haben Höhlen und die Vögel des Himmels Nester; aber der Sohn des Menschen hat nicht, wo er sein Haupt hinlege[1])."

Noch zu einem anderen Jünger sagte Jesus: „Folge mir nach."

Dieser sprach zu ihm: „Herr, laß mich zuvor hingehen und meinen Vater begraben[2])."

Jesus aber sprach zu ihm: „Folge mir nach, und laß die Todten ihre Todten begraben. Du aber gehe hin und verkündige das Reich Gottes."

Und wieder ein Anderer sprach: „Herr, ich will dir nachfolgen, aber erlaube mir zuvor, von dem, was in meinem Hause ist, Abschied zu nehmen."

Jesus sprach zu ihm: „Niemand, der seine Hand an den Pflug legt, und zurück sieht, ist tauglich zum Reiche Gottes[3])."

Ein anderesmal ging Jesus abermals an das Meer hinaus und alles Volk kam zu ihm, und er lehrte sie. Im Vorbeigehen sah er Levi den Sohn des Alphäus am Zollhause sitzen, und sprach zu ihm: „Folge mir nach!" Und er stand auf und folgte ihm nach.

Da aber Jesus sah, daß viel Volk ihm nachfolgte, stieg er auf einen Berg, um zu beten; nachdem er aber daselbst die Nacht allein mit Gott im Gebet zugebracht hatte, berief er zu sich von seinen Jüngern, welche er selbst wollte, und sie kamen zu ihm. Und er traf die Anordnung, daß zwölf bei ihm wären, und daß er sie zum Predigen ausschickte.

Er nannte sie Apostel und gab ihnen die Macht und

---

1) Anhang Buch III. 1.
2) Ibid. 2. — 3) Ibid. 3.

Gewalt über alle Teufel und bösen Geister, sie auszutreiben, und allerlei Krankheiten und Leiden zu heilen.

Und er sandte sie aus, je zwei und zwei, in die Städte und Flecken, um das Evangelium zu predigen.

Der erste war Simon, dem er den Namen Petrus gegeben hatte, und Andreas sein Bruder, dann Jakobus, der Sohn des Zebedäus und Johannes sein Bruder, denen er den Namen Boanerges, das ist, Donnerkinder, gab; dann Philippus, den Jesus am Ufer des Jordans zu sich gerufen, dann Bartholomäus — der nach der Meinung Vieler mit Nathanael ein und dieselbe Person ist, welche Jesu durch Philippus zugeführt worden — Thomas und Matthäus, der Zöllner, Jakobus, der Sohn des Alphäus, und Thaddäus; Simon der Kanander und Ischariot, der Jesum verrathen hat.

Und er sandte sie aus, das Reich Gottes zu predigen, und die Kranken zu heilen. Und er befahl ihnen auch, nichts mit sich auf den Weg zu nehmen, keine Tasche, noch Brod, noch Geld im Gürtel, sondern hinwegzugehen nur mit einem Stabe und mit Sandalen statt der Schuhe und mit einem Rocke.

Bei dieser Gelegenheit ertheilte er ihnen die folgenden Vor=schriften:

„Gehet nicht den Weg zu den Heiden [1]), und ziehet nicht in die Städte der Samariter [2]): sondern gehet vielmehr zu den ver=lorenen Schafen des Hauses Israel.

Gehet aber hin und prediget: das Himmelreich ist nahe.

Heilet die Kranken, erwecket die Todten, reiniget die Aus=sätzigen, treibet die Teufel aus: umsonst habt ihr es empfangen, umsonst gebet es hin.

Ihr sollt weder Gold noch Silber, noch anderes Geld in euern Gürteln haben [3]), auch keine Tasche auf dem Wege, noch zwei Röcke, noch Schuhe, noch Stab; denn der Arbeiter ist seiner Nahrung werth.

In welche Stadt und in welches Dorf ihr immer kommen werdet, daselbst fraget, wer darin würdig sei, und bleibet da, bis ihr weiter geht.

---

1) Anhang Buch III. 4. — 2) Ibid. 5. — 3) Ibid. 6.

Wenn ihr aber in ein Haus gehet, so grüßet dasselbe und saget: Der Friede sei mit diesem Hause.

Und wenn das Haus dessen würdig ist, so wird nur Friede über dasselbe kommen: ist es aber dessen nicht würdig, so wird euer Friede auf euch zurückkehren.

Und wer immer euch nicht aufnimmt, und euere Reden nicht achtet, aus dessen Hause oder Stadt gehet hinaus, und schüttelt den Staub von den Füßen.

Wahrlich, ich sage euch, es wird dem Lande der Sodomiter und Gomorrhiter erträglicher ergehen am Tage des Gerichts, als jener Stadt."

„Siehe, ich sende euch wie Schafe mitten unter Wölfe. Seid daher klug, wie die Schlangen und einfältig, wie die Tauben[1]).

Nehmet euch aber in Acht vor den Menschen; denn sie werden euch den Gerichtsstellen übergeben und in ihren Synagogen euch geißeln. Und vor Statthalter und Könige werdet ihr geführt werden um meinetwillen, ihnen und den Heiden zum Zeugnisse.

Wenn sie euch aber überliefern, so sinnet nicht nach, wie oder was ihr reden sollet, denn es wird euch in jener Stunde gegeben werden, was ihr reden sollet.

Denn nicht ihr seid es, die da reden, sondern der Geist eures Vaters ist es, der in euch redet.

Es wird aber ein Bruder den andern in den Tod liefern, und der Vater den Sohn: und die Kinder werden sich auflehnen gegen die Eltern, und sie in den Tod bringen.

Und ihr werdet von Allen gehaßt werden um meines Namens willen: wer aber ausharret bis an's Ende, der wird selig werden.

Wenn sie euch nun in dieser Stadt verfolgen, so fliehet in eine andere: wahrlich ich sage euch, ihr werdet nicht mit allen Städten Israels zu Ende gekommen sein, bis der Sohn des Menschen kommen wird.

Der Lehrling ist nicht über den Meister, noch der Knecht über den Herrn. Es ist genug für den Lehrling, wenn ihm geschieht, wie seinem Meister und für den Knecht, wenn ihm geschieht, wie seinem Herrn. Haben sie den Hausvater Beelzebub

---

1) Anhang Buch III. 7.

geheißen, wie viel mehr werden sie seine Hausgenossen also nennen [1])?

Darum fürchtet sie nicht; denn es ist nichts verborgen, was nicht offenbar wird [2]), und nichts geheim, was nicht gewußt werden wird.

Was ich euch im Finstern sage, das redet im Lichte: und was ihr in's Ohr höret, das prediget auf den Dächern [3])."

„Ich sage aber euch, die ihr meine Freunde seid, fürchtet euch nicht vor denen, die den Leib tödten, aber die Seele nicht tödten können, sondern fürchtet vielmehr denjenigen, der Leib und Seele in das Verderben der Hölle stürzen kann.

Ja, wahrlich ich sage euch, diesen müßt ihr fürchten.

Kauft man denn nicht zwei Sperlinge für einen Pfennig? Und doch fällt keiner von ihnen auf die Erde ohne meinen Vater.

Euch aber sind alle Haare eures Hauptes gezählt.

Darum fürchtet euch nicht, ihr seid besser, als viele Sperlinge.

Ferner sage ich euch: Wer immer mich nun vor den Menschen bekennen wird, mich den Menschensohn, den will auch ich bekennen vor meinem Vater und vor den Engeln Gottes, der im Himmel ist: wer mich aber verleugnet vor den Menschen, den will auch ich vor den Engeln Gottes und vor meinem Vater verleugnen, der im Himmel ist.

Glaubet ja nicht, daß ich gekommen sei, Friede auf die Erde zu bringen [4]): ich bin nicht gekommen, Frieden zu bringen, sondern das Schwert und die Trennung.

Denn von nun an werden fünf in einem Hause uneins sein, drei mit zweien und zwei mit dreien; uneins der Vater mit dem Sohne und der Sohn mit seinem Vater, die Mutter mit der Tochter, die Tochter mit der Mutter, die Schwiegermutter mit ihrer Schnur und die Schnur mit ihrer Schwiegermutter."

„Wer Vater und Mutter mehr liebt, als mich, ist meiner nicht werth: und wer den Sohn oder die Tochter mehr liebt, als mich, ist meiner nicht werth.

---

1) Anhang Buch III. 8. — 2) Ibid. 9. — 3) Ibid. 10.
4) Ibid. 11.

Und wer sein Kreuz nicht auf sich nimmt und mir nach=
folget, ist meiner nicht werth[1]).

Wer sein Leben retten will, der wird es verlieren, und wer
sein Leben um meinetwillen verliert, der wird es retten[2]).

Wer euch aufnimmt, der nimmt mich auf; und wer mich
aufnimmt, der nimmt denjenigen auf, der mich gesandt hat.

Wer euch höret, der höret mich, und wer euch verachtet, der
verachtet mich, wer aber mich verachtet, der verachtet den, der mich
gesandt hat.

Wer einen Propheten aufnimmt im Namen eines Propheten,
wird einen Prophetenlohn empfangen, und wer einen Gerechten
aufnimmt im Namen eines Gerechten, wird des Gerechten Lohn
empfangen.

Und wer Einem von diesen Geringsten nur einen Becher
kalten Wassers zu trinken reicht im Namen eines Jüngers, wahr=
lich, ich sage euch, er wird seinen Lohn nicht verlieren.

Fürchte dich nicht, du kleine Heerde, denn es hat meinem
Vater gefallen, euch das Himmelreich zu geben.“

Nachdem aber Jesus den Jüngern diese Anweisung gegeben
hatte, ging er von da weg, um in den benachbarten Städten zu
lehren und zu predigen.

Die Jünger aber zogen auch aus und gingen von Flecken
zu Flecken, und verkündeten das Evangelium und heilten die
Kranken.

Den Völkern predigten sie die Buße, trieben Teufel aus,
salbten die Kranken mit Oel und machten sie gesund.

Nach einiger Zeit kamen die Apostel zurück und versammel=
ten sich bei Jesus. Sie verkündeten ihm Alles, was sie gethan
und gelehrt hatten.

Jesus aber sprach zu ihnen: „Gehet nun bei Seite und
ruhet euch an einem einsamen und ruhigen Ort: genießet eine
Zeit lang der Ruhe.“

Denn es kam viel Volks zu dem Herrn und seinen Aposteln,
so daß diese nicht Zeit hatten ihr Brod zu essen.

Der Herr nahm sie deßhalb zu sich, und sie bestiegen ein

---

1) Anhang Buch III. 12. — 2) Ibid. 13.

Schiff und fuhren über die See an einen einsamen Ort nahe bei Bethsaida.

Aber das Volk erfuhr es und folgte ihnen nach.

Als Jesus aber das Volk sah, bemitleidete er es; denn es war geplagt und lag zerstreut, wie Schafe, die keinen Herrn haben. Dann sprach er zu seinen Jüngern: „Die Ernte ist groß, aber der Arbeiter sind wenige. Bittet daher den Herrn, daß er Arbeiter sende in seine Ernte."

Danach aber verordnete der Herr noch andere zwei und siebenzig Jünger außer den zwölf Aposteln, und er sandte sie paarweise vor sich her in alle Städte und Orte, wo er selbst hinkommen wollte.

Und er sprach zu ihnen: „Gehet hin; siehe ich sende euch, wie Lämmer unter Wölfe.

Ihr sollet weder Beutel noch Tasche, noch Schuhe tragen, und Niemanden auf dem Wege grüßen[1]).

Wo ihr immer in ein Haus kommet, da saget zuerst: der Friede sei mit diesem Hause!

Und wenn daselbst ein Kind des Friedens ist, so wird euer Friede auf ihm ruhen; wo aber nicht, wird er auf euch zurückkehren.

Bleibet aber in demselben Hause und esset und trinket, was sie haben; denn der Arbeiter ist seines Lohnes werth. Ihr sollt nicht von einem Haus in das andere gehen.

Und wo ihr immer in eine Stadt kommet, und man euch aufnimmt, da esset, was euch vorgesetzt wird; und machet die Kranken gesund, die daselbst sind, und sprechet zu ihnen: Das Reich Gottes ist euch nahe gekommen.

Wo ihr aber in eine Stadt kommet, und sie euch nicht aufnehmen, da gehet hinaus auf ihre Gassen, und sprechet: Auch den Staub, der sich an uns von eurer Stadt angehängt hat, schütteln wir auf euch ab; aber dieses wisset: das Reich Gottes ist nahe gekommen!

Ich sage euch: es wird der Stadt Sodoma an jenem Tage (des Gerichts) erträglicher gehen, als jener Stadt.

---

1) Anhang Buch III. 14.

Wer euch höret, der höret mich, und wer euch verachtet, der verachtet mich; wer aber mich verachtet, der verachtet den, der mich gesandt hat."

Es kehrten aber die zwei und siebenzig mit Freuden zurück und sprachen: „Herr, auch die Teufel sind uns unterthan in deinem Namen."

Und Jesus sprach zu ihnen: „Ich sah den Satan, wie einen Blitz vom Himmel fallen [1]).

Siehe, ich gebe euch Macht, auf Schlangen und Skorpionen zu treten, und über alle Gewalt des Feindes, und nichts wird euch schaden.

Aber freuet euch nicht darum, daß euch die Geister unterworfen sind, sondern freuet euch, daß eure Namen im Himmel geschrieben stehen.

In derselben Stunde frohlockte Jesus im heiligen Geiste und sprach: „Ich preise dich, Vater, Herr des Himmels und der Erde, daß du dieses vor Weisen und Klugen verborgen, Kleinen aber geoffenbaret hast; denn also ist es wohlgefällig gewesen vor dir.

Alles ist mir von meinem Vater übergeben: und Niemand weiß, wer der Sohn ist, als der Vater, und Niemand weiß, wer der Vater ist, als der Sohn, und wem es der Sohn offenbaren will."

Und er wandte sich zu seinen Jüngern und sprach. „Selig sind die Augen welche sehen, was ihr sehet! denn ich sage euch, daß viele Propheten und Könige sehen wollten, was ihr sehet und haben es nicht gesehen, und hören, was ihr höret und haben es nicht gehört."

Und Jesus sprach weiter zu ihnen: „Eure Lenden sollen umgürtet sein[2]), und brennende Lampen in euren Händen.

Seid Menschen ähnlich, die auf ihren Herrn warten, welche der Herr wachend findet, wenn er kommt: wahrlich, ich sage euch, er wird sich gürten und sie zu Tische setzen, und sie bedienen. Und wenn er in der zweiten Nachtwache kommt, oder in der dritten Nachtwache[3]) kommt und sie so findet, selig sind diese Knechte.

---

1) Anhang Buch III. 15. — 2) Ibid. 16. — 3) Ibid. 17.

So wachet denn; denn ihr wisset nicht, wann der Herr kommen wird.

Das aber sollt ihr wissen: wenn der Hausvater wüßte, zu welcher Stunde der Dieb kommt, so würde er sicherlich wachen und sein Haus nicht durchbrechen lassen.

So seid denn auch ihr bereit, denn der Menschensohn wird zu einer Stunde kommen, da ihr es nicht meint."

„Wer von euch, der einen Knecht hat, welcher pflüget oder weidet, wird zu ihm, wenn er vom Felde zurückkommt, sagen: Geh' sogleich hin und setze dich zu Tische? Wird er nicht vielmehr zu ihm sagen: umgürte dich und diene mir, bis ich gegessen und getrunken habe, und danach magst auch du essen und trinken?

Und danket er wohl demselben Knechte, daß er gethan, was er ihm befohlen hat, als hätte er mehr als seine Pflicht gethan?

Ich meine nicht. Also auch ihr, wenn ihr Alles gethan, was euch befohlen war, so sprechet: Wir sind unnütze Knechte; wir haben nur gethan, was wir schuldig waren, zu thun."

Petrus aber sprach zu ihm: „Herr, sagst du dieses Gleichniß für uns oder auch für Alle?"

Und der Herr sprach: „Wen hältst du für einen treuen und klugen Haushalter, den der Herr über sein Gesinde gesetzt, damit er ihnen zu rechter Zeit den angemessenen Unterhalt reiche [1])?

Ist es nicht derjenige, der treu und aufmerksam seine Pflicht erfüllt?

Selig ist derselbe Knecht, den der Herr, wenn er kommt, also thun findet.

Wahrlich, ich sage euch, er wird ihn über alle seine Güter setzen.

Wenn aber jener Knecht in seinem Herzen spricht: Mein Herr verziehet zu kommen! und wenn er anfängt, die Knechte und Mägde zu schlagen, zu essen, zu trinken, und sich voll zu saufen: so wird der Herr dieses Knechtes kommen an einem Tage, da er es nicht erwartet, und zu einer Stunde, da er es nicht weiß, und wird ihn absondern, und wird ihm sein Theil mit den Ungetreuen geben, da wo Heulen und Zähneklappern sein wird.

---

1) Anhang Buch III. 18.

Jener Knecht aber, der den Willen seines Herrn gekannt, und sich nicht bereit gehalten, und nicht gethan hat, was er wollte, wird viele Streiche bekommen.

Wer ihn aber nicht gekannt, und gethan hat, was Schläge verdient, wird weniger bekommen. Denn von einem Jeden, dem viel gegeben worden ist, wird viel gefordert werden, und wem viel anvertraut worden ist, von dem wird viel zurückverlangt werden."

Es ging aber viel Volks mit ihm und seinen Jüngern und er wandte sich zu ihnen und sprach:

„Wenn Jemand zu mir kommt, und hasset, um mir nicht zu mißfallen, nicht Vater und Mutter[1]), und Weib und Kinder, und Brüder und Schwestern, ja auch sein eigenes Leben, der kann mein Jünger nicht sein.

Und wer sein Kreuz nicht trägt, der kann mein Jünger nicht sein.

Wisset dieß und bedenket es wohl.

Denn wer von euch, der einen Thurm[2]) bauen will, wird sich nicht zuvor niedersetzen und die nöthigen Kosten überschlagen, ob er auch habe um auszulangen; damit nicht etwa, wenn er den Grund gelegt hat, und den Bau nicht vollenden kann, Alle, die es sehen, ihn zu verspotten anfangen, und sagen, dieser Mensch fing an zu bauen, und konnte nicht vollenden.

Oder welcher König wird gegen einen andern König aus-ziehen, und Krieg führen, ohne sich zuvor niederzusetzen und zu überlegen, ob er mit zehntausend Mann bei dem etwas ausrichten könne, der mit zwanzigtausend Mann zu ihm kommt?

Kann er das nicht, so wird er Gesandte schicken, da jener noch ferne ist und um Frieden bitten.

Also kann auch keiner von euch, der nicht Allem entsagt, was er besitzt, mein Jünger sein. Dieß überleget wohl.

Um das Salz ist es eine gute Sache; wenn aber das Salz seine Kraft verliert, womit soll man salzen[3])? Weder als Erde noch als Dünger kann man es brauchen, sondern man wirft es hinaus.

---

1) Anhang Buch III. 19. — 2) Ibid. 20. — 3) Ibid. 21.

Wer Ohren hat zu hören, der höre."

Petrus aber sprach zu Jesus: „Siehe, wir haben Alles verlassen und sind dir nachgefolget, was wird uns wohl dafür werden?"

Jesus aber sprach zu ihnen: „Wahrlich, ich sage euch, ihr, die ihr mir nachgefolgt seid, werdet bei der Wiedergeburt, wenn des Menschen Sohn auf dem Throne seiner Herrlichkeit sitzen wird, auch auf zwölf Thronen sitzen, und die zwölf Stämme Israels richten.

Und wer immer sein Haus oder Bruder, oder Schwestern, oder Vater, oder Mutter, oder Weib, oder Kinder, oder Aecker um meines Namens willen verläßt, der wird Hundertfältiges dafür erhalten und das ewige Leben besitzen.

Viele aber, welche die Ersten sind, werden die Letzten, und welche die Letzten sind, werden die Ersten sein."

Und Johannes nahm das Wort und sprach: „Meister, wir sahen Jemanden, der in deinem Namen Teufel austreibt und wir wehrten es ihm, weil er uns nicht nachfolgt."

Jesus aber sprach: „Wehret es ihm nicht! denn Niemand, der in meinem Namen Wunder wirkt, wird leicht mich schmähen können.

Und wer nicht wider mich ist, ist für mich. Und wer euch einen Becher Wasser zu trinken reicht in meinem Namen, darum weil ihr Christo angehört, wahrlich, ich sage euch, er wird seinen Lohn nicht verlieren."

Jesus aber rief seine Jünger zu sich und sprach zu ihnen: „Ihr wisset, daß die Fürsten der Völker über dieselben herrschen, und die Großen Gewalt über sie ausüben.

Nicht so soll es unter euch sein; sondern wer immer unter euch groß sein will, der sei euer Diener.

Und wer unter euch der Erste sein will, der sei euer Knecht.

Gleichwie des Menschen Sohn nicht gekommen ist, sich bedienen zu lassen, sondern zu dienen und sein Leben zur Erlösung für Viele hinzugeben."

Viertes Buch.
Jesus Christus und die Kranken.

Der Geist Jesu Christi. — Das Wesen seiner Aufgabe, die Güte. — Er spricht in der Synagoge zu Nazareth. — Herrliche Worte des Propheten Jesaias. — Jesus pflegt und heilt alle Arten von Kranken. — Mehr Wunder der Güte, als der Macht. — Heilung der Schwiegermutter des Petrus. — Jesus heilt den Sohn eines Königlichen von Kapharnaum. — Der Gichtbrüchige. — Das Töchterchen des Jairus. — Die Blutflüssige. — Die zwei Blinden. — Der Taubstumme. — Heilungen auf dem Berge. — Erweckung des Sohnes der Wittwe zu Naim. — Das chananäische Weib. — Der bloßen Neugierde werden Wunder versagt.

(Luc. c. IX. id. c. IV. Marc. c. VI. Matth. c. XI. id. c. XII. Luc. c. VIII. Matth. c. IV. Marc. c. I. id. c. III. Luc. c. IV. Joh. c. IV. Luc. c. V. Marc. c. II. Luc. c. VIII. Marc. c. V. Luc. c. VIII. Matth. c. IX. Marc. c. VII. Matth. c. XV. Marc. c. VII. Luc. c. VII. Matth. c. XII.)

Es geschah aber, daß eine Stadt Jesum und seine Jünger nicht aufnahm. Als dieses seine Jünger Jakobus und Johannes sahen, sprachen sie: „Herr, willst du, so sagen wir, daß Feuer vom Himmel falle und sie verzehre?"

Er aber wandte sich um, strafte sie und sprach: „Ihr wisset nicht, wessen Geistes ihr seid[1]). Des Menschen Sohn ist nicht gekommen, Seelen zu verderben, sondern selig zu machen."

Jesus kehrte vom Geist Gottes getrieben wieder nach Galiläa zurück und er kam nach Nazareth, wo er erzogen worden war und seine Jünger folgten ihm nach. Nach seiner Gewohnheit ging er am Sabbate in die Synagoge und stand auf, um zu lesen.

Da wurde ihm das Buch Jesaias, des Propheten, gereicht. Und als er das Buch aufrollte, fand er die Stelle, wo geschrieben stand:

„Der Geist des Herrn ist über mir, darum hat er mich gesalbet und mich gesendet,
>   den Armen das Evangelium zu predigen,
>   zu heilen, die zerknirschten Herzens sind,

---

1) Anhang Buch IV. 1.

den Gefangenen Erlösung,
den Blinden das Gesicht zu verkünden,
die Zerschlagenen frei zu entlassen,
das angenehme Jahr des Herrn
und den Tag der Vergeltung zu predigen."

Und er rollte das Buch zu, gab es dem Diener und setzte sich. Und Aller Augen waren auf ihn gerichtet.

Er aber fing an und sprach zu ihnen: „Heute ist diese Schriftstelle vor euch in Erfüllung gegangen."

Und Alle gaben ihm Zeugniß und verwunderten sich über die gnadenreichen Worte, die aus seinem Munde flossen und sprachen: „Woher hat er denn dieß Alles? Was ist dieß für eine Weisheit, die ihm gegeben worden? Und wie geschehen denn solche Wunder durch seine Hände? Ist er nicht der Zimmermann, und des Zimmermanns Sohn, den wir kennen, der Sohn Josephs, ist nicht Maria seine Mutter, und Jakobus und Joseph, Judas und Simon seine Brüder? Und sind nicht auch seine Schwestern hier bei uns?" Und sie ärgerten sich an ihm.

Jesus aber sprach zu ihnen: „Ihr werdet mir freilich jenes Sprichwort sagen: Arzt, heile dich selbst! Die großen Dinge, von denen wir gehört, daß sie in Capharnaum geschehen sind, thue auch hier in deiner Vaterstadt."

Ihres Unglaubens halber aber that Jesus daselbst keine Wunder, als daß er wenigen Kranken die Hände auflegte und sie heilte.

Dann aber sprach er zu ihnen: „Ein Prophet ist nie angenehm in seinem Vaterlande; am wenigsten werden die Propheten geehrt in ihrer Vaterstadt, in ihrem Hause, und in ihrer Verwandtschaft.

In Wahrheit sag' ich euch: Viele Wittwen waren zur Zeit des Elias in Israel, als der Himmel drei Jahre und sechs Monate verschlossen war, da über das ganze Land eine große Hungersnoth kam, aber zu keiner ward Elias gesendet, sondern zu einer Wittwe nach Sarepta in der Landschaft von Sidon.

So waren auch zur Zeit des Propheten Elias viele Aussätzige in Israel, aber keiner von ihnen wurde gereinigt, sondern Naaman, der Syrer."

Und alle in der Synagoge wurden voll Zornes, als sie dieß hörten, und sie standen auf, und stießen ihn zur Stadt hinaus, und führten ihn auf die Anhöhe des Berges, auf welchen ihre Stadt gebaut war, um ihn hinabzustürzen.

Er aber schritt mitten durch sie hin, und ging hinweg.

Und er ging hinab nach Kapharnaum, einer Stadt in Galiläa und lehrte sie daselbst an den Sabbaten. Und er fuhr fort, den Armen das Evangelium zu verkünden. Und er sprach:

„Kommet zu mir Alle, die ihr mühselig und beladen seid, und ich will euch erquicken.

Nehmet mein Joch auf euch und lernet von mir, denn ich bin sanftmüthig und demüthig von Herzen, so werdet ihr Ruhe finden für eure Seelen.

Denn mein Joch ist süß und meine Bürde ist leicht."

Von ihm und seiner Güte spricht der Prophet Jesaias in den Worten:

„Siehe meinen Knecht, dem ich beistehe, meinen Auserwählten, an dem ich Wohlgefallen habe; ich ließ meinen Geist über ihn kommen, das Recht wird er den Völkern verkünden.

Er wird nicht schreien, noch parteiisch sein[1]), noch wird man auf der Gasse seine Stimme hören.

Das zerknickte Rohr zerbricht er nicht[2]), und den glimmenden Docht löscht er nicht aus; in der Wahrheit lehret er das Recht.

Er ist nicht kleinmüthig, noch ungestüm, bis er aufgerichtet auf Erden das Recht.

Und auf seinen Namen gründen die Völker ihre Hoffnung."

Jesus aber ging mit seinen Jüngern umher im Lande durch die Städte und Flecken, und lehrte das Volk in den Synagogen[3]), predigte das Evangelium vom Reiche Gottes, heilte allerlei Krankheiten und Schwächen, und trieb Teufel aus.

Auch einige Weiber, die er von bösen Geistern und Krankheiten befreit hatte, waren bei ihm, Maria mit dem Zunamen Magdalena, aus welcher sieben Teufel ausgefahren waren.

Und Joanna, das Weib des Chusa, des Verwalters des

---

1) Anhang Buch IV. 2. — 2) Ibid. 3. — 3) Ibid. 4.

Herodes, und Susanna und noch mehrere andere, welche ihm mit ihrem Vermögen dienten.

Und das Gerücht von ihm ging aus in ganz Syrien, und sie brachten zu ihm Alle, die sich übel befanden, und welche mit allerlei Krankheiten und Qualen behaftet waren, auch die von den Teufeln Besessenen, und die Mondsüchtigen und die Gichtbrüchigen und er heilte sie.

Es breitete sich aber die Rede von ihm noch mehr aus, und es kam viel Volk zusammen, um ihn zu hören und geheilt zu werden von ihren Krankheiten, so daß er nicht mehr öffentlich in ihre Städte eingehen konnte. Er entwich in die Wüste, aber auch dort fanden sie ihn auf.

Es geschah aber, daß er eines Morgens sehr früh aufstand, und begab sich an einen öden Ort und betete daselbst.

Simon nun, und die mit ihm waren, eilten ihm nach, und als sie ihn fanden, sprachen sie zu ihm: „Alle suchen dich.“

Er aber sprach zu ihnen: „Lasset uns in die zunächst gelegenen Flecken und Städte gehen, damit ich auch daselbst predige; denn dazu bin ich gekommen.“

Und das Volk suchte ihn, kam zu ihm und wollte ihn abhalten, daß er nicht von ihnen ginge. Er aber sprach zu ihnen: „Ich muß auch andern Städten das Evangelium vom Reiche Gottes verkünden; denn dazu bin ich gesandt worden.“

Und er predigte in den Synagogen von ganz Galiläa; zugleich aber trieb er Teufel aus und heilte die Kranken.

Da er in der Richtung nach dem Meere gegangen war und ihm auch dahin eine große Menge Volks gefolgt war, so befahl er den Jüngern, die bei ihm waren, ein Schifflein für ihn bereit zu halten, wegen des Volkes, das ihn bedrängte; denn man hatte gehört, daß er alle Krankheiten und Schwachheiten heile, so kamen Alle, die irgend ein Leiden hatten, und wollten wenigstens seine Kleider berühren, und wenn ihn die von unreinen Geistern Besessenen sahen, so warfen sie sich vor ihm nieder und riefen: „Du bist der Sohn Gottes.“

Er aber bedrohete sie und hieß sie, ihn nicht zu verrathen.

Die Bewohner aber schickten Boten in die Umgegend und gingen überall umher und brachten die Kranken in ihren Betten, sobald sie hörten, daß er an einen Ort kommen werde. Wo er aber auch hinkam, in einen Flecken, in ein Dorf oder in eine Stadt, überall brachte man ihm die Kranken, und bat ihn, zu erlauben, daß sie wenigstens den Saum seines Kleides berühren dürften; und Alle, die ihn berührten, wurden gesund.

Es geschah aber eines Abends, als er aus der Synagoge gegangen war, daß er mit Jakobus und Johannes in das Haus des Simon und Andreas kam.

Die Schwiegermutter des Simon aber lag darnieder am Fieber: und sogleich redeten sie mit ihm von ihr.

Da trat er hinzu, nahm sie bei der Hand und richtete sie auf; und sogleich verließ sie das Fieber, und sie stand auf und diente ihnen.

Als es nun Abend geworden und die Sonne untergegangen war, brachten sie zu ihm Alle, die sich übel befanden und von bösen Geistern besessen waren.

Und die ganze Stadt war vor der Thüre versammelt.

Es fuhren auch von Vielen Teufel aus, die da riefen und sprachen: „Du bist der Sohn Gottes!" Er aber drohte ihnen und ließ sie nicht reden.

Und er legte einem jeden Kranken die Hände auf und machte alle gesund. Auf diese Weise erfüllte sich das Wort des Propheten Jesaias: „Wahrlich er trägt unsere Krankheit und ladet auf sich unsere Schmerzen."

Als Jesus wieder nach Canaan in Galiläa kam, wo er das Wasser in Wein verwandelt hatte, war da ein Königlicher (Officier oder Hofdiener des Herodes), dessen Sohn zu Capharnaum krank lag.

Da dieser gehört hatte, daß Jesus von Judäa nach Galiläa gekommen sei, begab er sich zu ihm und bat ihn, daß er hinab komme und seinen Sohn heile; denn er war daran zu sterben.

Da sprach Jesus zu ihm: „Wenn ihr nicht Zeichen und Wunder sehet, so glaubet ihr nicht."

Der Königliche sprach zu ihm: „Herr, komme hinab, ehe mein Sohn stirbt."

Jesus sprach zu ihm: „Geh hin, dein Sohn lebt." Und der

Mann glaubte dem Wort, welches ihm Jesus gesagt hatte, und ging hin.

Und da er hinabging, begegneten ihm seine Knechte, verkündeten ihm, und sagten, daß sein Sohn lebe. Da erforschte er von ihnen die Stunde, in welcher es mit ihm besser geworden war. Und sie sprachen zu ihm: „Gestern um die siebente Stunde verließ ihn das Fieber."

Da erkannte der Vater, daß es um dieselbe Stunde war, in welcher Jesus zu ihm gesagt hatte: „Dein Sohn lebt." Und er glaubte mit seinem ganzen Hause.

Dieses zweite Zeichen that Jesus noch, als er von Judäa nach Galiläa gekommen war.

Nachdem Jesus wieder über den See gefahren, war er wieder in Capharnaum, seinem gewöhnlichen Aufenthalt. Und als es bekannt wurde, daß er in einem Hause sei, kamen Viele zusammen, so daß sie auch vor der Thüre keinen Raum hatten. Und er predigte ihnen das Wort.

Und es saßen auch Pharisäer und Lehrer des Gesetzes dort, die aus allen Flecken Galiläa's und Judäa's und von Jerusalem gekommen waren: Und die Kraft des Herrn war da, um sie zu heilen.

Da kamen einige herbei zu ihm, und brachten einen Gichtbrüchigen, der von Vieren auf einem Bette getragen wurde. Und sie suchten ihn hineinzubringen und vor ihn hinzulegen.

Da sie aber vor Menge des Volks keinen Ort fanden, wo sie ihn hätten hineinbringen können, stiegen sie auf das Dach, und ließen ihn durch die Ziegel hinab in die Mitte der Versammelten gerade vor Jesu.

Als nun Jesus ihren Glauben sah, sprach er zu dem Gichtbrüchigen: „Sei getrost mein Sohn, deine Sünden sind dir vergeben."

Da fingen die Schriftgelehrten und Pharisäer bei sich zu denken und zu sprechen an: „Wer ist dieser, der Gotteslästerungen spricht? Wer kann Sünden vergeben, als Gott allein?"

Da Jesus aber ihre Gedanken erkannte, sprach er zu ihnen: „Warum habt ihr solche Gedanken in eurem Herzen?

Was ist leichter, zu dem Gichtbrüchigen sagen: Deine Sün-

ben sind dir vergeben — oder sagen: Steh' auf, nimm dein Bett
und wandle?

Damit ihr aber wisset, daß der Menschensohn auf Erden
Macht habe, die Sünden zu vergeben, so (sprach er zu dem Gichtbrüchigen) sage ich dir: Steh' auf, nimm dein Bett und gehe in
dein Haus."

Und derselbe stand sogleich auf, nahm sein Bett und ging
in Gegenwart Aller davon bis in sein Haus, indem er Gott pries.

Und Staunen ergriff Alle und sie priesen Gott, und wurden mit Furcht erfüllt und sprachen: "Wir haben heute wunderbare Dinge gesehen, wie man es noch niemals gesehen hat."

Jesus kam vom Meere her, da kam ein Mann, mit Namen
Jaïrus, welcher Vorsteher der Synagoge war, und fiel ihm zu
Füßen und bat ihn, daß er in sein Haus kommen möchte; denn
er hatte eine einzige Tochter von ungefähr zwölf Jahren, und
diese war daran, zu sterben. Jaïrus aber bat Jesus inständig und
sprach: "Meine Tochter liegt in den letzten Zügen, komm und
lege ihr die Hand auf, damit sie gesund werde und lebe."

Da ging Jesus mit ihm und viel Volk folgte ihm und
drängte ihn.

Es war aber ein Weib da, das zwölf Jahre den Blutgang
hatte, und von vielen Aerzten Vieles erlitten, und all' das Ihrige
aufgewendet, und keine Hülfe gefunden hatte, sondern vielmehr
schlimmer geworden war, kam, da sie von Jesus gehört hatte,
unter dem Volk rückwärts hinzu und rührte sein Kleid an; denn
sie sprach bei sich: "Wenn ich nur sein Kleid berühre, werde ich
gesund." Und sogleich war ihr Blutgang gestillt, und sie fühlte
am Körper, daß sie von der Plage geheilet sei.

Und Jesus, der alsbald in sich fühlte, daß eine Kraft von
ihm ausgegangen war, wandte sich zum Volke, und sprach:
"Wer hat meine Kleider angerührt? Wer hat mich angerührt?"

Da nun Alle es leugneten, sprach Petrus und die mit ihm
waren: "Meister, die Schaaren drängen und drücken dich, und
du sprichst: wer hat mich angerührt?"

Jesus aber sprach: "Es hat mich jemand angerührt, denn
ich weiß, daß eine Kraft von mir ausgegangen ist." Und er
blickte umher, um die zu sehen, die es gethan hatte.

Da kam das Weib, da sie sah, daß sie nicht verborgen blieb, und wohl wissend, was mit ihr geschehen war, furchtsam und zitternd und fiel ihm zu Füßen, und entdeckte, der Wahrheit gemäß vor allem Volk, warum sie ihn angerührt habe, und wie sie sogleich geheilt worden sei.

Er aber sprach zu ihr: „Meine Tochter, sei getrost, dein Glaube hat dir geholfen: Geh' hin im Frieden, und sei geheilt von deiner Plage."

Als er noch redete, kamen Leute von dem Vorsteher der Synagoge und sprachen: „Deine Tochter ist gestorben, warum bist du dem Meister noch lästig?"

Als aber Jesus die Rede, die da gesagt wurde, hörte, sprach er zu dem Vorsteher der Synagoge: „Fürchte dich nicht, glaube mir, so wird sie leben."

Und er gestattete nicht, daß Jemand ihm folgte, außer Petrus und Jakobus, und Johannes, der Bruder des Jakobus.

Und sie kamen in das Haus des Vorstehers der Synagoge. Da sah er das Getümmel, und wie sehr sie heulten und weinten, und er ging hinein, und sprach zu ihnen: „Warum lärmet und weinet ihr? Das Mägdlein ist nicht todt, sondern es schläft."

Da verlachten sie ihn; denn sie wußten, daß sie gestorben war. Er aber schaffte sie Alle hinaus, nahm den Vater und die Mutter des Mägdleins, und jene, die bei ihm waren, mit sich und ging hinein, wo das Mägdlein lag.

Da faßte er das Mägdlein bei der Hand und sprach zu ihm: „Talisja cumi," das ist verdolmetscht: „Mägdlein (ich sage dir) stehe auf.". Und sogleich stand das Mägdlein auf, und wandelte umher: es war aber zwölf Jahre alt, und sie entsetzten sich mit großem Erstaunen. Dann sagte er, man solle ihr zu essen geben, und befahl ausdrücklich, Niemand etwas davon zu sagen, was geschehen war. Aber das Gerücht davon verbreitete sich in der ganzen Gegend.

Als nun Jesus von da wegging, folgten ihm zwei Blinde nach, welche schrieen: „Du Sohn Davids erbarme dich unser." Als er aber nach Hause gekommen war, traten die Blinden zu ihm und Jesus sprach zu ihnen: „Glaubet ihr, daß ich euch dieses thun kann?" Sie sprachen zu ihm: „Ja Herr." Dann berührte er ihre Augen, und sprach: „Es geschehe euch nach eurem Glauben." Und ihre Augen wurden aufgethan. Und Jesus drohete ihnen und sprach: „Sehet zu, daß es Niemand erfahre." Sie aber gingen hinaus und verbreiteten seinen Ruf in derselben Gegend.

Als nun diese hinweggegangen waren, siehe da brachten sie einen Menschen zu ihm, der stumm und von einem bösen Geiste besessen war. Und da der böse Geist ausgetrieben war, redete der Stumme, und das Volk verwunderte sich und sprach: „Niemals hat man solches gethan in Israel."

Aber die Pharisäer sprachen: „Durch den Obersten der Teufel treibt er die Teufel aus."

Eines Tags aber ging Jesus wieder weg von Thrus und kam durch Sidon an das galiläische Meer mitten in das Gebiet der zehn Städte. Da brachten sie einen Taubstummen zu ihm, und baten ihn, daß er ihm die Hand auflegen möchte.

Und er nahm ihn von dem Volke beiseits, senkte ihm seine Finger in die Ohren und berührte seine Zunge mit Speichel, sah gen Himmel auf, seufzte und sprach: „Ephpheta" das ist: „thu dich auf."

Und sogleich öffneten sich seine Ohren und das Band seiner Zunge ward gelöst, und er redete recht.

Da gebot er ihnen, sie sollten es niemanden sagen. Aber je mehr er es ihnen gebot, desto mehr breiteten sie es aus, und desto mehr verwunderten sie sich und sprachen: „Er macht Alles wohl! Die Tauben macht er hörend und die Stummen redend."

Und er machte sich auf und zog von da in die Gränzen von Sidon und Thrus: und er ging in ein Haus, und wollte, daß es niemand erfahren sollte, er konnte aber nicht verborgen bleiben; denn ein chananäisches Weib[1]) kam aus dieser Gegend her und eilte herzu, nachdem sie von ihm gehört hatte. Ihre Tochter war von einem unreinen Geist besessen und ward von demselben arg geplagt. Die Mutter begann deßhalb zu rufen und sprach: „Herr, du Sohn Davids[2]), erbarme dich meiner: meine Tochter wird arg von einem bösen Geiste geplagt."

Er aber antwortete ihr nicht ein Wort. Und seine Jünger traten hinzu, baten ihn, und sprachen: „Laß sie doch von dir; (durch Gewährung ihrer Bitte) denn sie schreiet uns nach."

---

1) Anhang Buch IV. 5. — 2) Ibid. 6.

Da antwortete er und sprach: „Ich bin nur gesandt zu den verlorenen Schafen des Hauses Israel[1]).“

Sie aber kam, betete ihn an und sprach: „Herr hilf mir!“

Und er antwortete und sprach: „Es ist nicht recht, den Kindern das Brod zu nehmen, und es den Hunden vorzuwerfen[2]).“

Das Weib aber war eine Heidin und aus Syrophönizien gebürtig und antwortete ihm: „Ja, Herr! aber auch die Hündlein essen unter dem Tisch von den Brosamen der Kinder[3]).“

Da antwortete Jesus und sprach zu ihr: „O Weib, dein Glaube ist groß: Dir geschehe, wie du willst. Um dieses Wortes willen gehe hin, der Teufel ist ausgefahren von deiner Tochter.“ Und als sie in ihr Haus kam, fand sie ihre Tochter auf dem Bette liegend, und den Teufel ausgefahren.

Jesus aber verließ diesen Ort und begab sich an das galiläische Meer. Er stieg auf einen Berg und setzte sich.

Eine große Menge Volks suchte ihn dort und brachten mit sich Lahme, Blinde, Stumme, Krüppel und viele andere Kranke. Und sie legten sie Jesu zu Füßen und er heilte sie.

Und sie waren voll Verwunderung, als die Stummen redeten, die Lahmen wandelten, die Blinden sahen und die Krüppel gesund wurden. Und sie priesen den Gott Israels.

Und es geschah hierauf, daß er in eine Stadt ging, welche Naim hieß: und es gingen mit ihm seine Jünger und viel Volk.

Als er aber nahe an das Stadtthor kam, siehe, da trug man einen Todten heraus, den einzigen Sohn seiner Mutter, die Wittwe war, und viel Volk aus der Stadt ging mit ihr.

Da nun der Herr sie sah, ward er von Mitleiden über sie gerührt, und sprach zu ihr: „Weine nicht.“

Und er trat hinzu, und rührte die Bahre an (die Träger aber standen still). Und er sprach: „Jüngling, ich sage dir, stehe auf!“

Da richtete sich der Todte auf, und fing an, zu reden. Und er gab ihn seiner Mutter.

Es ergriff sie aber Alle eine Furcht, und sie lobten Gott, und sprachen: „Ein großer Prophet ist unter uns aufgestanden und hat sein Volk heimgesucht.“

---

1) Anhang Buch IV. 7. — 2) Ibid. 8. — 3) Ibid. 9.

Und es verbreitete sich diese Geschichte von ihm in ganz Judäa und in der ganzen Umgegend.

Eines Tages kamen die Pharisäer und Sadducäer zu ihm, um ihn zu versuchen: und sie baten ihn, er möchte sie ein Wunderzeichen vom Himmel sehen lassen.

Er weigerte sich aber, und sprach: „Das böse und ehebrecherische Geschlecht verlangt ein Zeichen, aber es wird ihm kein Zeichen gegeben, als das Zeichen Jonas des Propheten; denn gleichwie Jonas drei Tage und drei Nächte in dem Bauche des Fisches gewesen, also wird auch der Sohn des Menschen drei Tage und drei Nächte im Herzen der Erde sein."

„Die Männer von Ninive werden am Gerichtstage mit diesem Geschlechte auftreten, und es verdammen; denn sie haben auf die Predigt des Jonas Buße gethan: und siehe hier ist mehr als Jonas."

„Die Königin vom Mittage wird am Gerichtstage mit diesem Geschlechte auftreten, und es verdammen; denn sie kam von den Enden der Erde, um die Weisheit Salomons zu hören; und siehe, hier ist mehr als Salomon."

Fünftes Buch.
Die Bergpredigt.

Jesus Christus, das Licht der Welt. — Die Seligkeiten. — Das Wehe. — An seine Jünger. — Das Gesetz und die Propheten. — Die Vollkommenheit nach dem Evangelium. — Die Menschenliebe und das Verzeihen von Beleidigungen. — Die Keuschheit. — Der Eid. — Die Geduld und die Feindesliebe. — Vom Almosen. — Vom Gebet. Das Vater unser. — Vom Fasten. — Der Schatz im Himmel. — Das einfältige Auge. — Die Vorsehung. — Nicht richten. — Der Splitter und der Balken im Auge. — Das Gebet. — Der schmale Weg. — Falsche Propheten. — Verworfene Wunderthäter.
Matth. c. IV. Joh. c. VIII. id. c. XII. Marc. c. I. Matth. c. IV. Matth. c. V. Luc. c. VI. Matth. c. VI. Luc. c. VI. Matth. c. VII. Luc. c. VI. Matth. VII.

Als Jesus, nach der Erklärung, daß kein Prophet in seiner Heimath anerkannt werde, die Stadt Nazareth verließ und nach Capharnaum kam, welches am Meere gelegen ist an den Gränzen

Zabulons und Nephtalims, um da zu wohnen, so lag darin die
Erfüllung dessen, was durch den Prophet Jesaias gesagt worden:

„Das Land Zabulon und das Land Nephtalim,
der Weg am Meere jenseits des Jordans, das Galiläa der Heiden; das Volk, das im Finstern sitzt,
sieht ein großes Licht, und denen, die im Todesschatten sitzen, geht ein Licht auf."

Um nun diese Weissagung ganz zu erfüllen, säumt Jesus
nicht, ihnen zu sagen:

„Ich bin das Licht der Welt, wer mir nachfolgt, wandelt
nicht im Finstern, sondern er wird das Licht des Lebens haben."

Und kurz darauf:

„Ich bin gekommen, das Licht der Welt, damit nicht in der
Finsterniß bleibe, wer an mich glaubt."

Und ferner:

„So lange ich auf der Welt bin, bin ich das Licht der Welt.
Glaubet an das Licht, so lang ihr das Licht habt, damit ihr
Kinder des Lichts seid."

Und von da an hörte Jesus nicht auf, das Evangelium
vom Reiche Gottes zu predigen.

„Die Zeit ist erfüllet, und das Reich Gottes hat sich ge-
nahet; thut Buße und glaubet dem Evangelium."

Als er eben erst aus Judäa nach Galiläa zurückgekehrt war,
hatten ihn die Galiläer, die mit ihm zu gleicher Zeit zum Feste
in Jerusalem und Zeugen der Wunder gewesen, welche er dort
gethan, gut aufgenommen.

Sein Ruf hatte sich in der ganzen Umgegend verbreitet; er
lehrte in den Synagogen und Alle waren seines Lobes voll.

Und es folgte ihm viel Volk aus Galiläa nach, und aus
den zehn Städten und aus Jerusalem und aus dem Judenlande
und von jenseit des Jordan und aus der Umgegend von Tyrus
und Sidon. Da begab er sich auf einen Berg, um zu beten.

Aber diese ganze Menge war herbeigekommen, um ihn zu hören,
und um von allen ihren Krankheiten und Plagen geheilt zu werden.

Als nun Jesus die Schaaren sah, rief er die Apostel zu
sich, die er ausgewählt hatte und stieg auf den Berg und als er
sich niedergesetzt, traten seine Jünger zu ihm. Demnächst aber

stieg er wieder abwärts und nahm Platz auf einer Erhöhung, am Fuße des Berges in ländlicher Gegend, mitten unter seinen Jüngern und allem Volk, das ihm gefolgt war.

Und er erhob die Augen zu den Jüngern, that seinen Mund auf und lehrte sie Alle, wie folgt.

„Selig sind die Armen im Geiste[1]), denn ihrer ist das Himmelreich.

Selig sind die Sanftmüthigen, denn sie werden das Erdreich besitzen.

Selig sind die Traurigen, denn sie werden getröstet werden.

Selig sind, die Hunger und Durst haben nach der Gerechtigkeit, denn sie werden gesättiget werden.

Selig sind die Barmherzigen, denn sie werden Barmherzigkeit erlangen.

Selig sind, die ein reines Herz haben, denn sie werden Gott anschauen.

Selig sind die Friedfertigen, denn sie werden Kinder Gottes genannt werden.

Selig sind, die Verfolgung leiden um der Gerechtigkeit willen, denn ihrer ist das Himmelreich.

Selig seid ihr, wenn euch die Menschen hassen und wenn sie euch ausschließen und euere Namen als bös verwerfen um des Menschensohns willen, und alles Böse mit Unwahrheit wider euch reden um meinetwillen.

Freuet euch und frohlocket, denn euer Lohn ist groß im Himmel! Denn so haben eure Väter den Propheten, die vor euch gewesen gethan und sie verfolgt.“

„Aber wehe euch Reichen; denn ihr habt euern Trost in dieser Welt.

Wehe euch, die ihr gesättiget seid; denn ihr werdet hungern.

Wehe euch, die ihr jetzt lachet; denn ihr werdet trauern und weinen.

Wehe euch, wenn euch die Menschen loben; denn so haben ihre Väter den falschen Propheten gethan.“

„Ihr seid das Salz der Erde[2]); wenn nun das Salz seine

---

1) Anhang Buch V. 1. — 2) Ibid. 2.

Kraft verliert, womit soll man denn salzen? Es taugt zu nichts weiter, als daß es hinausgeworfen und von den Menschen zertreten werde.

Ihr seid das Licht der Welt. Eine Stadt, die auf dem Berge liegt, kann nicht verborgen sein.

Auch zündet man kein Licht an, und stellt es unter den Scheffel, sondern auf den Leuchter, damit es Allen leuchte, die im Hause sind.

So leuchte euer Licht vor den Menschen, auf daß sie eure guten Werke sehen, und euern Vater preisen, der im Himmel ist."

„Glaubet nicht, daß ich gekommen sei, das Gesetz oder die Propheten aufzuheben[1]). Ich bin nicht gekommen, sie aufzuheben, sondern sie zu erfüllen.

Denn wahrlich, ich sage euch; eher wird der Himmel und die Erde vergehen, als ein Strichlein oder ein Punkt vom Gesetze, bis Alles geschieht.

Wer daher Eines von diesen Geboten, auch das kleinste übertritt, und die Menschen so lehrt, der wird der Geringste heißen im Himmelreich; wer sie aber thut und lehrt, der wird groß heißen im Himmelreiche."

„Denn ich sage euch: Wenn eure Gerechtigkeit nicht vollkommener sein wird, als die der Schriftgelehrten und Pharisäer[2]), so werdet ihr nicht in das Himmelreich eingehen.

Ihr habt gehört, daß zu den Alten gesagt worden ist: Du sollst nicht tödten; wer aber tödtet, der soll des Gerichts schuldig sein[3]). Ich aber sage euch, daß ein Jeder, der über seinen Bruder zürnt, des Gerichts schuldig sein wird. Wer aber zu seinem Bruder sagt: Raca[4]) (Taugenichts), wird des Rathes schuldig sein; und wer sagt: Du Narr[5]) (Gottloser, Verruchter) wird des höllischen Feuers schuldig sein."

„Wenn du daher deine Gabe zum Altare bringst, und dich daselbst erinnerst, daß dein Bruder etwas wider dich habe[6]), so laß deine Gabe allda vor dem Altare, und geh' zuvor hin, und versöhne dich mit deinem Bruder, und dann komm' und opfere deine Gabe.

---

1) Anhang Buch V. 3. — 2) Ibid. 4. — 3) Ibid. 5.
4) Ibid. 6. — 5) Ibid. 7. — 6) Ibid. 8.

Vereinige dich mit deinem Widersacher ohne Zögern, so lange du auf dem Wege zum Gerichte bist; damit dich nicht der Widersacher dem Richter übergebe, und der Richter dich dem Diener übergebe, und du in den Kerker geworfen werdest. Wahrlich, ich sage dir, du wirst von da nicht herauskommen, bis du den letzten Heller bezahlt hast."

"Ihr habt gehört, daß zu den Alten gesagt worden ist: Du sollst nicht ehebrechen.

Ich aber sage, daß ein Jeder, der ein Weib, mit Begierde nach ihr, ansieht, schon die Ehe mit ihr gebrochen hat in seinem Herzen.

Wenn dich dein rechtes Auge ärgert, so reiße es aus, und wirf es von dir; denn es ist dir besser, daß eines deiner Glieder verloren gehe, als daß dein ganzer Leib in die Hölle geworfen werde.

Und wenn dich deine rechte Hand ärgert, so haue sie ab, und wirf sie von dir, denn es ist dir besser, daß eines von deinen Gliedern verloren gehe, als daß dein ganzer Leib in die Hölle fahre.

Es ist auch gesagt worden: Wer sein Weib von sich entläßt, der soll ihr einen Scheidebrief geben.

Ich aber sage euch, daß ein Jeder, der sein Weib von sich entläßt, außer um des Ehebruchs willen, macht, daß sie die Ehe bricht: und wer die Entlassene zur Ehe nimmt, bricht die Ehe[1])."

"Wiederum habt ihr gehört, daß zu den Alten gesagt worden ist: Du sollst nicht falsch schwören, sondern du sollst dem Herrn halten, was du geschworen hast.

Ich aber sage euch: Ihr sollet gar nicht schwören; weder bei dem Himmel, weil er der Thron Gottes ist[2]), noch bei der Erde, weil sie der Schemel seiner Füße ist.

Noch sollst du bei deinem Haupte schwören, weil du nicht ein einziges Haar weiß oder schwarz machen kannst.

Eure Rede soll sein: Ja, ja; Nein, nein! Was darüber ist, ist vom Bösen."

----

1) Anhang Buch V. 10. — 2) Ibid. 11.

„Ihr habt gehört, daß gesagt worden ist: Aug' um Aug'
Zahn' um Zahn[1]).

Ich aber sage euch: Ihr sollt dem Uebel nicht widerstehen;
sondern wenn dich Jemand auf deinen rechten Backen schlägt, so
reiche ihm auch den andern dar[2]).

Und will Jemand mit dir vor Gericht streiten, und dir
deinen Rock nehmen, so laß' ihm auch den Mantel[3]);

Und wenn dich Jemand eine Meile zu gehen nöthiget, so
geh noch zwei Meilen mit ihm.

Wer dich bittet, dem gib, und wer von dir borgen will,
dem schlag' es nicht ab.

Ihr habt gehört, daß gesagt worden ist: Du sollst deinen
Nächsten lieben und deinen Feind hassen[4]).

Ich aber sage euch: Liebet eure Feinde, thut Gutes denen, die
euch hassen, und betet für die, welche euch verfolgen und verleumden.

Und Euer Lohn wird groß und ihr werdet die Kinder sein
eures Vaters im Himmel, der seine Sonne über die Guten und Bösen
aufgehen, und über die Gerechten und Ungerechten regnen läßt.

Und wie ihr wollet, daß euch die Leute thun, so thut auch
ihr ihnen.

Denn, wenn ihr die liebet, welche euch lieben, was sollet ihr
da für einen Lohn haben? Thun dieß nicht auch die Zöllner[5])?
Denn auch die Sünder lieben die, von welchen sie geliebt werden.

Und wenn ihr denen Gutes thut, die euch Gutes thun,
welcher Lohn gebührt euch? Denn auch die Sünder thun dasselbe.

Und wenn ihr denen leihet, von welchen ihr hoffet, wieder
zu bekommen, welcher Lohn gebühret euch, denn auch die Sünder
leihen Sündern, daß sie Gleiches wieder erhalten.

Und wenn ihr nur eure Brüder grüßet, was thut ihr da
mehr? Thun dieß nicht auch die Heiden?

Ihr aber liebet eure Feinde; thut Gutes, leihet ohne etwas
dafür zu hoffen, so wird euer Lohn groß sein und ihr werdet
Kinder des Allerhöchsten sein; denn er ist gütig gegen die Undankbaren und Bösen.

---

1) Anhang Buch V. 12. — 2) Ibid. 13. — 3) Ibid. 14.
4) Ibid. 15. — 5) Ibid. 16.

Seid alſo barmherzig, wie auch euer Vater barmherzig iſt.
Seid vollkommen, wie auch euer Vater vollkommen iſt."

„Hütet euch, daß ihr eure guten Werke nicht übet vor den
Menſchen, damit ihr von ihnen geſehen werdet, ſonſt werdet ihr
keine Belohnung haben bei eurem Vater, der im Himmel iſt.

Wenn du daher Almoſen gibſt, ſollſt du nicht mit der
Poſaune vor dir blaſen, wie die Heuchler in den Synagogen und
auf der Gaſſe thun, damit ſie von den Menſchen geprieſen
werden; wahrlich, ich ſage euch, ſie haben ihren Lohn ſchon
empfangen.

Wenn du aber Almoſen gibſt, ſo ſoll deine linke Hand nicht
wiſſen, was deine rechte thut.

Damit dein Almoſen im Verborgenen ſei: und dein Vater,
der im Verborgenen ſieht, wird es dir vergelten."

„Und deßgleichen, wenn ihr betet, ſo ſollt ihr nicht ſein,
wie die Heuchler, welche gern in den Synagogen und an den
Straßenecken ſtehen und beten, damit ſie von den Menſchen
geſehen werden. Wahrlich, ich ſage euch, ſie haben ihren Lohn
ſchon empfangen.

Du aber, wenn du beteſt, geh' in deine Kammer und
ſchließe die Thüre zu, und bete zu deinem Vater im Verborgenen:
und dein Vater, der im Verborgenen ſieht, wird es dir vergelten.

Wenn ihr aber betet, ſollt ihr nicht viel reden[1]), wie die
Heiden; denn ſie meinen, daß ſie erhört werden, wenn ſie viele
Worte machen.

Seid alſo nicht, wie ſie: denn euer Vater weiß ſchon vorher, was ihr brauchet, ehe ihr ihn darum bittet."

„Ihr ſollt daher beten:"

„Vater unſer, der du biſt im Himmel!

Geheiliget werde dein Name.

Zu uns komme dein Reich[2]).

Dein Wille geſchehe, wie im Himmel alſo auch auf Erden.

Gib uns heute unſer tägliches Brod.

Und vergib uns unſere Schulden, wie auch wir vergeben
unſeren Schuldigern.

---

1) Anhang Buch V. 17. — 2) Ibid. 18.

Führe uns nicht in Versuchung[1]) sondern erlöse uns von dem Uebel[2]). Amen.

Denn wenn ihr den Menschen ihre Sünden vergebt, so wird euch euer himmlischer Vater auch eure Sünden vergeben.

Wenn ihr aber den Menschen nicht vergebt, so wird euch euer Vater eure Sünden auch nicht vergeben."

„Wenn ihr aber fastet, so sollet ihr nicht traurig sein, wie die Heuchler; denn sie entstellen ihre Angesichter, damit die Menschen sehen, daß sie fasten. Wahrlich, ich sage euch, sie haben ihren Lohn schon empfangen.

Du aber, wenn du fastest, salbe dein Haupt und wasche dein Angesicht, damit es die Menschen nicht merken, daß du fastest, sondern nur dein Vater es sieht, der im Verborgenen ist: und dein Vater, der im Verborgenen sieht, wird es dir vergelten."

„Ihr sollt euch auf Erden keine Schätze sammeln, wo sie der Rost und die Motten verzehren, und wo sie die Diebe ausgraben und stehlen; sondern sammelt euch Schätze im Himmel, wo sie weder Rost noch Motten verzehren, und wo sie die Diebe nicht ausgraben noch stehlen.

Denn wo dein Schatz ist, da ist auch dein Herz."

„Das Licht deines Leibes, das ist dein Auge[3]): ist nun dein Auge einfältig, so wird dein ganzer Leib erleuchtet sein; ist aber dein Auge schalkhaft, so wird dein ganzer Leib finster sein. Wenn nun das Licht, das in dir ist, Finsterniß ist, wie groß wird dann die Finsterniß selbst sein!"

„Niemand kann zweien Herren dienen[4]); denn entweder wird er den Einen hassen und den Andern lieben; oder er wird sich dem Einen unterwerfen und den Andern verachten. Ihr könnet nicht Gott dienen und dem Mammon.

Darum sage ich euch: Sorget nicht ängstlich für euer Leben, was ihr essen werdet[5]), oder für euren Leib, was ihr anziehen werdet. Ist nicht das Leben mehr, als die Speise, und der Leib mehr, als die Kleidung?

Betrachtet die Vögel des Himmels; sie säen nicht, sie ernten

---

1) Anhang Buch V. 19. — 2) Ibid. 20. — 3) Ibid. 21.
4) Ibid. 22. — 5) Ibid. 23.

nicht, sie sammeln nicht in die Scheunen: und euer himmlischer Vater ernähret sie. Seid ihr nicht viel mehr als sie?

Wer unter euch kann mit seinen Sorgen seiner Leibeslänge eine Elle zusetzen?

Und warum sorget ihr ängstlich für die Kleidung? Betrachtet die Lilien auf dem Felde, wie sie wachsen; sie arbeiten nicht, sie spinnen nicht: und doch sage ich euch, daß selbst Salomon in all' seiner Herrlichkeit nicht bekleidet gewesen, wie eine von ihnen.

Wenn nun Gott das Gras auf dem Felde, welches heute steht und morgen in den Ofen geworfen wird, also kleidet, wie viel mehr euch, ihr Kleingläubigen!

Sorget euch also nicht ängstlich, und saget nicht: Was werden wir essen oder was werden wir trinken, oder womit werden wir uns bekleiden? Denn nach allem diesem trachten die Heiden: denn Euer Vater weiß, daß ihr alles dessen bedürfet.

Suchet also zuerst das Reich Gottes und seine Gerechtigkeit: so wird euch alles dieses zugegeben werden.

Darum sorget nicht ängstlich für den morgenden Tag: Denn der morgige Tag wird für sich selbst sorgen. Jedem Tag genüget seine Plage."

„Richtet nicht, so werdet ihr nicht gerichtet werden.

Verdammet nicht, so werdet ihr nicht verdammet werden.

Vergebet, so wird euch vergeben werden.

Gebet, so wird euch gegeben werden; ein gutes, ein eingedrücktes, gerütteltes und aufgehäuftes Maaß wird man in euren Schooß geben; denn mit demselben Maaße, mit dem ihr messet, wird euch wieder gemessen werden."

„Kann wohl ein Blinder einen Blinden führen? Fallen sie nicht beide in die Grube?

Warum siehst du den Splitter in dem Auge deines Bruders, und den Balken in deinem Auge siehst du nicht[1])?

Oder wie kannst du deinem Bruder sagen: Laß mich den Splitter aus deinem Auge ziehen, und siehe in deinem Auge ist ein Balken?

---

1) Anhang Buch V. 24.

Du Heuchler! zieh. zuerst den Balken aus deinem Auge, und danach sieh', wie du den Splitter aus deines Nächsten Auge ziehen kannst.

Alles also, was ihr wollt, daß euch die Leute thun, das sollt ihr ihnen auch thun. Denn das ist das Gesetz und die Propheten."

„Gebt das Heilige nicht den Hunden, und werft eure Perlen nicht vor die Schweine hin[1]', damit sie selbe nicht etwa mit ihren Füßen zertreten, und sich umkehren und euch zerreißen."

„Bittet, so wird euch gegeben werden[2].

Suchet, so werdet ihr finden.

Klopfet an, so wird euch aufgethan.

Denn ein Jeder, der bittet, der empfängt: und wer sucht, der findet: und wer anklopft, dem wird aufgethan.

Oder ist wohl ein Mensch unter euch, der seinem Sohne, wenn er um Brod bäte, einen Stein gäbe?

Oder wenn er um einen Fisch bittet, wird er ihm eine Schlange darreichen?

Oder, wenn er um ein Ei bittet, wird er ihm einen Storpion geben?

Wenn nun ihr, die ihr böse seid, euern Kindern gute Gaben zu geben wißet; wie viel mehr wird euer Vater im Himmel wahre Güter und den guten Geist denen geben, die ihn darum bitten."

„Gehet ein durch die enge Pforte; denn breit ist das Thor und breit der Weg, der zum Verderben führt.

Und Viele sind es, die hindurch gehen.

Wie enge ist die Pforte und wie schmal der Weg, der zum Leben führt! Und Wenige sind, die ihn finden."

An den Früchten erkennt man den Baum.

„Hütet euch vor den falschen Propheten[3]), welche in Schafskleidern zu euch kommen, inwendig aber reißende Wölfe sind.

An ihren Früchten werdet ihr sie erkennen.

Denn ein jeder Baum wird an seinen Früchten erkannt.

---

1) Anhang, Buch V. 25. — 2) Ibid. 26. — 3) Ibid. 27.

Man sammelt auch keine Feigen von den Dornen und von der Hecke ließ man keine Weintrauben.

So bringt jeglicher gute Baum gute Früchte; der schlechte Baum aber bringt schlechte Früchte.

Ein guter Baum kann nicht schlechte Früchte bringen, und ein schlechter Baum kann nicht gute Früchte bringen.

Jeder Baum, der nicht gute Früchte bringt, wird ausgehauen und ins Feuer geworfen werden.

Darum sollt ihr sie an ihren Früchten erkennen.

Der gute Mensch bringt aus dem guten Schatze seines Herzens Gutes hervor; und der böse Mensch bringt aus dem bösen Schatze seines Herzens Böses hervor; denn wovon das Herz voll ist, davon geht der Mund über (denn aus der Fülle des Herzens redet der Mund)."

"Warum sprechet ihr zu mir: Herr, Herr! und thuet nicht, was ich sage?

Nicht ein Jeder, der zu mir sagt: Herr, Herr! wird in das Himmelreich eingehen, sondern wer den Willen meines Vaters thut, der im Himmel ist, der wird in das Himmelreich eingehen.

Viele werden an jenem Tage zu mir sagen: Herr, Herr! haben wir nicht geweissagt in deinem Namen? Haben wir nicht Teufel ausgetrieben in deinem Namen? Haben wir nicht viele Wunder gewirkt in deinem Namen?

Alsdann werde ich ihnen bekennen: Ich habe euch niemals gekannt; weichet von mir ihr Uebelthäter."

"Jeder, der zu mir kommt und meine Rede hört, und sie thut; wem dieser gleich ist, das will ich euch sagen:

Er ist gleich einem Manne, der ein Haus baute, und tief eingrub und den Grund auf einen Felsen legte. Als nun eine Ueberschwemmung kam, stieß der Strom an jenes Haus, und konnte es nicht erschüttern; denn es war auf einen Felsen gegründet.

Wer aber hört und nicht thut, der ist gleich einem Menschen, der sein Haus ohne Grund auf die Erde hinbaute: wider dieses Haus stieß der Strom, und es fiel sogleich und der Fall desselben Hauses war groß."

Und es begab sich, als Jesus die Reden vollendet hatte, erstaunte das Volk über seine Lehre; denn er lehrte sie, wie einer der Macht hat, und nicht, wie ihre Schriftgelehrten und Pharisäer [1]).

Sechstes Buch.
Die evangelischen Reisen.

Jesus heilt einen Aussätzigen. — Der Hauptmann. — Der Blinde von Bethsaida. — Jesu Wanderungen in Galiläa. — Die zehn Aussätzigen. — Die Verfluchung der Städte. — Das Fasten und die Freunde des Bräutigams. — Das Neue und das Alte. — Der besänftigte Sturm. — Die Austreibung der bösen Geister und die Schweine, die sich in's Meer stürzen. — Der Teich Bethsaida, und der Lahme seit acht und dreißig Jahren. — Die Rede Jesu an die Juden. — Der Sohn Gottes ist seinem Vater gleich. — Der Blinde und stumme Besessene. — Das getheilte Königreich. — Der bewaffnete Starke. — Die Sünde wider den heiligen Geist. — Den Baum erkennt man an seiner Frucht. — Das reine und helle Auge. — Der Rückfall. — Die Nothwendigkeit der Buße. — Der unfruchtbare Feigenbaum. — Die Ersten werden die Letzten sein. — Worte, die Jesus an seine Brüder richtet. — Jesus lehrt die Jünger beten. — Die Macht des anhaltenden Gebets. — Das eindringliche Gebet.

(Matth. c. VIII. Marc. c. I. Luc. c. VII. Matth. c. VIII. Marc. c. VIII. Luc. c. IV. Luc. c. VII. Matth. c. XI. Marc. c. II. Marc. c. IV. Matth. c. VIII. Luc. c. VIII. Mar c. c. V. Luc. c. VIII. Matth. c. VIII. Joh. c. V. Matth. c. XII. Luc. c. XI. Marc. c. III. Matth. c. XII. Marc. c. III. Luc. c. XI. Matth. c. XII. Luc. c. XIII. Joh. c. VII. Luc. c. XI. Luc. c. XVIII.)

Als der Herr vom Berge herabgestiegen war, folgte ihm eine große Menge Volkes nach und er ging in eine Stadt des Landes.

Und siehe, es kam ein Aussätziger zu ihm; der bat ihn, fiel auf seine Kniee, betete ihn an, und sprach zu ihm: „Herr! wenn du willst, so kannst du mich reinigen.“

Und Jesus streckte seine Hand aus, rührte ihn an und sprach: „Ich will, sei gereinigt.“

---

1) Anhang Buch V. 28.

Und als er gesprochen hatte, wich sogleich der Aussatz von ihm, und er war rein.

Dann schaffte er ihn alsbald fort, bedrohte ihn, und sprach zu ihm: „Sieh' zu, daß du es niemanden sagest; sondern gehe hin, zeige dich dem Hohenpriester[1]) und opfere für deine Reinigung, was Moses befohlen hat, ihnen zum Zeugnisse."

Als er aber hinausgekommen war, fing er an die Sache zu verkündigen und auszubreiten, so daß Jesus nicht mehr öffentlich in die Stadt gehen konnte, sondern draußen an öden Orten blieb: aber sie versammelten sich zu ihm von allen Seiten.

Seine Wanderung verfolgend kam Jesus bald nachher nach Capharnaum.

In dieser Stadt lebte ein Hauptmann[2]), dessen Knecht, der ihm sehr lieb war, auf den Tod krank lag.

Da er nun von Jesu gehört hatte, schickte er Aelteste der Juden zu ihm, ihn zu bitten, er möchte kommen und seinen Knecht gesund machen; und ihm zu sagen: „Herr, mein Knecht liegt gichtbrüchig und leidet große Qual."

Als diese zu Jesu kamen, baten sie ihn inständig, und sprachen zu ihm: „Er ist würdig, daß du ihm dieses thust; denn er liebt unser Volk, und hat auf eigene Kosten die Synagoge gebaut."

Und Jesus sprach zu ihnen: „Ich will kommen und ihn gesund machen."

Er ging nun mit ihnen hin. Da er aber nicht mehr ferne vom Hause war, schickte der Hauptmann Freunde an ihn und sprach: „Herr bemühe dich nicht, denn ich bin nicht würdig, daß du eingehest unter mein Dach; darum habe ich auch mich selbst nicht für würdig geachtet, zu dir zu kommen, sondern sprich nur ein Wort, so wird mein Knecht gesund. Denn auch ich bin ein Mensch, der unter Obergewalt steht, und habe Kriegsleute unter mir: und sag ich zu einem: Geh' hin! so geht er[3]), und zu dem andern: Komm', so kommt er; und zu meinem Knechte: Thu' das! so thut er's."

Da Jesus das hörte, wunderte er sich, wandte sich um, und sprach zu den Schaaren, welche ihm folgten: „Wahrlich, ich

---

1) Anhang Buch VI. 1. — 2) Ibid. 2. — 3) Ibid. 3.

sage euch, einen so großen Glauben habe ich nicht in Israel
gefunden."

„Aber ich sage euch, daß Viele vom Aufgang und Nieder=
gang kommen und mit Abraham, Isaak und Jakob im Himmel=
reiche zu Tische sitzen werden [1]). Die Kinder des Reiches aber
werden in die äußerste Finsterniß hinausgeworfen werden; da
wird Heulen und Zähneknirschen sein [2])."

Und Jesus sprach zu dem Hauptmanne: „Geh' hin! und
wie du geglaubt hast, so soll dir geschehen." Und in derselben
Stunde ward sein Knecht gesund.

Und als die, welche gesendet waren, wieder nach Hause
kamen, fanden sie den Knecht, welcher krank war, gesund.

Und sie kamen nach Bethsaida. Da brachte man einen
Blinden zu ihm, und bat ihn, daß er ihn berühren möge.

Und er faßte den Blinden bei der Hand, und führte ihn
vor den Flecken hinaus, spuckte auf seine Augen, legte ihm seine
Hände auf, und fragte ihn, ob er etwas sehe.

Und der Blinde blickte auf, und sprach: „Ich sehe die
Menschen einherwandeln, wie Bäume."

Danach legte ihm Jesus die Hände noch einmal auf die
Augen; da fing er zu sehen an, und sein Gesicht war hergestellt,
so daß er Alles deutlich sah.

Und er schickte ihn nach Hause und sprach: „Geh' in dein
Haus, und wenn du in den Flecken hineinkommst, sage es
Niemanden."

Jesus hatte also seinen Wohnsitz in Capharnaum, einer
Stadt in Galiläa genommen, nahe am Meere an der Gränze
von Zabulon und Naphtali.

Von da wanderte er durch die Städte und Flecken des Landes,
heilte die Kranken, lehrte und sprach:

„Dieß ist das Reich Gottes [3]); thut Buße und glaubet an
das Evangelium, denn das Himmelreich ist nahe."

Aus der ganzen Umgegend kam man, um ihn zu hören
und Alle ehrten und rühmten ihn.

Es geschah aber, daß er an einem Sabbate in die

---

1) Anhang Buch VI. 4. — 2) Ibid. 5. — 3) Ibid. 6.

Synagoge zu Capharnaum trat und lehrte sie, und sie erstaunten über seine Lehre; denn er lehrte, wie einer der Gewalt hat[1]) und nicht wie die Schriftgelehrten.

Und es war ein Mensch in ihrer Synagoge, der einen unreinen Geist hatte. Dieser schrie, und sprach: „Was haben wir mit dir zu schaffen, Jesus von Nazareth? Bist du gekommen uns zu verderben? „Ich weiß, wer du bist: der Heilige Gottes."

Jesus aber drohte ihm, und sprach: „Verstumme, und fahr' aus von diesem Menschen!"

Und der unreine Geist riß ihn hin und her, und warf ihn mitten hin und fuhr aus von ihm, ohne ihm Schaden zu thun.

Da kam Schrecken über Alle, und sie redeten unter einander, und sprachen: „Was ist das? Was ist dieß für eine neue Lehre? Er gebietet mit Macht selbst den unreinen Geistern und sie gehorchen ihm, und fahren aus."

Und es geschah, als er nach Jerusalem reiste, ging er mitten durch Samaria und Galiläa; und als er zu einem Flecken kam, begegneten ihm zehn aussätzige Männer, die von ferne stehen blieben. Und sie erhoben ihre Stimmen, und sprachen: „Jesu, Meister, erbarme dich unser!"

Und da er sie sah, sprach er: „Gehet hin und zeiget euch den Priestern." Und es geschah, indem sie hingingen, wurden sie rein.

Als aber einer von ihnen sah, daß er rein sei, kehrte er um, lobte Gott mit lauter Stimme, fiel auf sein Angesicht zu Jesu Füßen, und dankte ihm: und dieser war ein Samaritan.

Da antwortete Jesus und sprach: „Sind nicht zehn gereinigt worden? Wo sind denn die neun? Keiner findet sich, der zurückkäme, und Gott die Ehre gäbe, als dieser Ausländer."

Und er sprach zu ihm: „Steh' auf, und geh' hin; dein Glaube hat dir geholfen."

Den Jüngern, welche Johannes der Täufer zu Jesus geschickt hatte, sagte dieser zunächst: „Blinde sehen, Lahme gehen, Aussätzige werden gereinigt, Taube hören, Todte stehen auf, und Armen wird das Evangelium

---

1) Anhang Buch VI. 7.

geprebigt." Demnächst aber spricht er von Johannes mit der
höchsten Anerkennung und fügt schließlich hinzu:

Und alles Volk, das ihn hörte und die Zöllner priesen
die Anordnung Gottes und ließen sich mit der Taufe des Johannes taufen. Die Pharisäer aber und die Gesetzeskundigen
verachteten den Rathschluß Gottes zu ihrem eigenen Nachtheile,
und ließen sich nicht von ihm taufen.

Der Herr aber sprach: „Wem soll ich denn die Menschen
dieses Geschlechts vergleichen? Wem sind sie denn gleich?

Sie sind Kindern gleich, die auf dem Markte sitzen, und
einander zurufen und sprechen: Wir haben euch auf Flöten
gepfiffen, und ihr habt nicht getanzt; wir haben
Klagelieder gesungen, und ihr habt nicht geweint.

Denn Johannes der Täufer ist gekommen, aß kein Brod
und trank keinen Wein, und ihr sagt: er hat den Teufel.

Der Menschensohn ist gekommen, ißt und trinkt[1]), und ihr
sagt: Siehe dieser Mensch ist ein Fresser und Weinsäufer, ein
Freund der Zöllner und Sünder.

Aber die Weisheit wird von allen ihren Kindern gerechtfertigt."

Alsdann fing er an den Städten zu verweisen, in welchen
seine meisten Wunder geschehen waren, weil sie nicht Buße gethan
hatten.

„Wehe dir, Corozain! Wehe dir, Bethsaida[2]). Denn wenn
zu Tyrus und Sydon die Wunder geschehen wären, die bei euch
geschehen sind, so würden sie längst im Sack und in der Asche
Buße gethan haben.

Aber ich sage euch: Tyrus und Sydon[3]) wird es erträglicher gehen am Tage des Gerichts, als euch.

Und du Capharnaum, wirst du wohl bis in den Himmel
erhoben werden? Du wirst bis in die Hölle hinunterfahren.
Denn wenn zu Sodoma die Wunder geschehen wären, die in dir
geschehen sind, so würde es vielleicht geblieben sein bis auf den
heutigen Tag.

Aber ich sage euch, daß es dem Lande der Sodomiter am
Tage des Gerichtes erträglicher ergehen wird, als dir."

---

1) Anhang Buch VI. 8. — 2) Ibid. 9. — 8) Ibid. 10.

Zu jener Zeit kamen die Jünger des Johannes und die Pharisäer, die da zu fasten pflegten, und sprachen: „Warum fasten die Jünger des Johannes und die der Pharisäer, deine Jünger aber fasten nicht?"

Und Jesus sprach zu ihnen: „Können denn die Hochzeitleute fasten [1]), so lange der Bräutigam bei ihnen ist? So lange sie den Bräutigam bei sich haben, können sie nicht fasten.

Es werden aber Tage kommen, da ihnen der Bräutigam genommen wird: und dann werden sie fasten in denselben Tagen [2])."

Noch ein anderes Gleichniß sagte ihnen Jesus:

„Niemand setzt einen Fleck von neuem Tuche auf ein altes Kleid [3]), sonst reißt das neue Stück von dem alten ab und der Riß wird größer.

Und Niemand gießt neuen Wein in alte Schläuche, sonst zerreißt der Wein die Schläuche, der Wein wird verschüttet und die Schläuche sind verloren; sondern neuer Wein muß in neue Schläuche gefaßt werden; und so werden beide erhalten. Und Niemand wird, wenn er alten Wein trinkt, sofort neuen Wein begehren, denn er sagt, der alte Wein sei besser."

Eines Abends am See Genezareth, als viel Volk um ihn her war, sprach Jesus zu seinen Jüngern: „Lasset uns hinüberfahren" und bestieg ein Boot. Sie entließen also das Volk und nahmen ihn mit sich, so wie er im Schiff war. Es waren auch noch andere Schiffe dabei. Als sie nun schifften, schlief er auf einem Kissen ein. Und ein Sturmwind kam herab auf den See und sie wurden mit Wasser überschüttet, und sie liefen Gefahr. Er aber schlief auf dem Hintertheil des Schiffes. Da traten die Jünger zu ihm heran, weckten ihn und sprachen: „Meister, liegt dir nichts daran, daß wir umkommen? Rette uns, denn wir gehen zu Grunde." Er aber stand auf, verwies es dem Winde und dem tobenden Wasser und sie hörten auf, und es ward stille.

----

1) Anhang Buch VI. 11. — 2) Ibid. 12.
3) Ibid. 13.

Und er sprach zu ihnen: „Warum seid ihr so furchtsam ihr Kleingläubigen? Wo ist euer Glaube?" Sie aber fürchteten sich und sprachen voll Verwunderung untereinander: „Wer ist wohl dieser, daß er auch dem Winde und dem Meer gebietet und sie ihm gehorchen?"

Und sie schifften zur Landschaft der Gerasener, welche Galiläa gegenüber liegt. Als Jesus aber an das Land gestiegen war, liefen ihm zwei Männer entgegen, die von bösen Geistern besessen waren; die kamen aus den Gräbern[1]) und waren überaus grimmig, so daß Niemand auf demselbigen Wege vorbeigehen konnte. Einer von ihnen war von einem unreinen Geiste besessen. Dieser hatte seine Wohnung in den Gräbern, und Niemand konnte ihn, selbst nicht mit Ketten, binden. Denn schon oft, wenn er mit Fußfesseln und Ketten gebunden war, hatte er die Ketten zerrissen und die Fußfesseln zerrieben und Niemand konnte ihn bändigen. Immerfort, Tag und Nacht hielt er sich in den Gräbern und im Gebirge auf, schrie und schlug sich selbst mit Steinen. Als er aber Jesum von ferne sah, lief er hinzu und betete ihn an, schrie mit lauter Stimme und sprach: „Was habe ich mit dir zu schaffen, Jesu, du Sohn Gottes, des Allerhöchsten. Bist du hierher gekommen, um uns vor der Zeit zu quälen[2])? Ich beschwöre dich bei Gott, quäle mich nicht!" Aber Jesus bedrohte den unreinen Geist und sprach zu ihm: „Fahr' aus von diesem Menschen, du unreiner Geist." Und er fragte ihn auch, „wie heißest du?" Und er sprach zu ihm: „Legion ist mein Name[3]), denn unserer sind viele." In der That hatten sich eine große Zahl von bösen Geistern dieses Mannes bemächtigt. Es war aber nicht weit von ihnen eine Heerde vieler Schweine auf der Weide in den Bergen. Und alle diese bösen Geister baten Jesus, daß er sie auf Erden lasse und ihnen nicht befehle in den Abgrund zu fahren, wenn er sie aber verjagen wolle, so möge er ihnen erlauben in die Schweine zu fahren. Und er erlaubte es ihnen. Da fuhren die Teufel aus dem Menschen und fuhren in die Schweine und die Heerde stürzte sich über den Abhang in den

---

1) Anhang Buch VI. 14. — 2) Ibíd. 15.
3) Ibid 16.

See und ertrank. Als nun die Hirten gesehen hatten, was ge=
schehen war, flohen sie und erzählten es in der Stadt und in den
Dörfern.

Da ging man hinaus, um zu sehen, was geschehen war.
Und sie kamen zu Jesu und fanden den Menschen, von dem die
Teufel ausgefahren waren, bekleidet und vernünftig zu Jesu Füßen
sitzen und sie fürchteten sich. Und diejenigen, welche es gesehen
hatten, was den Schweinen und dem Besessenen geschehen war,
erzählten ihnen, wie er von der Legion befreit worden.

Da bat ihn die ganze Menge des Volkes in der Landschaft
der Gerasener, daß er von ihnen wegginge, denn sie waren von
großer Furcht ergriffen. Er aber stieg wieder in das Schiff und
kehrte nach Galiläa zurück.

Und der Mann, von dem die Teufel ausgefahren waren,
hatte ihn gebeten, daß er bei ihm bleiben dürfte; Jesus aber ent=
ließ ihn und sprach: „Kehre zurück in dein Haus und erzähle,
welch' große Dinge Gott an dir gethan und wie er sich deiner
erbarmt hat.

Da ging er hin und fing an, in den zehn Städten kund
zu machen, was Großes Jesus an ihm gethan, und Alle verwun=
derten sich.

Und als Jesus im Schiffe wieder über das Meer gefahren
war, versammelte sich eine große Menge Volkes um ihn und
empfingen ihn mit Freude, denn Alle warteten auf ihn.

Hierauf war ein Fest der Juden und Jesus ging hinauf
nach Jerusalem. Es ist aber zu Jerusalem der Schafteich, welcher
auf Hebräisch Bethsaida heißt, und fünf Hallen hat.

In diesen lag eine große Menge von Kranken, Blinden,
Lahmen, Abgezehrten, welche die Bewegung des Wassers ab=
warteten.

Denn ein Engel des Herrn stieg zur bestimmten Zeit in den
Teich hinab, und das Wasser kam in Bewegung. Wer nun
zuerst nach der Bewegung des Wassers in den Teich hinabstieg,
der ward gesund, mit welcher Krankheit er auch behaftet sein
mochte.

Es war aber daselbst ein Mensch, welcher seit achtunddreißig
Jahren krank war. Als Jesus diesen liegen sah, und wußte,

daß er schon lange so war, sprach er zu ihm: „Willst du gesund werden?“ Der Kranke antwortete ihm: „Herr, ich habe keinen Menschen, der mich in den Teich brächte, wenn das Wasser in Wallung kommt; denn während ich komme, steigt ein Anderer vor mir hinab.“

Jesus sprach zu ihm: „Steh' auf, nimm dein Bett und wandle!“

Und sogleich ward der Mensch gesund, und er nahm sein Bett und wandelte. Es war aber Sabbat an demselben Tage.

Da sprachen die Juden zu dem, der geheilt worden war: „Es ist Sabbat, du darfst dein Bett nicht tragen!“ Er antwortete ihnen: „Der mich gesund gemacht hat, sprach zu mir: Nimm dein Bett und wandle!“

Da fragten sie ihn: „Wer ist der Mensch, der zu dir gesagt hat: nimm dein Bett und wandle?“ Der aber gesund geworden war, wußte nicht, wer er war: denn Jesus war von dem Volke abgewichen, das sich an dem Orte befand.

Darauf fand ihn Jesus im Tempel, und sprach zu ihm: „Siehe, du bist gesund geworden; sündige nun nicht mehr, daß dir nicht etwas Schlimmeres begegne.“

Da ging dieser Mensch hin, verkündigte es den Juden, daß es Jesus sei, der ihn gesund gemacht habe.

Darum verfolgten die Juden Jesum, weil er dieses am Sabbat gethan. Jesus aber antwortete ihnen und sprach:

„Mein Vater wirkt bis jetzt, und ich wirke auch [1]).“

Darum trachteten die Juden noch viel mehr darnach, ihn zu tödten, weil er nicht nur den Sabbat brach, sondern auch Gott seinen Vater nannte, und sich Gott gleich machte. Deßhalb entgegnete Jesus und sprach zu ihnen:

„Wahrlich, wahrlich, sag' ich euch, der Sohn kann nichts aus sich thun, wenn er es nicht den Vater thun sieht; denn Alles, was dieser thut, thut auf gleiche Weise auch der Sohn. Denn der Vater liebt den Sohn und zeigt ihm Alles, was er selbst thut, wird ihm noch größere Werke, als diese zeigen, daß ihr euch verwundern werdet.

---

1) Anhang Buch VI. 18.

Denn gleichwie der Vater die Todten erweckt und lebendig macht, so macht auch der Sohn lebendig, welche er will [1]). Und der Vater richtet Niemand, sondern hat das ganze Gericht dem Sohne übergeben, damit Alle den Sohn ehren, wie sie den Vater ehren. Wer den Sohn nicht ehrt, der ehrt auch den Vater nicht, der ihn gesandt hat.

Wahrlich, wahrlich, sage ich euch, wer mein Wort hört, und dem glaubt, der mich gesandt hat, der hat das ewige Leben, und kommt nicht in's Gericht, sondern ist vom Tode zum Leben übergegangen.

Wahrlich, wahrlich, ich sage euch, es kommt die Stunde, und sie ist schon da, daß die Todten die Stimme des Sohnes Gottes hören werden, und die sie hören, werden leben.

Denn, gleichwie der Vater das Leben in sich selbst hat, so hat er auch dem Sohne gegeben, das Leben in sich selbst zu haben; und er hat ihm Macht gegeben, auch Gericht zu halten, weil er der Menschensohn ist [2]).

Verwundert euch nicht darüber; denn es kommt die Stunde, in der Alle, welche in den Gräbern sind, die Stimme des Sohnes Gottes hören werden.

Und es werden hervorgehen, die Gutes gethan haben, zur Auferstehung des Lebens, die aber Böses gethan haben, zur Auferstehung des Gerichts.

Ich kann nichts von mir selbst thun. Wie ich höre, so richte ich [3]), und mein Gericht ist gerecht; denn ich suche nicht meinen Willen, sondern den Willen dessen, der mich gesandt hat.

Wenn ich von mir selbst Zeugniß gäbe, so wäre mein Zeugniß nicht wahr. Ein Anderer ist, der von mir zeuget, und ich weiß, daß das Zeugniß wahr ist, welches er von mir ablegt.

Ihr habt zu Johannes gesandt und er hat der Wahrheit Zeugniß gegeben; ich aber nehme kein Zeugniß von einem Menschen, sondern ich sage dieß, damit ihr selig werdet [4]).

---

1) Anhang Buch VI. 19. — 2) Ibid. 20.
3) Ibid. 21. — 4) Ibid. 22.

Er war die brennende, Licht gebende Leuchte, und ihr wolltet eine Stunde frohlocken in seinem Lichte [1]).

Aber ich habe ein größeres Zeugniß, als das des Johannes ist. Denn die Werke, welche der Vater mir gegeben, daß ich sie vollbringe, diese Werke, die ich thue, geben Zeugniß von mir, daß mich der Vater gesandt hat.

Und der Vater, der mich gesandt hat, derselbe hat von mir gezeugt; aber ihr habt weder je seine Stimme gehört, noch seine Gestalt gesehen.

Und sein Wort habt ihr nicht bleibend in euch [2]), weil ihr dem nicht glaubet, den er gesandt hat.

Ihr forschet in der Schrift, weil ihr glaubt, das ewige Leben darin zu finden; und sie ist es, die von mir Zeugniß gibt; aber ihr wollt nicht zu mir kommen, das Leben zu erhalten.

Ich nehme nicht Ehre von den Menschen.

Wie könnt ihr glauben, da ihr Ehre von einander nehmt, und die Ehre, die von Gott allein ist, nicht sucht?

Aber Euch kenne ich, daß ihr die Liebe Gottes nicht in euch habt. Ich bin im Namen meines Vaters gekommen, und ihr nehmet mich nicht auf; wenn ein Anderer in seinem eignen Namen kommen wird, den werdet ihr aufnehmen.

Glaubet nicht, daß ich euer Ankläger sei beim Vater; euer Ankläger ist Moses, auf den ihr hoffet.

Denn, wenn ihr dem Moses glaubtet, so würdet ihr wohl auch mir glauben, denn von mir hat er geschrieben; wenn ihr aber seinen Schriften nicht glaubt, wie werdet ihr mir glauben.“

Es geschah aber, daß Jesus zu dem Hause kam, da er wohnte und es versammelte sich eine große Menge Volkes daselbst, so daß weder er, noch seine Jünger ihr Mahl einnehmen konnten.

Da ward Einer zu ihm gebracht, der von einem Teufel besessen und blind und stumm war [3]), und er heilte ihn, so daß er redete und sah.

---

1) Anhang Buch VI. 23.
2) Ibid. 24. — 3) Ibid. 25.

Und alles Volk erstaunte und sprach: „Ist dieser nicht der Sohn Davids [1])?"

Da es aber die Pharisäer hörten, sprachen sie: „Dieser treibt die Teufel nicht anders aus als durch Beelzebub, den Obersten der Teufel." Und die Schriftgelehrten, die von Jerusalem gekommen waren, sprachen gleichfalls: „Er hat den Beelzebub und durch den Obersten der Teufel treibt er die Teufel aus."

Andere versuchten ihn und forderten von ihm ein Zeichen vom Himmel, und selbst die Seinigen sagten: „Er ist wahnsinnig geworden [2])."

Aber Jesus sah ihre Gedanken. Da rief er sie zusammen und redete mit ihnen in Gleichnissen: „Wie kann ein Satan einen Satan austreiben?

Und wenn ein Reich mit sich selbst uneins ist, so kann dasselbe Reich nicht bestehen; und wenn ein Haus in sich zertheilt ist, so kann dasselbe Haus nicht bestehen. Es wird in sich selbst zusammenfallen.

Wenn nun der Satan gegen sich selbst aufsteht, so ist er getrennt, und wird nicht bestehen können, sondern es hat ein Ende mit ihm. Ihr sagt aber, daß ich durch Beelzebub die Teufel austreibe.

Und wenn ich durch Beelzebub die Teufel austreibe, durch wen denn treiben eure Kinder [3]) — meine Jünger — sie aus? Also werden sie selbst eure Richter sein.

Wenn aber ich durch den Finger Gottes und durch den Geist Gottes die Teufel austreibe, so ist ja wahrhaftig das Reich Gottes zu Euch gekommen [4]).

Oder, wie kann Jemand in das Haus des Starken eingehen, und sein Hausgeräth rauben, wenn er nicht vorher den Starken gebunden hat? Dann erst wird er sein Haus plündern. Denn wenn der bewaffnete Starke seinen Hof bewacht [5]), so ist Alles sicher, was er hat. Wenn aber ein Stärkerer, als er über ihn kommt, und ihn überwindet, so nimmt er seine ganze Waffenrüstung, auf welche er sich verließ, und vertheilt seine Beute.

---

1) Anhang Buch VI. 26. — 2) Ibid. 27. — 3) Ibid. 28.
4) Ibid. 29. — 5) Ibid. 30.

Wer nicht mit mir ist, der ist wider mich, und wer nicht mit mir sammelt, der zerstreut."

„Darum sage ich euch: Jede Sünde und Lästerung wird den Menschen nachgelassen; aber die Lästerung wider den heiligen Geist wird nicht nachgelassen werden.

Und wer ein Wort redet wider den Menschensohn, dem wird vergeben werden; wer aber wider den heiligen Geist redet, dem wird weder in dieser noch in der zukünftigen Welt vergeben werden. Er wird eines ewigen Verbrechens schuldig sein."

Alles dieses sagte ihnen Jesus, weil sie ihn beschuldigten, er sei von dem unreinen Geiste besessen.

„Entweder laßt den Baum gut sein und seine Frucht gut, oder laßt den Baum böse sein und auch seine Frucht böse; denn an der Frucht erkennt man den Baum.

Ihr Natternbrut, wie könnt ihr Gutes reden, da ihr böse seid? Denn aus der Fülle des Herzens redet der Mund.

Ein guter Mensch bringt aus seinem guten Schatze Gutes hervor; und ein böser Mensch bringt aus seinem bösen Schatze Böses hervor.

Ich aber sage euch, daß die Menschen über jedes unnütze Wort, das sie reden, am Tage des Gerichtes, Rechenschaft geben müssen.

Denn aus deinen Worten wirst du gerechtfertigt und aus deinen Worten wirst du verdammt werden."

„Niemand zündet ein Licht an, und setzt es an einen verborgenen Ort, noch unter den Scheffel, sondern auf den Leuchter, damit die Eintretenden das Licht sehen.

Das Licht deines Leibes ist dein Auge. Wenn dein Auge einfältig ist, so wird dein ganzer Leib erleuchtet sein; wenn es aber schalkhaft ist, so wird auch dein Leib finster sein.

Sieh' also zu, daß das Licht, so in dir ist, nicht Finsterniß sei und nichts Finsteres an sich habe, so wird das Ganze erleuchtet sein und dich erhellen, wie das Leuchten des Blitzes."

„Wenn der unreine Geist von dem Menschen ausgefahren ist, wandert er durch dürre Orte und suchet Ruhe; und weil er sie nicht findet, spricht er: Ich will in mein Haus zurückkehren, von dem ich ausgegangen bin. Und wenn er kommt, findet er es mit

Besen gereinigt und geschmückt. Dann geht er hin, nimmt noch andere sieben Geister mit sich, die ärger sind als er; und sie gehen hinein und wohnen daselbst; und die letzten Dinge dieses Menschen werden ärger, als die ersten. Ebenso wird es diesem überaus argen Geschlechte ergehen.“

„Es waren aber zu derselben Zeit Einige gegenwärtig, die ihm von den Galiläern erzählten, welche Pilatus eben, da sie opferten, hatte niedermetzeln lassen [1]).

Und er antwortete und sprach zu ihnen: Meinet ihr, diese Galiläer seien größere Sünder gewesen, als alle anderen Galiläer, weil sie solches erlitten haben?

Nein sage ich euch; sondern, wenn ihr nicht Buße thut, so werdet ihr Alle auf gleiche Weise zu Grunde gehen.

Oder meinet ihr, daß jene achtzehn, auf welche der Thurm von Siloe fiel und sie tödtete, schuldiger gewesen seien, als alle Bewohner Jerusalems.

Nein sage ich euch, und wenn ihr nicht Buße thut, so werdet ihr Alle auf gleiche Weise zu Grunde gehen.“

Er sagte aber auch dieses Gleichniß: „Einer hatte einen Feigenbaum, der in seinem Weinberge gepflanzt war. Und er kam und suchte Früchte auf demselben, fand aber keine.

Da sprach er zu dem Weingärtner: Siehe, schon drei Jahre komme ich, und suche Frucht an diesem Feigenbaume, und finde keine; haue ihn also weg! Was soll er noch das Land einnehmen?

Er aber antwortete und sprach zu ihm. Herr, laß ihn auch noch dieses Jahr, bis ich um ihn her ausgegraben und Dünger daran gelegt habe; vielleicht bringt er Frucht, wenn nicht, so magst du ihn für die Zukunft weghauen.“

Eines Tages aber sagte Jesus den Juden:

„Da wird Heulen und Zähneknirschen sein, wenn ihr Abraham, Isaak und Jacob und alle Propheten im Reiche Gottes sehet, euch aber hinausgestoßen. Und sie werden kommen von Aufgang und Niedergang, von Mittag und Mitternacht, und zu Tische sitzen im Reiche Gottes. Und siehe, die jetzt die Letzten sind, werden die Ersten sein, und welche die Ersten sind, werden die Letzten sein.“

---

1) Anhang Buch VI. 33.

Es war aber das Laubhüttenfest, ein Fest der Juden, sehr nahe; und seine Brüder sprachen zu ihm: „Zieh' weg von hier und gehe nach Judäa, damit auch deine Jünger deine Werke sehen, welche du wirkest. Denn Niemand, der offenbar sein will, thut etwas im Verborgenen. Wirkest du solche Dinge, so offenbare dich selbst der Welt."

Denn auch seine Brüder glaubten nicht an ihn.

Da sprach Jesus zu ihnen: „Meine Zeit ist noch nicht gekommen, eure Zeit aber ist immer da.

Die Welt kann euch nicht hassen, mich aber hasset sie: Denn ich bezeuge von ihr, daß ihre Werke schlecht sind.

Gehet ihr hinauf zu diesem Feste, ich aber gehe nicht hinauf zu diesem Feste, denn meine Zeit ist noch nicht erfüllet."

Dieß sagte er und blieb in Galiläa. Nachdem aber seine Brüder hinaufgezogen waren, zog er selbst hinauf zu dem Feste, nicht offenbar, sondern gleichsam im Geheimen.

Und es geschah, daß, als er an einem Orte betete, sprach, als er aufhörte, einer von seinen Jüngern zu ihm: „Herr, lehre uns beten, wie auch Johannes seine Jünger gelehrt hat."

Und er sprach zu ihnen: „Wenn ihr betet, sprechet: Vater, geheiligt werde dein Name! Zukomme uns dein Reich! Gieb uns heute unser tägliches Brod, und vergib uns unsere Sünden, wie auch wir vergeben allen unseren Schuldigern, und führe uns nicht in Versuchung."

Und er sprach zu ihnen:

„Wenn einer von euch einen Freund hätte, und er käme zu ihm um Mitternacht und spräche zu ihm: Freund, leihe mir drei Brode; denn mein Freund ist von der Reise zu mir gekommen, und ich habe nichts ihm vorzusetzen; und wenn jener von innen antwortete und spräche: Fall mir nicht zur Last; die Thüre ist schon zugeschlossen, und meine Kinder sind bei mir in der Kammer, ich kann nicht aufstehen und dir geben; und wenn er doch nicht nachließe, anzuklopfen, so sage ich euch, wenn er auch nicht aufstände, und ihm darum gäbe, weil er sein Freund ist, so wird er doch wegen seiner Ungestümigkeit aufstehen, und ihm geben, so viel er nöthig hat.

Also sage ich euch: Bittet, so wird euch gegeben werden; suchet, so werdet ihr finden; klopfet an, so wird euch aufgethan werden.

Denn Jeder, der bittet, empfängt; wer sucht, der findet; und wer anklopft, dem wird aufgethan.

Und wer von euch bittet seinen Vater um Brod und erhält von ihm einen Stein, oder um einen Fisch und erhält von ihm statt des Fisches eine Schlange? Oder wenn er um ein Ei bittet, wird er ihm einen Scorpion darreichen?

Wenn nun ihr, die ihr böse seid, euern Kindern gute Gaben zu geben wisset; wie viel mehr wird euer Vater im Himmel den guten Geist denen geben, die ihn darum bitten."

Jesus sagte aber ein Gleichniß seinen Jüngern auch darüber, daß man allezeit beten und nicht nachlassen müsse, und sprach:

„Es war ein Richter in einer Stadt, der Gott nicht fürchtete und keinen Menschen scheute.

Und es war eine Wittwe in dieser Stadt, die zu ihm kam und sagte: Schaffe mir Recht gegen meinen Widersacher.

Und er wollte lange Zeit nicht, danach aber sprach er bei sich selbst: Obwohl ich Gott nicht fürchte und keinen Menschen scheue, so will ich dieser Wittwe, weil sie mir beschwerlich fällt, Recht schaffen, damit sie nicht endlich komme, und mich beschimpfe."

Der Herr aber sprach: „Höret, was der ungerechte Richter sagte:

Sollte denn Gott seinen Auserwählten, die Tag und Nacht zu ihm rufen, nicht Recht schaffen und sollte er dulden, daß sie unterdrückt werden?

Ich sage euch: Er wird ihnen plötzlich Recht schaffen. Aber wenn der Menschensohn kommt, wird er wohl Glauben finden auf Erden?"

Siebentes Buch.

Die Gleichnisse vom Reiche Gottes.

Der Säemann. — Das Glück derer, welche das Wort Gottes beobach=
ten. — Das Unkraut. — Das Wachsen der Saat. — Das Senf=
korn. — Der Sauerteich im Brode. — Jesus erklärt das Gleichniß
vom Unkraut. — Der verborgene Schatz. — Die werthvolle Perle.
— Das in's Meer geworfene Netz. — Die enge Pforte und die
falschen Gerechten. — Die Arbeiter im Weinberge. — Die zehn
Pfunde. — Der Pharisäer und der Zöllner. — Setze dich nicht auf
die ersten Plätze.

(Matth. c. XIII. Marc. c. IV. Luc. c. VIII. Matth. c. XIII.
Marc. c. IV. Matth. c. XIII. Marc. c. IV. Luc. c. XIII.
Matth. c. XIII. Marc. c. IV. Luc. c. VIII. Matth c. XIII.
Luc. c. XIII. Matth. c. XX. Luc. c. XIX. Luc. c. XVIII.
Luc. c. XIV.)

In diesen Tagen [1]) verließ Jesus das Haus, welches er zu
Capharnaum bewohnte, weil es die Menge nicht fassen konnte,
welche sich drängte, um ihn zu hören.

Es sammelte sich aber um ihn eine große Schaar, welche aus
den benachbarten Städten gekommen war, so daß er in ein Schiff
stieg und sich setzte, und das Volk stand am Ufer.

Und er redete viel zu ihnen in Gleichnissen und sprach:

„Siehe, ein Säemann ging aus, zu säen, und da er säete,
fiel Einiges auf den Weg und wurde zertreten und es kamen die
Vögel des Himmels und fraßen es auf.

Ein anderes fiel auf steinigten Grund, wo es nicht viel Erd=
reich hatte, und es ging bald auf. Als aber die Sonne aufge=
gangen war, ward es verbrannt und verdorrte, weil es keine
Wurzeln hatte;

Und einiges fiel unter die Dörner und die Dörner wuchsen auf
und erstickten es, so daß es keine Frucht gab.

Einiges aber fiel in gutes Erdreich und brachte Frucht, welche
aufging und wuchs, so daß Einiges dreißigfältig, Einiges sechzig=
fältig, Einiges hundertfältig trug."

---

1) Anhang Buch VII. 1.

Und er sprach: „Wer Ohren hat zu hören, der höre!"

Und als er allein war, fragten ihn die Zwölf, die bei ihm waren, über dieses Gleichniß und warum er zu diesen in Gleichnissen rede. Er antwortete und sprach zu ihnen:

„Weil euch gegeben ist, die Geheimnisse des Himmelreiches [1]) zu verstehen. Denen aber, die draußen sind, ist es nicht gegeben, und ihnen wird Alles in Gleichnissen vorgetragen." Und er sprach zu ihnen:

„Verstehet ihr dieß Geheimniß nicht, wie werdet ihr denn alle Gleichnisse verstehen? So höret denn und verstehet das Gleichniß vom Säemann.

Der Saame, das ist das Wort Gottes.

Der Säemann ist der, welcher das Wort säet.

Jene am Wege sind aber diejenigen, welche, wenn das Wort gesäet wird es zwar hören, aber ohne Verständniß und Aufmerksamkeit; dann aber kommt sogleich der Teufel und nimmt das Wort hinweg, das in ihre Herzen gesäet war.

Dieses sind die Ersten.

Deßgleichen sind auch die, welche auf steinigten Grund gesäet werden; wenn diese das Wort gehört haben, nehmen sie es alsbald mit Freuden auf; sie haben aber keine Wurzel in sich, sondern sind unbeständig, und wenn dann um des Wortes willen Trübsal und Verfolgung entsteht, so ärgern sie sich alsbald; sie fallen und bestehen nicht in der Probe.

Dieses sind die Zweiten.

Die Andern, die unter Dörner gesäet sind, sind die, welche zwar das Wort hören; aber die weltlichen Sorgen, der Trug des Reichthums und die Lüste zu den übrigen Dingen schleichen sich ein, und ersticken das Wort, so daß es ohne Frucht bleibt.

Dieses sind die Dritten.

Die endlich, die auf ein gutes Erdreich gesäet sind, das sind die, welche das Wort hören und auffassen, und Frucht bringen lassen durch Geduld in den Prüfungen, Eines dreißigfältig, das Andere sechzigfältig, das Dritte hundertfältig."

---

1) Anhang Buch VII. 2.

Es geschah aber, als er dieses redete, erhob ein Weib ihre Stimme unter dem Volke und sprach zu ihm: „Selig ist der Leib, der dich getragen hat, und die Brüste, die du gesogen hast.“

Er aber sprach: „Ja freilich selig sind, welche das Wort Gottes hören und dasselbe beobachten.“

Und als er noch zu dem Volke redete, siehe, da standen seine Mutter und seine Brüder draußen und suchten, mit ihm zu reden.

Da sprach einer von denen, die bei ihm saßen, zu ihm: „Siehe, deine Mutter und deine Brüder stehen draußen und suchen dich.“

Er aber antwortete und sprach: „Wer ist meine Mutter und welche sind meine Brüder?“

Und indem er die, welche um ihn her saßen, ringsum anblickte, streckte er die Hand nach seinen Jüngern aus und sprach: „Siehe da meine Mutter und meine Brüder. Denn wer immer den Willen meines Vaters thut, der im Himmel ist, derselbe ist mir Bruder, Schwester und Mutter.

Meine Mutter und Brüder sind die, welche das Wort Gottes hören und thun.“

Und er legte ihnen ein anderes Gleichniß vor und sprach:

„Das Himmelreich ist gleich einem Menschen, der guten Saamen auf seinen Acker säete.

Als aber die Leute schliefen, kam sein Feind und säete Unkraut mitten unter den Weizen, und ging davon.

Als nun das Kraut wuchs und Frucht brachte, dann erschien auch das Unkraut.

Da traten die Knechte des Hausvaters herzu, und sprachen zu ihm: Herr, hast du nicht guten Saamen auf Deinen Acker gesäet? Woher hat er denn das Unkraut?

Und er sprach zu ihnen: Das hat der Feind gethan. Die Knechte aber sprachen zu ihm: Willst du, daß wir hingehen und es aufsammeln?

Und er sprach: Nein, damit ihr nicht etwa, wenn ihr das Unkraut aufsammelt, mit demselben auch den Weizen mit ausreißet.

Lasset Beides zusammen aufwachsen bis zur Erndte und zur Zeit der Erndte will ich zu den Schnittern sagen: Sammelt zuerst das Unkraut und bindet es in Bündlein zum Verbrennen; den Weizen aber sammelt in meine Scheuer."

Jesus sprach auch: „Mit dem Reiche Gottes ist es, wie wenn ein Mensch Saamen auf das Land streut[1]). Er mag schlafen oder aufstehen, bei Tag und bei Nacht, der Saamen keimt und wächst auf, ohne daß er es wahrnimmt.

Denn die Erde trägt von selbst Frucht, zuerst den Halm, dann die Aehre, endlich die volle Frucht in der Aehre.

Und wenn sie die Früchte hervorgebracht hat, so schickt er alsbald die Sichel hin, weil die Erndte da ist."

Jesus legte ihnen ein anderes Gleichniß vor, und sprach: „Womit sollen wir das Reich Gottes vergleichen[2]), oder mit welchem Gleichniß sollen wir es vorbilden? Das Himmelreich ist gleich einem Senfkörnlein, welches ein Mensch nahm und auf seinen Acker säete.

Dieses ist zwar, wenn es gesäet wird, das kleinste unter allen Saamenkörnern, die auf Erden sind; nachdem es aber gesäet ist, wächst es auf, und wird größer als alle Kräuter, und treibt so große Zweige, daß die Vögel des Himmels unter seinem Schatten wohnen können."

Ein anderes Gleichniß sprach er zu ihnen:

„Das Himmelreich ist gleich einem Sauerteige[3]), den ein Weib nahm und unter drei Maaß Mehl verbarg, bis Alles durchsäuert war."

Alles dieses redete Jesus durch Gleichnisse zu dem Volke, und ohne Gleichnisse redete er nicht zu ihnen, damit erfüllet würde, was durch den Propheten gesagt war: „Ich will meinen Mund aufthun in Gleichnissen und will aussprechen, was vom Anbeginn der Welt verborgen war."

Wenn sie aber allein waren, legte er seinen Jüngern Alles aus.

---

1) Anhang Buch VII. 3.
2) Ibid. 4. — 3) Ibid. 5.

Alsdann ließ Jesus das Volk von sich, verließ das Ufer des Meeres und kam nach Hause; und seine Jünger traten zu ihm und sprachen: „Erkläre uns das Gleichniß von dem Unkraute auf dem Acker."

Er aber antwortete und sprach zu ihnen: „Der den guten Saamen ausfäet ist der Sohn des Menschen.

Der Acker ist die Welt; der gute Saamen[1]) aber, das sind die Kinder des Reiches, und das Unkraut, das sind die Kinder des Bösen.

Der Feind aber, der es säet, das ist der Teufel. Die Erndte, das ist das Ende der Welt und die Schnitter sind die Engel.

Gleichwie man nun das Unkraut sammelt und im Feuer verbrennet, so wird es auch am Ende der Welt gehen.

Der Sohn des Menschen wird seine Engel aussenden, und sie werden aus seinem Reiche alle Aergernisse sammeln und jene, die da Unrecht thun, und werden sie in den Feuerofen werfen. Da wird Heulen und Zähneknirschen sein.

Alsdann werden die Gerechten leuchten, wie die Sonne im Reiche ihres Vaters. Wer Ohren hat zu hören, der höre."

Ferner sagte ihnen der Herr auch Folgendes:

„Das Himmelreich ist gleich einem Schatze[2]), der im Acker verborgen ist; wenn diesen ein Mensch findet, hält er ihn geheim, und geht in seiner Freude hin, und verkauft Alles, was er hat, und kauft denselben Acker."

„Abermal ist das Himmelreich gleich einem Kaufmann[3]), der gute Perlen sucht.

Wenn er eine kostbare Perle gefunden hat, geht er hin, verkauft Alles, was er hat und kauft sie."

„Abermal ist das Himmelreich gleich einem Netz[4]), das in's Meer geworfen wird, und allerlei Fische einfängt.

Wenn es angefüllt ist, zieht man es heraus, setzt sich an das Ufer, und sammelt die guten in Geschirre zusammen, die schlechten aber wirft man hinaus.

---

1) Anhang Buch VII. 6. — 2) Ibid. 7.
3) Ibid. 8. — 4) Ibid. 9.

So wird es auch am Ende der Welt geschehen.

Die Engel werden ausgehen und die Bösen aus der Mitte der Gerechten absondern, und sie in den Feuerofen werfen; da wird Heulen und Zähneknirschen sein."

Jesus aber fügte hinzu:

„Habt ihr dieß alles verstanden?" Sie sprachen zu ihm: ja!

Und er sprach zu ihnen: „Darum ist jeder Schriftgelehrte [1]), der vom Himmelreich wohl unterrichtet ist, einem Hausvater gleich, der Altes und Neues aus seinem Schatze hervorbringt."

Und Jesus ging durch die Städte und Flecken und nahm seinen Weg nach Jerusalem.

Einer aber sprach zu ihm: „Herr, sind es Wenige, die selig werden?" Da sprach er zu ihnen:

„Bemühet euch einzugehen durch die enge Pforte; denn ich sage euch, Viele werden suchen einzugehen, und es nicht vermögen.

Wenn der Hausvater hineingegangen ist, und die Thüre verschlossen hat, dann werdet ihr draußen stehen, und euch anschicken, an die Thüre zu klopfen, und zu sagen: Herr, thue uns auf! Und er wird antworten, und zu euch sprechen: Ich kenne euch nicht, woher ihr seid.

Dann werdet ihr anfangen zu sagen: Wir haben vor dir gegessen und getrunken, und du hast auf unsern Straßen gelehrt.

Und er wird zu euch sagen: Ich kenne euch nicht, woher ihr seid, weichet von mir alle ihr Uebelthäter.

Da wird Heulen und Zähneknirschen sein, wenn ihr Abraham, Isaak und Jakob und alle Propheten im Reiche Gottes sehet, euch aber hinausgestoßen.

Und sie werden kommen von Aufgang und Niedergang, von Mitternacht und Mittag und zu Tische sitzen im Reiche Gottes.

Und siehe, die jetzt die Letzten sind, werden die Ersten sein und welche die Ersten sind, werden die Letzten sein."

Weiter sagte ihnen Jesus:

„Das Himmelreich ist gleich einem Hausvater, der am frühesten Morgen ausging, um Arbeiter in seinen Weinberg zu dingen.

---

1) Anhang Buch VII. 10.

Und als er nun mit den Arbeitern um einen Zehner[1]) für den Tag übereingekommen war, sandte er sie in seinen Weinberg.

Und um die dritte Stunde[2]) ging er wieder aus — das heißt, gegen neun Uhr des Vormittags — und sah Andere müßig auf dem Markte stehen, und sprach zu ihnen: Gehet auch ihr in meinen Weinberg, ich werde euch geben, was recht ist!

Und sie gingen hin. Abermal ging er hin, um die sechste und neunte Stunde — das heißt, um Mittag und um drei Uhr Nachmittags, und machte es ebenso.

Und als er um die elfte Stunde ausging, fand er wieder Andere da stehen, und sprach zu ihnen: Warum stehet ihr hier den ganzen Tag müßig?

Sie antworteten ihm: Es hat uns niemand gedungen. Da sprach er zu ihnen: So gehet auch ihr in meinen Weinberg!

Als es nun Abend geworden war, sprach der Herr des Weinbergs zu seinem Verwalter: Laß die Arbeiter kommen[3]), und gib ihnen ihren Lohn, von den Letzten angefangen bis zu den Ersten.

Da nun die kamen, die um die elfte Stunde eingetreten waren, empfing ein Jeder einen Zehner.

Als aber auch die Ersten kamen, meinten sie mehr zu empfangen; aber auch von ihnen erhielt Jeder einen Zehner.

Und da sie ihn empfingen, murrten sie wider den Hausvater, und sprachen: Diese, die Letzten haben nur eine Stunde gearbeitet, und du hast sie uns gleich gehalten, die wir die Last und Hitze des Tags getragen haben.

Er aber antwortete Einem aus ihnen, und sprach: Freund, ich thue dir nicht Unrecht; bist du nicht um einen Zehner mit mir übereingekommen? Nimm, was dein ist, und geh hin; ich will aber diesen Letzten auch geben, wie dir. Oder ist es mir nicht erlaubt, zu thun, was ich will?

Ist dein Auge darum schalkhaft, weil ich gut bin[4])?

Also werden die Letzten die Ersten[5]), und die Ersten die

---

1) Anhang Buch VII. 11.
2) Ibid. 12. — 3) Ibid. 13.
4) Ibid. 14. — 5) Ibid. 15.

Letzten sein; denn Viele sind berufen, aber Wenige sind auserwählt."

Da Alle seiner Rede zuhörten, sagte er ihnen noch folgendes
Gleichniß; weil er nahe bei Jerusalem war und sie meinten, das
Reich Gottes werde sogleich offenbar werden; darum sprach er:

„Ein vornehmer Mann[1]) zog in ein fremdes Land, um ein
Reich für sich einzunehmen, und wiederzukommen.

Er rief aber seine zehn Knechte und gab ihnen zehn Pfunde
und sprach zu ihnen: Handelt, bis ich wieder komme.

Seine Bürger aber haßten ihn, und schickten ihm eine Ge-
sandtschaft nach, und sprachen: Wir wollen nicht, daß dieser über
uns herrsche[2])!

Und es geschah, daß er wiederkam, nachdem er das Reich
eingenommen hatte. Da ließ er die Knechte, denen er das Geld
gegeben hatte, rufen, damit er wußte, wie viel ein jeder sich er-
handelt hatte.

Es kam nun der Erste und sprach: Herr, dein Pfund hat
zehn Pfunde gewonnen.

Und er sprach zu ihm: Wohlan, du guter Knecht, weil du
in Wenigem getreu gewesen bist, so sollst du Gewalt über zehn
Städte erhalten.

Und es kam der Zweite und sprach: Herr, dein Pfund hat
fünf Pfunde gewonnen.

Und er sprach auch zu diesem: So sollst du über fünf
Städte sein.

Ein Anderer aber kam und sprach: Herr, da ist dein Pfund,
ich habe es in einem Schweißtuch aufbewahrt; denn ich fürchtete
dich, weil du ein strenger Mann bist. Du nimmst, was du nicht
hingelegt hast, und erndtest, was du nicht gesäet hast.

Er sprach zu ihm: Aus deinem Munde richte ich dich, du
böser Knecht. Du wußtest, daß ich ein strenger Mann bin, daß
ich nehme, was ich nicht hingelegt habe und erndte, was ich nicht
gesäet habe.

Warum gabst du mein Geld nicht auf die Wechselbank,

---

1) Anhang Buch VII. 16.
2) Ibid. 17.

damit ich es doch bei meiner Zurückkunft mit Gewinn hätte ein-
fordern können?

Und er sagte zu den Umstehenden: Nehmet ihm das Pfund,
und gebet es dem, der zehn Pfunde hat.

Und sie sprachen zu ihm: Herr, er hat zehn Pfunde:

Ja, ich sage euch: Einem jeden, der hat, dem wird gegeben,
daß er im Ueberfluß habe; dem aber, der nicht hat, wird genommen, was er hat."

Er sagte auch zu Einigen, die sich selbst zutrauten, daß sie
gerecht seien, und die Uebrigen verachteten, dieses Gleichniß:

„Zwei Menschen gingen hinauf in den Tempel, um zu
beten; der eine war ein Pharisäer, der andere ein Zöllner.

Der Pharisäer stellte sich hin, und betete bei sich selber also:
Gott, ich danke dir, daß ich nicht bin, wie die übrigen Menschen,
wie die Räuber, Ungerechten, Ehebrecher oder auch wie dieser
Zöllner.

Ich faste zweimal in der Woche und gebe den Zehnt von
Allem, was ich besitze.

Der Zöllner aber stand von ferne, und wollte nicht einmal
die Augen zum Himmel erheben, sondern schlug an seine Brust
und sprach: Gott sei mir Sünder gnädig.

Ich sage euch: Dieser ging gerechtfertigt nach Hause, jener
nicht; denn ein Jeder, der sich selbst erhöhet, wird erniedriget
und wer sich selbst erniedriget, der wird erhöhet werden."

Und es geschah, als Jesus in das Haus eines Obersten von
den Pharisäern geladen war, um da zu speisen und bemerkte,
wie die sonst noch Geladenen sich die ersten Plätze auswählten,
sagte er denselben das folgende Gleichniß:

„Wenn du zu einem Gastmahle geladen wirst[1]), so setze dich
nicht auf den ersten Platz, damit, wenn etwa ein Vornehmerer
als du von ihm geladen wäre, derjenige, welcher ihn und dich
geladen hat, nicht komme, und zu dir sage: Mache diesem Platz!
und du alsdann mit Schande untenan sitzen müssest; sondern,
wenn du geladen bist, so geh' hin und setze dich auf den letzten
Platz, damit, wenn der, welcher dich geladen hat, kommt, er zu

1) Anhang Buch VII. 18.

dir spreche: Freund, rücke weiter hinauf! Dann wirst du Ehre haben vor denen, die mit zu Tische sitzen.

Denn ein Jeder, der sich selbst erhöhet, wird erniedriget, und wer sich selbst erniedriget, wird erhöhet werden."

Achtes Buch.
Die Gefahren des Reichthums und das Mitleid für die Armen.

Der Reiche und seine Scheunen. — Die Scheunen der Vorsehung. — Der Schatz im Himmel. — Gefahr des Reichthums. — Die hundertfache Vergeltung. — Der ungerechte Verwalter. — Man kann nicht zweien Herren dienen. — Der barmherzige Samariter. — Die Macht und das Glück des Almosens. — Lazarus und der reiche Mann. — Die Armen muß man einladen. — Mitleiden mit dem Nächsten. — Die beiden Heller der Wittwe. — Das letzte Gericht. —

(Luc. c. XII. Matth. c. VI. Luc. c. XII. Matth. c. XIX. Luc. c. XVIII. Marc. c. X. Luc. c. XVI. Matth. c. VI. Luc. c. XVI. Luc. c. X. Matth. c. XXII. Marc. c. XII. Luc. c. XVI. Luc. c. XIV. Matth. c. XVIII. Marc. c. XII. Luc. c. XXI. Matth. c. XXV.)

Einer aus dem Volke aber sprach zu Jesus: „Meister, sage meinem Bruder, daß er die Erbschaft mit mir theile."

Er aber sprach zu ihm: „Mensch, wer hat mich zum Richter oder Erbvertheiler über euch gesetzt?"

Und er sprach zu seinen Jüngern: „Sehet zu und hütet euch vor allem Geize; denn, wenn auch Jemand Ueberfluß hat, so hängt doch sein Leben nicht von seinen Gütern ab."

Er sagte ihnen auch ein Gleichniß und sprach: „Eines reichen Mannes Acker trug reichliche Früchte.

Da dachte er bei sich selbst und sprach: Was soll ich thun? Denn ich habe nicht Raum, wo ich meine Früchte unterbringen könnte.

Und er sprach: Das will ich thun, ich will meine Scheunen abbrechen und größere bauen: Daselbst will ich Alles, was mir gewachsen, und meine Güter zusammenbringen.

Dann will ich zu meiner Seele sagen: Meine Seele, du

haſt großen Vorrath an Gütern auf ſehr viele Jahre: ruh' aus, iß und trink, und laß dir wohl ſein.

Gott aber ſprach zu ihm: Du Thor, in dieſer Nacht wird man deine Seele von dir fordern; was du nun bereitet haſt, weſſen wird es ſein?

So geht es dem, der ſich Schätze ſammelt, und nicht bei Gott reich iſt."

Und Jeſus, ſich an ſeine Jünger wendend, fuhr fort:

„Darum ſage ich euch: Sorget nicht ängſtlich für euer Leben, was ihr eſſen werdet, noch für euern Leib, was ihr anziehen werdet. Iſt nicht das Leben mehr, als die Speiſe, und der Leib mehr, als die Kleidung?

Betrachtet die Vögel des Himmels; ſie ſäen nicht, ſie erndten nicht, ſie ſammeln nicht in die Scheunen; und euer himmliſcher Vater ernährt ſie. Seid ihr nicht viel mehr, als ſie?

Wer unter euch kann mit ſeinen Sorgen ſeiner Leibeslänge eine Elle zuſetzen?

Wenn ihr nun auch nicht das Geringſte vermöget, was ſorget ihr euch für das Uebrige?

Betrachtet die Lilien auf dem Felde; ſie arbeiten nicht, und ſpinnen nicht; ich ſage euch aber, ſelbſt Salomon in ſeiner ganzen Pracht war nicht gekleidet, wie eine von dieſen.

Wenn nun Gott das Gras, welches heute auf dem Felde ſteht, und morgen in den Ofen geworfen wird, alſo kleidet, wie viel mehr euch, ihr Kleingläubigen?

Darum fraget auch ihr nicht, was ihr eſſen und was ihr trinken ſollet, und ſchwebt nicht in der Höhe;

Denn nach allem dieſem trachten die Völker der Welt: euer Vater aber weiß, daß ihr deſſen bedürft.

Suchet zuerſt das Reich Gottes und ſeine Gerechtigkeit, ſo wird euch dieſes Alles gegeben werden."

Und Jeſus ſprach ferner zu ſeinen Jüngern:

„Fürchte dich nicht, du kleine Heerde! denn es hat eurem Vater gefallen, euch das Reich zu geben.

Verkaufet, was ihr habt und gebt Almoſen. Machet euch Beutel, die nicht veralten, einen Schatz im Himmel, der nicht abnimmt, wo kein Dieb dazu kommt und keine Motte verzehrt.

Denn, wo euer Schatz ist, da wird auch euer Herz sein."

Eines Tages, als Jesus auf die Straße hinausging, lief Einer herbei, der noch jung und von vornehmer Herkunft war, knieete vor ihm nieder, und fragte ihn: „Guter Meister, was soll ich thun, daß ich das ewige Leben erlange?"

Jesus aber sprach zu ihm: „Warum nennst du mich gut[1])? Niemand ist gut, als Gott allein; und warum fragst du mich über das Gute, was du thun sollst?

Willst du aber zum Leben eingehen, so halte die Gebote."

Er sprach zu ihm: „Welche?" Jesus aber sprach: „Du weißt die Gebote:

Du sollst nicht ehebrechen;

Du sollst nicht tödten;

Du sollst kein falsches Zeugniß geben;

Du sollst nicht betrügen;

Du sollst Vater und Mutter ehren;

Du sollst deinen Nächsten lieben, wie dich selbst."

Er aber antwortete und sprach zu ihm: „Meister, dieß Alles habe ich von meiner Jugend an gehalten."

Jesus aber blickte ihn liebevoll an und sprach zu ihm: „Eines fehlt dir noch; geh' hin, verkaufe Alles, was du hast, und gib es den Armen, so wirst du einen Schatz im Himmel haben: und komm', und folge mir nach."

Da ward er traurig über dieses Wort und ging betrübt davon; denn er hatte viele Güter.

Und Jesus, der seine Traurigkeit bemerkt hatte, blickte umher, und sprach zu seinen Jüngern: „Wie schwer werden die, welche viel Geld haben, in das Reich Gottes eingehen!

Wahrlich, ich sage euch, es ist schwer, daß ein Reicher in's Himmelreich eingehe."

Die Jünger aber erstaunten über seine Worte. Da hob Jesus abermal an, und sprach zu ihnen: „Kindlein, wie schwer ist es, daß die, welche auf Geld ihr Vertrauen setzen, in das Reich Gottes eingehen.

---

1) Anhang Buch VIII. 1.

Es ist leichter, daß ein Kameel[1]) durch ein Nadelöhr gehe, als daß ein Reicher in das Reich Gottes eingehe."

Da verwunderten sie sich noch mehr, und sprachen zu einander: „Wer kann wohl selig werden?"

Und Jesus blickte sie an, und sprach: „Bei den Menschen ist es unmöglich, aber nicht bei Gott; denn bei Gott ist Alles möglich."

Jesus aber fuhr fort und sprach zu seinen Jüngern:

„Es war ein reicher Mann; der hatte einen Verwalter, und dieser kam in übeln Ruf bei ihm, als hätte er seine Güter verschwendet.

Er rief ihm also, und sprach zu ihm: Warum höre ich das von dir? Gib Rechenschaft von deiner Verwaltung; denn du kannst nicht mehr Verwalter sein.

Der Verwalter aber sprach bei sich: Was soll ich thun, da mein Herr die Verwaltung mir abnimmt? Graben kann ich nicht und zu betteln, schäme ich mich.

Ich weiß, was ich thue, damit wenn ich von der Verwaltung entfernt sein werde, sie mich in ihre Häuser aufnehmen.

Er rief nun alle Schuldner seines Herrn zusammen, und sprach zu dem ersten: Wie viel bist du meinem Herrn schuldig?

Dieser aber sprach: Hundert Tonnen Oel. Und er sprach zu ihm: Nimm deinen Schuldschein, setze dich geschwind, und schreibe fünfzig.

Dann sprach er zu dem andern: Wie viel aber bist du schuldig? Er sprach: Hundert Malter Waizen. Und er sprach zu ihm: Nimm deine Handschrift, und schreibe achtzig.

Und es lobte der Herr den ungerechten Verwalter[2]), daß er klug gehandelt habe; denn die Kinder dieser Welt sind in ihrem Geschlecht klüger, als die Kinder des Lichts.

Auch ich sage euch[3]): Machet euch Freunde mittels des ungerechten Reichthums[4]), damit, wenn es mit euch zu Ende geht, sie euch in die ewigen Wohnungen aufnehmen."

Und Jesus fuhr fort und sprach zu seinen Jüngern:

---

1) Anhang Buch VIII. 2. — 2) Ibid. 3.
3) Ibid. 4. — 4) Ibid. 5.

„Wer im Geringsten treu ist, der ist auch treu im Größeren; und wer im Kleinen ungerecht ist, der ist auch ungerecht im Größeren.

Wenn ihr also mit dem ungerechten Reichthum nicht treu waret, wer wird euch das wahre Gut anvertrauen[1])?

Und wenn ihr in dem Fremden nicht treu waret, wer wird euch das geben, was euer ist[2])?

Kein Knecht kann zweien Herren dienen; denn er wird entweder den einen hassen und den andern lieben, oder dem einen anhängen und den andern vernachläsfigen; ihr könnet nicht Gott dienen und dem Reichthum.“

Es hörten aber dieses Alles die Pharisäer, welche Geizhälse waren; und sie verhöhnten ihn.

Und er sprach zu ihnen: „Ihr rechtfertigt euch wohl vor den Menschen, aber Gott kennt eure Herzen; denn was hoch ist vor den Menschen, ist ein Greuel vor Gott.

Das Gesetz und die Propheten reichen bis auf Johannes; von da an wird die frohe Botschaft des Reiches Gottes verkündigt, und Jeder wendet Gewalt an, es zu erlangen.

Es ist aber leichter, daß Himmel und Erde vergehen, als daß ein einziges Pünktlein vom Gesetz hinwegfalle.“

Und siehe, ein Gesetzgelehrter trat auf, ihn zu versuchen, und sprach: „Meister, was muß ich thun, um das ewige Leben zu erwerben?“

Er aber sprach zu ihm: „Was steht geschrieben im Gesetze, wie liesest du?“

Jener antwortete ihm und sprach: „Du sollst den Herrn, deinen Gott lieben von deinem ganzen Herzen, von deiner ganzen Seele, aus allen deinen Kräften und von deinem ganzen Gemüthe, und deinen Nächsten, wie dich selbst.“

Da sprach er zu ihm: „Du hast recht geantwortet, thu' das, und du wirst leben!“

Jener aber wollte sich als gerecht zeigen, und sprach zu Jesu: „Wer ist mein Nächster[3])?“

---

1) Anhang Buch VIII. 6. — 2) Ibid. 7. — 3) Ibid. 8.

Da nahm Jesus das Wort, und sprach: „Es ging ein Mensch von Jerusalem nach Jericho, und fiel unter die Räuber. Diese zogen ihn aus, schlugen ihn wund, und gingen hinweg, nachdem sie ihn halbtodt liegen gelassen hatten.

Da fügte es sich, daß ein Priester denselben Weg hinabzog; er sah ihn, und ging vorüber.

Deßgleichen ein Levit; er kam an den Ort, sah ihn, und ging vorüber.

Ein reisender Samaritan [1]) aber kam zu ihm, sah ihn und ward von Mitleid gerührt. Er trat zu ihm hin, goß Oel und Wein in seine Wunden und verband sie; dann hob er ihn auf sein Lastthier, führte ihn in die Herberge, und trug Sorge für ihn.

Des andern Tags zog er zwei Denare heraus, gab sie dem Wirthe und sprach: Trage Sorge für ihn, und was du noch darüber aufwendest, will ich dir bezahlen, wenn ich zurückkomme.

Welcher nun von diesen Dreien scheint dir der Nächste von dem gewesen zu sein, der unter die Räuber gefallen war [2])?"

Jener aber sprach: „Der, welcher Barmherzigkeit an ihm gethan hat." Und Jesus sprach zu ihm: „Geh' hin und thu' deßgleichen [3])."

„Gebet Almosen aus dem, was ihr habet," sagte Jesus eines Tages zu den Pharisäern: „Dadurch werdet ihr euch reinigen."

Ebenso bemerkte er eines Tages: „Geben ist seliger, denn nehmen."

„Es war ein reicher Mann, der kleidete sich in Purpur und feine Leinwand, und hielt alle Tage herrliche Mahlzeit.

Es war auch ein Armer, mit Namen Lazarus, der lag vor dessen Thüre voll Geschwüren; und er hätte sich gerne mit den Brosamen gesättigt, die von des Reichen Tische fielen, aber Niemand gab sie ihm; ja auch die Hunde kamen, und leckten seine Geschwüre.

Es geschah aber, daß der Arme starb, und von den Engeln

---

1) Anhang Buch VIII. 9.
2) Ibid. 10. — 3) Ibid. 11.

in den Schooß Abrahams[1]) getragen wurde; und es starb auch der Reiche und wurde in die Hölle begraben.

Als er nun in der Qual war, und seine Augen erhob, sah er Abraham von ferne, und Lazarus in seinem Schooße;

und er rief und sprach: Vater Abraham, erbarme dich meiner, und sende den Lazarus, daß er seine Fingerspitze in's Wasser tauche, und meine Zunge abkühle, denn ich leide große Pein in diesen Flammen.

Abraham aber sprach zu ihm:

Gedenke, Sohn, daß du Gutes empfangen hast in deinem Leben, und Lazarus dagegen Uebles; nun aber wird dieser getröstet, und du wirst gepeinigt.

Und über dieß Alles ist zwischen uns und euch eine große Kluft gesetzet, daß die, welche von hier zu euch hinübergehen wollen, nicht können, und die, welche von dort herüber gehen wollen, auch nicht können.

So bitte ich dich, Vater, daß du ihn in das Haus meines Vaters sendest, wo ich noch fünf Brüder habe, damit er ihnen zum Zeugnisse sei, daß nicht auch sie an diesen Ort der Qual kommen.

Und Abraham sprach zu ihm: Sie haben Moses und die Propheten, diese sollen sie hören.

Er aber sprach: Nein, Vater Abraham; sondern wenn einer von den Todten zu ihnen käme, so würden sie Buße thun.

Aber er sagte zu ihm: Wenn sie Moses und die Propheten nicht hören, so würden sie auch nicht glauben, wenn Jemand von den Todten auferstünde."

Jesus sagte eines Tages zu einem Pharisäer, der ihn zu Tische geladen hatte:

„Wenn du ein Mittag- oder ein Abendmahl gibst, so lade nicht deine Freunde, noch deine Brüder, noch Verwandte, noch reiche Nachbarn, damit sie dich nicht etwa wieder einladen, und dir wieder vergolten werde; sondern, wenn du ein Gastmahl gibst, so lade Arme, Schwache, Lahme und Blinde.

Und selig wirst du sein, weil sie dir nicht vergelten können; denn vergolten wird dir werden bei der Auferstehung der Gerechten.

---

1) Anhang Buch VIII. 12.

Petrus trat eines Tags zu Jesus und sprach: „Herr, wie oft soll ich meinem Bruder vergeben, wenn er wider mich sündigt? Siebenmal?

Jesus sprach zu ihm: Ich sage dir; nicht siebenmal, sondern siebenzigmal siebenmal [1]).

Darum ist das Himmelreich einem Könige gleich, der mit seinen Knechten Rechenschaft halten wollte.

Als er zu rechnen anfing, brachte man ihm einen, der ihm zehntausend Talente [2]) schuldig war.

Da er aber nichts hatte, wovon er bezahlen konnte, befahl sein Herr, ihm sein Weib und seine Kinder und Alles was er hatte, zu verkaufen, und zu bezahlen.

Da fiel der Knecht vor ihm nieder, bat ihn und sprach: Hab' Geduld mit mir, ich will dir Alles bezahlen.

Und es erbarmte sich der Herr über diesen Knecht, ließ ihn los und schenkte ihm die Schuld.

Als aber dieser Knecht hinausgegangen war, fand er einen seiner Mitknechte, der ihm hundert Denaré [3]) schuldig war; und er packte ihn, würgte ihn, und sprach: Bezahle, was du schuldig bist!

Da fiel ihm sein Mitknecht zu Füßen, bat ihn, und sprach: Habe Geduld mit mir, ich will dir Alles bezahlen.

Er aber wollte nicht, sondern ging hin, und ließ ihn in's Gefängniß werfen, bis er die Schuld bezahlt hätte.

Da nun seine Mitknechte gesehen hatten, was geschehen war, wurden sie sehr betrübt; und sie gingen hin und erzählten ihrem Herrn Alles, was sich zugetragen hatte.

Da rief ihn sein Herr zu sich, und sprach zu ihm: Du böser Knecht! Die ganze Schuld habe ich dir nachgelassen, weil du mich gebeten hast; hättest denn nicht auch du dich deines Mitknechts erbarmen sollen, wie auch ich mich deiner erbarmt habe?

Und sein Herr ward zornig, und übergab ihn den Peinigern, bis er die ganze Schuld bezahlt haben würde.

So wird auch mein himmlischer Vater mit euch verfahren, wenn ihr nicht, ein Jeder seinem Bruder, von Herzen verzeihet."

---

1) Anhang Buch VIII. 13. — 2) Ibid. 14. — 3) Ibid. 15.

Und Jesus saß dem Opferkasten gegenüber, und sah, wie das Volk Geld in den Opferkasten warf; und viele Reiche warfen viel hinein.

Da kam auch eine arme Wittwe und warf zwei kleine Stücke, das ist einen Pfennig, hinein.

Und er rief seine Jünger zusammen und sprach zu ihnen: „Wahrlich, sage ich euch, diese arme Wittwe hat mehr hineingeworfen als Alle, die in den Opferkasten geworfen haben.

Denn Alle haben von ihrem Ueberflusse hineingeworfen; diese aber warf von ihrer Armuth hinein, Alles was sie hatte, ihren ganzen Lebensunterhalt."

„Wenn nun der Menschensohn in seiner Herrlichkeit kommen wird, und alle Engel mit ihm; dann wird er auf dem Throne seiner Herrlichkeit sitzen,

und es werden alle Völker vor ihm versammelt werden, und er wird sie von einander scheiden, wie ein Hirt die Schafe von den Böcken scheidet.

Die Schafe wird er zu seiner Rechten, die Böcke aber zu seiner Linken stellen.

Alsdann wird der König zu denen, die zu seiner Rechten sein werden, sagen: Kommet ihr Gesegneten meines Vaters, besitzet das Reich, welches seit der Grundlegung der Welt euch bereitet ist.

Denn ich war hungrig, und ihr habt mich gespeiset[1]); und ich war durstig und ihr habt mich getränket; ich war ein Fremdling, und ihr habt mich beherbergt;

ich war nackt, und ihr habt mich bekleidet; ich war krank, und ihr habt mich besucht; ich war im Gefängnisse, und ihr seid zu mir gekommen.

Dann werden ihm die Gerechten antworten und sagen: Herr, wann haben wir dich hungrig gesehen, und dich gespeist; oder durstig und dich getränkt?

Wann haben wir dich als Fremdling gesehen und dich beherbergt; oder nackt, und dich bekleidet?

Oder wann haben wir dich krank gesehen oder im Gefängnisse, und sind zu dir gekommen?

---

1) Anhang Buch VIII. 16.

Und der König wird antworten, und zu ihnen sagen:

Wahrlich, sage ich euch, was ihr Einem dieser meiner geringsten Brüder gethan habt, das habt ihr mir gethan.

Dann wird er auch zu denen auf der Linken sprechen: Weichet von mir, ihr Verfluchten, in das ewige Feuer, welches dem Teufel und seinen Engeln bereitet worden ist;

denn ich war hungrig, und ihr habt mich nicht gespeiset; ich war durstig, und ihr habt mich nicht getränket; ich war ein Fremdling, und ihr habt mich nicht beherberget; ich war nackt, und ihr habt mich nicht bekleidet; ich war krank und im Gefängniß, und ihr habt mich nicht besucht.

Da werden ihm auch diese antworten und sagen: Herr, wann haben wir dich hungrig oder durstig, oder als Fremdling, oder nackt, oder krank, oder im Gefängniß gesehen, und dir nicht gedient?

Dann wird er ihnen antworten und sagen: Wahrlich, ich sage euch, was ihr Einem dieser Geringsten nicht gethan habt, das habt ihr auch mir nicht gethan.

Und diese' werden in die ewige Pein gehen, die Gerechten aber in das ewige Leben."

Neuntes Buch.
Jesus Christus und die Sünder.

Matthäus der Zöllner und die Berufung der Sünder. — Der verlorene Sohn. — Das verirrte Schaf. — Die verlorene Drachme. — Jesu Gespräch mit der Samariterin. — Die Ehebrecherin. — Die Sünderin zu Jesu Christi Füßen. — Der gute Hirte. — Jesus ist zur Erlösung der Seelen in die Welt gekommen. — Zachäus. —

(Matth. c. IX. Marc. c. II. Luc. c. V. Luc. c. XV. Matth. c. XVIII. Luc. c. XV. Joh. c. IV. Joh. c. VIII. Luc. c. VII. Joh. c. X. Marc. c. X. Luc. XIX.)

An dem Tage, an dem Jesus Matthäus den Zöllner berufen hatte, bereitete ihm dieser ein großes Gastmahl. Als er nun zu Tische saß, geschah es, daß viele Zöllner und Sünder zugleich mit Jesu und seinen Jüngern zu Tische saßen; denn es waren ihrer Viele, die ihm nachfolgten.

Da sahen die Schriftgelehrten und Pharisäer, daß er mit den Zöllnern und Sündern aß, und sie sprachen zu seinen Jüngern: "Warum ißt euer Meister mit den Zöllnern und Sündern?"

Da aber Jesus es hörte, sprach er: "Die Gesunden bedürfen des Arztes nicht, sondern die Kranken.

Gehet aber hin und lernet, was das sei: Ich will Barmherzigkeit und nicht Opfer; denn ich bin nicht gekommen, die Gerechten zu berufen, sondern die Sünder."

Die Pharisäer und Schriftgelehrten aber murrten und sprachen: "Dieser nimmt sich der Sünder an."

Er aber sagte zu ihnen dieses Gleichniß:

"Ein Mensch hatte zwei Söhne.

Und es sprach der Jüngere von ihnen zu dem Vater: Vater, gib mir den Antheil vom Vermögen, der mir zukommt. Und er theilte unter sie das Vermögen.

Nach wenigen Tagen nun nahm der jüngere Sohn Alles zusammen, zog fort in ein fremdes Land, und verschwendete dort sein Vermögen durch ein schwelgerisches Leben.

Nachdem er aber Alles verzehrt hatte, entstand eine große Hungersnoth in jenem Lande, und er fing an, Mangel zu leiden.

Nun ging er hin, und verdingte sich an einen Bürger jenes Landes. Dieser schickte ihn hin auf seinen Meierhof, die Schweine zu hüten.

Und er wünschte seinen Bauch mit Trägern zu füllen, welche die Schweine fraßen, aber Niemand gab sie ihm.

Da ging er in sich, und sagte: Wie viele Taglöhner im Hause meines Vaters haben Ueberfluß an Brod, ich aber sterbe Hungers.

Ich will mich aufmachen, und zu meinem Vater gehen, und zu ihm sagen: Vater, ich habe mich versündiget wider den Himmel und vor dir;

ich bin nicht mehr werth, dein Sohn zu heißen; halte mich, wie einen deiner Taglöhner.

Und er machte sich auf und ging zu seinem Vater. Als er aber noch weit entfernt war, sah ihn sein Vater, und ward von

Mitleid gerührt, lief ihm entgegen und fiel ihm um den Hals und küßte ihn.

Der Sohn aber sprach zu ihm: Vater, ich habe mich versündigt wider den Himmel und vor dir; ich bin nicht mehr werth, dein Sohn zu heißen.

Da sprach der Vater zu seinen Knechten: Geschwind bringet ihm das beste Kleid heraus, ziehet es ihm an, und gebet einen Ring an seine Hand und Schuhe an seine Füße;

bringet auch das gemästete Kalb her, und schlachtet es, so wollen wir essen und fröhlich sein;

denn dieser mein Sohn war todt, und ist wieder lebendig geworden; er war verloren, und ist wieder gefunden worden. Und sie fingen an, ein Freudenmahl zu halten.

Es war aber sein älterer Sohn auf dem Felde. Als er nun kam, und sich dem Hause nahete, hörte er das Saitenspiel und den Tanz.

Da rief er einen der Knechte, und fragte, was das wäre?

Dieser aber sprach zu ihm: Dein Bruder ist gekommen, und dein Vater hat das gemästete Kalb schlachten lassen, weil er ihn gesund wieder erhalten hat.

Da ward er zornig und wollte nicht hinein gehen. Darum ging sein Vater hinaus, und fing an, ihn zu bitten.

Er aber antwortete und sprach zu seinem Vater: Siehe, ich diene dir so viele Jahre, und habe niemals dein Gebot übertreten; aber nie hast du mir einen Bock gegeben, daß ich mit meinen Freunden ein Freudenmahl gehalten hätte;

nachdem aber dieser dein Sohn, der sein Vermögen mit Huren verschwendet hat, gekommen ist, ließest du ihm das gemästete Kalb schlachten.

Er aber sprach zu ihm: Mein Sohn, du bist immer bei mir und alles das Meinige ist dein;

aber ein Freudenmahl mußte gehalten werden, weil dieser dein Bruder todt war und wieder lebendig geworden ist, verloren war, und wieder gefunden worden ist.“

Jesus sagte aber den Pharisäern noch das folgende Gleichniß, und sprach:

„Wer von euch, der hundert Schafe hat, und eins davon

verliert, läßt nicht die neun und neunzig in der Wüste, und geht dem verlorenen nach, bis er es findet?

Und hat er es gefunden, so legt er es mit Freuden auf seine Schultern, und wenn er nach Hause kommt, so ruft er seine Freunde und Nachbarn zusammen und spricht zu ihnen: Freuet euch mit mir, denn ich habe mein Schaf gefunden, das verloren war.

Ich sage euch: Ebenso wird auch im Himmel Freude sein über Einen Sünder, der Buße thut, mehr als über neun und neunzig Gerechte, welche der Buße nicht bedürfen."

Viele Zöllner und Sünder aber hielten sich zu Jesus, um ihn zu hören.

Die Pharisäer aber und die Gesetzeskundigen murrten darüber und sprachen: „Dieser nimmt sich der Sünder an und ißt mit ihnen."

Er aber sagte zu ihnen dieses Gleichniß und sprach:

„Oder welches Weib, die zehn Drachmen hat, zündet nicht, wenn sie eine Drachme verliert, ein Licht an, und kehrt das Haus aus, und sucht genau nach, bis sie dieselbe findet?

Und wenn sie dieselbe gefunden hat, ruft sie ihre Freundinnen und Nachbarinnen zusammen und spricht: Freuet euch mit mir, denn ich habe die Drachme gefunden, die ich verloren hatte.

Ebenso, sage ich euch, wird Freude bei den Engeln Gottes sein über einen einzigen Sünder, der Buße thut."

Zu der Zeit, als Johannes der Täufer gefangen gesetzt worden war, und Jesus erkannte, daß die Pharisäer gehört hatten, Jesus mache mehr Jünger und taufe mehr, als Johannes (obwohl Jesus nicht selbst taufte, sondern seine Jünger);

so verließ er Judäa und ging wieder nach Galiläa. Er mußte aber durch Samaria reisen.

Da kam er zu einer Stadt von Samaria, welche Sichar genannt wird, nahe bei dem Felde, welches Jakob dem Joseph, seinem Sohne gegeben hatte.

Es war aber daselbst ein Brunnen Jakobs. Weil nun Jesus von der Reise ermüdet war, setzte er sich an dem Brunnen nieder. Es war um die sechste Stunde (Mittag).

Da kam ein Weib, ein Samaritin, um Wasser zu schöpfen. Jesus sprach zu ihr: „Gib mir zu trinken."

Und das samaritische Weib sagte zu ihm: „Wie begehrest du, da du ein Jude bist, von mir zu trinken, da ich ein samaritisches Weib bin?" Denn die Juden haben keine Gemeinschaft mit den Samaritern.

Jesus antwortete und sprach zu ihr? „Wenn du die Gabe Gottes erkänntest, und wer der ist, der zu dir spricht: Gib mir zu trinken; so würdest du ihn etwa gebeten haben, und er hätte dir lebendiges Wasser gegeben."

Das Weib sprach zu ihm: „Herr du hast doch nichts, womit du schöpfest, und der Brunnen ist tief; woher hast du denn das lebendige Wasser?

Bist du größer als unser Vater Jakob, der uns den Brunnen gegeben hat? Er selbst hat daraus getrunken, auch seine Kinder und sein Vieh."

Jesus antwortete und sprach zu ihr: „Jeder, der von diesem Wasser trinkt, den durstet wieder; wer aber von dem Wasser trinken wird, das ich ihm geben werde, den wird nicht mehr dursten in Ewigkeit; sondern das Wasser, das ich ihm geben werde, wird in ihm zur Wasserquelle, die ins ewige Leben fortströmt."

Das Weib sprach zu ihm: „Herr, gib mir dieses Wasser, damit ich nicht mehr durste, und nicht mehr hierher kommen darf, um zu schöpfen."

Jesus sprach zu ihr: „Geh' hin, ruf' deinen Mann und komm' hierher."

Das Weib antwortete und sprach: „Ich habe keinen Mann." Jesus sprach zu ihr: „Du hast recht gesagt: Ich habe keinen Mann.

Denn fünf Männer hast du gehabt, und der, den du jetzt hast, ist nicht dein Mann: das hast du wahr gesagt."

Das Weib sprach zu ihm: „Herr, ich sehe, daß du ein Prophet bist.

Unsere Väter haben auf diesem Berge[1]) angebetet, und

---

1) Anhang Buch IX. 1.

ihr sagt, daß zu Jerusalem der Ort sei, wo man anbeten müsse."

Jesus sprach zu ihr: „Weib, glaube mir, es kommt die Stunde, da ihr weder auf diesem Berge, noch zu Jerusalem den Vater anbeten werdet [1]).

Ihr betet an, was ihr nicht wisset; wir beten an, was wir wissen; denn das Heil kommt aus den Juden [2]).

Aber es kommt die Stunde, und sie ist schon da, wo die wahren Anbeter den Vater im Geiste und in der Wahrheit anbeten; denn auch der Vater will solche Anbeter.

Gott ist ein Geist, und die ihn anbeten, müssen ihn im Geiste und in der Wahrheit anbeten [3])."

Das Weib sagte zu ihm: „Ich weiß, daß der Messias kommt (der Christus genannt wird); wenn derselbe nun kommen wird, so wird er uns Alles verkünden."

Jesus sprach zu ihr: „Ich bin es, der ich mit dir rede."

Und in dem Augenblicke kamen seine Jünger, und sie wunderten sich, daß er mit dem Weibe redete, doch sprach Keiner: Was frägst du, oder was redest du mit ihr?

Das Weib ließ nun ihren Wasserkrug da, ging in die Stadt, und sagte zu den Leuten:

„Kommet und sehet einen Mann, der mir Alles gesagt hat, was ich gethan habe, ob dieser nicht Christus sei?"

Sie gingen aus der Stadt und kamen zu ihm.

Unterdessen baten ihn seine Jünger und sprachen: „Meister iß!"

Er aber sprach zu ihnen: „Ich habe eine Speise zu essen, die ihr nicht kennt!"

Da sagten die Jünger unter einander: „Hat ihm Jemand zu essen gebracht?"

Jesus aber sprach zu ihnen: „Meine Speise ist, daß ich den Willen dessen thue, der mich gesandt hat, damit ich sein Werk vollbringe.

Saget ihr nicht, daß erst nach vier Monaten die Erndte komme?

---

1) Anhang Buch IX. 2. — 2) Ibid. 3. — 3) Ibid. 4.

Siehe ich sage euch: Erhebet die Augen und betrachtet die Felder; denn sie sind schon reif zur Erndte[1]).

Und wer erntet, bekommt Lohn und sammelt Frucht fürs ewige Leben[2]), so daß sich der Säemann und der Schnitter zugleich freuen[3]).

Denn hierin trifft das Wort zu: ein Anderer ist, der säet und ein Anderer ist, der erntet. Ich habe euch gesandt, da zu ernten, wo ihr nicht gearbeitet habet; Andere haben gearbeitet, und ihr seid in ihre Arbeit eingetreten."

Aus jener Stadt aber glaubten viele der Samariter an ihn wegen der Rede des Weibes, welches bezeugte: „Er hat mir Alles gesagt, was ich gethan habe."

Als nun die Samariter zu ihm gekommen, baten sie ihn, daß er da bleiben möchte. Und er blieb daselbst zwei Tage.

Und viel Mehrere glaubten an ihn seiner Lehre wegen.

Und sie sprachen zum Weibe: „Wir glauben nun nicht mehr um deiner Rede willen; denn wir haben ihn selbst gehört, und wissen, daß dieser wahrhaftig ist der **Heiland der Welt.**"

Kurze Zeit aber vor seinem Leiden und Sterben ging Jesus auf den Oelberg, und früh Morgens kam er wieder in den Tempel, und alles Volk kam zum ihm, und er setzte sich, und lehrte sie.

Die Schriftgelehrten und Pharisäer aber führten ein Weib herzu, welche im Ehebruche ertappt worden war, stellten sie in die Mitte, und sprachen zu ihm:

„Meister, dieses Weib ist auf frischer That im Ehebruch ertappt worden. Nun hat uns Moses im Gesetze befohlen, solche zu steinigen[4]). Was sagst nun du?"

Dieß sagten sie aber, um ihn zu versuchen, damit sie ihn anklagen könnten. Jesus aber bückte sich wieder und schrieb mit dem Finger auf die Erde.

Da sie nun fortfuhren, ihn zu fragen, richtete er sich auf, und spräch zu ihnen: „Wer von euch ohne Sünde ist, werfe zuerst einen Stein auf sie[5])."

---

1) Anhang Buch IX. 5. — 2) Ibid. 6. — 3) Ibid. 7.
4) Ibid. 8. — 5) Ibid. 9.

Und er bückte sich abermals und schrieb auf die Erde.

Da sie aber dieses gehört hatten, gingen sie von den Aeltesten angefangen, einer nach dem andern hinaus; und Jesus blieb allein und das Weib, das in der Mitte stand.

Jesus aber richtete sich auf, und sprach zu ihr? „Weib, wo sind die, welche dich angeklagt haben? Hat dich Niemand verdammet?"

Sie sprach: „Niemand, Herr!" Da sprach Jesus: „So will auch ich dich nicht verdammen. Gehe hin und sündige nicht mehr."

Es bat aber eines Tages ein Pharisäer Jesum, daß er bei ihm esse, und er ging in das Haus des Pharisäers und setzte sich zu Tische.

Und siehe, ein Weib, die eine öffentliche Sünderin in der Stadt war, erfuhr, daß er in dem Hause des Pharisäers zu Tisch sei; und sie brachte ein Gefäß von Alabaster mit Salbe, stellte sich rückwärts zu seinen Füßen und fing an, seine Füße mit ihren Thränen zu benetzen und trocknete sie mit den Haaren ihres Hauptes, und küßte seine Füße, und salbte sie mit der Salbe.

Als dieß der Pharisäer sah, der ihn geladen hatte, sprach er bei sich selbst die Worte: „Wenn dieser ein Prophet wäre, so würde er wohl wissen, wer die ist, die ihn berührt, und was sie für ein Weib ist; denn sie ist eine Sünderin."

Jesus aber hob an, und sprach zu ihm: „Simon, ich habe dir etwas zu sagen." Er aber sprach: „Meister rede!"

„Ein Gläubiger hatte zwei Schuldner[1]). Der Eine war ihm fünfhundert Denare schuldig, der andere fünfzig.

Da sie aber nichts hatten, wovon sie bezahlt hätten, schenkte er es Beiden. Welcher liebt ihn nun mehr[2])?"

Simon antwortete, und sprach: „Ich glaube der, dem er das Meiste geschenkt hat." Und Jesus sprach: „Du hast recht geurtheilt!"

---

1) Anhang Buch IX. 10. — 2) Ibid. 11.

Dupanloup, Die Geschichte unseres Herrn Jesu Christi.

Dann wandte er sich zu dem Weibe, und sprach zu Simon: „Ich kam in dein Haus, und du gabst kein Wasser für meine Füße[1]), diese aber benetzte meine Füße mit Thränen und trocknete sie mit ihren Haaren.

Du gabst mir keinen Kuß; sie aber hörte nicht auf, seit sie herein gekommen ist, meine Füße zu küssen.

Du salbtest mein Haupt nicht mit Oel; diese aber salbte mit Salbe meine Füße.

Darum sag' ich dir: Ihr werden viele Sünden vergeben werden, weil sie viel geliebt hat; wem aber weniger vergeben wird, der liebt auch weniger.“

Und er sprach zu ihr: „Deine Sünden sind dir vergeben.“

Da fingen die, welche mit zu Tische waren, an bei sich zu sagen: „Wer ist dieser, daß er sogar Sünden vergibt?“

Er aber sprach zu dem Weibe: „Dein Glaube hat dir geholfen! Geh' hin in Frieden.“

Jesus sagte weiter dieses Gleichniß zu den Pharisäern und sprach:

„Ich bin der gute Hirte. Der gute Hirt gibt sein Leben für die Schafe.

Der Miethling aber, der kein Hirt ist, und dem die Schafe nicht zugehören, sieht den Wolf kommen, verläßt die Schafe und flieht; und der Wolf raubt und zerstreuet die Schafe.

Wahrlich, Wahrlich, sage ich euch, wer nicht zur Thüre in den Schafstall eingeht[2]), sondern anderswo hineinsteigt, der ist ein Dieb und ein Mörder.

Wer aber zur Thüre hineingeht, der ist der Hirte der Schafe. Demselben macht der Thürhüter auf, und die Schafe hören seine Stimme; er ruft seine Schafe mit Namen, und führt sie heraus. Und wenn er seine Schafe herausgeführt hat, so geht er vor ihnen her, und die Schafe folgen ihm nach, weil sie seine Stimme kennen.

---

1) Anhang Buch IX. 12. — 2) Ibid. 13.

Einem Fremden aber folgen sie nicht, sondern fliehen vor ihm, denn sie kennen die Stimme des Fremden nicht."

Dieses Gleichniß sagte Jesus zu ihnen, sie aber verstanden nicht, was er zu ihnen redete. Da sprach Jesus abermals zu ihnen: „Wahrlich, Wahrlich sage ich euch, ich bin die Thüre zu den Schafen.

Alle, so viel ihrer kamen, sind Diebe und Mörder, und die Schafe haben nicht auf sie gehört.

Ich bin die Thüre. Wenn Jemand durch mich eingeht, der wird selig werden; er wird eingehen und ausgehen und Weide finden.

Ein Dieb kommt nur, um zu stehlen, zu morden und zu verderben:

Ich bin gekommen, damit sie das Leben haben, und überflüssig haben.

Ich bin der gute Hirte und kenne meine Schafe und meine Schafe kenne mich, wie mich der Vater kennt, und ich den Vater kenne, und ich gebe mein Leben für meine Schafe.

Niemand nimmt es von mir, sondern ich gebe es von mir selbst; ich habe Macht, es hinwegzugeben und ich habe Macht, es wieder zu nehmen. Diesen Auftrag habe ich von meinem Vater empfangen.

Und ich habe noch andere Schafe [1]), welche nicht aus diesem Schaffstalle sind; auch diese muß ich herbeiführen, und sie werden meine Stimme hören; und es wird ein Schaffstall und Hirt werden."

Da entstand wieder um dieser Reden willen eine Spaltung unter den Juden.

Viele von ihnen sagten: „Er hat einen Teufel und ist wahnsinnig; warum hört ihr ihn an?"

Andere aber sprachen: „Das sind keine Worte eines von einem Teufel Besessenen. Kann denn ein Teufel die Augen der Blinden öffnen?"

----

1) Anhang Buch IX. 14.

Jesus aber versammelte die Jünger um sich und sprach zu ihnen.

„Denn der Menschensohn ist nicht gekommen, sich bedienen zu lassen, sondern, daß er diene und sein Leben lasse für Viele."

Gelegentlich einer seiner Reisen nach Jerusalem, kam Jesus in die Nähe von Jericho, und er zog daselbst ein und ging durch, umgeben von seinen Jüngern und von einer großen Menge Volks, welches herbeigekommen war, ihn zu sehen.

Und siehe, da war ein Mann mit Namen Zachäus; der war ein Oberzöllner und sehr reich.

Und er suchte Jesum zu sehen, wer er wäre; aber er konnte nicht vor dem Volke; denn er war klein von Person.

Da lief er voraus, und stieg auf einen wilden Feigenbaum, um ihn zu sehen, denn da sollte er vorüberkommen.

Als Jesus nun an den Ort kam, schaute er hinauf, sah ihn, und sprach zu ihm: „Zachäus steige eilends herab, denn heute muß ich in deinem Hause bleiben."

Und er stieg eilends herab, und nahm ihn mit Freuden auf.

Und Alle sahen es, murrten, und sprachen: „Bei einem Sünder ist er eingekehrt."

Zachäus aber stand, und sprach zu dem Herrn: „Siehe Herr, die Hälfte meiner Güter gebe ich den Armen, und wenn ich Jemand betrogen habe, so erstatte ich es vierfach."

Jesus sprach zu ihm: „Heute ist diesem Hause Heil widerfahren, weil auch er ein Sohn Abrahams ist;

denn der Menschensohn ist gekommen, zu suchen und selig zu machen, was verloren war."

Zehntes Buch.
Der Widerspruch.

Heilung des gekrümmten Weibes am Sabbat. Abbrechen von Aehren am Sabbat. — Der Blindgeborene. — Heilung der verdorrten Hand am Sabbat. — Die Ueberlieferungen und der Aberglaube der Phari-säer. — Heilung des Wassersüchtigen am Sabbat. — Das Laub-hüttenfest. — Das Fest der Tempelweihe. — Der Zinsgroschen. — Wehe über die Schriftgelehrten und Pharisäer. — Die Verblendung der Juden.

(Luc. c. XIII. Luc. c. VI. Marc. c. II. Joh. c. IX. Luc. c. VI.
Marc. c. III. Matth. c. XV. Marc. c. VII. Luc. c. XIV.
Joh. c. VII. Joh. c. VII. Joh. c. X. Marc. c. XII. Matth. c. XXII.
Luc. c. XX. Matth. c. XXIII. Luc. c. XI. Matth. c. XV.
Luc. c. XI. Matth. VII. Marc. c. VI. Luc. c. X. Matth. c. V.
Luc. c. X. Joh. c. XII.)

Am Sabbate aber lehrte Jesus in der Synagoge.

Siehe, da war ein Weib, das von einem Geist seit achtzehn Jahren besessen war, der sie krank machte. Sie war gekrümmt und konnte durchaus nicht aufwärts sehen.

Da nun Jesus sie sah, rief er sie zu sich, und sprach zu ihr: „Weib, du bist von deiner Krankheit geheilt.“

Und er legte ihr die Hände auf, und sie richtete sich sogleich auf und pries Gott.

Es entgegnete aber der Synagogen-Vorsteher, welcher unwillig war, daß Jesus am Sabbate geheilt hatte, und sprach zu dem Volke: „Sechs Tage sind, an welchen man arbeiten soll; an diesen kommt, und laßt euch heilen, aber nicht am Tage des Sabbats.“

Der Herr aber antwortete und sprach zu ihm: „Ihr Heuchler, bindet nicht Jeder von euch am Sabbate seinen Ochsen oder Esel von der Krippe los und führt ihn zur Tränke?

Diese Tochter Abrahams aber da, die der Satan schon acht-zehn Jahre gebunden hielt, sollte nicht von dieser Fessel gelöset werden am Tage des Sabbats?“

Und als er dieses sagte, schämten sich alle seine Widersacher, das ganze Volk aber freute sich über alle die herrlichen Thaten, die durch ihn geschahen.

Es geschah aber zu derselben Zeit, daß Jesus an einem Sabbate durch die Saat ging; und seine Jünger brachen Aehren ab, zerrieben sie mit den Händen und aßen.

Darum sprachen einige von Pharisäern zu ihnen: „Warum thut ihr, was nicht erlaubt ist, am Sabbat zu thun?"

Und Jesus antwortete und sprach zu ihnen: „Habt ihr nicht das gelesen, was David gethan hat, als ihn und die bei ihm waren, hungerte?

Wie er zur Zeit des Hohenpriesters Abiathar in das Haus Gottes ging, die Schaubrode nahm, und aß, und auch denen gab, die bei ihm waren, welche zu essen doch Niemand erlaubt ist, als nur den Priestern?

Und habt ihr nicht auch gelesen im Gesetze, daß die Priester am Sabbate im Tempel den Sabbat brechen, ohne Schuld zu haben?

Ich sage euch aber, daß hier ein Größerer ist, als der Tempel.

Und wenn ihr wüßtet, was das heißet: Ich will Barmherzigkeit und nicht Opfer, so würdet ihr die Unschuldigen nie verurtheilt haben?

Und er sprach zu ihnen: Der Sabbat ist um des Menschen willen gemacht, nicht der Mensch um des Sabbats willen[1]).

„Darum ist der Menschensohn auch Herr des Sabbats."

Und als Jesus vorüberging, sah er einen Menschen, der von Geburt an blind war. Und seine Jünger fragten ihn: „Meister, wer hat gesündigt, dieser oder seine Eltern, daß er blind geboren wurde[2])?"

Jesus antwortete: „Weder dieser hat gesündigt, noch seine Eltern, sondern die Werke Gottes sollen an ihm offenbar werden.

Ich muß wirken die Werke desjenigen, der mich gesandt hat, so lange es Tag ist[3]); es kommt die Nacht, da Niemand wirken kann.

So lange ich in der Welt bin, bin ich das Licht der Welt."

---

1) Anhang Buch X. Anm. 1. — 2) Ibid. 2. — 3) Ibid. 3.

Als er dieß gesagt hatte, spuckte er auf die Erde, bereitete Koth aus dem Speichel, strich den Koth auf die Augen desselben, und sprach zu ihm:

„Geh' hin und wasche dich in dem Teiche Silon," (welches verdolmetscht wird: der Gesandte), da ging er hin, wusch sich und kam sehend.

Die Nachbarn aber, und die ihn zuvor gesehen hatten, daß er bettelte, sprachen: „Ist dieser nicht derselbe, welcher da saß und bettelte?" Andere sagten: „Dieser ist es." Wieder Andere: „Nein, sondern er ist ihm ähnlich." Er selbst aber sprach: „Ich bin es."

Da sprachen sie zu ihm: „Wie sind dir die Augen geöffnet worden?" Er antwortete: „Der Mensch, welcher Jesus genannt wird, bereitete Koth, strich ihn auf meine Augen und sprach zu mir: Geh' zu dem Teiche Silon und wasche dich; da ging ich hin, wusch mich, und ich sehe."

Und sie sprachen zu ihm: „Wo ist derselbe?" Er sprach: „Ich weiß es nicht."

Da führten sie den, der blind gewesen, zu den Pharisäern.

Es war aber Sabbat, als Jesus den Koth bereitete, und seine Augen öffnete.

Da fragten ihn abermal die Pharisäer, wie er sehend geworden wäre? Er aber sagte zu ihnen: „Er legte mir Koth auf die Augen, ich wusch mich und ich sehe."

Hierauf sprachen einige der Pharisäer: „Dieser Mensch, welcher den Sabbat nicht hält, ist nicht von Gott." Andere aber sagen: „Wie kann ein Sünder solche Wunder thun?" Und es war eine Spaltung unter ihnen.

Dann sprachen sie abermal zu dem Blinden: „Was sagst du von dem, der deine Augen geöffnet hat? Er aber sprach: „Er ist ein Prophet."

Die Juden glaubten nun nicht von ihm, daß er blind gewesen und sehend geworden sei, bis sie die Eltern des Sehendgewordenen herbeigerufen hatten.

Diese fragten sie und sprachen: „Ist dieser euer Sohn, von dem ihr sagt, daß er blind geboren sei? Wie ist er denn jetzt sehend geworden?"

Seine Eltern antworteten ihnen und sprachen: „Wir wissen, daß dieser unser Sohn ist, und daß er blind geboren ist; wie er aber jetzt sehend geworden ist, oder wer seine Augen geöffnet hat, wissen wir nicht! Er ist alt genug; er selbst mag über sich reden."

Dieß sagten seine Eltern, weil sie die Juden fürchteten; denn die Juden hatten sich schon vereinigt, Jeden, der ihn für Christus bekennen würde, aus der Gemeinschaft auszuschließen. Darum sprachen die Eltern: „Er ist alt genug; fraget ihn selbst."

Sie riefen also den Menschen, der blind gewesen, noch einmal, und sprachen zu ihm: „Gib Gott die Ehre! Wir wissen, daß dieser Mensch ein Sünder ist."

Da sprach er zu ihnen: „Ob er ein Sünder ist, weiß ich nicht; Eines weiß ich, daß ich blind gewesen bin, und nun sehe."

Da sprachen sie zu ihm: „Was hat er mit dir gethan? Wie hat er dir die Augen geöffnet?"

Er antwortete ihnen: „Ich hab' es euch schon gesagt, und ihr habt es gehört; warum wollt ihr es abermals hören? Wollt etwa auch ihr seine Jünger werden?"

Da fluchten sie ihm und sprachen: „Sei du sein Jünger, wir aber sind des Moses Jünger.

Wir wissen, daß Gott mit Moses geredet hat; woher aber dieser Mensch ist, wissen wir nicht."

Der Mensch antwortete und sprach zu ihnen: „Das ist doch wunderbar, daß ihr nicht wißt, woher er ist, da er mir die Augen geöffnet hat. Wir wissen aber, daß Gott die Sünder nicht erhört[1]), sondern wenn Jemand Gott dient, und seinen Willen thut, denselben erhört er. So lange die Welt steht, ist nicht erhört worden, daß Jemand die Augen eines Blindgeborenen geöffnet hat. Wenn dieser nicht von Gott wäre, so hätte er nichts wirken können."

Sie antworteten, und sprachen zu ihm: „Du bist ganz

---

1) Anhang Buch X. 4.

in Sünden geboren und du lehreſt uns?" Und ſie ſtießen ihn hinaus.

Jeſus hörte es, daß ſie ihn ausgeſtoßen, und als er ihn traf, ſprach er zu ihm: "Glaubſt du an den Sohn Gottes?"

Er antwortete und ſprach: "Wer iſt es Herr, damit ich an ihn glaube?"

Und Jeſus ſprach zu ihm: "Du haſt ihn geſehen, und der mit dir redet, der iſt's."

Er aber ſprach: "Herr, ich glaube." Und er fiel nieder und betete ihn an.

Und Jeſus ſprach: "Ich bin zum Gerichte in dieſe Welt gekommen, daß die Blinden ſehend, und die Sehenden blind werden[1])."

Dieſes hörten einige Phariſäer, die bei ihm waren, und ſprachen zu ihm: "Sind etwa auch wir blind?"

Jeſus ſprach zu ihnen: "Wenn ihr blind wäret, ſo hättet ihr keine Sünde; nun aber ſprechet ihr: Wir ſehen, darum bleibet eure Sünde."

Es begab ſich aber, daß er auch an einem andern Sabbate in die Synagoge ging, und lehrte. Und es war daſelbſt ein Menſch, deſſen rechte Hand verdorret war.

Da gaben nun die Schriftgelehrten und Phariſäer Acht, ob er am Sabbate heilen würde, damit ſie etwas fänden, ihn anzuklagen.

Er aber wußte ihre Gedanken und ſprach zu dem Menſchen, welcher die verdorrte Hand hatte: "Steh' auf und ſtelle dich in die Mitte." Er ſtand auf und ſtellte ſich in die Mitte.

Jeſus ſprach nun zu ihnen: "Ich frage euch: Iſt es erlaubt, am Sabbate Gutes zu thun, oder Böſes? ein Leben zu retten, oder zu verderben?" Sie aber ſchwiegen.

Und er blickte ſie alle ringsum an, und ſprach zu dem Menſchen: "Strecke deine Hand aus!" Da ſtreckte er ſie aus, und ſeine Hand ward wieder geſund.

Sie aber kamen ganz von Sinnen, und beſprachen ſich untereinander, was ſie Jeſu anthun ſollten. Sie gingen hinaus

---

[1]) Anhang Buch X. 5.

und hielten sogleich mit den Herodianern einen Rath wider ihn, wie sie ihn tödten könnten.

Seit dieser Zeit zog Jesus in Galiläa umher. Er wollte nicht in Judäa bleiben, weil die Juden ihn zu tödten suchten.

Und es versammelten sich bei ihm die Pharisäer und einige von den Schriftgelehrten, die von Jerusalem gekommen waren.

Als sie nun einige seiner Jünger mit unreinen, das ist, mit ungewaschenen Händen Speise nehmen sahen, tadelten sie dieselben.

Denn die Pharisäer und alle Juden essen nicht, ohne daß sie sich öfter die Hände gewaschen haben, indem sie die Satzungen der Alten halten. Auch essen sie nicht, wenn sie vom Markte kommen, außer sie baden sich zuvor. Und so gibt es noch viele andere Dinge, die ihnen zu halten von den Vorfahren eingeschärft wurden; das Waschen der Becher, der Krüge, der ehernen Geschirre und der Tischlagen.

Daher fragten ihn die Pharisäer und Schriftgelehrten: „Warum wandeln deine Jünger nicht nach der Satzung der Alten, sondern essen ihre Speisen mit unreinen Händen?“

Er aber antwortete und sprach: „Warum übertretet ihr selbst das Gebot Gottes, um eurer Ueberlieferungen willen? Denn Gott hat gesagt:

Du sollst Vater und Mutter ehren und: Wer seinem Vater oder der Mutter flucht, soll des Todes sterben. Ihr aber saget, wenn Einer zum Vater oder zur Mutter spricht: Alles, was von mir geopfert wird, gereicht dir zum Nutzen; so mag er immer seinen Vater und seine Mutter nicht ehren[1]); und ihr habt also Gottes Gebot aufgehoben um eurer Ueberlieferung willen.

Und ähnliche Dinge thut ihr auch sonst noch. Ihr Heuchler! es hat Isaias wohl von euch geweissagt, wenn er spricht: Dieß Volk ehret mich mit den Lippen, aber ihr Herz ist weit von mir. Vergeblich aber ehren sie mich, indem sie menschliche Lehren und Gebote lehren.

Denn ihr verlasset das Gebot Gottes, und haltet die Men-

---

1) Anhang Buch X. 6.

schensatzungen, das Waschen der Krüge und Becher, und vieles Andere dergleichen thut ihr.

Fein hebet ihr das Gebot Gottes auf, damit ihr eure Satzung haltet.

Und er rief abermals das Volk herbei und sprach zu ihnen: Höret mich Alle, und verstehet es wohl!

Nichts, was von außen in den Menschen hineinkommt, kann ihn verunreinigen[1]); sondern was von dem Menschen herauskommt verunreinigt den Menschen.

Wer Ohren hat zu hören, der höre!"

Hierauf traten seine Jünger hinzu, und sprachen zu ihm: „Weißt du, daß die Pharisäer sich geärgert haben, da sie dieses Wort hörten?"

Er aber antwortete und sprach: „Eine jegliche Pflanzung, die mein himmlischer Vater nicht gepflanzt hat, wird ausgerottet werden.

Lasset sie, sie sind blind und Führer der Blinden. Wenn aber ein Blinder einen Blinden führt, so fallen beide in die Grube."

Als er nun vom Volke weg in ein Haus gegangen war, fragten ihn seine Jünger um dieses Geheimniß. Aber Petrus nahm das Wort und sprach zu ihm: „Erkläre uns dieß Gleichniß."

Er aber sprach: „Seid auch ihr noch unverständig?

Versteht ihr nicht, daß Alles, was von Außen in den Menschen hineinkommt, ihn nicht verunreinigen kann, weil es nicht in sein Herz geht, sondern in den Leib kommt und den natürlichen Ausgang nimmt, wodurch alle Speisen ausgeschieden werden?

Was aber," sprach er, „von dem Menschen herauskommt, das macht den Menschen unrein.

Denn von innen, aus dem Herzen des Menschen, kommen bösen Gedanken, Ehebrüche, Hurerei, Mordthaten, Diebstähle, Geiz, Schalkheit, Betrug, Schamlosigkeit, neidische Augen, Lästerung, Hoffart, Thorheit.

---

1) Anhang Buch X. 7.

Das sind die Dinge, welche den Menschen verunreinigen, aber Essen mit ungewaschenen Händen, das verunreiniget den Menschen nicht."

Und es geschah, als Jesus in das Haus eines Obersten von den Pharisäern am Sabbate ging, um da zu speisen, beobachteten auch sie ihn genau.

Und siehe, ein wassersüchtiger Mensch war vor ihm.

Und Jesus nahm das Wort und sprach zu den Gesetzge= lehrten und Pharisäern: „Ist es erlaubt am Sabbat zu heilen?"

Sie aber schwiegen. Da faßte er ihn an, heilte ihn und ließ ihn gehen.

Und er redete sie an, und sprach zu ihnen: „Wer von euch, dessen Esel oder Ochs in eine Grube gefallen, würde ihn nicht sogleich herausziehen am Tage des Sabbats?"

Und sie konnten ihm darauf nicht antworten.

Es suchten die Juden Jesus während dieses Festes, und sprachen: „Wo ist doch jener?"

Und es war viel Redens von ihm unter dem Volke; denn Einige sagten: „Er ist gut." Andere aber sagten: „Nein, son= dern er verführt das Volk."

Doch redete Niemand öffentlich von ihm aus Furcht vor den Juden.

Als aber das Fest schon vorüber war, ging Jesus hinauf in den Tempel und lehrte.

Und die Juden verwunderten sich und sprachen: „Wie ver= steht dieser die Schrift, da er sie nicht gelernt hat?"

Jesus antwortete ihnen und sprach: „Meine Lehre ist nicht mein, sondern dessen, der mich gesandt hat.

Wenn Jemand seinen Willen thun will, wird er inne werden, ob diese Lehre von Gott sei, oder ob ich aus mir selbst rede.

Wer aus sich selbst redet, der suchet seine eigene Ehre; wer aber die Ehre dessen sucht, der ihn gesandt hat, der ist wahrhaft, und es ist keine Ungerechtigkeit in ihm.

Hat euch nicht Moses das Gesetz gegeben? Und Niemand von euch hält das Gesetz, welches den Mord verbietet. Warum suchet ihr mich zu tödten?" Das Volk antwortete und sprach: „Du hast einen Teufel! Wer sucht dich zu tödten?"

Jesus antwortete und sprach zu ihnen: „Nur ein Werk habe ich gethan am Sabbate, und ihr Alle verwundert euch voll Zorn. Indessen Moses hat euch die Beschneidung gegeben (nicht als ob sie von Moses herkomme, sondern von den Vätern), und ihr beschneidet den Menschen am Sabbate.

Wenn nun ein Mensch am Sabbate die Beschneidung empfängt, ohne daß das Gesetz Moses verletzt wird, wollt ihr über mich zürnen, daß ich am Sabbate einen ganzen Menschen gesund gemacht habe?

Richtet nicht nach dem Scheine, sondern fällt ein gerechtes Urtheil."

Da sprachen Einige von Jerusalem: „Ist das nicht der, den sie tödten wollen? Siehe, er redet öffentlich und sie sagen ihm nichts. Haben denn die Vorsteher wahrhaft erkannt, daß dieser ist Christus?

Doch wir wissen ja, woher dieser ist; aber wenn Christus kommen wird, weiß Niemand, woher er ist[1])."

Darauf rief Jesus im Tempel, lehrte und sprach: „Wohl kennt ihr mich, und wißt, woher ich bin[2]); aber von mir selbst bin ich nicht gekommen, sondern der Wahrhaftige ist es der mich gesandt hat, den ihr nicht kennet.

Ich kenne ihn, denn ich bin von ihm und er hat mich gesandt."

Da suchten sie ihn zu ergreifen, aber Niemand legte Hand an ihn, denn seine Stunde war noch nicht gekommen.

Es glaubten aber viele von dem Volke an ihn, und sprachen: „Soll denn Christus, wenn er kommt, mehr Wunder thun, als dieser thut?"

Die Pharisäer, die sich unter dem Volke befanden, hörten, daß das Volk dieses von ihm murmelte, und sie sandten mit den Hohenpriestern Diener aus, um ihn zu ergreifen.

Jesus aber sprach zu ihnen: „Noch eine kurze Zeit bin ich bei euch, und ich gehe zu dem, der mich gesandt hat. Ihr

---

1) Anhang Buch X. 8. — 2) Ibid. 9.

werdet mich suchen, aber nicht finden, und wo ich bin, dahin könnt ihr nicht kommen."

Da sprachen die Juden unter einander: „Wo will dieser hingehen, daß wir ihn nicht finden werden? Will er unter die zerstreuten Heiden gehen, und die Heiden lehren?

Was ist das für eine Rede, die er gesprochen hat: Ihr werdet mich suchen, aber nicht finden; und wo ich bin, dahin könnt ihr nicht kommen?"

Aber am letzten großen Tage des Festes trat Jesus auf, rief und sprach: „Wenn Jemand Durst hat, der komme zu mir und trinke [1])!

Wer an mich glaubt, aus dessen Leibe werden, wie die Schrift sagt, Ströme des lebendigen Wassers fließen."

Das sagte er aber von dem Geiste, den Diejenigen empfangen sollten, die an ihn glauben würden; denn der heilige Geist war noch nicht gegeben, weil Jesus noch nicht verherrlicht war.

Als nun Einige von demselben Volke diese Worte von ihm hörten, sprachen sie: „Dieser ist wahrhaftig ein Phrophet."

Andere sagten: „Dieser ist Christus." Einige aber sagten: „Soll denn Christus aus Galiläa kommen [2])? Sagt nicht die Schrift: Christus kommt vom Geschlechte Davids und aus dem Flecken Bethlehem, wo David war?"

Es entstand also unter dem Volke eine Spaltung um seinetwillen.

Und Einige wollten ihn ergreifen, aber Niemand legte Hand an ihn.

Es kamen nun die Diener zu den Hohenpriestern und Pharisäern, und diese sprachen zu ihnen: „Warum habt ihr ihn nicht hergebracht?"

Die Diener antworteten: „Niemals hat ein Mensch so geredet, wie dieser Mensch."

Da antworteten ihnen die Pharisäer: „Seid etwa auch ihr verführt? Glaubt wohl Jemand von den Obersten oder von den

---

1) Anhang Buch X. 10. — 2) Ibid. 11.

Pharisäern an ihn? Aber dieß Volk, das vom Gesetze nichts weiß, es ist verflucht."

Da sprach Nikodemus zu ihnen, derselbe, der des Nachts zu ihm gekommen, und einer von ihnen war:

„Richtet denn unser Gesetz einen Menschen, wenn man ihn nicht zuvor gehört und erkannt hat, was er thut?"

Sie antworteten und sprachen zu ihm: „Bist etwa auch du ein Galiläer? Durchforsche die Schrift und sieh', daß aus Galiläa kein Prophet aufsteht."

Und sie kehrten zurück, ein Jeder in sein Haus.

Zur Zeit, als man das Fest der Tempelweihe[1]) zu Jerusalem feierte, im Winter, wandelte Jesus im Tempel in der Halle Salomons.

Da umgaben ihn die Juden und sprachen zu ihm: „Wie lange hältst du uns hin? Wenn du Christus bist, so sage es uns frei heraus."

Jesus antwortete ihnen: „Ich sage es euch, und ihr glaubt nicht. Die Werke, welche ich im Namen meines Vaters wirke, diese geben Zeugniß von mir; aber ihr glaubt mir nicht, denn ihr seid nicht von meinen Schafen.

Meine Schafe hören meine Stimme; ich kenne sie, und sie folgen mir nach. Und ich gebe ihnen das ewige Leben, und sie werden in Ewigkeit nicht verloren gehen; und Niemand wird sie aus meiner Hand reißen.

Was mir mein Vater gegeben, ist größer als Alles, und Niemand kann es der Hand meines Vaters entreißen.

Ich und mein Vater sind Eines."

Da hoben die Juden Steine auf, um ihn zu steinigen.

Jesus entgegnete ihnen: „Ich habe euch viele gute Werke von meinem Vater gezeigt, um welches dieser Werke steinigt ihr mich?"

Die Juden antworteten ihm: „Wir steinigen dich nicht eines guten Werkes wegen, sondern um der Gotteslästerung willen, weil du dich selbst zu Gott machst, da du ein Mensch bist."

Jesus antwortete ihnen. „Steht nicht in eurem Gesetze

---

1) Anhang Buch X. 12.

geschrieben: Ich habe gesagt, ihr seid Götter? Wenn es diejeni=
gen Götter nannte, an welche die Rede Gottes ergangen ist, und
die Schrift nicht aufgehoben werden kann, wie saget ihr zu dem,
welchen der Vater geheiliget und in die Welt gesandt hat: Du
lästerst Gott, weil ich gesagt habe: Ich bin der Sohn Gottes?

Thu' ich die Werke meines Vaters nicht, so möget ihr mir
nicht glauben.

Thu' ich sie aber, so glaubet den Werken, wenn ihr mir
nicht glauben wollt, damit ihr erkennt und glaubt, daß der
Vater in mir, und ich in dem Vater."

Da suchten sie ihn zu ergreifen, er aber entging ihren Hän=
den, und er begab sich wieder an den Ort, jenseits des Jordan,
wo Johannes zuerst getauft hatte, in Judäa, und blieb daselbst.

Und eine große Menge Volks folgte ihm nach. Sobald sie
sich versammelt hatten, begann er wieder nach seiner Gewohnheit,
sie zu lehren und ihre Kranken zu heilen.

Die Pharisäer aber gingen hin, und hielten Rath, wie sie
ihn in einer Rede fangen könnten. Sie lauerten auf ihn, und
sandten Nachsteller aus, die sich rechtlich stellen sollten, damit sie
ihn fingen und der Obrigkeit und der Gewalt des Landpflegers
überliefern könnten. Und sie sandten zu diesem Zwecke einige
ihrer Jünger, zu denen sich noch einige Herodianer[1]) gesellten.

Diese nun kamen zu ihm und sprachen: „Meister, wir wissen,
daß du wahrhaftig bist, und nach Niemanden frägst; denn du
achtest nicht das Ansehen der Menschen, sondern lehrst den Weg
Gottes in der Wahrheit.

„Sag' uns nun, was meinst wohl du: Ist es erlaubt, dem
Kaiser Zins zu geben, oder nicht[2])?"

Da aber Jesus ihre Schalkheit kannte, sprach er: „Ihr Heuch=
ler, was versuchet ihr mich? Zeiget mir die Zinsmünze." Und
sie reichten ihm einen Denar hin.

Da sprach Jesus zu ihnen: „Wessen ist dieß Bild und die
Unterschrift?" Sie antworteten: „Des Kaisers." Da sprach er
zu ihnen: „Gebet also dem Kaiser, was des Kaisers ist, und
Gott, was Gottes ist."

---

1) Anhang Buch X. 13. — 2) Ibid. 14.

Und sie konnten sein Wort vor dem Volke nicht tadeln. Sie verwunderten sich schweigend, verließen ihn und gingen davon.

Um diese Zeit bat ihn ein Pharisäer, daß er bei ihm zu Mittag speisen möge. Und er ging hinein und setzte sich zu Tische.

Der Pharisäer aber fing an, bei sich zu denken und zu sagen: „Warum doch hat er sich nicht gewaschen vor der Mahlzeit?"

Und der Herr sprach zu ihm: „Ihr Pharisäer reiniget wohl das Auswendige des Bechers und der Schüssel; euer Inwendiges aber ist voll Raub und Ungerechtigkeit.

Ihr Thoren, hat nicht der, welcher das Auswendige gemacht hat, auch das Inwendige gemacht[1])? Und soll die Seele nicht reiner sein, als der Leib?

Du blinder Pharisäer, reinige zuerst das Innere des Bechers und der Schüssel, damit das Auswendige rein werde.

Gebet lieber von dem, was euch übrig ist, Almosen, und sicher Alles ist euch rein[2]).

Wehe euch, ihr Schriftgelehrten und Pharisäer, ihr Heuchler, die ihr die Krausemünze, Anis und Kümmel[3]) verzehntet, aber das Wichtigste des Gesetzes, die Gerechtigkeit, die Barmherzigkeit und den Glauben vernachlässigt. Dieses sollt ihr thun, und jenes nicht unterlassen.

Ihr blinden Wegweiser, die ihr eine Mücke durchseiet, aber ein Kameel verschlingt[4]).

Wehe euch Pharisäern, die ihr die ersten Plätze in den Synagogen und die Begrüßungen auf dem Markte liebt.

Wehe euch, ihr Schriftgelehrten und Pharisäer, die ihr die Häuser der Wittwen verschlingt und vorgebt, lange zu beten[5]). Eben darum wird ein schwereres Gericht über euch kommen[6]).

Wehe euch, ihr Schriftgelehrten und Pharisäer, ihr Heuchler, die ihr zu Wasser und zu Lande umherzieht, um einen Glaubensgenossen zu machen, und wenn er es geworden ist, so macht ihr ihn zum Kinde der Hölle, noch einmal so arg, als ihr seid[7]).

Wehe euch, ihr blinden Wegweiser, die ihr sagt: Wenn

----

1) Anhang Buch X. 15. — 2) Ibid. 16. — 3) Ibid. 17.
4) Ibid. 18. — 5) Ibid. 19. — 6) Ibid. 20. — 7) Ibid. 21.

Jemand beim Tempel schwört, das ist nichts; wer aber beim Golde des Tempels schwört, der ist an seinen Schwur gebunden.

Ihr Thoren und Blinden! Was ist denn mehr? Das Gold oder der Tempel, der das Gold heiligt?

Und wenn Jemand beim Altare schwört, das ist nichts; wer aber bei der Gabe schwört, die darauf liegt, der ist gebunden.

Ihr Blinden! Was ist denn größer? Die Gabe oder der Altar, welcher die Gabe heiligt?

Wer also bei dem Altare schwört, der schwört hei demselben und bei Allem, was darauf liegt, und wer bei dem Tempel schwört, schwört bei demselben, und bei dem, der in demselben wohnt, und wer bei dem Himmel schwört, schwört bei dem Throne Gottes, und bei dem, der darauf sitzt.

Wehe euch, die ihr wie die Gräber seid, welche man nicht sieht und worüber die Leute hingehen, ohne es zu wissen.

Wehe euch, ihr Schriftgelehrten und Pharisäer, die ihr übertünchten Gräbern gleicht, welche von außen vor den Leuten zwar schön in die Augen fallen, inwendig aber mit Todtengebeinen und allem Unrathe angefüllt sind.

Gerade so erscheint ihr von außen zwar gerecht vor den Menschen, inwendig aber seid ihr voll Heuchelei und Ungerechtigkeit."

Ein Gesetzlehrer aber antwortete und sprach zu ihm: „Meister, wenn du dieses sagst, schmähest du auch uns."

Er aber sprach: „Wehe euch, ihr Gesetzgelehrten! Denn ihr legt den Menschen Lasten auf, die sie nicht tragen können, und ihr berührt die Bürden nicht mit einem Finger.

Wehe euch, ihr bauet die Grabmäler der Propheten[1]); eure Väter aber haben sie getödtet.

Ihr sagt: Hätten wir in den Tagen unserer Väter gelebt, so würden wir an dem Blute der Propheten keinen Antheil mit ihnen genommen haben.

So gebt ihr euch selbst das Zeugniß, daß ihr die Söhne der Propheten-Mörder seid, und daß ihr in die Werke eurer Väter einstimmt.

---

1) Anhang Buch X. 22.

Machet es nur voll das Maaß eurer Väter.

Ihr Schlangen, ihr Natterngezücht, wie werdet ihr dem Gerichte der Hölle entrinnen?

Darum seht, ich sende zu euch Propheten und Apostel, oder, wie die Weisheit Gottes sagt, Weise und Schriftgelehrte; einige aus ihnen werdet ihr tödten und kreuzigen; einige von ihnen werdet ihr geißeln in euren Synagogen, und von Stadt zu Stadt verfolgen, damit alles gerechte Blut, das auf Erden vergossen ward, über euch komme[1]), vom Blute des gerechten Abels bis zum Blute Zacharias', des Sohnes Berachias', den ihr zwischen dem Tempel und dem Altare umgebracht hattet.

Wahrlich, ich sage euch, dieß Alles wird über dieses Geschlecht kommen.

Wehe euch Gesetzgelehrten! Ihr habt den Schlüssel der Erkenntniß weggenommen; ihr selbst aber geht nicht hinein, und denen, die hineingehen wollen, wehrt ihr.

Wehe euch, ihr Gesetzgelehrten und Pharisäer, ihr Heuchler, ihr verschließt den Menschen das Himmelreich, ihr geht selbst nicht hinein und verhindert Andere hineinzukommen."

Als er aber dieses zu ihnen gesagt hatte, fingen die Pharisäer und Schriftgelehrten an, ihm heftig zuzusetzen, um ihn mit vielen Fragen zum Schweigen zu bringen.

Und sie stellten ihm nach, und suchten etwas aus seinem Munde aufzufangen, um ihn anklagen zu können.

Obwohl Jesus nun so große Wunder vor ihnen gethan hatte, glaubten die Juden doch nicht an ihn, damit die Rede des Propheten Isaias erfüllt würde, die er sprach: „Herr, wer glaubt unserm Worte, und der Arm des Herrn, wem wird er kund?"

Darum konnten sie nicht glauben[2]), denn Isaias hat abermals gesagt: „Er hat ihre Augen verblendet und ihr Herz verstockt, daß sie mit den Augen nicht sehen, und mit dem Herzen nicht verstehen, noch sich bekehren, noch ich sie heile." Dieß sagte Isaias, da er seine Herrlichkeit sah, und von ihm redete.

---

1) Anhang Buch X. 23. — 2) Ibid. 24.

Doch glaubten auch viele von den Obersten an ihn; aber der Pharisäer wegen bekannten sie es nicht, damit sie nicht aus der Gemeinschaft gestoßen würden; denn die Ehre bei den Menschen liebten sie mehr, als die Ehre bei Gott.

Jesus aber rief und sprach: „Wer an mich glaubt, der glaubt nicht an mich, sondern an den, der mich gesandt hat; und wer mich sieht, der sieht den, der mich gesandt hat.

Ich bin als das Licht in die Welt gekommen, damit Jeder, der an mich glaubt, nicht in der Finsterniß bleibe.

Wenn aber Jemand mein Wort hört, und hält es nicht, den richte ich nicht[1]); denn ich bin nicht gekommen, die Welt zu richten, sondern die Welt selig zu machen.

Wer mich verachtet und meine Worte nicht annimmt, der hat Einen, welcher ihn richtet. Das Wort, das ich geredet habe, das wird ihn richten am jüngsten Tage.

Denn ich habe nicht von mir selbst geredet, sondern der Vater, welcher mich gesandt hat, der hat mir das Gebot gegeben, was ich lehren und was ich reden soll.

Und ich weiß, daß sein Gebot das ewige Leben ist. Darum was ich rede, rede ich so, wie es mir der Vater gesagt hat.“

Aber Jesus redete weiter und sprach: „Niemand zündet ein Licht an und stellt es unter den Scheffel, sondern auf den Leuchter, damit es Alle sehen, welche in das Haus kommen.

Denn nichts ist verborgen, was nicht offenbar würde, und nichts geschieht heimlich, sondern, daß es offenbar werde.

Wer Ohren hat zu hören, der höre!

Denn wer hat, dem wird gegeben, und er wird in Ueberfluß haben. Wer aber nichts hat, dem wird auch das genommen, was er hat.

Darum rede ich zu ihnen in Gleichnissen, weil sie sehen und doch nicht sehen, hören und doch nicht hören, noch verstehen.

Und es wird an ihnen die Weissagung des Isaias erfüllet, der da spricht: Hören werdet ihr und nicht verstehen, sehen werdet ihr und doch nicht sehen.

Denn das Herz dieses Volkes ist verstockt, und sie hören

---

[1]) Anhang Buch X. 25.

schwer mit den Ohren, und verschließen ihre Augen, damit sie
nicht etwa sehen mit den Augen, und nicht hören mit den Ohren,
und mit dem Herzen nicht verstehen, noch sich belehren, noch ich
sie heile.

Aber selig sind eure Augen, weil sie sehen, und eure Ohren,
weil sie hören.

Denn wahrlich, sage ich euch, viele Propheten und Gerechte
haben gewünscht zu sehen, was ihr sehet, und haben es nicht ge=
sehen, und zu hören, was ihr höret und haben es nicht gehört.

Und Jesus fügte hinzu: „Ihr aber verstehet wohl, was ihr
hört; denn es wird euch mit demselben Maaß gemessen werden,
mit welchem ihr selbst meßt. Ja es wird euch reichlicher ge=
messen werden, denn man wird dem geben, der bereits hat, aber
demjenigen, der nichts hat, wird genommen werden, was er hat.‟

Elftes Buch.
Die Verklärung und die Ankündigung der Passion.

Der Grundstein der Kirche. — Die Kraft der dem Petrus gegebenen
Schlüssel. — Die erste Ankündigung der Passion. — Nimm dein
Kreuz auf dich und rette deine Seele. — Wie die Werke, so der
Lohn. — Die Verklärung Christi. — Die zweite Ankündigung der
Passion. — Der von einem Geiste besessene und von demselben er=
löste Knabe. — Brüderliche Zurechtweisung. — Die Kraft der den
Aposteln gegebenen Schlüssel. — Das Reich, die Leiden und die An=
kunft Jesu Christi. — Die dritte Ankündigung der Passion. — Die
vierte Ankündigung der Passion. — Die ehrgeizige Bitte der Mutter
der Söhne Zebedäi. — Jesus, Herodes und Jerusalem.

(Matth. c. XVI. Marc. c. VIII. Matth. c. XVI. Luc. c. IX.
Matth. c. XVI. Luc. c. IX. Matth. c. XII. Marc. c. IX.
Matth. c. XVII. Luc. c. IX. Marc. c. IX. Matth. c. VII.
Matth. c. XVIII. Luc. c. XVII. Matth. c. XVIII. Luc. c. XVII.
Matth. c. XVII. Luc. c. IX. Matth. c. XX. Luc. c. XVIII.
Marc. c. X. Luc. c. XIII.)

Als aber Jesus in die Gegend der Stadt Cesarea Philippi
kam, geschah es, als er allein war und betete, waren auch bei
ihm seine Jünger, und er fragte sie und sprach: „Für wen hal=
ten mich die Leute?‟

Sie aber antworteten ihm und sprachen: „Einige für Johannes den Täufer, Andere für Elias, und wieder Andere glauben, daß einer der alten Propheten aufgestanden sei."

Da sprach er zu ihnen: „Ihr aber, für wen haltet ihr mich?"

Da antwortete Simon Petrus: „Für den Gesalbten Gottes."

Jesus aber antwortete und sprach zu ihnen: „Selig bist du Petrus, Sohn des Jonas, denn Fleisch und Blut hat dir dieß nicht offenbart, sondern mein Vater, der im Himmel ist.

Und ich sage dir, du bist Petrus, und auf diesen Felsen will ich meine Kirche bauen, und die Pforten der Hölle werden sie nicht überwältigen."

„Und ich will dir die Schlüssel des Himmelreiches geben. Was immer du binden wirst auf Erden, das soll auch im Himmel gebunden sein[1]); und was immer du lösen wirst auf Erden, das soll auch im Himmel gelöst sein."

Dann gebot er seinen Jüngern, sie sollten Niemand sagen, daß er Jesus, der Christus sei [2]).

Seit dieser Zeit fing Jesus an, seinen Jüngern zu zeigen, daß er nach Jerusalem gehen, und von den Aeltesten, von den Schriftgelehrten und Hohenpriestern Vieles leiden und getödtet werden, und am dritten Tage wieder auferstehen müsse.

Da nahm ihn Petrus zu sich, und fing an, es ihm zu verweisen und sprach: „Das sei ferne von dir, Herr, das soll dir nicht widerfahren."

Er aber wandte sich um und sprach zu Petrus: „Hinweg von mir, Satan, du bist mir zum Aergernisse [3]), denn du denkst nicht auf das, was Gottes, sondern auf das, was des Menschen ist!"

Jesus rief hierauf das Volk und seine Jünger zusammen und sprach zu Allen: „Wer mir nachfolgen will, der verleugne sich selbst, nehme täglich sein Kreuz auf sich und folge mir nach.

Denn wer sein Leben retten will, der wird es verlieren, aber wer sein Leben um meinetwillen verliert, der wird es retten.

Denn was nützte es dem Menschen, wenn er die ganze Welt gewänne, sich selbst aber verlöre, und an sich Schaden litte?

---

1) Anhang Buch XI. 1. — 2) Ibid. 2. — 3) Ibid. 3.

Und was hülfe es ihm, wenn er seine Seele verlöre? Oder was könnte er geben für seine Seele?"

Jesus sprach aber weiter: „Denn wer sich meiner und meiner Worte schämt, dessen wird auch der Menschensohn sich schämen, wenn er kommen wird in seiner Herrlichkeit und in der Herrlichkeit des Vaters und der heiligen Engel.

Und dann wird er einem Jeglichen nach seinen Werken vergelten."

Und der Herr fuhr fort: „Wahrlich ich sage euch, es sind einige von denen, die hier stehen, welche den Tod nicht kosten werden, bis sie des Menschen Sohn in seinem Reiche kommen gesehen haben in seiner Kraft[1])." -

Es geschah aber ungefähr acht Tage nach diesen Reden, da nahm Jesus den Petrus, Jakobus und Johannes zu sich, und stieg auf den Berg um zu beten.

Und während er betete ward die Gestalt seines Angesichts verändert und sein Gewand weiß wie der Schnee, so wie kein Walker auf Erden weiß machen kann.

Und siehe zwei Männer redeten mit ihm, Moses und Elias, welche in Herrlichkeit erschienen, und sie redeten von seinem Hintritte, durch den er zu Jerusalem vollenden werde.

Petrus aber und die bei ihm waren, wurden vom Schlafe beschwert, und da sie aufwachten, sahen sie seine Herrlichkeit und die beiden Männer, die bei ihm standen.

Und als sie von ihm schieden, geschah, daß Petrus zu Jesu sprach: „Meister, hier ist gut sein für uns; laß uns drei Hütten machen, dir eine, Moses eine und Elias eine."

Denn er wußte nicht was er sagte, weil sie sehr erschrocken waren.

Als er aber dieß sagte, kam eine Wolke und überschattete sie, und sie fürchteten sich, als jene in die Wolke hineingingen. Und eine Stimme erscholl aus der Wolke, die sprach: „Dieser ist mein geliebter Sohn; ihn höret."

Da die Jünger dieses hörten, fielen sie auf ihr Angesicht.

Und Jesus trat hinzu, berührte sie und sprach zu ihnen: „Stehet auf und fürchtet euch nicht."

---

1) Anhang Buch XI. 4.

Als sie aber ihre Augen aufhoben, sahen sie Niemand, als Jesum allein. Er war zurückgeblieben, als die Stimme erscholl.

Als sie nun vom Berge herabgingen, schärfte er ihnen ein, sie sollten Niemand sagen, was sie gesehen hatten, bis der Menschensohn von den Todten auferstanden sein würde.

Und sie behielten die Sache bei sich, und fragten sich unter einander, was das wäre: „Bis er von den Todten auferstanden sein werde.“

Und sie fragten ihn und sprachen: „Warum sagen denn die Pharisäer und Schriftgelehrten, daß Elias zuvor kommen müsse?“

Er antwortete und sprach zu ihnen: „Elias wird zuvor kommen und Alles wieder herstellen[1]), gleichwie von dem Menschensohne geschrieben steht, daß er Vieles leiden und verachtet werden müsse[2]).

Aber ich sage euch, Elias ist schon gekommen, wie von ihm geschrieben steht, aber man hat ihn nicht erkannt und mit ihm gemacht, was man wollte. Ebenso wird auch der Menschensohn von ihnen zu leiden haben.“

Da verstanden die Jünger, daß er von Johannes dem Täufer mit ihnen geredet habe.

Es geschah aber an dem folgenden Tage, als sie von dem Berge herabgingen, kam ihnen viel Volks entgegen.

Und da er zu seinen Jüngern kam, sah er viel Volks um sie her und Schriftgelehrte mit ihnen im Wortwechsel.

Sobald aber das ganze Volk Jesum erblickte, erstaunte es voll der Ehrfurcht, lief hinzu und grüßte ihn.

Und er fragte sie: „Worüber streitet ihr miteinander?“

Da antwortete Einer aus dem Volke und sprach: „Meister, ich brachte meinen Sohn zu dir her, der einen stummen Geist hat. Herr, erbarme dich meines Sohnes, denn er ist mondsüchtig, und wird übel geplagt; denn er fällt oft in's Feuer und oft in das Wasser. Wo der Geist ihn immer überfällt, so schreit er plötzlich; der Geist wirft und reißt ihn hin und her, daß er schäumt, mit den Zähnen knirscht und auszehrt; und weicht auch dann kaum, wenn er ihn gezerrt hat. Ich habe deine Jünger

---

1) Anhang Buch XI. 5. — 2) Ibid. 6.

gebeten, daß sie ihn austreiben möchten, aber sie konnten es nicht."

Da antwortete Jesus und sprach: „O du ungläubiges und verkehrtes Geschlecht! Wie lange soll ich noch bei euch sein, und euch dulden? Bring deinen Sohn hierher."

Und sie brachten ihn hin. Und sobald er ihn sah, schüttelte ihn der Geist; und er fiel auf die Erde, und wälzte sich schäumend.

Da fragte er seinen Vater: „Wie lange ist es, daß ihm dieses widerfahren ist?" Dieser aber sprach: „Von Kindheit an. Oft schon hat er ihn in's Feuer und in's Wasser geworfen, um ihn umzubringen. Vermagst du nun etwas, so hilf uns, und erbarme dich unser."

Jesus aber sprach zu ihm: „Wenn du glauben kannst! Wer glaubt, dem ist Alles möglich."

Und sogleich rief der Vater des Knaben, und sagte weinend: „Ich glaube Herr, hilf meinem Unglauben."

Da nun Jesus sah, daß das Volk zusammen lief, drohte er dem unreinen Geiste und sprach zu ihm: „Du tauber und stummer Geist, ich gebiete dir, fahr aus von ihm und komm hinfort nicht mehr in ihn!"

Da schrie er, schüttelte ihn heftig, und fuhr aus von ihm. Der Knabe aber ward, wie todt, so daß Viele sagten: „Er ist gestorben."

Jesus aber nahm ihn bei der Hand und richtete ihn auf; und er stand auf. Und Jesus gab ihn seinem Vater wieder.

Da erstaunten Alle über die Größe Gottes. Als aber Alle sich wunderten über Alles, was er gethan, sprach er zu seinen Jüngern: „Nehmet diese Worte wohl zu Herzen! Denn der Menschensohn wird in die Hände der Menschen überliefert werden."

Und als er nach Hause gekommen war, fragten ihn seine Jünger allein: „Warum haben wir ihn nicht austreiben können?"

Und Jesus sprach zu ihnen: „Um eures Unglaubens willen." Und die Apostel sagten zu dem Herrn: „Vermehre uns den Glauben!" Der Herr aber sprach: „Wenn ihr einen Glauben, wie ein Senfkorn habt, so könnt ihr zu diesem Maulbeerbaum sagen:

Reiß dich aus und setze dich in's Meer; und er wird euch gehorsam sein. Und wahrlich ich sage euch, wenn ihr einen Glauben, wie ein Senfkörnlein habt, so könnt ihr zu jenem Berge sagen: Geh' von da dorthin, und er wird dahin gehen, und nichts wird euch unmöglich sein.

Diese Gattung aber wird nicht ausgetrieben, als durch Gebet und Fasten."

Und Jesus sprach zu seinen Jüngern: „Hütet euch! Wenn dein Bruder wider dich sündigt, und siebenmal des Tages wieder zu dir kommt und spricht: Es reut mich, so vergib ihm.

Hat aber dein Bruder wider dich gesündigt, so geh' hin und verweise es ihm zwischen dir und ihm allein. Gibt er dir Gehör, so hast du deinen Bruder gewonnen.

Gibt er dir aber kein Gehör, so nimm noch Einen oder Zwei zu dir, damit die ganze Sache auf dem Munde zweier oder dreier Zeugen beruht. Hört er auch diese nicht, so sage es der Kirche, wenn er aber die Kirche nicht hört; so sei er dir wie ein Heide und öffentlicher Sünder.

Wahrlich, sage ich euch, Alles, was ihr auf Erden binden werdet, das wird auch im Himmel gebunden sein, und Alles, was ihr auf Erden auflösen werdet, das wird auch im Himmel aufgelöset sein.

Abermal sage ich euch, wenn zwei aus euch nicht einig werden über was immer für eine Sache, um die sie bitten wollen, so wird es ihnen von meinem Vater, der im Himmel ist, gegeben werden.

Denn, wo zwei oder drei versammelt sind in meinem Namen, da bin ich mitten unter ihnen."

Als er aber von den Pharisäern gefragt wurde: „Wann kommt das Reich Gottes?" Antwortete er ihnen und sprach: „Das Reich Gottes kommt nicht mit äußerem Gepränge; auch kann man nicht sagen: Siehe hier ist es, siehe dort; denn siehe, das Reich Gottes ist innerhalb euch."

Und er sprach zu seinen Jüngern: „Es wird die Zeit kommen, da ihr wünschen werdet, einen Tag des Menschensohns zu sehen, und ihr werdet ihn nicht sehen[1]). Und man wird zu euch

---

1) Anhang Buch XI. 7.

sagen: Siehe, hier ist er, siehe dort. Gehet nicht dahin, folget nicht nach.

Denn gleichwie der unter dem Himmel hervorstrahlende Blitz Alles beleuchtet, was unter dem Himmel ist; also wird es auch mit dem Menschensohn an seinem Tage sein.

Zuvor aber muß er Vieles leiden und von diesem Geschlecht verworfen werden.

Und gleichwie es zuging in den Tagen des Noe, so wird es auch in den Tagen des Menschensohns sein.

Sie aßen und tranken, sie nahmen und gaben Weiber zur Ehe bis auf den Tag, da Noe in die Arche ging, und es kam die Sündfluth und vertilgte sie Alle. Deßgleichen, wie es in den Tagen des Lot geschah; sie aßen und tranken, sie kauften und verkauften, sie pflanzten und bauten, an dem Tage aber, da Lot aus Sodoma ging, regnete es Feuer und Schwefel vom Himmel und vertilgte sie Alle.

Auf gleiche Weise wird es gehen am Tage, da der Men=schensohn offenbar werden wird.

Wer in derselben Stunde auf dem Dache ist, und sein Haus-geräth im Hause hat, der steige nicht hinab, um es zu holen; und wer auf dem Felde ist, der kehre ebenfalls nicht zurück. Gedenket an des Lot Weib [1]).

Wer da trachten wird, seine Seele zu retten, der wird sie verlieren, und wer sie verliert, der wird sie lebendig machen.

Ich sage euch; in dieser Nacht werden zwei auf einem Bette liegen; der eine wird aufgenommen, der andere verlassen werden. Zwei werden zusammen mahlen; die eine wird aufge-nommen, die andere verlassen werden. Zwei werden auf dem Felde sein, der eine wird aufgenommen, der andere verlassen werden [2]).“

Sie antworteten und sprachen zu ihm: „Wo denn, Herr?“

Und er sprach zu ihnen: „Wo der Leichnam ist, da sam-meln sich auch die Adler [3]).“

Als sie beim Verlassen dieser Gegend durch Galiläa zogen, wollte Jesus nicht, daß man es wisse.

---

1) Anhang Buch XI. 8. — 2) Ibid 9. — 3) Ibid. 10.

Er lehrte aber seine Jünger und sprach zu ihnen: „Der Menschensohn wird in die Hände der Menschen überliefert werden.

Und sie werden ihn tödten; wenn er aber getödtet ist, so wird er am dritten Tag wieder auferstehen."

Sie aber verstanden das Wort nicht, und fürchteten sich, ihn zu fragen. Sie waren aber sehr betrübt.

Und als sie nach Capharnaum gekommen waren, traten die Einnehmer der Doppeldrachme[1]) zu Petrus und sprachen: „Bezahlt euer Meister die Doppeldrachme nicht?"

Er sprach: „Ja!" Als er aber nach Hause gekommen war, kam ihm Jesus zuvor und sprach: „Was meinst du Simon, von wem nehmen die Könige der Erde Tribut oder Kopfgeld? Von ihren Kindern oder von den Fremden?"

Und er sprach: „Von den Fremden." Da sprach Jesus: „Also sind die Kinder frei; damit wir sie aber nicht ärgern, so gehe hin an das Meer und wirf die Angel aus, und nimm den Fisch, der zuerst herauskommt; und wenn du seinen Mund aufthust, so wirst du einen Stater[1]) finden, diesen nimm und gib ihnen für mich und dich."

Kurze Zeit darauf auf dem Wege nach Jerusalem ging Jesus vor seinen Jüngern her; sie aber folgten furchtsam und staunend. Und er nahm abermal die zwölf zu sich, und fing an, ihnen zu sagen, was ihm widerfahren würde: „Siehe, wir ziehen hinauf nach Jerusalem, und der Menschensohn wird den Hohenpriestern und Schriftgelehrten und Aeltesten überliefert werden; sie werden ihn zum Tode verurtheilen, und den Heiden übergeben; und die werden ihn verspotten, und anspeien, und geißeln und tödten; und am dritten Tage wird er wieder auferstehen."

Aber die Apostel verstanden diese Reden immer noch nicht. Dieselben waren ihren Augen wie mit einem Schleier bedeckt. Die Rede des Herrn war für sie ein Geheimniß und sie konnten dieselbe nicht fassen.

In einem solchen Augenblicke geschah es, daß die Mutter der Söhne des Zebedäus mit ihren Söhnen zu Jesus trat und mit flehender Geberde vor ihm niederfiel.

---

1) Vier Drachmen an Werth. Siehe auch Anhang Buch XI. 11.

Er aber sprach zu ihr: „Was willst du?" Sie antwortete ihm: „Sprich, daß diese meine zwei Söhne in deinem Reiche, einer zu deiner Rechten, der andere zu deiner Linken sitzen werde [1])."

Jesus aber antwortete und sprach: „Ihr wisset nicht, um was ihr bittet. Könnet ihr den Kelch trinken, den ich trinken werde [2])?" Sie sprachen zu ihm: „Wir können es."

Da sprach er zu ihnen: „Meinen Kelch werdet ihr zwar trinken und mit der Taufe getauft werden, mit der ich getauft werde, aber das Sitzen zu meiner Rechten oder Linken euch zu geben, und nicht denen, welchen es bereitet ist von meinem Vater, steht mir nicht zu."

Als die Zehn dieß hörten, fingen sie an über Jakobus und Johannes unwillig zu werden.

Jesus aber rief sie alle zu sich und sprach zu ihnen: „Ihr wisset, daß die, welche als Herren der Völker angesehen werden, über sie herrschen, und daß ihre Fürsten Herrschaft über sie ausüben.

Bei euch aber ist es nicht so, sondern wer größer werden will, sei euer Diener, und wer unter euch der Erste sein will, der sei Aller Knecht.

Denn auch der Menschensohn ist nicht gekommen, sich bedienen zu lassen, sondern, daß er diene und sein Leben zur Erlösung hingebe für Viele."

Um diese Zeit traten einige Pharisäer zu Jesus und sprachen zu ihm: „Geh' fort und entferne dich von hier; denn Herodes will dich tödten."

Und er sprach zu ihnen: „Geht hin und sagt diesem Fuchse: Siehe, ich treibe die Teufel aus [3]), und mache gesund heute und morgen, und am dritten Tage werde ich enden.

Aber heute, morgen und an dem folgenden Tage muß ich noch wandeln, denn es will nicht geschehen, daß ein Prophet außerhalb Jerusalems umkomme.

Jerusalem, Jerusalem, die du die Propheten mordest und steinigest die, welche zu dir gesandt werden, wie oft wollte ich

---

1) Anhang Buch XI. 12. — 2) Ibid. 13. — 3) Ibid. 14.

deine Kinder versammeln, wie ein Vogel seine Brut unter die Flügel, und du hast nicht gewollt.

Siehe euer Haus wird euch wüste gelassen. Ich sage euch aber: Ihr werdet mich nicht mehr sehen, bis daß die Zeit kommt, da ihr sagen werdet: Gesegnet sei der, der da kommt im Namen des Herrn[1]."

Zwölftes Buch.
Das Versprechen der Eucharistie.

Herodes' und seines Hofes Aeußerungen über Jesum. — Jesus zieht sich an einen einsamen Ort zurück. — Das erste Wunder der Brodvermehrung. — Jesus flieht vor der Königswürde. — Jesus und Petrus auf dem Meere. — Das Brod des Lebens. — Die Eucharistie. — Murren der Einwohner von Kapharnaum. — Treue der Apostel. — Das zweite Wunder der Brodvermehrung. — Das versagte Wunder; der Sauerteig der Pharisäer. — Das Brod des Reiches Gottes. — Das große Abendmahl. — Das Hochzeismahl und das hochzeitliche Kleid.

(Luc. c. IX. Marc. c. VI. Matth. c. XIV. Luc. c. IX. Marc. c. VI. Joh. c. VI. Matth. c. XIV. Joh. c. VI. Matth. c. XV. Marc. c. VIII. Matth. c. XVI. Luc. c. XII. Luc. c. XIV. Matth. c. XXII.)

Es hörte aber Herodes der Vierfürst Alles, was von Jesus geschah, und er war in Verlegenheit, weil Einige sagen:

"Johannes ist von den Todten auferstanden;" und Andere: "Elias ist erschienen;" und wieder Andere: "Einer von den alten Propheten ist auferstanden." Und abermals Andere: "Es ist ein Prophet, wie die alten Propheten."

Und Herodes sprach: "Den Johannes habe ich enthauptet; wer ist aber dieser, von dem ich solche Dinge höre?" Und er suchte, ihn zu sehen.

Als nun Jesus das hörte, entwich er von da.

Und die Apostel kehrten zurück und erzählten ihm Alles, was sie gethan hatten, und was sie nach seiner Anweisung gelehrt hatten.

---

1) Anhang Buch XI. 15.

Und er nahm sie zu sich und ging in einem Schifflein mit ihnen beiseits an einen öden Ort, damit sie sich ruheten, nicht weit von der Stadt Bethsaida, jenseits des galiläischen Meeres, das auch der See Tiberias genannt wird.

Und man sah sie hinwegfahren, und Viele erfuhren es, und liefen aus allen Städten zu Fuß und kamen ihnen zuvor.

Als nun Jesus ausstieg, sah er eine große Menge Volks, welche ihm nachfolgte, weil sie die Wunder sahen, die er an den Kranken wirkte.

Da ging Jesus auf den Berg, und setzte sich mit seinen Jüngern nieder.

Es war aber das Osterfest der Juden sehr nahe. Und da Jesus das Volk sah, das ihm gefolgt war, erbarmte er sich über sie, weil sie wie Schaafe waren, die keinen Hirten haben, und er fing an, sie Vieles zu lehren vom Reiche Gottes, und die der Heilung bedürftig waren, heilte er.

Der Tag aber fing an sich zu neigen. Da traten die Zwölf hinzu und sprachen zu ihm: „Entlaß das Volk, damit sie hingehen in die umliegenden Flecken und Dörfer und Herberge und Speise finden; denn hier sind wir an einem öden Orte."

Jesus aber sprach zu ihnen: „Sie haben nicht nöthig hinwegzugehen; gebt ihr ihnen zu essen."

Und sie sagten zu ihm: „Sollen wir hingehen und für zweihundert Denare Brod kaufen und ihnen zu essen geben?"

Als Jesus nun die Augen aufhob und sah, daß eine sehr große Menge Volks zu ihm gekommen sei, sprach er zu Philippus: „Woher werden wir Brod kaufen, daß diese essen?"

Das sagte er aber, um ihn auf die Probe zu stellen; denn er wußte wohl, was er thun wollte.

Philippus antwortete ihm: „Brod für zweihundert Zehner ist nicht hinreichend für sie, daß Jeder nur etwas Weniges bekomme."

Und er sprach zu ihnen: „Wie viele Brode habet ihr? Gehet hin und sehet nach." Und als sie es ersehen hatten, sprachen sie: „Fünf Brode und zwei Fische."

Da sprach einer von seinen Jüngern, Andreas, der Bruder von Simon Petrus: „Es ist ein Knabe hier, der fünf Gersten-

brode hat und fünf Fische; allein, was ist das unter so Viele?"
Denn es waren ihrer gegen fünftausend.

Und er befahl ihnen: „Bringet sie her." Und befahl ihnen,
Alle sich niederlegen zu lassen nach Genossenschaften auf das
grüne Gras, und sie ließen sich nieder haufenweise zu Hunderten
und zu Fünfzigen.

Jesus aber nahm die Brode, blickte zum Himmel auf,
segnete und brach sie, und gab sie seinen Jüngern, auf daß
sie dem Volke vorlegten, deßgleichen auch von den Fischen, so
viel sie waren.

Und Alle aßen und wurden satt.

Als sie aber satt waren, sprach er zu seinen Jüngern:
„Sammelt die übriggebliebenen Stücklein, damit sie nicht zu
Grunde gehen." Da sammelten sie, und füllten zwölf Körbe
voll mit Stücklein von den fünf Gerstenbroden und den zwei
Fischen, welche denen übrig geblieben waren, welche gegessen
hatten.

Es waren aber derer, die gegessen hatten, fünftausend Mann,
ungerechnet die Weiber und Kinder.

Da nun diese Menschen das Wunder sahen, welches Jesus
gewirkt hatte, sprachen sie: „Dieser ist wahrhaft der Prophet, der
in die Welt kommen soll [1]."

Als aber Jesus erkannte, daß sie kommen und ihn mit Gewalt nehmen würden, um ihn zum Könige zu machen, floh er
abermals auf den Berg, er allein, um zu beten.

Und alsogleich nöthigte Jesus seine Jünger, in das Schiff zu
steigen und vor ihm an das Ufer zu fahren, bis er das Volk
entlassen hätte.

Da es nun Abend geworden war, traten sie in das Schiff
und fuhren über das Meer nach Capharnaum. Es war schon
finster geworden, und Jesus war nicht zu ihnen gekommen.

Das Meer aber erhob sich, weil ein starker Wind blies,
und das Schifflein schwankte sehr auf den Wellen, mitten
im Meer.

---

1) Anhang Buch XII. 1.

Jesus aber sah, daß sie große Mühe hatten im Rudern, denn der Wind war ihnen entgegen. Da kam er um die vierte Nachtwache zu ihnen, wandelnd auf dem Meere, nachdem sie etwa fünfundzwanzig oder dreißig Stadien gerudert hatten. Er kam aber ganz nahe zum Schiff und es schien, als wolle er an ihnen vorüber gehen.

Und als sie ihn auf dem Meere wandeln sahen, entsetzten sie sich, und sprachen: „Es ist ein Gespenst!" Und sie schrieen vor Furcht. Sogleich aber redete Jesus zu ihnen, und sprach: „Seid getrost, ich bin's, fürchtet euch nicht."

Da antwortete ihm Petrus und sprach: „Herr, wenn du es bist, so heiß mich zu dir kommen auf dem Wasser."

Er aber sprach: „Komm'!" Und Petrus stieg aus dem Schiffe, und ging auf dem Wasser, daß er zu Jesus käme. Als er aber den starken Wind sah, fürchtete er sich; und da er anfing zu sinken, rief er und sprach: „Herr, hilf mir!"

Und Jesus streckte alsbald seine Hand aus, ergriff ihn und sprach zu ihm: „Du Kleingläubiger, warum hast du gezweifelt?"

Sie verlangten darauf, daß er in das Schiff steige, und da er es gethan hatte, legte sich der Wind und das Schiff landete alsbald am Ufer. Sie aber erstaunten noch mehr bei sich selbst, denn sie waren nicht zur Einsicht gelangt bei den Broden, weil ihr Herz verblendet war.

Die aber im Schifflein waren, kamen, beteten ihn an, und sprachen: „Wahrlich, du bist Gottes Sohn!"

Als sie nun hinübergeschifft waren, kamen sie in die Landschaft von Genezareth und landeten.

Und als sie aus dem Schiffe stiegen, erkannte man ihn sogleich.

Und man lief in jener ganzen Gegend umher, und fing an, die Kranken auf den Betten herumzutragen, wo sie hörten, wo er wäre.

Und wo er in die Flecken oder in die Dörfer oder in die Städte einzog, legten sie die Kranken auf die Gassen, und baten ihn, daß sie nur den Saum seines Kleides berühren dürften; und Alle, die ihn berührten, wurden gesund.

Dupanloup, Die Geschichte unseres Herrn Jesu Christi. 16

Am andern Tage erkannte das Volk, welches jenseits des
Meeres stand, daß kein anderes Schiff, als das Eine daselbst
gewesen war, und daß Jesus nicht mit seinen Jüngern in das
Schiff getreten, sondern seine Jünger allein abgefahren waren.

Andere Schiffe aber kamen von Tiberias nahe an den Ort,
wo sie das Brod, nachdem der Herr gedankt, gegessen hatten.

Als nun das Volk sah, daß Jesus nicht da sei, noch auch
seine Jünger, traten sie in die Schiffe, und kamen nach Capharnaum, indem sie Jesum suchten.

Und da sie ihn jenseits des Meeres gefunden hatten, sprachen
sie zu ihm: „Meister, wann bist du hierher gekommen?"

Jesus antwortete ihnen und sprach: „Wahrlich, wahrlich,
sage ich euch, ihr suchet mich nicht darum, weil ihr Wunder gesehen, sondern weil ihr von den Broden gegessen habt und satt
geworden seid.

Bemühet euch nicht um vergängliche Speise, sondern um
die, welche bleibet zum ewigen Leben, die der Menschensohn
euch geben wird; denn diesen hat Gott mit seinem Siegel
bezeichnet [1])."

Da sprachen sie zu ihm: „Was sollen wir thun, daß wir
die Werke Gottes wirken?"

Jesus antwortete und sprach zu ihnen: „Das ist das Werk
Gottes, daß ihr an den glaubet, den er gesandt hat."

Und sie sprachen zu ihm: „Was wirkest denn du für Zeichen,
daß wir es sehen, und dir glauben? Was wirkest du?

Unsere Väter haben das Manna in der Wüste gegessen,
wie geschrieben steht: Brod vom Himmel hat er ihnen
zu essen gegeben [2]). Wirkest du Gleiches?"

Da sprach Jesus zu ihnen: „Wahrlich, wahrlich sage ich
euch, nicht Moses hat euch das Brod vom Himmel gegeben, sondern mein Vater gibt euch das wahre Brod vom Himmel.

Denn das ist das Brod Gottes, welches vom Himmel herabgekommen ist, und der Welt das Leben gibt."

Da sprachen sie zu ihm: „Herr, gib uns für immer
dieses Brod."

---

1) Anhang Buch XII. 2. — 2) Ibid. 3.

Jesus aber sprach zu ihnen: „Ich bin das Brob des Lebens; wer zu mir kommt, den wird nicht hungern[1]), und wer an mich glaubt, den wird nimmermehr dürsten.

Aber ich habe es euch gesagt, daß ihr mich gesehen habt, und doch nicht glaubt.

Alles, was mir der Vater gibt, das wird zu mir kommen, und wer zu mir kommt, den werde ich nicht hinausstoßen.

Denn ich bin vom Himmel herabgekommen, nicht damit ich meinen Willen thue, sondern den Willen dessen, der mich gesandt hat.

Das ist aber der Wille des Vaters, der mich gesandt hat, daß ich Nichts von dem, was er mir gegeben hat, verliere, sondern, daß ich es am jüngsten Tage wieder auferwecke.

Das ist nämlich der Wille meines Vaters, der mich gesandt hat, daß Jeder, welcher den Sohn sieht, und an ihn glaubt, das ewige Leben habe, und ich werde ihn auferwecken am jüngsten Tage."

Da murrten die Juden darüber, daß er gesagt hatte: „Ich bin das lebendige Brob, das vom Himmel herabgekommen ist." und sagten: „Ist dieses nicht Jesus, der Sohn Josephs, dessen Vater und Mutter wir kennen? Wie sagt dieser denn: Ich bin vom Himmel herabgekommen?"

Da antwortete Jesus und sprach zu ihnen: „Murret nicht unter einander! Niemand kann zu mir kommen, wenn der Vater, der mich gesandt hat, ihn nicht zieht[2]); und ich werde ihn auferwecken am jüngsten Tage.

Es steht geschrieben in den Propheten: Und sie werden Alle Lehrlinge Gottes sein. Wer immer vom Vater gehört und gelernt hat, der kommt zu mir.

Nicht daß den Vater Jemand gesehen hätte, als der, welcher von Gott ist; der hat den Vater gesehen.

Wahrlich, wahrlich, sage ich euch; wer an mich glaubt, hat das ewige Leben."

„Ich bin das Brob des Lebens.

---

1) Anhang Buch XII. 4. — 2) Ibid. 5.

16*

Eure Väter haben das Manna in der Wüste gegessen, und sind gestorben; dieses aber ist das Brod, welches vom Himmel herabgekommen ist, damit, wer davon isset, nicht sterbe.

Ich bin das lebendige Brod, das vom Himmel herabgekommen ist.

Wer von diesem Brode ist, der wird leben in Ewigkeit; das Brod aber, welches ich geben werde, ist mein Fleisch für das Leben der Welt."

Da stritten die Juden untereinander und sprachen: „Wie kann uns dieser sein Fleisch zu essen geben?"

Jesus aber sprach zu ihnen: „Wahrlich, wahrlich, sage ich euch, wenn ihr das Fleisch des Menschensohnes nicht esset, und sein Blut nicht trinken werdet, so werdet ihr das Leben nicht in euch haben.

Wer mein Fleisch ißt und mein Blut trinkt, der hat das ewige Leben, und ich werde ihn am jüngsten Tage auferwecken; denn mein Fleisch ist wahrhaftig eine Speise, und mein Blut ist wahrhaftig ein Trank.

Wer mein Fleisch ißt und mein Blut trinkt, der bleibt in mir und ich in ihm.

Gleichwie mich der lebendige Vater gesandt hat, und ich durch den Vater lebe, so wird auch der, welcher mich ißt, durch mich leben.

Dieß ist das Brod, welches vom Himmel herabgekommen ist, nicht wie das Manna, das eure Väter gegessen haben, und gestorben sind. Wer dieses Brod ißt, wird ewig leben."

Dieses sagte er in der Synagoge, als er zu Capharnaum lehrte.

Als nun Viele von seinen Jüngern dieß hörten, sprachen sie: „Diese Rede ist hart, und wer kann sie hören?"

Weil aber Jesus bei sich selbst wußte, daß seine Jünger darüber murrten, sagte er zu ihnen: „Aergert euch dieses? Was werdet ihr sagen, wenn ihr nun den Menschensohn dahin auffahren sehen werdet [1]), wo er zuvor war? Der Geist ist es, welcher lebendig macht, das Fleisch nützet nichts [2]). Die Worte, die ich zu euch geredet habe, sind Geist und Leben.

---

1) Anhang Buch XII. 6. — 2) Ibid. 7.

Es sind aber einige unter euch, welche nicht glauben." Denn Jesus wußte vom Anfange, welche diejenigen wären, welche nicht glaubten, und wer ihn verrathen würde. Und er sprach: „Darum habe ich euch gesagt: Niemand kann zu mir kommen, wenn es ihm nicht von meinem Vater gegeben ist."

Von der Zeit an gingen viele seiner Jünger zurück, und sie wandelten hinfüro nicht mehr mit ihm.

Da sprach Jesus zu den Zwölfen: „Wollt auch ihr weggehen?"

Und Simon Petrus antwortete ihm: „Herr, zu wem sollen wir gehen? Du hast Worte des ewigen Lebens.

Und wir haben geglaubt und erkannt, daß du bist der Christus, der Sohn Gottes."

Jesus antwortete ihnen: „Habe ich nicht euch Zwölfe auserwählt, und einer von euch ist ein Teufel?"

Er redete aber von Judas Ischariot, Simons Sohne; denn dieser verrieth ihn hernach, da er doch Einer aus den Zwölfen war.

In denselben Tagen, als wieder viel Volk beisammen war, und es nichts zu essen hatte, rief Jesus seine Jünger zusammen und sprach zu ihnen:

„Mich erbarmet das Volk; denn sehet, schon drei Tage harren sie bei mir aus, und haben nichts zu essen; und wenn ich sie ungespeiset nach Hause gehen lasse, so werden sie auf dem Wege verschmachten, denn einige aus ihnen sind weit hergekommen."

Da antworteten ihm seine Jünger: „Woher wird Jemand hier in der Wüste Brod bekommen können, um sie zu sättigen?"

Und er sprach zu ihnen: „Wie viel Brode habet ihr?" Sie sprachen: „Sieben und wenige Fischlein."

Und er befahl dem Volke, sich auf die Erde niederzulassen. Dann nahm er die sieben Brode, dankte, und brach sie, und gab sie den Jüngern, daß sie vorlegten und sie legten dem Volke vor; und er segnete auch die Fischlein und ließ sie vorlegen.

Und sie aßen, und wurden satt; und von den Stücklein, die übrig geblieben waren, hob man noch sieben Körbe voll auf.

Es waren aber deren, die gegessen hatten, gegen viertausend, ohne Weiber und Kinder; und er entließ sie.

Dann stieg er mit seinen Jüngern in ein Schiff und kam in die Gegend von Dalmanutha, unweit Magedan.

Da kamen die Pharisäer und Sadducäer zu ihm, um ihn zu versuchen; und sie baten ihn, er möchte sie ein Wunderzeichen vom Himmel sehen lassen.

Er aber antwortete und sprach zu ihnen: „Wenn es Abend geworden, so sagt ihr: es wird schön Wetter werden; denn der Himmel ist roth; und am Morgen sagt ihr: Heute wird stürmisches Wetter sein, denn der Himmel ist röthlich und trüb.

Ihr Heuchler, die Gestalt des Himmels könnt ihr also beurtheilen, aber in die Zeichen der Zeit könnt ihr euch nicht finden [1])? Warum beurtheilt ihr nicht auch von euch selbst, was recht ist? Das böse und ehebrecherische Geschlecht verlangt ein Zeichen, aber es wird ihm kein Zeichen gegeben werden, als das Zeichen Jonas, des Propheten.“

Und er verließ sie, und ging davon, bestieg wieder das Schiff und fuhr auf die andere Seite des See's. Seine Jünger aber hatten vergessen Brod mitzunehmen.

Und er sprach zu ihnen: „Seht zu, und hütet euch vor dem Sauerteige der Pharisäer und Sadducäer.“

Da dachten sie bei sich, und sagten zu einander: „Wir haben kein Brod mitgenommen.“

Jesus aber mußte dieß und sprach: „Ihr Kleingläubigen, was seid ihr bedenklich untereinander, daß ihr kein Brod habt? Habt ihr denn keinen Sinn und Verstand; und euer Herz ist voll Blindheit? Ihr habt Augen und sehet nicht, und Ohren und höret nicht! Habt ihr sogar das Gedächtniß verloren? Als ich die fünf Brode für fünftausend Mann brach, wie viel Körbe habt ihr mit den Broden gefüllt, die übrig geblieben waren?“ Sie antworteten: „Zwölf.“ Und er fragte weiter: „Und als ich die sieben Brode brach für viertausend Mann, wie viel Körbe füllet ihr mit den übrig gebliebenen Brocken?“ Sie antworteten und sprachen: „Sieben.“ Und Jesus antwortete und sprach zu ihnen: „Warum begreift ihr nicht, daß ich nicht vom Brode zu euch redete, da ich sprach: Hütet euch vor dem Sauerteige der Pharisäer und Sadducäer.“

---

1) Anhang Buch XII. 8.

Dann verstanden sie, daß er nicht gesagt hatte, sie sollten sich vor dem Sauerteige des Brodes, sondern vor der Lehre der Pharisäer und Sadducäer hüten.

Eines Tages, als Jesus, von einem Pharisäer zu Tische geladen, die Gäste ermahnt hatte sich der Auferstehung der Gerechten würdig zu machen, rief einer der Tischgenossen, welcher diese Rede gehört hatte, und sprach: „Selig, wer im Reiche Gottes mitspeist.“

Jesus aber sprach zu ihm: „Ein Mensch bereitete ein großes Abendmahl [1]) und lud Viele dazu ein.

Und er sandte seinen Knecht zur Stunde des Abendmahls, um den Geladenen zu sagen, daß sie kämen, weil schon Alles bereit wäre.

Es fingen aber Alle einstimmig an, sich zu entschuldigen. Der erste sprach zu ihm: Ich habe einen Meyerhof gekauft, und muß hingehen, ihn zu sehen; ich bitte dich, halte mich für entschuldigt.

Und ein anderer sprach: Ich habe fünf Joch Ochsen gekauft, und gehe nun hin, sie zu versuchen; ich bitte dich, halte mich für entschuldigt.

Und ein anderer sprach: Ich habe ein Weib genommen, und darum kann ich nicht kommen.

Und der Knecht kam zurück, und berichtete dieß seinem Herrn. Da ward der Hausvater zornig, und sprach zu seinem Knechte: Geh' schnell auf die Straßen und Gassen der Stadt, und führe die Armen, Schwachen, Blinden und Lahmen hier herein.

Und der Knecht sprach: Herr, es ist geschehen, wie du befohlen hast; aber es ist noch Platz übrig.

Und der Herr sprach zu dem Knechte: Geh' hinaus auf die Landstraßen und Zäune, und nöthige sie hereinzukommen, damit mein Haus voll werde.

Ich sage euch aber, daß keiner von den Männern, die geladen waren, mein Abendmahl verkosten soll.“

---

1) Anhang Buch XII. 9.

Und Jesus fing abermal an, in Gleichnissen zu ihnen zu reden, und sprach:

„Das Himmelreich ist einem Könige gleich, der seinem Sohne Hochzeit [1]) hielt. Er sandte seine Knechte aus, um die Geladenen zur Hochzeit zu berufen; aber sie wollten nicht kommen.

Abermal sandte er andere Knechte [2]) aus, und sprach: Saget den Geladenen: Siehe, mein Mahl habe ich bereitet, meine Ochsen und das Mastvieh sind geschlachtet, und Alles ist bereit; kommet zur Hochzeit!

Sie aber achteten es nicht, und gingen ihrer Wege, der eine auf seinen Meyerhof, der andere zu seinem Gewerbe [3]).

Die übrigen aber ergriffen seine Knechte, thaten ihnen Schmach an, und ermordeten sie.

Als dieß der König hörte, ward er zornig, sandte seine Kriegs- völker aus, und ließ jene Mörder umbringen, und ihre Stadt in Brand stecken [4]).

Dann sprach er zu seinen Knechten: Das Hochzeitmahl ist zwar bereitet, aber die Geladenen waren dessen nicht werth.

Gehet daher auf die offenen Straßen und ladet zu Hochzeit, wen ihr immer findet [5]).

Und seine Knechte gingen aus auf die Straßen, und brachten Alle zusammen, die sie fanden, Gute und Böse; und die Hochzeit ward mit Gästen ganz besetzt.

Der König aber ging hinein, die Gäste zu besehen, und er sah da einen Menschen, der kein hochzeitliches Kleid [6]) anhatte.

Und er sprach zu ihm: Freund, wie bist du hereingekommen, da du kein hochzeitliches Kleid anhast? Er aber verstummte.

Dann sprach der König zu den Dienern: Bindet ihm Hände und Füße, und werfet ihn hinaus in die äußerste Finsterniß, da wird Heulen und Zähneknirschen sein.

Denn Viele sind berufen, Wenige aber auserwählt.“

---

1) Anhang Buch XII. 10. — 2) Ibid. 11.
3) Ibid. 12. — 4) Ibid. 13.
5) Ibid. 14. — 6) Ibid. 15.

Dreizehntes Buch.

Die Kinder und die Reinheit des Herzens.

Laffet die Kinder zu mir kommen. — Streit zwischen den Apofteln, werdet, wie die Kinder. — Liebet die Kinder und nehmt fie auf. — Wehe dem, der die Kinder ärgert. — Opfere Alles auf für die Reinheit des Herzens. — Das Salz der Weisheit. — Verachte die Kinder nicht. — Heiligkeit und Unauflöslichkeit der Ehe, und Erhabenheit der Jungfräulichkeit. — Die Auferstehung und der Stand der Engel. — Martha und Maria. — Eins ift Noth.

(Luc. c. XVIII. Matth. c. XIX. Marc. c. X. Marc. c. IX. Matth. c. XVIII. Luc. c. IX. Matth. c. XVIII. Marc. c. IX. Luc. c. XVII. Matth. c. XVIII. Marc. c. IX. Matth. c. XIX. Marc. c. X. Matth. c. XXII. Marc. c. XII. Luc. c. XX. Luc. c. X.)

Es gefchah aber, daß man Kinder zu ihm brachte, und die Mütter trugen welche in ihren Armen herbei, damit Jefus fie berühren, ihnen die Hände auflegen und über fie beten möge.

Aber die Jünger wiefen diejenigen, welche die Kinder brachten, mit rauhen Worten zurück und fchalten fie.

Aber Jefus ward unwillig, rief die Kinder herbei und fprach zu den Jüngern:

„Laffet die Kindlein, und wehret ihnen nicht, denn für folche ift das Himmelreich. Wahrlich, fage ich euch, wer das Reich Gottes nicht aufnimmt, wie ein Kind, wird in dasfelbe nicht eingehen." Und er fchloß fie in feine Arme, legte ihnen die Hände auf, und fegnete fie.

Eines Tages, als die Apoftel mit dem Herrn unterwegs waren, kam es ihnen in den Sinn, wer der Größte von ihnen wäre. Und fie kamen nach Capharnaum. Da fie nun zu Haufe waren, fragte er fie: „Wovon habt ihr auf dem Wege gefprochen?"

Sie aber fchwiegen, denn fie wollten nicht fagen, von was fie unterwegs geredet hatten.

Er aber fetzte fich nieder, rief den Zwölfen, und die Jünger traten zu ihm und fprachen: „Wen hältft du für den Größten im Himmelreich?"

Er aber antwortete und sprach zu ihnen: „Wer der Erste sein will, der nehme den letzten Platz und diene den Andern."

Und Jesus rief ein Kind, nahm es bei der Hand und stellte es mitten unter sie und sprach: „Wahrlich, sage ich euch, wenn ihr euch nicht bekehrt, und werdet, wie dieses Kind, so werdet ihr nicht in das Himmelreich eingehen.

Wer sich also demüthigt, wie dieses Kind, der ist der Größte im Himmelreich."

Und Jesus fuhr fort: „Wer ein solches Kind in meinem Namen aufnimmt, der nimmt mich auf, und wer mich auf= nimmt, nimmt nicht mich auf, sondern den, der mich gesandt hat. Denn welcher der Kleinste unter euch Allen ist, der ist der Größte.

Und wer euch oder einem dieser Kleinen in meinem Namen auch nur ein Glas kalten Wassers reicht, weil ihr Christo ange= hört, wahrlich, der wird seinen Lohn erhalten."

„Wer aber eines aus diesen Kleinen, die an mich glauben, ärgert, dem wäre es besser, daß ein Mühlstein an seinen Hals gehängt und er in die Tiefe des Meeres versenkt würde.

Wehe der Welt um der Aergernisse willen! Denn es müssen zwar Aergernisse kommen, wehe aber dem Menschen, durch welchen Aergerniß kommt!"

„Darum, wenn dich deine Hand ärgert (eine Veranlassung zum Aergerniß oder zur Sünde wird), so haue sie ab; es ist dir besser verstümmelt in das ewige Leben einzugehen, als zwei Hände zu haben, und in die Hölle zu kommen in das unauslöschliche Feuer, wo ihr Wurm nicht stirbt, und das Feuer nicht erlischt.

Und wenn dein Fuß dich ärgert, so haue ihn ab; es ist dir besser lahm in das ewige Leben einzugehen, als zwei Füße zu haben, und in die Hölle geworfen zu werden, in's unauslöschliche Feuer, wo ihr Wurm nicht stirbt, und das Feuer nicht erlischt.

Und wenn dein Auge dich ärgert, so reiße es heraus; es ist dir besser einäugig in das Reich Gottes einzugehen, als zwei Augen zu haben, und in das Feuer der Hölle geworfen zu werden, wo ihr Wurm nicht stirbt, und das Feuer nicht erlischt.

Denn Jeder wird mit Feuer gesalzen und jedes Opfer wird mit Salz gesalzen."

„Und sehet zu, daß ihr keines aus diesen Kleinen verachtet; denn ich sage euch, ihre Engel im Himmel schauen immerfort das Angesicht meines Vaters, der im Himmel ist.

Denn des Menschen Sohn ist gekommen, selig zu machen, was verloren war.

Was dünket euch? Wenn Einer hundert Schafe hat, und eines von ihnen sich verirrt, läßt er nicht die neunundneunzig auf den Bergen, und gehet hin, das verirrte zu suchen?

Und wenn es sich zuträgt, daß er es findet, wahrlich, sage ich euch, er freuet sich mehr über dasselbe, als über die neunundneunzig, welche nicht irre gegangen sind.

Also ist es nicht der Wille eures Vaters, der im Himmel ist, daß eines dieser Kleinen verloren gehe.“

„Das Salz ist gut, wenn aber das Salz seine Kraft verliert, womit könnet ihr es kräftig machen? Habt Salz in euch und habt Frieden untereinander, indem ihr euch nicht streitet über den Vorrang.“

Und Jesus machte sich auf von da, und kam in die Gränzen von Judäa, auf dem Wege nach Jerusalem, jenseits des Jordans, da wo Johannes in der Gegend von Bethanien getauft hatte, und das Volk versammelte sich wieder bei ihm. Er heilte ihre Kranken und lehrte sie abermal, wie er gewohnt war.

Da traten die Pharisäer hinzu, versuchten und fragten ihn: „Ist es einem Manne erlaubt, sein Weib um jeder Ursache willen zu entlassen?“

Er antwortete und sprach zu ihnen: „Habt ihr nicht gelesen, daß der, welcher im Anfange den Menschen schuf, als Mann und Weib sie geschaffen und gesagt hat: Um deßwillen wird ein Mann Vater und Mutter verlassen, und seinem Weibe anhangen, und sie werden zwei in einem Fleische sein.

So sind sie also nicht mehr zwei, sondern ein Fleisch.

Was nun Gott verbunden hat, das soll der Mensch nicht trennen.“

Sie sprachen zu ihm: „Warum hat denn Moses befohlen, einen Scheidebrief zu geben, und das Weib zu entlassen?“

Er sprach zu ihnen: „Moses hat eurer Herzenshärtigkeit wegen erlaubt, eure Weiber zu entlassen; im Anfange aber war es nicht so.

Ich aber sage euch: Wer immer sein Weib entläßt, es sei denn um des Ehebruchs willen, und eine andere nimmt [1]), der bricht die Ehe; und wer die Geschiedene nimmt, der bricht die Ehe."

Da sprachen seine Jünger zu ihm: „Wenn die Sache des Mannes mit seinem Weibe sich so verhält, so ist nicht gut heirathen."

Er sprach zu ihnen: „Nicht alle fassen dieses Wort, sondern nur die, denen es gegeben ist.

Denn es gibt Verschnittene, die vom Mutterleibe so geboren sind, und es gibt Verschnittene, die vom Menschen dazu gemacht wurden, und es gibt Verschnittene, die um des Himmelreichs willen sich selbst verschnitten haben [2]).

Wer es fassen kann, der fasse es."

An demselben Tage kamen Sadducäer zu ihm, welche sagen, es sei keine Auferstehung, und sie fragten ihn, und sprachen:

„Moses hat gesagt: Wenn Einer stirbt, ohne ein Kind zu hinterlassen, so soll sein Bruder dessen Weib nehmen, und seinem Bruder einen Nachkommen erwecken.

Nun waren sieben Brüder unter uns. Der erste nahm ein Weib und starb; und weil er keine Kinder hatte, hinterließ er sein Weib seinem Bruder.

Deßgleichen that auch der andere und der dritte bis zum siebenten. Zuletzt, nach allen, starb auch das Weib.

Nun, wem aus diesen Sieben wird bei der Auferstehung das Weib angehören? Denn alle haben sie gehabt."

Jesus aber antwortete und sprach zu ihnen: „Ihr irrt, und versteht weder die Schrift, noch die Kraft Gottes.

Denn in der Auferstehung werden sie weder heirathen, noch verheirathet werden; sondern sie werden, wie die Engel im Himmel sein.

Die Kinder dieser Welt heirathen und werden verheirathet,

---

1) Anhang Buch XIII. 1. — 2) Ibid. 2.

die aber gewürdigt werden, an jener Welt und der Auferstehung von den Todten Theil zu nehmen, heirathen nicht und nehmen keine Weiber, denn sie können nicht mehr sterben und sind den Engeln gleich, und Kinder Gottes, weil sie Kinder der Auferstehung sind.

Was aber die Auferstehung der Todten betrifft, habt ihr nicht gelesen [1]), was Gott gesagt hat, indem er zu euch spricht: Ich bin der Gott Abrahams, der Gott Isaaks und der Gott Jakobs. Gott aber ist nicht ein Gott der Todten, sondern der Lebendigen; denn Alle leben ihm.

Und hat dieses Moses nicht in der Erzählung vom Dornbusch angedeutet, wie er den Herrn nennt, den Gott Abrahams, den Gott Isaaks und den Gott Jakobs?

Demnach seid ihr in einem großen Irrthum."

Da antworteten einige Schriftgelehrten und sprachen zu ihm: „Meister, du hast gut gesprochen."

Da dieß das Volk hörte, verwunderte es sich über seine Lehre.

Es geschah aber, als Jesus mit seinen Jüngern dahin zog nach Jerusalem, daß er in einen Flecken kam. Da nahm ein Weib mit Namen Martha ihn in ihr Haus auf.

Und sie hatte eine Schwester, die Maria hieß. Diese setzte sich zu den Füßen des Herrn und hörte sein Wort.

Martha aber machte sich viel zu schaffen, um ihn reichlich zu bedienen, trat hinzu und sprach: „Herr kümmert es dich nicht, daß meine Schwester mich allein dienen läßt? Sage ihr doch, daß sie mir helfe."

Und der Herr antwortete und sprach zu ihr:

„Martha, Martha, du machst dir Sorge, und bekümmerst dich um sehr viele Dinge. Eins nur ist nothwendig.

Maria hat den besten Theil erwählt, der ihr nicht wird genommen werden."

----

1) Anhang Buch XIII. 3.

Vierzehntes Buch.
Die letzten Reiſen Jeſu Chriſti.

Jeſu Rede an das Volk. — Erneuerter Widerſpruch ſeitens der Juden. — Lazarus' Auferweckung. — Anſchläge der Juden auf das Leben Jeſu. — Die Stadt in Samaria und das Feuer vom Himmel. — Der Blinde von Jericho. — Die beiden anderen Blinden. — Maria Magdalena ſalbt die Füße Jeſu. — Neue Anſchläge wider Chriſtum. — Judas' Vertrag mit den Juden.

(Joh. c. VIII. Joh. c. XI. Luc. c. IX. Matth. c. XX. Marc. c. X. Luc. c. XVIII. Matth. c. XX. Joh. c. XII. Luc. c. XXII. Matth. c. XXIII. Marc. c. XIV.)

Nachdem Jeſus nach Jeruſalem gekommen war, lehrte er wieder in dem Tempel und ſprach:

„Ich bin das Licht der Welt, wer mir nachfolgt, wandelt nicht in der Finſterniß, ſondern wird das Licht des Lebens haben."

Da ſprachen die Phariſäer zu ihm: „Du gibſt Zeugniß von dir ſelbſt; dein Zeugniß iſt nicht wahr."

Jeſus antwortete und ſprach zu ihnen: „Wenn ich auch von mir ſelbſt Zeugniß gebe, ſo iſt doch mein Zeugniß wahr [1]); weil ich weiß, woher ich gekommen bin, und wohin ich gehe; ihr aber wißt nicht, woher ich komme, und wohin ich gehe.

Ihr richtet nach dem Fleiſche, ich aber richte Niemanden.

Und wenn ich richte, ſo iſt mein Gericht wahrhaft; denn ich bin nicht allein, ſondern ich und der Vater, der mich geſandt hat.

Es ſteht auch in eurem Geſetz geſchrieben: Daß das Zeugniß zweier Menſchen wahr ſei.

Nun bin ich es, der von mir zeugt, und es zeugt von mir der Vater, der mich geſandt hat."

Da ſprachen ſie zu ihm: „Wo iſt dein Vater?"

Jeſus antwortete: „Ihr kennt weder mich noch meinen Vater. Wenn ihr mich känntet, ſo würdet ihr auch wohl meinen Vater kennen [2])."

---

1) Anhang Buch XIV. 1. — 3) Ibid. 2.

Diese Worte redete Jesus bei dem Opferkasten und Niemand ergriff ihn; denn seine Stunde war noch nicht gekommen.

Und Jesus sprach abermals zu ihnen: „Ich gehe hin, und ihr werdet mich suchen, aber in eurer Sünde sterben. Wo ich hingehe, dahin könnt ihr nicht kommen."

Da sprachen die Juden: „Will er sich etwa selbst tödten, weil er sagt: Wo ich hingehe, könnt ihr nicht kommen?"

Und er sprach zu ihnen: „Ihr seid von unten, ich bin von oben. Ihr seid von dieser Welt, ich bin nicht von dieser Welt. Darum habe ich euch gesagt: ihr werdet in euren Sünden sterben: denn wenn ihr nicht glaubt, daß ich es bin, so werdet ihr in eurer Sünde sterben."

Da sprachen sie zu ihm: „Wer bist du denn?" Jesus sprach zu ihnen: „Der Anfang aller Dinge, der auch zu euch redet.

Ich habe Vieles über euch zu sagen und zu richten, aber wisset, der mich gesandt hat ist wahrhaft, und was ich von ihm gehört habe, das rede ich in der Welt."

Und sie erkannten nicht, daß er Gott seinen Vater nenne.

Jesus sprach also zu ihnen: „Wenn ihr den Menschensohn werdet erhöht haben, dann werdet ihr erkennen, daß ich es bin [1]), und von mir selbst nichts thue, sondern dasjenige rede, was mich mein Vater gelehrt hat.

Ja, der mich gesandt hat, ist mit mir, und er läßt mich nicht allein, weil ich allezeit thue, was ihm wohlgefällig ist."

Als er dieß sagte, glaubten Viele an ihn.

Jesus sprach also zu den Juden, die an ihn glaubten: „Wenn ihr in meiner Nähe verbleibt, werdet ihr wahrhaft meine Jünger sein. Ihr werdet die Wahrheit erkennen, und die Wahrheit wird euch frei machen."

Sie antworteten ihm: „Wir sind Nachkommen Abrahams und haben niemals Jemandem gedient. Wie sagst du: Ihr werdet frei werden?"

Jesus antwortete ihnen: „Wahrlich, wahrlich, sage ich euch: Jeder, welcher Sünde thut, ist ein Knecht der Sünde.

---

1) Anhang Buch XIV. 3.

Der Knecht aber bleibt nicht ewig in dem Hause; der Sohn aber bleibt ewig.

Wenn euch nun der Sohn von der Sünde frei macht, so werdet ihr wahrhaft frei sein, und ihr werdet ewig in dem Hause des himmlischen Vaters bleiben.

Ich weiß, daß ihr Söhne Abrahams seid; aber ihr sucht mich zu tödten, weil mein Wort in euch nicht haftet. Ich rede, was ich bei meinem Vater gesehen habe; und ihr thut, was ihr bei eurem Vater gesehen habt."

Sie antworteten ihm: „Unser Vater ist Abraham." Jesus sprach zu ihnen: „Wenn ihr Kinder Abrahams seid, so thut auch Abrahams Werke.

Nun aber sucht ihr mich zu tödten, einen Menschen, der ich euch die Wahrheit gesagt, welche ich von Gott gehört habe; das hat Abraham nicht gethan. Ihr thut die Werke eures Vaters."

Da sprachen sie zu ihm: „Wir sind nicht aus Hurerei geboren; wir haben den einen Vater, Gott.

Jesus aber sprach zu ihnen: „Wenn Gott euer Vater wäre, so würdet ihr mich gewiß lieben; denn ich bin von Gott ausgegangen und gekommen; denn ich bin nicht von mir selbst gekommen, sondern er hat mich gesandt.

Warum erkennt ihr meine Sprache nicht? Weil ihr mein Wort nicht hören könnt [1]).

Ihr habt den Teufel zum Vater, und wollt nach den Gelüsten eures Vaters thun. Dieser war ein Menschenmörder [2]) von Anbeginn, und ist in der Wahrheit nicht bestanden; denn die Wahrheit ist nicht in ihm. Wenn er Lüge redet, so redet er aus seinem Eigenthume; denn er ist ein Lügner und ein Vater der Lüge.

Wenn ich aber die Wahrheit rede, so glaubt ihr mir nicht.

Wer aus euch kann mich einer Sünde beschuldigen? Wenn ich euch die Wahrheit sage, warum glaubt ihr mir nicht?

Wer aus Gott ist, der hört auf Gottes Wort; darum hört ihr nicht darauf, weil ihr nicht aus Gott seid."

---

1) Anhang Buch XIV. 4. — 2) Ibid. 5.

Darauf antworteten die Juden: „Sagen wir nicht recht, daß du ein Samaritan bist, und einen Teufel hast?"

Jesus antwortete: „Ich habe keinen Teufel, sondern ich ehre meinen Vater, ihr aber entehret mich.

Doch ich suche meine Ehre nicht; es ist aber einer, der sucht und richtet.

Wahrlich, wahrlich, sage ich euch, wenn Jemand meine Worte hält, wird er in Ewigkeit den Tod nicht sehen."

Da sprachen die Juden: „Nun erkennen wir, daß du einen Teufel hast. Abraham und die Propheten sind gestorben, und du sagst: Wenn Jemand meine Worte hält, der wird in Ewigkeit den Tod nicht kosten.

Bist du denn größer, als unser Vater Abraham, der gestorben ist? Und die Propheten sind gestorben. Was machst du aus dir selbst?"

Jesus antwortete: Wenn ich mich selbst ehre, so ist meine Ehre nichts; mein Vater ist es, der mich ehrt, von welchem ihr saget, daß er euer Gott sei.

Doch ihr kennet ihn nicht; ich aber kenne ihn, und wenn ich sagen würde: Ich kenne ihn nicht, so wäre ich ein Lügner, gleich wie ihr. Ich kenne ihn und halte seine Worte.

Abraham, euer Vater, hat frohlockt, daß er meinen Tag sehen werde; er sah ihn und freute sich [1])."

Da sprachen die Juden zu ihm: „Du bist noch nicht fünfzig Jahre alt und hast Abraham gesehen?"

Jesus sprach zu ihnen: „Wahrlich, wahrlich, sage ich euch, ehedem Abraham ward, bin ich."

Da hoben sie Steine auf, um auf ihn zu werfen. Jesus aber verbarg sich, und ging aus dem Tempel hinaus.

Es war aber Einer krank, mit Namen Lazarus, von Bethanien, dem Flecken der Maria und Martha, ihrer Schwester.

Maria war diejenige, die den Herrn mit einer Salbe gesalbt und seine Füße mit ihren Haaren getrocknet, deren Bruder krank war.

---

1) Anhang Buch XIV. 6.

Da schickten seine Schwestern zu ihm, und ließen ihm sagen: „Herr, siehe, der, den du liebst, ist krank."

Als nun Jesus das hörte, sagte er zu ihnen: „Diese Krankheit ist nicht zum Tode, sondern zur Ehre Gottes, damit der Sohn Gottes durch sie verherrlicht werde."

Jesus aber liebte die Martha und ihre Schwester Maria und den Lazarus.

Als er nun gehört hatte, daß er krank sei, blieb er zwar dann noch zwei Tage an dem Orte, wo er war. Hierauf aber sprach er zu seinen Jüngern: „Lasset uns wieder nach Judäa gehen."

Die Jünger sprachen zu ihm: „Meister, erst wollten dich die Juden steinigen, und du gehst wieder dahin?"

Jesus antwortete: „Sind nicht zwölf Stunden im Tage[1]? Wenn Jemand bei Tage wandelt, so stößt er nicht an, weil er das Licht dieser Welt sieht; wenn aber Jemand bei Nacht wandelt, stößt er an, weil er kein Licht bei sich hat."

Dieses sagte er, und danach sprach er zu ihnen: „Lazarus, unser Freund schläft; aber ich gehe, daß ich ihn vom Schlafe auferwecke."

Da sprachen die Jünger zu ihm: „Herr, wenn er schläft, so wird er gesund werden."

Jesus aber hatte von seinem Tode gesprochen, und sie meinten, er rede von dem Schlummern des Schlafes.

Darum sagte ihnen nun Jesus offen heraus: „Lazarus ist gestorben, und ich freue mich euretwegen, daß ich nicht dort war, damit ihr glaubt. Aber laßt uns zu ihm gehen."

Da sprach Thomas, welcher auch Didymus genannt wird, zu seinen Mitjüngern: So wollen auch wir gehen, damit wir mit ihm sterben!

Als Jesus ankam, fand er ihn schon vier Tage im Grabe liegend.

Bethanien aber war nahe bei Jerusalem, ungefähr fünfzehn Stadien[2]) entfernt. Und es waren viele Juden zu Martha und Maria gekommen, um sie wegen ihres Bruders zu trösten.

---

1) Anhang Buch XIV. 7. — 2) Ibid. 8.

Als nun Martha hörte, daß Jesus komme, eilte sie ihm entgegen; Maria aber saß zu Hause.

Da sprach Martha zu Jesu: „Herr, wärst du hier gewesen, mein Bruder wäre nicht gestorben. Aber auch jetzt weiß ich, daß Alles, was du von Gott begehrst, Gott dir geben wird."

Jesus sprach zu ihr: „Dein Bruder wird auferstehen."

Martha sprach zu ihm: „Ich weiß, daß er auferstehen wird bei der Auferstehung am jüngsten Tage."

Jesus sprach zu ihr: „Ich bin die Auferstehung und das Leben [1]); wer an mich glaubt, wird leben, wenn er auch gestorben ist; und Jeder, der da lebt und an mich glaubt, der wird nicht sterben in Ewigkeit. Glaubst du das?"

Sie sprach zu ihm: „Ja Herr, ich glaube, daß du bist Christus der Sohn des lebendigen Gottes, der in die Welt gekommen ist."

Und als sie dieß gesagt hatte, ging sie hin, rief heimlich ihre Schwester Maria, und sprach: „Der Meister ist da, und ruft dich."

Da sie das hörte, stand sie eilends auf, und kam zu ihm.

Denn Jesus war noch nicht in den Flecken gekommen, sondern an dem Orte, wo ihm Martha begegnet war.

Als aber die Juden, welche bei ihr im Hause waren, und sie trösteten, sahen, daß Maria eilends aufstand und hinausging, folgten sie ihr nach, und sprachen: „Sie geht zum Grabe, um da zu weinen."

Da nun Maria dahin kam, wo Jesus war, und ihn sah, fiel sie zu seinen Füßen, und sprach zu ihm: „Herr, wärest du da gewesen, so würde mein Bruder nicht gestorben sein."

Da nun Jesus sie weinen, und die Juden, welche mit ihr gekommen waren, weinen sah, erschauerte er im Geiste, und betrübte sich selbst [2]), und sprach: „Wo habt ihr ihn hingelegt?" Sie sprachen zu ihm: „Herr, komm' und sieh'."

Und Jesus weinte. Da sprachen die Juden: „Siehe, wie er ihn lieb hatte." Einige von ihnen aber sagten: „Konnte der,

---

1) Anhang Buch XIV. 9.
2) Ibid. 10.

17*

welcher die Augen des Blindgeborenen geöffnet hat, nicht machen, daß dieser nicht stürbe?"

Da erschauerte Jesus abermals in sich selbst, und kam zu dem Grabe. Es war aber eine Höhle und ein Stein darauf gelegt.

Jesus sprach: „Hebet den Stein weg." Da sagte zu ihm Martha des Verstorbenen Schwester: „Herr, er riecht schon, denn er liegt schon vier Tage."

Jesus sprach zu ihr: „Habe ich dir nicht gesagt, daß, wenn du glaubst, du die Herrlichkeit Gottes sehen wirst?"

Sie hoben also den Stein weg. Jesus aber hob seine Augen in die Höhe, und sprach: „Vater, ich danke dir, daß du mich erhört hast.

Ich wußte zwar, daß du mich allezeit erhörst, aber um des Volkes willen, das herumsteht, hab' ich es gesagt, damit sie glauben, daß du mich gesandt hast."

Als er dieß gesagt hatte, rief er mit lauter Stimme: „Lazarus, komm heraus!"

Und der Verstorbene kam sogleich heraus, gebunden mit Grabtüchern an Händen und Füßen, und sein Angesicht war in ein Schweißtuch gehüllt[1]). Da sprach Jesus zu ihnen: „Macht ihn los und laßt ihn fortgehen!"

Viele aber von den Juden, welche zu Maria und Martha gekommen waren, und sahen, was Jesus gewirkt hatte, glaubten an ihn.

Einige aber von ihnen gingen hin zu den Pharisäern, und sagten ihnen, was Jesus gethan hatte.

Da versammelten die Hohenpriester und Pharisäer einen Rath, und sprachen: „Was thun wir; dieser Mensch thut viele Wunder.

Wenn wir ihn lassen, werden Alle an ihn glauben[2]), und die Römer werden kommen und unser Land und Volk wegnehmen."

Einer aber unter ihnen, Kaiphas mit Namen, der in diesem Jahr Hoherpriester war, sprach zu ihnen: „Ihr wißt nichts, und

---

1) Anhang Buch XIV. 11. — 2) Ibid. 12.

bedenket nicht, daß es besser für euch sei, wenn ein Mensch für das Volk stirbt, als wenn das ganze Volk zu Grunde geht."

Das sagte er aber nicht aus sich selbst[1]); sondern weil er in diesem Jahr Hoherpriester war, weissagte er, daß Jesus für das Volk sterben würde; und nicht allein für das Volk, sondern damit er auch die zerstreuten Kinder Gottes in Eins zusammenbrächte.

Sie beschlossen also von diesem Tage an, ihn zu tödten. Darum wandelte nun Jesus nicht mehr öffentlich unter den Juden, sondern zog in eine Gegend nahe der Wüste, in eine Stadt, welche Ephrem heißt, und hielt sich daselbst auf mit seinen Jüngern.

Es war aber das Osterfest der Juden nahe, und Viele vom Lande waren vor dem Osterfeste nach Jerusalem hinaufgegangen, um sich zu reinigen.

Diese suchten nun Jesum, und sprachen zu einander: „Was dünket euch? Kommt er nicht auf das Fest?" Es hatten nämlich die Hohenpriester und Pharisäer Befehl gegeben, daß, wenn Jemand wüßte, wo er wäre, er es anzeigen solle, damit sie ihn ergreifen könnten.

Es geschah aber, als die Zeit in Erfüllung ging, daß er hinweggenommen werden sollte, wandte er sein Angesicht geradezu nach Jerusalem, um dahin zu gehen.

Und er schickte Boten vor sich her. Und sie gingen hin, und kamen in eine Stadt der Samaritaner, um für ihn zurichten zu lassen.

Und man nahm ihn nicht auf, weil sein Angesicht nach Jerusalem gerichtet war.

Als dieses seine Jünger, Johannes und Jakobus, sahen, sprachen sie: „Herr, willst du, so sagen wir, daß Feuer vom Himmel falle, und sie verzehre."

Er aber wandte sich um, strafte sie, und sprach: „Ihr wißt nicht, wessen Geistes ihr seid! Der Menschensohn ist nicht gekommen, Seelen zu verderben, sondern selig zu machen," und sie gingen in einen andern Flecken.

---

1) Anhang Buch XIV. 13.

Auf dieser Reise nach Jerusalem ging der Herr vor seinen Jüngern her, und es geschah, als er sich Jericho näherte, saß ein Blinder am Wege, und bettelte; und da er das Volk vorbeiziehen hörte, fragte er, was das wäre?

Sie aber sagten ihm, daß Jesus von Nazareth vorbeikomme.

Da rief er: „Jesu, Sohn Davids, erbarme dich meiner.“

Und die vorausgingen, fuhren ihn an, daß er schweigen solle. Er aber schrie noch viel mehr: „Sohn Davids, erbarme dich meiner!“

Da blieb Jesus stehen, und befahl, ihn zu sich zu führen. Und als er sich genähert hatte, fragte er ihn, und sprach: „Was willst du, daß ich dir thun soll?“ Er aber sprach: „Herr, daß ich sehend werde.“

Jesus aber sprach: „Sei sehend! Dein Glaube hat dir geholfen.“

Und sogleich ward er sehend, folgte ihm nach und pries Gott. Und alles Volk, das es sah, lobte Gott.

Als sie von Jericho hinauszogen und ihren Weg nach Jerusalem fortsetzten, siehe, da hörten zwei Blinde, die am Wege saßen, daß Jesus vorüberziehe; und sie riefen laut und sprachen: „Herr, du Sohn Davids, erbarme dich unser.“

Das Volk aber fuhr sie an, daß sie schweigen sollten. Da schrieen sie um so mehr und sprachen: „Herr, du Sohn Davids, erbarme dich unser!“.

Und Jesus stand still und rief sie zu sich, und sprach: „Was wollt ihr, daß ich euch thun soll?“ Sie antworteten ihm: „Herr, daß unsere Augen aufgethan werden!“

Jesus aber erbarmte sich über sie, berührte ihre Augen, und sogleich sahen sie, und folgten ihm nach.

Sechs Tage vor dem Osterfeste kam Jesus nach Bethanien, wo Lazarus war, der gestorben und von Jesus auferweckt worden war.

Daselbst bereiteten sie ihm ein Abendmahl, und Martha dienete; Lazarus aber war einer von denen, die mit ihm zu Tische saßen.

Da nahm Maria ein Pfund kostbare Salbe von ächter Narde, salbte die Füße Jesu und trocknete seine Füße mit ihren Haaren; und das Haus ward voll von dem Geruche der Salbe.

Da sagte einer von seinen Jüngern, Judas Iscariot, der ihn darnach verrieth: „Warum hat man diese Salbe nicht um dreihundert Denare verkauft, und den Armen gegeben?"

Das sagte er aber nicht, als wäre an den Armen ihm etwas gelegen gewesen, sondern, weil er ein Dieb war, den Beutel hatte, und das trug, was hineingeworfen wurde.

Da sprach Jesus: „Lasset sie! Warum belästigt ihr sie? Sie hat ein gutes Werk an mir gethan. Denn Arme habt ihr immer bei euch, und könnt ihnen, wann ihr wollt, Gutes thun, mich aber habet ihr nicht immer. Diese that, was sie konnte; sie salbte schon zum voraus meinen Leib zum Begräbnisse ein[1]).

Wahrlich, sage ich euch; wo immer dieses Evangelium in der ganzen Welt wird gepredigt werden, da wird auch, was sie gethan hat, zu ihrem Andenken erzählt werden."

Da nun eine große Menge Juden erfuhr, daß Jesus zu Bethanien sei, kamen sie nicht allein um seinetwegen, sondern auch, um den Lazarus zu sehen, den er von den Todten auferweckt hatte.

Die Hohenpriester aber gingen mit dem Gedanken um, auch den Lazarus zu tödten, weil viele Juden um seinetwillen hingingen und an Jesum glaubten.

Es nahete aber das Fest der ungesäuerten Brode, welches Ostern heißt. Und die Hohenpriester und Schriftgelehrten trachteten, wie sie Jesum umbrächten.

Und es begab sich, nachdem Jesus alle seine Reden vollendet hatte, sprach er zu seinen Jüngern: „Ihr wißt, daß nach zweien Tagen Ostern ist, und der Menschensohn ausgeliefert wird, daß er gekreuzigt werde."

Damals versammelten sich die vornehmsten Priester und die Aeltesten des Volkes in dem Vorhofe des Hohenpriesters, der Kaiphas hieß; und sie hielten Rath, wie sie Jesum mit List ergreifen und tödten könnten.

Sie sagten aber: „Nur nicht am Festtage, damit nicht etwa ein Aufruhr unter dem Volke entstehe." Denn sie fürchteten das Volk.

---

1) Anhang Buch XIV. 14.

Es war aber der Satan in Judas gefahren, der Iscariot genannt wurde, und einer von den Zwölfen war. Und er ging hin, und redete mit den Hohenpriestern und den Hauptleuten der Tempelwache, wie er ihnen denselben überliefern wollte, und sprach zu ihnen: „Was wollt ihr mir geben, so will ich ihn euch verrathen?" Sie aber freuten sich sehr, als sie dieses hörten und bestimmten ihm dreißig Silberlinge.

Und von da an suchte er eine Gelegenheit, ihn zu verrathen.

Fünfzehntes Buch.
Die letzte Woche.
Die drei ersten Tage.

Einzug Jesu in Jerusalem. — Jesus verjagt abermals die Verkäufer aus dem Tempel. — Jesu Wunder und das Hosianna der Kinder. — Unfruchtbar das Samenkorn, das nicht stirbt. — Das Leben verlieren, um es zu gewinnen. — Jesu Betrübniß. — Stimme vom Himmel. — Weg zum Licht. — Unglauben der Juden, trotz der Wunder Jesu. — Jesus ist das Licht. — Des verdorrte Feigenbaum. — Die Macht des gläubigen Gebets. — Man muß verzeihen. — Abermalige Beschämung der Schriftgelehrten. — Das Gleichniß von den beiden Söhnen. — Das Gleichniß vom verpachteten Weinberg. — Das größte Gebot. — Christus, Davids Herr und Sohn. — Man muß die Schriftgelehrten hören, aber nicht nachahmen. — Jesus weissagt die Zerstörung Jerusalems. — Falsche Christi und falsche Propheten. — Der letzte Tag unbekannt. — Die klugen und die thörichten Jungfrauen. — Die Talente. —

(Luc. c. XIX. Marc. c. X. Matth. c. XXI. Marc. c. XI. Luc. c. XIX. Matth. c. XXI. Joh. c. XII. Matth. c. XXI. Marc. c. XI. Luc. c. XX. Marc. c. XI. Matth. c. XXI. Marc. c. XII. Luc. c. XX. Matth. c. XXII. Marc. c. XII. Luc. c. X. Matth. c. XXII. Marc. c. XII. Luc. c. XX. Matth. c. XXIII. Matth. c. XXIV. Marc. c. XIII. Luc. c. XIX. Luc. c. XXI. Matth. c. XXIV.)

Und es geschah, als Jesus am folgenden Tage sich mit seinen Jüngern Jerusalem näherte und bereits mehr gen Bethphage und Bethanien an den sogenannten Oelberg kam, sandte er zwei seiner Jünger hin, und sprach:

„Gehet in den Flecken, der gegenüber liegt; wenn ihr dahinein kommet, werdet ihr ein Füllen einer Eselin, auf welchem noch kein Mensch gesessen hat, angebunden finden; bindet es los, und bringet es hierher. Und wenn euch Jemand fragt: Warum bindet ihr es los? So saget also zu ihm: Der Herr will, daß es ihm diene; und sogleich wird er es hierher gehen lassen."

Dieß Alles aber ist geschehen, damit erfüllet werde, was gesagt ist durch den Propheten, der da spricht:

„Saget der Tochter Sion: Siehe dein König kommt sanftmüthig zu dir, und sitzet auf einer Eselin, dem Füllen eines Lastthiers."

Die Jünger gingen nun hin, und thaten, wie ihnen Jesus befohlen hatte, und fanden das Füllen angebunden an der Thüre, außen an der Wegscheide; und sie löften es ab. Und Einige, die da standen, sagten zu ihnen: „Was machet ihr da, daß ihr das Füllen losbindet?"

Sie aber sprachen, wie ihnen Jesus befohlen hatte, und sie überließen es ihnen. Und die Jünger führten das Füllen zu Jesus.

Als aber das Volk, welches zu dem Feste gekommen war, gehört hatte, daß Jesus nach Jerusalem komme, nahmen sie Palmzweige, gingen ihm entgegen, und riefen: „Gebenedeit sei, der da kommt im Namen des Herrn, der König Israels."

Jesus aber, als er im Vorwärtsgehen das Füllen begegnete, setzte sich auf die Kleider, welche die Jünger darauf gelegt hatten. Alles in Erfüllung der Worte des Propheten: Fürchte dich nicht, Tochter Sions, siehe dein König kommt, sitzend auf dem Füllen einer Eselin.

Das verstanden seine Jünger anfangs nicht; als aber Jesus verherrlicht worden war, da dachten sie daran, daß dieß von ihm geschrieben war, und daß man es ihm that, und sie selbst dazu beigetragen hatten, es zu erfüllen.

Eine große Menge Volks begleitete ihn[1]).

Viele aber breiteten ihre Kleider auf den Weg. Andere hieben Zweige von den Bäumen, und streuten sie auf den Weg. Und die vorangingen und die nachfolgten schrieen, und sprachen:

„Hochgelobt sei, der da kommt im Namen des Herrn, hoch-

---

1) Anhang Buch XV. 1.

gelobt sei das Reich unseres Vaters David, das da kommt,
Hosianna in der Höhe." Und:

"Gebenedeit sei der König, der da kommt im Namen des
Herrn. Friede sei im Himmel! und Ehre in der Höhe!"

Das Volk aber, welches bei ihm war, als er den Lazarus
aus dem Grabe rief, und von den Todten erweckte, legte Zeugniß ab.

Darum ging ihm auch das Volk entgegen, weil sie gehört
hatten, daß er dieses Wunder gethan hatte.

Da sprachen die Pharisäer zu einander: "Sehet ihr nun,
daß wir nichts ausrichten? Siehe, die ganze Welt läuft ihm nach."

Und einige Pharisäer aus dem Volke sprachen zu ihm:
"Meister, wehre deinen Jüngern!"

Und Jesus sprach zu ihnen: "Ich sage euch, wenn diese
schwiegen, so würden die Steine laut ausrufen."

Und als er näher kam, und die Stadt sah, weinte er über
sie, und sprach:

"Wenn doch auch du es erkenntest, und zwar an diesem
deinem Tage, was dir zum Frieden dient; nun ist es aber vor
deinen Augen verborgen.

Denn es werden Tage über dich kommen, wo deine Feinde
mit einem Walle dich umgeben, dich ringsum einschließen und
von allen Seiten dich beängstigen werden.

Sie werden dich und deine Kinder, die in dir sind, zu
Boden schmettern und in dir keinen Stein auf dem andern
lassen, weil du die Zeit deiner Heimsuchung nicht erkannt hast."

Als er nun in Jerusalem eingezogen, kam die ganze Stadt
in Bewegung, und sprach: "Wer ist dieser?" Die Schaaren aber
sprachen: "Dieser ist Jesus, der Prophet von Nazareth in
Galiläa."

Und Jesus ging in den Tempel Gottes [1]), trieb Alle hinaus,
die im Tempel kauften und verkauften, stieß die Tische der
Wechsler und die Stühle der Taubenverkäufer um. Und er ließ
nicht zu, daß Jemand ein Gefäß durch den Tempel trug.

Und er lehrte und sprach zu ihnen: "Steht nicht geschrieben:

---

1) Anhang Buch XV. 2.

Mein Haus soll ein Bethaus genannt werden für alle Völker? Ihr aber habt es zu einer Räuberhöhle gemacht."

Als die Hohenpriester 'und Schriftgelehrten dieß hörten, trachteten sie, wie sie ihn umbringen könnten; denn sie fürchteten ihn, weil das ganze Volk erstaunt war über seine Lehre.

Und es kamen zu ihm die Blinden und Lahmen im Tempel, und er machte sie gesund.

Da nun die Hohenpriester und Schriftgelehrten die Wunder sahen, welche er wirkte, und die Kinder, die im Tempel schrieen, und sprachen: „Hosianna, dem Sohn Davids!" wurden sie unwillig, und sprachen zu ihm:

„Hörst du, was diese sagen?"

Jesus aber sprach zu ihnen: „Ja, freilich! Habt ihr denn nie gelesen: Aus dem Munde der Unmündigen hast du dir Lob bereitet."

Es waren aber unter denen, welche hinaufgegangen waren, um am Feste anzubeten, einige Heiden. Diese traten zu Philippus, der von Bethsaida in Galiläa war, baten ihn, und sprachen: „Herr, wir möchten Jesum sehen."

Philippus kam und sagte es dem Andreas, und Andreas und Philippus sagten es Jesu.

Jesus aber antwortete ihnen, und sprach:

„Die Stunde ist gekommen, daß der Menschensohn verherrlicht werde. Wahrlich, wahrlich, sage ich euch, wenn das Waizenkorn nicht in die Erde fällt und stirbt [1]), so bleibt es allein; wenn es aber stirbt, so bringt es viele Frucht."

„Wer sein Leben liebt, der wird es verlieren, und wer sein Leben in dieser Welt hasset, der wird es zum ewigen Leben bewahren.

Wenn mir Jemand dienen will, der folge mir nach, und wo ich bin, da soll mein Diener auch sein.

Wenn Jemand mir dienet, den wird' mein Vater ehren."

„Meine Seele ist jetzt betrübt, und was soll ich sagen? Vater rette mich von dieser Stunde [2])! Doch darum bin ich in dieser Stunde gekommen. Vater verherrliche deinen Namen [3])!"

---

1) Anhang Buch XV. 3. — 2) Ibid. 4. — 3) Ibid. 5.

Da kam eine Stimme vom Himmel. „Ich habe verherrlicht, und werde ferner verherrlichen."

Das Volk nun, welches da stand, und die Stimme gehört hatte, sagte, es habe gedonnert. Andere sprachen: „Ein Engel hat mit ihm geredet."

Jesus antwortete und sprach: „Diese Stimme ist nicht um meinetwillen, sondern um euretwillen gekommen.

Jetzt ergehet das Gericht über die Welt[1]); jetzt wird der Fürst dieser Welt hinausgestoßen.

Und ich, wenn ich von der Erde erhöht bin, werde Alles an mich ziehen."

Das sagte er aber, um anzudeuten, welches Todes er sterben werde.

Da antwortete ihm das Volk: „Wir haben aus dem Gesetze gehört, daß Christus ewig bleiben werde; wie sagst du denn: Der Menschensohn muß erhöht werden? Wer ist dieser Menschensohn?"

Jesus aber antwortete ihnen: „Noch eine kurze Zeit ist das Licht bei euch. Wandelt so lange ihr das Licht habt, damit euch die Finsterniß nicht überfalle; denn wer in der Finsterniß wandelt, der weiß nicht, wohin er geht.

Glaubet an das Licht, so lange ihr das Licht habet, damit ihr Kinder des Lichts seid."

Als Jesus dieses gesagt hatte, ging er weg, und verbarg sich vor ihnen.

Obwohl er nun so große Wunder vor ihnen gethan hatte, glaubten sie doch nicht an ihn, damit die Rede des Propheten Isaias erfüllt würde, die er sprach: „Herr wer glaubt unserm Worte, und der Arm des Herrn, wem wird er kund?"

Doch glaubten auch viele von den Obersten an ihn; aber der Pharisäer wegen bekannten sie es nicht, damit sie nicht aus der Gemeinschaft gestoßen würden.

Denn die Ehre bei den Menschen liebten sie mehr, als die Ehre bei Gott.

---

1) Anhang Buch XV. 6.

Jesus aber rief und sprach: „Wer an mich glaubt, glaubt nicht an mich, sondern an den, der mich gesandt hat.

Und wer mich sieht, der sieht den, der mich gesandt hat.

Ich bin als das Licht in die Welt gekommen, damit Jeder, der an mich glaubt, nicht in der Finsterniß bleibe.

Wenn aber Jemand meine Worte hört und nicht hält, den richte ich nicht, denn ich bin nicht gekommen, die Welt zu richten, sondern die Welt selig zu machen.

Wer mich verachtet, und meine Worte nicht annimmt, der hat Einen, welcher ihn richtet. Das Wort, das ich geredet habe, wird ihn richten am jüngsten Tage.

Denn ich habe nicht von mir selbst geredet, sondern der Vater, welcher mich gesandt hat, der hat mir das Gebot gegeben, was ich reden, und was ich lehren soll.

Und ich weiß, daß sein Gebot das ewige Leben ist [1]). Darum, was ich rede, rede ich so, wie es mir der Vater gesagt hat.“

Nachdem er aber einen Blick um sich geworfen und Alles gesehen hatte, was in dem Tempel geschehen war, ließ er dort die Schriftgelehrten und Pharisäer, und ging zur Stadt hinaus nach Bethanien, wo er die Nacht zubrachte.

Als er aber des Morgens wieder in die Stadt ging, hungerte ihn. Und er sah einen Feigenbaum am Wege, ging hinzu, und fand nichts als nur Blätter daran; denn es war nicht Feigenzeit.

Und er hob an: „Niemals esse Jemand eine Frucht von dir in Ewigkeit.“ Und seine Jünger hörten es. Und alsbald verdorrte der Feigenbaum.

Als Jesus nach Jerusalem gekommen war, lehrte er alle Tage im Tempel. Aber die Hohenpriester und Schriftgelehrten, so wie die Vornehmsten des Volks trachteten, wie sie ihn umbringen könnten; denn sie fürchteten ihn, weil das ganze Volk erstaunt war über seine Lehre.

Da es nun Abend geworden war, ging er zur Stadt hinaus.

---

1) Anhang Buch XV. 7.

Und als sie des Morgens am Feigenbaum vorübergingen, sahen sie, daß er von der Wurzel aus verdorrt war.

Da erinnerte sich Petrus und sprach zu ihm: „Meister, siehe, der Feigenbaum, dem du geflucht hast, ist verdorrt."

Und Jesus antwortete, und sprach zu ihnen: „Habt Glauben an Gott.

Wahrlich sage ich euch, wer zu diesem Berge spricht: Hebe dich und wirf dich ins Meer, und zweifelt nicht in seinem Herzen, sondern glaubt, daß Alles, was er sagt, geschehen werde, so wird es ihm geschehen.

Darum sage ich euch: Was ihr immer im Gebete begehrt, glaubet nur, daß ihr es erhaltet, so wird es euch werden[1])."

„Und wenn ihr steht, um zu beten, so vergebt, wenn ihr etwas gegen Jemand habt, damit auch euer Vater im Himmel eure Sünden euch vergebe.

Wenn aber ihr nicht vergebet, so wird euch euer Vater im Himmel auch eure Sünden nicht vergeben."

Und sie kamen abermals nach Jerusalem. Und als er im Tempel herumwandelte und lehrte das Volk, traten die Hohenpriester, die Schriftgelehrten und Aeltesten zu ihm, und sprachen zu ihm:

„Aus welcher Macht thust du dieß? Und wer hat dir diese Macht gegeben, dieß zu thun?"

Jesus antwortete, und sprach zu ihnen: „Ich will euch um ein Wort fragen, antwortet mir darauf, so will ich euch sagen, aus welcher Macht ich dieß thue.

Die Taufe des Johannes, war sie vom Himmel oder von Menschen? Antwortet mir!"

Sie aber dachten bei sich: „Sagen wir: Vom Himmel, so wird er sagen: Warum habt ihr ihm also nicht geglaubt, Sagen wir von Menschen, so fürchten wir das Volk." Denn Alle hielten den Johannes für einen wahren Propheten.

Daher antworteten sie Jesu, und sprachen: „Wir wissen es nicht!" Und Jesus erwiderte, und sprach zu ihnen: „So sage ich euch auch nicht, aus welcher Macht ich dieses thue."

---

1) Anhang Buch XV. 8.

Und er fing an, in Gleichnissen zu ihnen zu reden: „Was dünket euch aber von dem? Ein Mann hatte zween Söhne. Er ging zu dem ersten und sprach: Mein Sohn, geh', und arbeite heute in meinem Weinberge. Er aber antwortete, und sprach: Ich will nicht. Nachher aber reuete es ihn, und er ging hin.

Er ging auch zu dem andern, und sprach ebenso. Dieser aber antwortete: Ja Herr, ich gehe; er ging aber nicht.

Welcher von beiden hat den Willen des Vaters gethan?" Sie sprachen zu ihm: „der erste." Da sprach Jesus zu ihnen: „Wahrlich, ich sage euch, die Zöllner und Huren werden noch eher in das Reich Gottes kommen, als ihr.

Denn Johannes kam zu euch auf dem Wege der Gerechtigkeit, und ihr habt ihm nicht geglaubt; die Zöllner und Huren haben ihm geglaubt. Ihr habt es gesehen, und gleichwohl danach nicht Buße gethan, so daß ihr ihm geglaubt hättet."

Dann aber wandte sich Jesus zum Volke: „Höret ein anderes Gleichniß. Es war ein Hausvater, der pflanzte einen Weinberg [1]), und umgab ihn mit einem Zaune, und grub darin eine Kelter und baute einen Thurm und verpachtete ihn an die Winzer, und verreiste dann.

Da aber die Zeit der Früchte gekommen war, schickte er seine Knechte zu den Winzern, um seine Früchte zu empfangen.

Die Winzer ergriffen nun seine Knechte, schlugen den einen, den andern tödteten sie, den dritten aber steinigten sie.

Abermals schickte er andere Knechte, und zwar mehrere, als vorher, und sie machten es ihnen ebenso.

Zuletzt aber sandte er seinen Sohn zu ihnen, und sprach: Sie werden vor meinem Sohne Ehrfurcht haben.

Als aber die Winzer den Sohn sahen, sprachen sie unter einander: Das ist der Erbe, kommet, wir wollen ihn umbringen, so werden wir sein Erbe in Besitz nehmen können.

Und sie ergriffen ihn, warfen ihn zum Weinberge hinaus, und tödteten ihn.

Wenn nun der Herr des Weinbergs kommen wird, was wird er wohl diesen Winzern thun?"

---

1) Anhang Buch XV. 9.

Sie sprachen zu ihm: „Er wird die Bösen elendiglich zu
Grunde richten, und seinen Weinberg an andere Winzer ver-
pachten, die ihm zu ihrer Zeit die Früchte einliefern." ·

Da sprach Jesus zu ihnen: „Ja, er wird kommen, und
diese Winzer umbringen."

Da sie das hörten, sprachen sie: „Das sei ferne."

Er aber blickte sie an und sprach: „Habt ihr niemals in
der Schrift gelesen: Der Stein, den die Bauleute verworfen haben, der ist zum Eckstein geworden[1]). Vom
Herrn ist dieß geschehen und es ist wunderbar in unsern Augen.

Darum sage ich euch: Das Reich Gottes wird von euch
genommen[2]) und einem Volke gegeben werden, das die Früchte
desselben hervorbringt. Und wer auf diesen Stein fällt, der
wird zerschmettert werden, und auf wen er fällt, den wird er
zermalmen!"

Als nun die Hohenpriester und Pharisäer seine Gleichnisse
hörten, merkten sie, daß er von ihnen spräche.

Und sie suchten Gelegenheit, ihn zu ergreifen, aber sie
fürchteten das Volk, weil es ihn für einen Propheten hielt.

Als aber die Pharisäer hörten, daß er die Sadducäer zum
Schweigen gebracht habe, kamen sie zusammen, und einer von
ihnen, welcher ihren Wortwechsel gehört und gesehen hatte, daß
er ihnen gut geantwortet habe, kam herbei, und fragte ihn, um
ihn zu versuchen:

„Meister, welches ist das größte Gebot im Gesetze?"

Jesus sprach zu ihm: „Das erste aus allen Geboten ist:
Höre Israel, der Herr, dein Gott, ist Ein Gott.
Und du sollst den Herrn, deinen Gott, lieben aus
deinem ganzen Herzen, aus deiner ganzen Seele,
aus deinem ganzen Gemüthe und aus allen deinen
Kräften.

Das ist das erste und größte Gebot. Das andere aber ist
diesem gleich: Du sollst deinen Nächsten lieben, wie
dich selbst. Ein anderes größeres Gebot, als dies gibt es nicht.

An diesen zwei Geboten hängen das ganze Gesetz und die Propheten."

·　　1) Anhang Buch XV. 10. — 2) Ibid. 11.

Und der Schriftgelehrte sprach zu ihm: „Trefflich Meister, nach der Wahrheit hast du gesprochen; denn es ist nur ein Gott und außer ihm ist kein anderer. Und den soll man lieben aus ganzem Herzen, aus ganzem Gemüthe, aus ganzer Seele, und aus allen Kräften, und den Nächsten soll man lieben, wie sich selbst: Das ist mehr als alle Brandopfer und andere Opfer."

Da aber Jesus sah, daß er weise geantwortet hatte, sprach er zu ihm: „Du bist nicht ferne vom Reiche Gottes."

Da nun die Pharisäer versammelt waren, fragte sie Jesus, und sprach: „Was glaubet ihr von Christo? Wessen Sohn ist er?"

Sie sprachen zu ihm: „Davids."

Da sprach er zu ihnen: „Wie nennt ihn aber David im Geiste einen Herrn, da er spricht: Der Herr hat gesagt zu meinem Herrn: Setze dich zu meiner Rechten, bis ich deine Feinde zum Schemel deiner Füße gelegt habe.

Wenn nun David ihn einen Herrn nennt, wie ist er denn sein Sohn [1])?"

Und Niemand konnte ihm ein Wort antworten; und Niemand wagte es von diesem Tage an, ihn noch um etwas zu fragen.

Dann redete Jesus zu dem Volke und zu seinen Jüngern, und sprach:

„Auf dem Stuhle des Moses sitzen die Schriftgelehrten und Pharisäer. Darum haltet und thut Alles, was sie euch sagen [2]). Nach ihren Werken aber sollt ihr nicht thun; denn sie sagen es wohl, thun es aber nicht.

Sie bürden schwere und unerträgliche Lasten auf, und legen sie auf die Schultern der Menschen; sie aber wollen dieselben mit ihrem Finger nicht bewegen.

Alle ihre Werke thun sie, um von den Leuten gesehen zu werden.

Hütet euch vor den Schriftgelehrten, die gerne in langen Kleidern einhergehen. Sie machen ihre Denkzettel groß und die Säume [3]) ihrer Kleider breit; sie haben gerne die ersten Plätze bei den Gastmählern und die ersten Sitze in den Synagogen."

---

1) Anhang Buch XV. 12. — 2) Ibid. 13.
3) Ibid. 14.

Jesus lehrte aber bei Tag im Tempel, und des Nachts ging er hinaus, und hielt sich an dem sogenannten Oelberg auf. Und alles Volk kam des Morgens früh zu ihm in den Tempel, um ihn zu hören.

Und Jesus begab sich aus dem Tempel und ging fort. Da traten seine Jünger zu ihm, um ihm die Gebäude des Tempels zu zeigen und die schönen Steine und Geschenke, mit welchen er geziert sei.

Einer von seinen Jüngern aber sagte zu ihm: „Sieh' doch, Meister, welche Steine und welche Gebäude."

Und Jesus antwortete und sprach zu ihm: „Siehst du alle diese großen Gebäude? Wahrlich, sage ich dir, es wird kein Stein auf dem andern gelassen werden, der nicht abgebrochen wird."

Und als er auf dem Oelberg dem Tempel gegenüber saß, fragten Petrus, Jakobus, Johannes und Andreas noch insbesondere:

Sag' uns, wann dieß geschehen wird, und welches das Zeichen sei, wann die Vollendung von allem diesem herankommen soll.

Jesus aber sprach zu ihnen: „Seht zu, daß ihr nicht verführt werdet[1]), denn Viele werden unter meinem Namen kommen und sagen: Ich bin es, die Zeit ist gekommen, aber geht ihnen nicht nach.

Wenn ihr aber von Kriegen und Empörungen hört, so erschreckt nicht; dieß Alles muß zuvor geschehen, aber das Ende ist noch nicht sogleich da."

„Dann," sagte er zu ihnen, „wird Volk wider Volk und Reich wider Reich aufstehen, und es werden große Erdbeben hier und dort sein, Seuchen und Hungersnoth, Schrecken vom Himmel und große Zeichen.

Aber vor diesem Allem, werden sie Hand an euch legen, und euch verfolgen, indem sie euch an die Synagogen und Gefängnisse überliefern, und vor Könige und Statthalter führen um meines Namens will en

Das wird euch zum Zeugnisse widerfahren.

So nehmt denn zu Herzen, daß ihr euch nicht zuvor be-

---

1) Anhang Buch XV. 15.

denken sollt, wie ihr antworten wollt, sondern was euch ein-
gegeben werden wird, das redet. Denn ich will euch Mund und
Weisheit geben, welcher alle eure Widersacher nicht werden widerstehen und widersprechen können; denn nicht ihr seid es, die da
reden, sondern der heilige Geist.

Zu jener Zeit aber wird es viel Aergerniß geben und Viele
werden zu Falle kommen.

Es wird aber ein Bruder den andern in den Tod liefern,
und der Vater den Sohn; und die Kinder werden sich auflehnen
gegen die Eltern und sie in den Tod bringen.

Ihr werdet aber von Eltern und Brüdern überliefert werden,
und sie werden euch mißhandeln und einige von euch tödten.

Ihr werdet von Allen gehaßt sein, um meines Namens
willen; aber kein Haar von eurem Haupte soll verloren gehen.
In eurer Geduld werdet ihr eure Seelen besitzen.

Und es werden viele falsche Propheten aufstehen und Viele
verführen. Und weil die Ungerechtigkeit überhand nimmt, wird
die Liebe bei Vielen erkalten.

Wer aber ausharrt bis an's Ende, der wird selig werden.

Und es wird dieses Evangelium vom Reiche Gottes in der
ganzen Welt allen Völkern zum Zeugnisse geprebigt werden; und
alsbann wird das Ende kommen.

Wenn ihr aber sehen werdet, daß Jerusalem mit einem
Heere umlagert ist, dann wißt, daß dessen Verwüstung nahe ist.

Wenn ihr nun den Greuel der Verwüstung[1]), welcher von
dem Propheten Daniel vorhergesagt worden, am heiligen Orte
stehen seht, wo er nicht stehen sollte. — Wer das liest, der verstehe
es wohl.

Dann fliehe wer in Judäa ist, auf die Berge, und wer in
der Stadt selbst ist, der entweiche, und wer in andern Gegenden
ist, der gehe nicht hinein; und wer auf dem Dache ist, steige nicht
in das Haus hinab[2]), um etwas aus seinem Hause zu holen; und
wer auf dem Felde ist, der kehre nicht zurück, um sein Kleid zu
holen. Bittet nur, daß es nicht im Winter geschehe und nicht am
Tage des Sabbat.

---

1) Anhang Buch XV. 16. — 2) Ibid. 17.

Denn das sind die Tage der Rache; damii Alles erfüllt werde, was geschrieben steht. Denn in denselben Tagen werden solche Drangsale sein, dergleichen vom Anfang der Geschöpfe, die Gott geschaffen hat, nicht gewesen sind bis jetzt, noch fürderhin sein werden.

Wehe aber den Schwangeren und Säugenden in jenen Tagen. Denn es wird eine große Drangsal im Lande sein und ein Zorngericht über dieses Volk. Und sie werden fallen durch die Schärfe des Schwertes, und gefangen weggeführt werden unter alle Völker, und Jerusalem wird von den Völkern zertreten werden, bis daß die Zeiten der Völker abgelaufen sind.

Und wenn dieselben Tage nicht abgekürzt würden, so würde kein Mensch gerettet werden, aber um der Auserwählten willen werden diese Tage abgekürzt werden."

„Wenn dann Jemand sagt: Siehe, hier ist Christus, siehe dort, so glaubt es nicht. Denn es werden falsche Christi und falsche Propheten aufstehen und Zeichen und Wunder thun, um, wo möglich auch die Auserwählten zu verführen.

Nehmt euch also in Acht! Siehe, ich habe euch Alles vorhergesagt.

Wenn sie euch also sagen: Siehe er ist in der Wüste, so geht nicht hinaus: siehe er ist in den Kammern, so glaubt es nicht.

Denn gleichwie der Blitz vom Aufgange aufgeht, und bis zum Untergange leuchtet; ebenso wird es auch mit der Ankunft des Menschensohn' sein.

Wo immer ein Aas ist, da versammeln sich auch die Adler."

„In denselben Tagen nach dieser Trübsal werden Zeichen an der Sonne, an dem Monde und den Sternen sein, es wird die Sonne verfinstert werden, und der Mond seinen Schein nicht geben; die Sterne des Himmels werden herabfallen und die Kräfte, die am Himmel sind, erschüttert[1]) werden, und auf Erden wird große Angst unter den Völkern wegen des ungestümen Rauschens des Meeres und der Fluthen sein.

Und die Menschen werden verschmachten vor Furcht und

_____

1) Anhang Buch XV. 18.

vor Erwartung der Dinge, die über den ganzen Erdkreis kommen werden.

Und dann wird das Zeichen des Menschensohns[1]) am Himmel erscheinen, und dann werden alle Geschlechter der Erde wehklagen, und sie werden den Menschensohn kommen sehen in den Wolken des Himmels mit großer Kraft und Herrlichkeit.

Und er wird seine Engel mit der Posaune senden mit großem Schalle, und sie werden seine Auserwählten von den vier Winden, von einem Ende des Himmels bis zum andern, zusammenbringen.

Wenn nun dieses anfängt, zu geschehen, dann schauet auf, und erhebet eure Häupter, denn es naht eure Erlösung."

Und er sagte ihnen ein Gleichniß: „Betrachtet den Feigenbaum und alle Bäume. Wenn ihre Zweige schon zart geworden, und die Blätter gewachsen sind, und wenn sie jetzt Frucht aus sich bringen, so wißt ihr, daß der Sommer nahe ist.

Ebenso erkennt auch, wenn ihr dieß geschehen seht, daß das Reich Gottes nahe ist, daß der Menschensohn kommen wird, daß er schon da, vor der Thüre ist.

Wahrlich sage ich euch, dieß Geschlecht wird nicht vergehen, bis alles dieß geschieht.

Himmel und Erde werden vergehen, aber meine Worte werden nicht vergehen.

Denselben Tag aber und die Stunde weiß Niemand, weder die Engel im Himmel, noch der Sohn, sondern der Vater[2])."

„Sehet zu, wachet und betet; denn ihr wißt nicht, wann es Zeit ist.

Hütet euch aber, daß eure Herzen nicht etwa belastet werden mit Völlerei, Trunkenheit und den Sorgen dieses Lebens, und jener Tag euch nicht plötzlich überrasche.

Denn wie eine Schlinge wird er kommen über Alle, die auf dem ganzen Erdboden wohnen.

Darum wachet und betet alle Zeit, damit ihr würdig geachtet werdet, allem dem zu entgehen, was da kommen wird und zu bestehen vor dem Menschensohne.

---

1) Anhang Buch XV. 19. — 2) Ibid. 20.

Es ist, wie bei einem Menschen, der verreiste, und sein Haus verließ, und seinen Knechten Macht gab, einem jeglichen über sein Werk, und dem Thürhüter befahl, wachsam zu sein.

Seid also wachsam, denn ihr wißt nicht, wann der Herr des Hauses kommt, Abends oder um Mitternacht, beim Hahnengeschrei, oder Morgens, damit er, wenn er ganz unvermerkt käme, euch nicht schlafend finde.

Was ich aber euch sage, das sage ich Allen: Wachet."

„Dann wird das Himmelreich zehn Jungfrauen gleich sein, die ihre Lampen nahmen und dem Bräutigam und der Braut entgegengingen [1]).

Fünf von ihnen waren thöricht und fünf klug.

Die fünf Thörichten nahmen zwar ihre Lampen, aber nahmen kein Oel in ihren Gefäßen mit.

Als nun der Bräutigam verzog, wurden alle schläfrig und entschliefen.

Um Mitternacht aber erhob sich ein Geschrei: Siehe, der Bräutigam kommt, gehet heraus, ihm entgegen.

Da standen alle diese Jungfrauen auf, und rüsteten ihre Lampen zu.

Die Thörichten aber sprachen zu den Klugen: Gebet uns von eurem Oele, denn die unsrigen verlöschen.

Da sprachen die Klugen: Es möchte nicht zureichen für uns und euch. Geht vielmehr hin zu denen, die es verkaufen, und kauft euch eines.

Während sie nun hingingen, um zu kaufen, kam der Bräutigam, und die bereit waren, gingen mit ihm zur Hochzeit ein, und die Thüre ward verschlossen.

Endlich kamen auch die andern Jungfrauen, und sagten: Herr, Herr thue uns auf.

Er aber antwortete und sprach: Wahrlich, sage ich euch, ich kenne euch nicht.

Wachet also, denn ihr wisset weder den Tag noch die Stunde."

„Denn es wird da gehen, wie mit einem Menschen, der in

---

1) Anhang Buch XV. 21.

die Fremde zog, seine Knechte berief und ihnen seine Güter übergab[1]).

Einem gab er fünf Talente[2]), dem andern zwei, dem dritten aber eines, einem jeden nach seiner Fähigkeit, und reiste alsbald fort.

Der nun, welcher die fünf Talente empfangen hatte, ging hin, und handelte damit, und gewann andere fünf dazu.

Deßgleichen gewann auch der, welcher zwei empfangen hatte, andere zwei.

Der aber eins empfangen hatte, ging hin und grub es in die Erde und verbarg das Geld seines Herrn.

Nach langer Zeit nun kam der Herr dieser Knechte, und hielt Rechnung mit ihnen.

Da trat hinzu, der die fünf Talente empfangen hatte, brachte andere fünf Talente und sprach: Herr, fünf Talente hast du mir übergeben, siehe, ich habe noch fünf andere darüber gewonnen.

Da sprach sein Herr zu ihm: Wohlan, du guter und getreuer Knecht! Weil du über Weniges getreu gewesen bist, so will ich dich über Vieles setzen; geh' ein in die Freude deines Herrn.

Da trat aber auch der hinzu, welcher zwei Talente empfangen hatte, und sprach: Herr, zwei Talente hast du mir übergeben; siehe, ich habe noch andere zwei gewonnen.

Da sprach sein Herr zu ihm: Wohlan, du guter und getreuer Knecht! Weil du über Weniges getreu gewesen bist, so will ich dich über Viel setzen; geh' ein in die Freude deines Herrn.

Es trat nun auch hinzu, der das eine Talent empfangen hatte, und sprach: Herr, ich weiß, daß du ein harter Mann bist; du erntest, wo du nicht gesäet, und sammelst, wo du nicht ausgestreut hast[3]), und ich fürchtete mich und verbarg dein Talent in die Erde. Siehe, da hast du, was dein ist.

Da antwortete sein Herr, und sprach zu ihm: Du böser und fauler Knecht! Du wußtest, daß ich ernte, wo ich nicht

---

1) Anhang Buch XV. 22. — 2) Ein Talent ungefähr 4000 ℳ.
3) Anhang Buch XV. 23.

gefäet, und fammle, wo ich nicht ausgeftreuet habe; du hätteft
alfo mein Geld den Wechslern geben follen, fo würde ich bei
meiner Ankunft das Meinige mit Gewinn wieder erhalten haben [1]).

Nehmet ihm alfo das Talent, und gebet es dem, der die
zehn Talente hat.

Denn Jedem, der da hat, wird gegeben, daß er im Ueberfluß habe, wer aber nicht hat, dem wird auch das, was er zu
haben fcheint, genommen werden.

Den unnützen Knecht aber werft in die äußerfte Finfterniß
hinaus; da wird Heulen und Zähneknirfchen fein."

Sechzehntes Buch.
Das euchariftifche Abendmahl.

Vorbereitung für Oftern. — Das Abendmahl. — Andeutung des Verräthers. — Jefus wäfcht die Füße der Apoftel. — Die heilige Eu-
chariftie. — Jefus verkündet zum zweiten Mal den Verrath des Judas.
— Verherrlichung Jefu. — Das Gebot der Liebe. — Petri Verleugnung. — Jefus Chriftus der Weg, die Wahrheit und das Leben. —
Wer den Sohn kennt, kennt den Vater. — Der Tröfter. — Der
heilige Geift lehrt die volle Wahrheit. — Der Friede Jefu Chrifti. —
Die Vereinigung mit Jefu Chrifto. — Die Verfolgung. — Der Geift
der Wahrheit. — Der Abfchied. — Das Gebet nach dem Abendmahl.

(Matth. c. XXVI. Marc. c. XIV. Luc. c. XXII. Joh. c. XIII,
Matth. c. XXVI. Marc. c. XIV. Luc. c. XXII. Joh. c. XIII.
Luc. c. XXII. Joh. c. XIV. Joh. c. XV. Joh. c. XVI. Joh.
c. XVII.)

Aber am erften Tage der ungefäuerten Brode vor dem Fefte,
an welchem man das Ofterlamm fchlachtete, traten die Jünger
zu Jefu, und fprachen: „Wo willft du, daß wir dir das Ofterlamm zu effen bereiten?"

Da fandte er den Petrus und Johannes, und fprach: „Gehet
hin und bereitet uns das Ofterlamm, damit wir effen."

Sie aber fprachen, „wo willft du, daß wir es bereiten?"

---

1) Anhang Buch XV. 24.

Und er sprach zu ihnen: „Siehe, wenn ihr in die Stadt kommt, so wird euch ein Mensch begegnen, der einen Wasserkrug trägt, folgt ihm in das Haus, wo er hineingeht, und sagt zu dem Hausvater des Hauses: Der Meister läßt dir sagen: Wo ist die Herberge, wo ich mit meinen Jüngern das Osterlamm essen kann?

Und derselbe wird euch einen großen, mit Polstern belegten Speisesaal zeigen; daselbst bereitet es."

Sie aber gingen hin, und fanden es, wie er gesagt hatte und sie bereiteten das Osterlamm, wie er es ihnen geboten hatte.

Und als es nun Abend geworden war, begab er sich an den Ort, und da die Stunde gekommen war, setzte er sich zu Tische, und die zwölf Jünger mit ihm.

Und er sprach zu ihnen: „Ich habe ein großes Verlangen gehabt, dieses Osterlamm mit euch zu essen, ehedenn ich leide.

Denn ich sage euch: Ich werde es von nun an nicht mehr essen, bis es seine Erfüllung erhält im Reiche Gottes[1])."

Und er nahm den Kelch, dankte und sprach: „Nehmet hin und theilet ihn unter euch. Denn ich sage euch: Ich werde nicht mehr trinken vom Gewächse des Weinstocks, bis das Reich Gottes kommt[2])."

Als sie nun bei Tische saßen und aßen sprach Jesus: „Wahrlich ich sage euch, Einer von euch wird mich verrathen; doch siehe, die Hand meines Verräthers ist mit mir auf dem Tische."

Die Jünger aber sahen sich untereinander an, weil sie nicht wußten, von welchem unter ihnen er spreche. Sie aber wurden traurig und fingen an, einer um den andern zu fragen: „Bin ich es?"

Und er sprach zu ihnen: „Einer von den Zwölfen, der die Hand mit mir in die Schüssel tunkt.

Der Sohn des Menschen geht zwar hin, wie von ihm geschrieben steht; aber Wehe jenem Menschen, durch welchen der Menschensohn verrathen wird; es wäre ihm besser, wenn jener Mensch nicht geboren wäre."

Judas aber, der ihn verrathen hat, erwiderte und sprach: „Bin ich es Meister?" Und er antwortete: „Du hast's gesagt."

---

1) Anhang Buch XVI. 1. — 2) Ibid. 2.

Und sie fingen an, unter sich zu fragen, wer aus ihnen es wäre, der es thun werde.

Es war auch ein Streit unter ihnen entstanden, wer unter ihnen für den Größten gehalten würde.

Er sprach aber zu ihnen: „Die Könige der Völker herrschen über sie, und die Gewalt über sie haben, heißen Gnädige.

Ihr aber nicht also, sondern wer unter euch der Größte ist, werde wie der Kleinste, und der Vorsteher werde, wie der Diener.

Denn wer ist größer, der zu Tische sitzt, oder der bedient? Nicht wahr, der zu Tische sitzt? Ich aber bin mitten unter euch wie einer, der bient.“

Damals, da Jesus wußte, daß seine Stunde gekommen war, um aus dieser Welt zum Vater zu gehen, und er die Seinigen, die in dieser Welt waren, lieb hatte, so liebte er sie bis ans Ende.

Und nach gehaltenem Abendmahl[1]), als schon der Teufel dem Judas Iscariot, Simons Sohn, ins Herz gegeben hatte, ihn zu verrathen, und obwohl er wußte, daß der Vater ihm Alles in die Hände gegeben habe, daß er von Gott ausgegangen sei, und zu Gott zurückkehre; stand er vom Mahle auf, legte seine Kleider ab, nahm ein leinenes Tuch, und umgürtete sich damit.

Dann goß er Wasser in ein Becken, und fing an, die Füße seiner Jünger zu waschen, und mit dem leinenen Tuche abzutrocknen, mit dem er umgürtet war.

Da kam er zu Simon Petrus. Petrus aber sprach zu ihm: „Herr du willst mir die Füße waschen?“

Jesus antwortete und sprach zu ihm: Was ich thue, verstehst du jetzt nicht; du wirst es aber nachher verstehen.

Petrus sprach zu ihm: „Du sollst mir die Füße in Ewigkeit nicht waschen!“ Jesus antwortete ihm: „Wenn ich dich nicht wasche, so hast du keinen Theil an mir!“

Simon Petrus sagte zu ihm: „Herr, nicht allein die Füße, sondern auch die Hände und das Haupt.“

Jesus sprach zu ihm: „Wer gewaschen ist, bedarf nicht mehr, als daß er die Füße wasche[2]), so ist er ganz rein. Auch ihr seid rein, aber nicht alle[3]).“

1) Anhang Buch XVI. 3. — 2) Ibid. 4. — 3) Ibid. 5.

Denn er wußte, wer der wäre, der ihn verrathen würde; darum sagte er: „Ihr seid nicht Alle rein."

Nachdem er nun ihre Füße gewaschen, und seine Kleider wieder angethan hatte, setzte er sich wieder zu Tische, und sprach zu ihnen: „Wißt ihr, was ich euch gethan habe?

Ihr nennt mich Meister und Herr, und ihr thut recht, denn ich bin es.

Wenn nun ich, der Herr und Meister, euch die Füße gewaschen habe, so sollt auch ihr einer dem andern die Füße waschen[1]).

Denn ich habe euch ein Beispiel gegeben, damit auch ihr so thut, wie ich euch gethan habe.

Wahrlich, wahrlich, sag' ich euch, der Knecht ist nicht größer, als sein Herr, noch der Gesandte größer, als der ihn gesandt hat.

Wenn ihr dieses wißt, selig seid ihr, wenn ihr danach thut.

Wahrlich, wahrlich, sage ich euch: Wer Jemand aufnimmt, den ich senden werde, der nimmt mich auf, wer aber mich aufnimmt, der nimmt den auf, der mich gesandt hat."

Und als sie aßen, nach der Osterfeier, nahm Jesus das Brod, dankte und brach es, gab es ihnen und sprach: „Nehmet hin und esset, **dieß ist mein Leib,** der für euch hingegeben wird. Dieses thut zu meinem Andenken[2])."

Deßgleichen nahm er auch den Kelch nach dem Abendmahle, dankte, gab ihnen denselben und sprach: „Trinket Alle daraus; **denn dieß ist mein Blut[3])** des neuen Testamentes, das für euch und für Viele vergossen werden wird zur Vergebung der Sünden.

Wahrlich sag' ich euch, ich werde nicht mehr trinken von diesem Gewächse des Weinstocks bis zu jenem Tage, da ich es neu trinke im Reiche Gottes.

Ihr aber seid es, die ihr mit mir in meinen Versuchungen ausgehalten habt; darum bereite ich euch das Reich, wie mein Vater es mir bereitet hat, daß ihr esset und trinket an meinem Tische in meinem Reiche, und auf Thronen sitzet, die zwölf Stämme Israels zu richten."

Als Jesus dieses gesagt hatte, ward er im Geiste betrübt

---

1) Anhang Buch XVI. 6. — 2) Ibid. 7. — 3) Ibid. 8.

und bezeugte und ſprach: „Wahrlich, wahrlich, ſag' ich euch, Einer von euch wird mich verrathen."

Ich ſage es euch ſchon jetzt, ehe es geſchieht, damit ihr, wenn es geſchehen iſt, glaubt, daß ich es bin. Einer aber von ſeinen Jüngern, den Jeſus lieb hatte, lag zu Tiſche im Schooße Jeſu [1]).

Dieſem nun winkte Petrus zu, und ſprach zu ihm: „Wer iſt's, von welchem er redet?"

Da lehnte ſich nun dieſer an die Bruſt Jeſu und ſprach zu ihm: „Herr, wer iſt es?"

Jeſus antwortete: „Der iſt's, dem ich das Brod, welches ich eintunke, reichen werde." Und er tunkte das Brod ein und gab es dem Judas Iſcariot, dem Sohne Simons. Und nach dem Biſſen fuhr der Satan in ihn.

Und Jeſus ſprach zu ihm: „Was du thun willſt, das thu' bald."

Aber keiner von denen, welche zu Tiſche waren, verſtand, warum er ihm dieſes geſagt hatte.

Denn einige meinten, Jeſus habe, weil Judas den Beutel hatte, zu ihm geſagt: Kaufe, was wir für das Feſt brauchen; oder daß er den Armen etwas gebe.

Als er nun den Biſſen genommen hatte, ging er ſogleich hinaus.

Es war aber Nacht.

Nachdem er nun hinausgegangen war, ſprach Jeſus:

„Nun iſt der Menſchenſohn verherrlicht [2]), und Gott iſt in ihm verherrlicht.

Wenn Gott in ihm verherrlicht worden iſt, ſo wird Gott ihn auch in ſich ſelbſt verherrlichen, und er wird ihn alsbald verherrlichen."

Und Jeſus ſprach weiter zu ſeinen Jüngern:

„Kindlein, eine kleine Weile bin ich noch bei euch. Ihr werdet mich ſuchen; aber wie ich den Juden geſagt habe: Wohin ich hingehe, dahin könnt ihr nicht kommen, das ſage ich jetzt auch euch.

---

1 Anhang Buch XVI. 9. — 2) Ibid. 10.

Ein neues Gebot gebe ich euch[1]), daß ihr euch einander
liebet, wie ich euch geliebt habe, daß auch ihr euch einander
liebet.

Daran werden Alle erkennen, daß ihr meine Jünger seid,
wenn ihr euch lieb habt untereinander."

Es sprach aber der Herr:

"Simon, Simon, siehe der Satan hat verlangt, euch sieben
zu dürfen, wie den Weizen[2]).

Ich habe aber für dich gebeten, daß dein Glaube nicht ge=
breche, und, wenn du einst bekehrt bist, so stärke deine Brüder."

Simon Petrus sprach zu ihm: "Herr, wohin gehst du?"
Jesus antwortete: "Wohin ich gehe, dahin kannst du mir jetzt
nicht folgen, du wirst mir aber später folgen."

Petrus sagte aber zu ihm: "Warum kann ich dir jetzt nicht
folgen?"

Jesus antwortete und sprach zu ihnen:

"In dieser Nacht werdet ihr Alle euch an mir ärgern[3]); denn
es stehet geschrieben: Ich will den Hirten schlagen, und
die Schafe der Heerde werden zerstreuet werden.

Nachdem ich aber auferstanden sein werde, will ich euch
vorausgehen nach Galiläa."

Petrus aber sprach zu ihm: "Wenn sich auch Alle an dir
ärgern sollten, so würde ich es nicht thun. Herr, ich bin bereit
mit dir in den Kerker und in den Tod zu gehen."

Jesus aber sprach zu ihm: "Ich sage dir, Petrus, es wird
heute der Hahn nicht krähen, bevor du dreimal geleugnet haben
wirst, mich zu kennen. Wahrlich, sag' ich dir, noch ehe der Hahn
zweimal gekräht hat, wirst du mich dreimal verleugnen."

Er aber redete noch mehr: "Und wenn ich auch mit dir
sterben müßte, so würde ich dich doch nicht verleugnen." Deß=
gleichen sagten sie Alle.

Darauf sprach Jesus zu ihnen:

"Als ich euch aussandte ohne Beutel, ohne Tasche und
Schuhe, hat euch etwas gemangelt?" Sie aber sprachen: "Nichts."
Da sprach er zu ihnen: "Nun aber, wer einen Beutel hat, nehme

---

1) Anhang Buch XVI. 11. — 2) Ibid. 12. — 8) Ibid. 18.

ihn, deßgleichen auch die Tasche; und wer es nicht hat, der verkaufe seinen Rock, und kaufe ein Schwert[1]). Denn ich sage euch: Es muß an mir noch erfüllt werden, was geschrieben steht: **Er ist unter die Uebelthäter gerechnet worden,** denn was von mir geschrieben steht, geht seinem Ende zu."

Sie aber sprachen: „Herr, siehe hier sind zwei Schwerter." Er aber sprach zu ihnen: „Genug hiervon." Und er sprach weiter:

„Euer Herz betrübe sich nicht! Ihr glaubt an Gott; glaubt auch an mich.

Im Hause meines Vaters sind viele Wohnungen. Wenn es nicht so wäre, hätte ich es euch gesagt; denn ich gehe hin, euch einen Ort zu bereiten.

Und wenn ich werde hingegangen sein, und einen Ort für euch bereitet haben; so will ich wieder kommen, und euch zu mir nehmen, damit auch ihr seid, wo ich bin.

Wohin ich aber gehe, das wißt ihr, auch den Weg wißt ihr."

Da sprach Thomas zu ihm: „Herr, wir wissen nicht, wohin du gehst, wie können wir den Weg wissen?"

Jesus sprach zu ihm:

„**Ich bin der Weg, die Wahrheit und das Leben.**

Niemand kommt zum Vater, außer durch mich. Wenn ihr mich kenntet, so würdet ihr auch meinen Vater kennen; aber von nun an werdet ihr ihn kennen, und ihr habt ihn gesehen."

Philippus sprach zu ihm: „Herr, zeige uns den Vater, und es genügt uns."

Jesus sprach zu ihm: „So lange Zeit bin ich bei euch und ihr kennt mich noch nicht? Philippus, wer mich sieht, der sieht auch den Vater. Wie kannst du denn sagen: zeige uns den Vater?

Glaubt ihr nicht, daß ich im Vater bin, und daß der Vater in mir ist? Die Worte, die ich zu euch rede, rede ich nicht von mir selbst. Und der Vater, der in mir wohnt, thut auch die Werke.

Glaubt ihr nicht, daß ich im Vater bin, und der Vater in mir ist?

---

1) Anhang Buch XVI. 14.

Wo nicht, so glaubet mir doch um der Werke willen.
Wahrlich, wahrlich, sag' ich euch, wer an mich glaubt, der wird
die Werke auch thun, die ich thue, und er wird noch größere
thun; denn ich gehe zum Vater.

Und um was ihr immer den Vater bitten werdet in meinem Namen, das werde ich thun, damit der Vater in dem Sohne
verherrlicht werde.

Wenn ihr mich etwas bittet in meinem Namen, das werde
ich thun."

„Wenn ihr mich liebt, so haltet meine Gebote.

Und ich will den Vater bitten, und er wird euch einen
andern Tröster geben, damit er in Ewigkeit bei euch bleibe.

Den Geist der Wahrheit, den die Welt nicht empfangen
kann, denn sie sieht ihn nicht, und kennt in nicht[1]). Ihr aber
werdet ihn erkennen; denn er wird bei euch bleiben und in euch
sein.

Und ich will euch nicht als Waisen zurücklassen; ich will zu
euch kommen.

Noch eine kleine Weile, und die Welt sieht mich nicht mehr.
Ihr aber werdet mich sehen, weil ich lebe, und auch ihr leben
werdet.

An demselben Tage werdet ihr erkennen, daß ich in meinem
Vater bin, und ihr in mir, und ich in euch[2]).

Wer meine Gebote hat, und sie hält, der ist's, der mich liebt.
Wer aber mich liebt, wird von meinem Vater geliebt werden;
ich werde ihn auch lieben, und mich selbst ihm offenbaren."

Da sprach Judas, nicht der Iscariot, zu ihm: „Herr, wie
kommt's, daß du dich uns und nicht der Welt offenbaren wirst?"

Jesus antwortete und sprach zu ihm: „Wenn mich Jemand
liebt, so wird er mein Wort halten[3]), und mein Vater wird ihn
lieben; wir werden zu ihm kommen, und Wohnung bei ihm
nehmen.

Wer mich nicht liebt, der hält meine Worte nicht; und das
Wort, welches ihr gehört habt, ist nicht mein, sondern des Vaters,
der mich gesandt hat."

---

1) Anhang Buch XVI. 15. — 2) Ibid. 16. — 3) Ibid. 17.

„Dieses habe ich euch gesagt, da ich noch bei euch bin, der Tröster aber, der heilige Geist, den der Vater in meinem Namen senden wird, derselbe wird euch Alles lehren, und euch an Alles erinnern, was immer ich euch gesagt habe."

„Den Frieden hinterlasse ich euch, meinen Frieden gebe ich euch. Nicht wie die Welt gibt[1]), gebe ich ihn euch. Euer Herz betrübe sich nicht und fürchte nicht.

Ihr habt gehört, daß ich euch gesagt habe: Ich gehe hin, und komme wieder zu euch; wenn ihr mich liebtet, so würdet ihr euch ja freuen, daß ich zum Vater gehe, denn der Vater ist größer, als ich[2]).

Und nun habe ich es euch gesagt, ehedenn es geschieht, damit ihr glaubt, wenn es geschehen sein wird.

Ich werde nun nicht mehr viel mit euch reden; denn es kommt der Fürst dieser Welt, aber er hat nichts an mir;

sondern, damit die Welt erkenne, daß ich den Vater liebe, und thue, wie es mir der Vater befohlen hat.

Stehet auf und lasset uns von hier weggehen."

Und nun, nachdem der Lobgesang gesprochen war, ging Jesus nach seiner Gewohnheit hinaus an den Oelberg. Es folgten ihm aber auch die Jünger dahin nach[3]).

Jesus aber sprach zu ihnen:

„Ich bin der wahre Weinstock und mein Vater ist der Weingärtner.

Jede Rebe an mir, die keine Frucht bringt, nimmt er weg; und jede, die Frucht bringt, reinigt er, damit sie mehr Frucht bringe.

Ihr seid jetzt rein wegen der Rede, die ich zu euch gesprochen habe.

Bleibet in mir, und ich bleibe in euch. Gleichwie die Rebe von sich selbst nicht Frucht bringen kann, wenn sie nicht

---

1) Anhang Buch XVI. 18 — 2) Ibid. 19.

3) Das Folgende bis zum Schluß des sechzehnten Buches gehört eigentlich vor die letzten zwei Absätze. Die Anordnung des Verfassers rechtfertigt sich aber insofern, als das Nachfolgende sich augenscheinlich auf dieselben Vorgänge bezieht, wie die frühere Erzählung und dieselben nach dem Evangelium Johannes ausführlicher wiedergibt. Der Uebersetzer.

am Weinstock bleibt, so auch ihr nicht, wenn ihr nicht in mir bleibt.

Ich bin der Weinstock, ihr seid die Reben; wer in mir bleibt, und ich in ihm, der bringt viele Frucht; denn ohne mich könnt ihr nichts thun.

Wenn Jemand nicht in mir bleibt, der wird, wie eine Rebe hinausgeworfen, und verdorrt; man sammelt sie ein, wirft sie in's Feuer und sie brennt.

Wenn ihr in mir bleibet, und meine Worte in euch bleiben, so möget ihr bitten, was ihr immer wollt, es wird euch gegeben werden.

Darin wird mein Vater verherrlicht, daß ihr sehr viele Frucht bringt, und meine Jünger werdet.

Gleichwie mein Vater euch geliebt hat, so habe ich euch auch geliebt. Bleibt in meiner Liebe.

Wenn ihr meine Gebote haltet, bleibt ihr in meiner Liebe, so wie auch ich die Gebote meines Vaters gehalten habe, und in seiner Liebe bleibe.

Dieses habe ich zu euch geredet, damit meine Freude in euch sei, und eure Freude vollkommen werde."

„Dieß ist mein Gebot, daß ihr euch einander liebt, wie ich euch geliebt habe.

Eine größere Liebe hat Niemand, daß er nämlich sein Leben für seine Freunde dahin gibt.

Ihr seid meine Freunde, wenn ihr thut, was ich gebiete.

Ich nenne euch nun nicht mehr Knechte, denn der Knecht weiß nicht, was der Herr thut, sondern ich habe euch Freunde genannt, weil ich Alles, was ich von meinem Vater gehört euch kund gethan habe.

Nicht ihr habt mich erwählt, sondern ich habe euch auserwählt, und ich habe euch gesetzt, daß ihr Frucht bringt, und eure Frucht bleibe; damit euch der Vater Alles gebe, was ihr immer in meinem Namen bitten werdet.

Dieß befehle ich euch, daß ihr euch einander liebt. Dieß ist mein Gebot.

Wenn euch die Welt haßt, so wisset, daß sie mich vor euch gehaßt habe.

Wäret ihr von der Welt gewesen, so würde die Welt das Ihrige lieben; weil ihr aber nicht von der Welt seid, sondern ich euch von der Welt auserwählt habe, darum hasset euch die Welt.

Gedenket der Rede, welche ich euch gesagt habe: Der Knecht ist nicht größer, als der Herr. Haben sie mich verfolgt, so werden sie auch euch verfolgen; haben sie meine Worte gehalten, so werden sie auch die eurigen halten.

Aber dieß Alles werden sie euch thun um meines Namens willen, denn sie kennen den nicht, der mich gesandt hat.

Wenn ich nicht gekommen wäre, und zu ihnen nicht geredet hätte, so hätten sie keine Sünde; nun aber haben sie keine Entschädigung für ihre Sünde.

Wer mich haßt, der haßt auch meinen Vater.

Wenn ich nicht die Werke unter ihnen gethan hätte, die kein Anderer gethan hat, so hätten sie keine Sünde; nun haben sie dieselbe gesehen, und hassen doch mich und meinen Vater.

Aber es mußte das Wort erfüllt werden das in ihrem Gesetze geschrieben steht: Sie hassen mich ohne Ursache."

„Wenn aber der Tröster kommen wird, den ich euch vom Vater senden werde, der Geist der Wahrheit, der vom Vater ausgeht, derselbe wird von mir Zeugniß geben.

Und auch ihr werdet Zeugniß geben, weil ihr vom Anfange bei mir seid.

Dieses habe ich euch gesagt, damit ihr euch nicht ärgert.

Sie werden euch aus den Synagogen ausstoßen; ja es kommt die Stunde, daß Jeder, der euch tödtet, Gott einen Dienst zu thun glauben wird.

Und das werden sie euch thun, weil sie weder den Vater noch mich kennen.

Aber ich habe euch dieß gesagt, damit, wenn die Stunde kommt, ihr euch daran erinnert, daß ich es euch gesagt habe.

Anfangs habe ich euch dieß nicht gesagt, weil ich bei euch war. Nun aber gehe ich hin zu dem, der mich gesandt hat, und Niemand von euch fragt mich, wo gehst du hin? Sondern weil ich euch dieses gesagt habe, hat die Traurigkeit euer Herz erfüllt.

Aber ich sage euch die Wahrheit: Es ist euch gut, daß ich hingehe, denn wenn ich nicht hingehe, so wird der Tröster nicht zu euch kommen; gehe ich aber hin, so werde ich ihn euch senden.

Und wenn dieser kommt, so wird er die Welt überzeugen von der Sünde und von der Gerechtigkeit und von dem Gerichte[1]);

von der Sünde nämlich, weil sie nicht an mich geglaubt haben, von der Gerechtigkeit aber, weil ich zum Vater gehe, und ihr mich nicht mehr sehen werdet; und von dem Gerichte, weil der Fürst von dieser Welt schon gerichtet ist.

Ich habe euch noch Vieles zu sagen, aber ihr könnt es jetzt nicht tragen.

Wenn aber jener Geist der Wahrheit kommt, der wird euch alle Wahrheit lehren, denn er wird nicht von sich selbst reden[2]), sondern, was er hört, wird er reden, und was zukünftig ist, euch verkünden.

Derselbe wird mich verherrlichen, denn er wird von dem Meinigen nehmen, und es euch verkünden.

Alles, was der Vater hat ist mein, darum habe ich gesagt, er wird von dem Meinigen nehmen, und es euch verkündigen.

Noch eine kleine Weile, und ihr werdet mich nicht mehr sehen, und wieder eine kleine Weile, so werdet ihr mich wieder sehen[3]); denn ich gehe zum Vater."

Da sprachen einige von seinen Jüngern unter einander: „Was ist das, daß er zu uns sagt: Noch eine kleine Weile, so werdet ihr mich nicht mehr sehen, und wieder eine kleine Weile, so werdet ihr mich wieder sehen, und: Denn ich gehe zum Vater?"

Sie sprachen also: „Was ist das, daß er spricht: Noch eine kleine Weile? Wir wissen nicht, was er redet."

Jesus aber mußte, daß sie ihn fragen wollten und sprach zu ihnen: „Ihr fraget unter euch darüber, daß ich gesagt habe: Noch eine kleine Weile, so werdet ihr mich nicht mehr sehen, und über eine kleine Weile, so werdet ihr mich wieder sehen.

Wahrlich, wahrlich, sag' ich euch, ihr werdet weinen und weh-

---

1) Anhang Buch XVI. 20. — 2) Ibid. 21. — 3) Ibid. 22.

klagen; aber die Welt wird sich freuen. Ihr werdet traurig sein, aber eure Traurigkeit wird in Freude verwandelt werden.

Das Weib, wenn es gebärt, ist traurig, weil ihre Stunde gekommen ist, wenn sie aber das Kind geboren hat, so denkt sie nicht mehr an die Angst, wegen der Freude, daß ein Mensch zur Welt geboren worden ist.

Auch ihr habt jetzt zwar Trauer, aber ich werde euch wieder sehen, und euer Herz wir sich freuen, und eure Freude wird Niemand von euch nehmen[1]).

An jenem Tage werdet ihr mich um nichts mehr fragen[2]). Wahrlich, wahrlich, sag' ich euch wenn, ihr den Vater in meinem Namen um etwas bitten werdet, so wird er es euch geben[3]).

Bisher habt ihr um nichts in meinem Namen gebeten. Bittet, so werdet ihr empfangen; auf daß eure Freude vollkommen werde.

Dieses habe ich in Gleichnissen zu euch geredet; es kommt aber die Stunde, da ich nicht mehr in Gleichnissen zu euch rede, sondern offenbar vom Vater euch verkünden werde.

An jenem Tage werdet ihr in meinem Namen bitten; und ich sage euch nicht, daß ich den Vater für euch bitten werde[4]); denn der Vater selbst liebt euch, weil ihr mich geliebt und geglaubt habet, daß ich von Gott ausgegangen bin.

Ich bin von Gott ausgegangen, und in die Welt gekommen; ich verlasse die Welt wieder, und gehe zum Vater."

Da sprachen die Jünger zu ihm: „Siehe, nun redest du offenbar, und sprichst kein Gleichniß mehr.

Jetzt wissen wir, daß du Alles weißt, und nicht nöthig hast, daß dich Jemand frage[5]): Darum glauben wir, daß du von Gott ausgegangen bist."

Jesus antwortete ihnen:

„Glaubt ihr jetzt?

Siehe, es kommt die Stunde, und sie ist schon gekommen, daß ihr euch, ein Jeder in das Seinige zerstreuen, und mich allein lassen werdet; aber ich bin nicht allein, sondern der Vater ist bei mir.

---

1) Anhang Buch XVI. 23. — 2) Ibid. 24. — 3) Ibid. 25.
4) Ibid. 26. — 5) Ibid. 27.

Dieses habe ich zu euch geredet, auf daß ihr Frieden in mir habt. In der Welt werdet ihr Bedrängniß haben. Aber vertrauet, ich habe die Welt überwunden."

Dieses sprach Jesus; dann erhob er seine Augen zum Himmel und sprach: "Vater, die Stunde ist gekommen, verherrliche deinen Sohn, damit dein Sohn dich verherrliche[1]). So wie du ihm die Macht über alles Fleisch gegeben hast, damit er Allen, die du ihm gegeben hast, das ewige Leben gebe.

Das ist aber das ewige Leben[2]), daß sie dich, den allein wahren Gott erkennen, und den du gesandt hast Jesum Christum.

Ich habe dich verherrlicht auf Erden; ich habe das Werk vollbracht, das du mir zu verrichten gegeben!

Und nun, Vater, verherrliche mich bei dir selbst, mit jener Herrlichkeit, die ich bei dir hatte, ehe die Welt war[3]).

Ich habe deinen Namen den Menschen geoffenbart, die du mir von der Welt gegeben hast. Sie waren dein und du hast sie mir gegeben; und dein Wort haben sie gehalten.

Nun wissen sie, daß Alles, was du mir gegeben, von dir ist.

Denn die Worte, die du mir gegeben hast, habe ich ihnen gegeben, und sie haben dieselben angenommen, und wahrhaftig erkannt, daß ich von dir ausgegangen bin, und geglaubt, daß du mich gesandt hast.

Ich bitte für sie. Nicht für die Welt bitte ich, sondern für die, welche du mir gegeben hast, denn sie sind dein.

Und Alles was mein ist, ist dein; und was dein ist, ist mein; und ich bin verherrlicht in ihnen.

Ich bin nicht mehr in der Welt, aber diese sind in der Welt, und ich komme zu dir. Heiliger Vater, erhalte sie in deinem Namen[4]), die du mir gegeben hast, damit sie Eins[5]) seien, wie wir es sind.

Als ich bei ihnen war, bewahrte ich sie in deinem Namen. Die du mir gegeben hast, habe ich bewahrt, und keiner ist verloren, außer der Sohn des Verderbens[6]); damit die Schrift erfüllet würde.

---

1) Anhang Buch XVI. 28. — 2) Ibid. 29. — 3) Ibid. 30.
4) Ibid. 31. — 5) Ibid. 32. — 6) Ibid. 33.

Nun aber komme ich zu dir, und rede dieses in der Welt, damit sie meine Freude vollkommen in sich haben.

Ich habe ihnen dein Wort gegeben, und die Welt hasset sie, weil sie nicht von der Welt sind, so wie auch ich nicht von der Welt bin.

Ich bitte nicht, daß du sie von der Welt wegnehmest, sondern daß du sie vor dem Bösen bewahrest.

Sie sind nicht von der Welt, wie auch ich nicht von der Welt bin.

Heilige sie, in der Wahrheit. Dein Wort ist die Wahrheit[1]).

Wie du mich in die Welt gesandt hast, so sende auch ich sie in die Welt. Und ich heilige mich selbst für sie[2]), damit auch sie in der Wahrheit geheiligt seien.

Aber ich bin nicht für sie allein, sondern auch für diejenigen, welche durch ihr Wort an mich glauben werden.

Damit Alle Eins seien[3]), wie du Vater in mir bist, und ich in dir bin; damit auch sie in uns Eins seien[4]), damit die Welt glaube, daß du mich gesandt hast.

Und ich habe die Herrlichkeit, die du mir gegeben hast, auch ihnen gegeben; damit sie Eins seien, wie auch wir Eins sind.

Ich in ihnen, und du in mir, damit sie vollkommen Eins seien. Und die Welt erkenne, daß du mich gesandt hast, und sie liebst, wie du auch mich liebst.

Vater, ich will, daß, wo ich bin, auch diejenigen bei mir seien, die du mir gegeben hast, damit sie meine Herrlichkeit sehen, die du mir gegeben hast, denn du hast mich geliebt, ehe die Welt gegründet ward.

Gerechter Vater, die Welt hat dich nicht erkannt; ich aber habe dich erkannt, und diese haben erkannt, daß du mich ge=sandt hast.

Und ich habe ihnen deinen Namen bekannt gemacht, und ich werde ihn bekannt machen, damit die Liebe, womit du mich ge=liebt, in ihnen sei und ich in ihnen."

---

1) Anhang Buch XVI. 34. — 2) Ibid. 35. — 3) Ibid. 36.
4) Ibid. 37.

Siebzehntes Buch.

Das Leiden Christi.

Der Garten von Gethsemani. — Christi Todesangst. — Das Schwitzen von Blut. — Schlaf der Jünger. — Der Judaskuß. — Die Bande Jesu. — Malchus. — Die Flucht aller Jünger. — Annas und Kaiphas. — Die falschen Zeugen. — Die Beschwörung Jesu durch den Hohenpriester. — Petri Verleugnung. — Judas' Tod. — Pilatus und Herodes.

(Matth. c. XXVI. Marc. c. XIV. Luc. c. XXII. Joh. c. XVIII. Matth. c. XXVII. Marc. c. XV. Luc. c. XXIII. Joh. c. XVIII.)

Als Jesus dieß gesagt hatte, begab er sich mit seinen Jüngern über den Bach Cedron nach einem Meierhof, Gethsemani genannt, an dem Oelberg, wie es seine Gewohnheit war.

Es wußte aber auch Judas, der ihn verrieth, den Ort; denn Jesus war oft mit seinen Jüngern dahin gekommen.

Und Jesus sprach zu seinen Jüngern: „Setzet euch hier, während ich bete, und betet auch ihr, daß ihr nicht in Versuchung fallt."

Und er nahm Petrus und die beiden Söhne Zebedäi, Jakobus und Johannes, mit sich und fing an zu zittern und sich zu entsetzen. Dann sprach er zu ihnen: „Meine Seele ist betrübt bis in den Tod[1]); bleibt hier, und wachet mit mir."

Und er entfernte sich von ihnen einen Steinwurf weit, kniete nieder, betete, und sprach: „Vater, willst du, so nimm diesen Kelch von mir, doch nicht mein, sondern dein Wille geschehe."

Es erschien ihm aber ein Engel vom Himmel und stärkte ihn[2]). Und als ihn Todesangst befiel, fiel er auf sein Angesicht nieder und betete länger, es möge, wenn es möglich sei, diese Stunde an ihm vorübergehen, und er sprach:

„Mein Vater, wenn es möglich ist, so gehe dieser Kelch vor mir vorüber.

Abba, Vater, dir ist Alles möglich, nimm diesen Kelch weg von mir, doch nicht was ich will, sondern was du willst."

---

1) Anhang Buch XVII. 1. — 2) Ibid. 2.

Und es geschah, daß sein Schweiß ward, wie Tropfen Bluts, das auf die Erde rann.

Und er stand auf vom Gebete, kam zu seinen Jüngern und fand sie vor Traurigkeit schlafend; und er sprach zu ihnen: „Warum schlaft ihr? Steht auf und betet, damit ihr nicht in Versuchung fallet.

So habet ihr nicht eine Stunde mit mir wachen können?"

Und er sprach zu Petrus: „Simon, du schläfst; nicht einmal eine Stunde hast du wachen können? Wachet und betet, damit ihr der Versuchung nicht unterliegt; der Geist ist zwar willig, aber das Fleisch ist schwach[1])."

Und er ging wieder hin zu beten und sprach dieselben Worte, und sprach: „Mein Vater, ist es nicht möglich, daß dieser Kelch vorübergehe, ohne daß ich ihn trinke, so geschehe dein Wille."

Und er kam abermal zu den Jüngern, und fand sie schlafend, denn ihre Augen waren beschwert, und sie wußten nicht, was sie ihm antworten sollten.

Da verließ er sie, ging wieder hin und betete zum dritten Male, indem er die nämlichen Worte sprach.

Dann kam er zu seinen Jüngern und sprach zu ihnen: „Schlaft nur und ruhet[2])! Siehe, die Stunde ist herbeigekommen, da der Menschensohn in die Hände der Sünder überliefert wird.

Steht auf, laßt uns gehen! Siehe, der mich verrathen wird nahet sich."

Und als er noch redete kam Judas Iscariot, einer von den Zwölfen, der Jesus verrathen hat, und mit ihm die Wache[3]) und ein großer Haufe mit Schwertern und Prügeln, abgeschickt von den Aeltesten des Volkes, den Schriftgelehrten und den Hohenpriestern. Auch hatten sie Laternen und angezündete Fackeln bei sich.

Es hatte ihnen aber sein Verräther ein Zeichen gegeben, und gesagt: „Welchen ich küssen werde, der ist es, den ergreift und führt ihn behutsam."

Und da er hereingekommen war, trat er rasch zu ihm und sprach: „Sei gegrüßet, Meister!" Und er küßte ihn.

---

1) Anhang Buch XVII. 3. — 2) Ibid. 4. — 3) Ibid. 5.

Jesus aber sprach zu ihm: „Freund, wozu bist du gekommen? Judas, mit einem Kusse verräthst du den Menschensohn?"

Jesus aber, der Alles wußte, was über ihn kommen werde, trat hervor und sprach zu ihnen: „Wen suchet ihr?"

Und sie antworteten ihm: „Jesum von Nazareth." Jesus sprach zu ihnen: „Ich bin es."

Es stand aber auch Judas, der ihn verrieth, bei ihnen.

Als er nun zu ihnen sprach: „Ich bin es", da wichen sie zurück, und fielen zu Boden.

Da fragte er sie wiederum: „Wen suchet ihr?" Sie aber sprachen: „Jesum von Nazareth."

Jesus antwortete: „Ich habe es euch gesagt, daß ich es bin; wenn ihr also mich suchet, so lasset diese gehen."

Damit das Wort erfüllet würde, was er gesprochen hatte: Die du mir gegeben hast, keinen von ihnen, habe ich verloren.

Sie aber legten Hand an ihn und ergriffen ihn.

Als aber diejenigen, die um ihn waren, sahen, was geschehen sollte, sprachen sie zu ihm: „Herr, sollen wir mit dem Schwerte drein schlagen?" Und siehe, Einer von denen, welche mit Jesu waren, Simon Petrus, streckte die Hand aus, zog sein Schwert und schlug den Knecht des Hohenpriesters, und hieb ihm das rechte Ohr ab. Derselbige aber hieß Malchus.

Jesus aber entgegnete und sprach: „Laßt ab, nicht weiter! Petrus, stecke dein Schwert an seinen Ort. Denn Alle, die das Schwert ergreifen, werden durch das Schwert umkommen. Soll ich den Kelch, den mir mein Vater gegeben, nicht trinken? Oder meinst du, daß ich meinen Vater nicht bitten könnte? Er würde mir jetzt mehr als zwölf Legionen Engel zuschicken. Wie aber würde die Schrift erfüllt werden, daß es so geschehen müsse?"

Und Jesus rührte das Ohr des Malchus an, und heilte ihn.

Zu denen aber, die zu ihm gekommen waren, zu den Hohenpriestern, zu den Tempelhauptleuten und Aeltesten sprach Jesus: „Wie zu einem Mörder seid ihr ausgezogen mit Schwertern und Prügeln.

Täglich war ich bei euch im Tempel, und ihr habt die Hände nicht gegen mich ausgestreckt.

Aber das ist eure Stunde, und die Macht der Finsterniß. Allein es mußte die Schrift erfüllt werden."

Dann verließen ihn auch seine Jünger und entflohen.

Ein gewisser Jüngling aber, angethan mit einer Leinwand auf dem bloßen Leibe[1]), folgte ihm, und sie ergriffen ihn. Er aber warf die Leinwand von sich und floh nackt von ihnen.

Die Wache aber, der Oberhauptmann und die Diener der Juden ergriffen Jesum und banden ihn. Und sie führten ihn zuerst zu Annas, denn er war der Schwiegervater des Kaiphas, welcher in diesem Jahre Hoherpriester war.

Es war aber Kaiphas derjenige, welcher den Juden den Rath gegeben hatte, es sei gut, wenn ein Mensch für das Volk sterbe.

Demnächst aber führten sie Jesum zu Kaiphas, dem Hohenpriester, wo die Schriftgelehrten und Aeltesten sich versammelt hatten.

Der Hohepriester aber fragte Jesum über seine Jünger und über seine Lehre.

Jesus antwortete ihm: „Ich habe öffentlich vor der Welt geredet; ich habe immer in der Synagoge und im Tempel gelehrt, wo alle Juden zusammenkommen, und ich habe nichts im Verborgenen geredet.

Was frägst du mich? Frage diejenigen welche gehört haben, was ich zu ihnen geredet habe, diese wissen, was ich gesagt habe!"

Als er aber dieses gesagt hatte, gab einer von den Dienern, der dabei stand, Jesu einen Backenstreich, und sprach: „Antwortest du so dem Hohenpriester?"

Jesus antwortete ihm: „Habe ich unrecht geredet, so beweise, daß es Unrecht sei; habe ich aber recht geredet, warum schlägst du mich?"

Dieses aber geschah bei Kaiphas, dem Hohenpriester, zu welchem Annas den mit Fesseln beladenen Jesum geschickt hatte.

Die Hohenpriester nun und der ganze hohe Rath suchten Zeugniß wider Jesum, daß sie ihn zum Tode überliefern könnten; aber sie fanden keins.

---

1) Anhang Buch XVII. 6.

Denn Viele gaben zwar falsches Zeugniß wider ihn; aber die Zeugnisse stimmten nicht überein.

Und Einige traten auf, legten ein falsches Zeugniß wider ihn ab, und sprachen: „Wir haben ihn sagen gehört: Ich will diesen Tempel, der mit Händen gemacht ist, abbrechen, und in dreien Tagen einen andern, der nicht mit Händen gemacht ist, aufbauen[1]). Aber ihr Zeugniß war nicht übereinstimmend.

Da stand der Hohepriester auf, trat in die Mitte, fragte Jesum und sprach: „Antwortest du nichts auf das, was diese dir vorwerfen?"

Er aber schwieg still, und antwortete nichts.

Als es nun Tag geworden war, kamen die Aeltesten des Volks, die Hohenpriester und die Schriftgelehrten zusammen, führten Jesum in ihren Rath und sprachen: „Bist du Christus, so sag' es uns."

Und er sprach zu ihnen: „Wenn ich es euch sage, so glaubt ihr mir nicht.

Wenn ich aber euch frage, so antwortet ihr mir nicht, noch lasset ihr mich los.

Aber von nun an wird der Menschensohn zur Rechten der Kraft Gottes sitzen."

Da sprachen Alle: „Du bist also der Sohn Gottes?"

Jesus antwortete ihnen und sprach: „Ihr sagt es, und ich bin es."

Und der Hohepriester sprach zu ihm: „Ich beschwöre dich bei dem lebendigen Gott, daß du uns sagst, ob du Christus der Sohn Gottes bist?"

Jesus sprach zu ihm: „Du hast es gesagt! Ich sage euch aber: Von nun an werdet ihr den Menschensohn zur Rechten der Kraft Gottes sitzen und auf den Wolken des Himmels kommen sehen."

Da zerriß der Hohepriester seine Kleider[2]), und sprach: „Er hat Gott gelästert! Was haben wir noch Zeugen nöthig? Siehe, nun habt ihr die Lästerung gehört. Was dünkt euch?"

Sie aber sprachen: „Er ist des Todes schuldig."

---

1) Anhang Buch XVII. 7. — 2) Ibid. 8.

Nun fingen Einige an, ihn anzufpeien, fein Angeficht zu verhüllen und ihn mit Fäuften zu fchlagen, Andere aber gaben ihm Backenftreiche in fein Angeficht, und fprachen: „Weiffage uns Chriftus, wer ift's, der dich gefchlagen hat."

Und viele andere Läfterungen redeten fie wider ihn.

Simon Petus aber und ein anderer Jünger folgten Jefu nach. Jener Jünger war dem Hohenpriefter bekannt, und ging mit Jefu in den Vorhof des Hohenpriefters. Petrus aber ftand draußen vor der Thüre. Da ging der andere Jünger, welcher dem Hohenpriefter bekannt war, hinaus, und redete mit der Thür= hüterin, und führte den Petrus hinein.

Es ftanden aber die Knechte und Diener umher, zündeten im Hofe ein Feuer an und feßten fich darum, und wärmten fich, denn es war kalt. Und Petrus war unter ihnen und wärmte fich auch und blieb, um den Ausgang zu fehen.

Da nun Petrus im Hofe war, kam eine von den Mägden des Hohenpriefters, diejenige, welche die Thüre hütete, herein und da fie ihn beim Lichte betrachtet hatte, fprach fie: „Auch diefer ift einer, der bei diefem Menfchen gewefen ift," und wandte fich zu ihm felbft: „Du bift wahrhaftig auch einer aus ihnen, denn du bift ein Galiläer."

Er aber leugnete vor Allen und fprach: „Ich bin es nicht. Ich kenne ihn nicht, und weiß nicht, was du fagft."

Und er ging zum Hofe hinaus; das krähte der Hahn.

Und als er aus dem Hofe trat, um in den Hausflur zu treten, fah ihn eine andere Magd, und auch diefe fprach: „Auch du wareft bei Jefu dem Nazarener."

Und bald danach fah ihn ein Anderer, und fprach: „Du bift auch einer von diefen." Petrus aber fprach: „O Menfch, ich bin es nicht."

Kurze Zeit darauf fprachen die Umftehenden zu Petrus, der immer noch daftand: „Du bift auch wahrhaftig Einer aus ihnen, denn du bift auch ein Galiläer." Er aber leugnete mit einem Schwure.

Und Einer wandte fich an ihn und fprach: „Habe ich dich nicht im Garten bei ihm gefehen?"

Er aber fing an, zu fluchen und zu fchwören: „Ich kenne diefen Menfchen nicht, von dem ihr redet."

Und alsbald, als er noch redete, krähte der Hahn.

Da wandte sich der Herr um, und sah Petrus an. Und Petrus erinnerte sich an das Wort des Herrn, wie er gesagt hatte: Ehedenn der Hahn kräht, wirst du mich dreimal verleugnen.

Und Petrus ging hinaus und weinte bitterlich.

Als es aber Morgen war, hielten alle Hohenpriester und Aeltesten des Volks Rath wider Jesum, um ihn zum Tode zu überliefern.

Und ihre ganze Versammlung stand auf, banden Jesum und führten ihn von Kaiphas in das Gerichtshaus und überlieferten ihn an Pontius, den Landpfleger[1]). Sie gingen aber nicht in's Gerichtshaus hinein, damit sie nicht verunreinigt würden, sondern die Ostermahlzeit essen könnten[2]).

Da nun Judas, der ihn verrathen hatte, sah, daß er zum Tode verurtheilt war, reute es ihn, und er brachte die dreißig Silberlinge den Hohenpriestern und Aeltesten zurück, und sprach: „Ich habe gesündigt, daß ich unschuldiges Blut verrathen habe." Sie aber sprachen: „Was geht das uns an? Sieh' du zu?"

Da warf er die Silberlinge in den Tempel hin, entwich, ging hin, und erhenkte sich mit einem Strick.

Die Hohenpriester aber nahmen die Silberlinge und sprachen: „Es ist nicht erlaubt, sie in den Tempelschatz zu werfen, denn es ist Blutgeld."

Als sie nun Rath gehalten hatten, kauften sie damit den Acker eines Töpfers zum Begräbnisse für Fremdlinge.

Deßwegen heißt derselbe Acker Hakeldama, d. h. Blutacker bis auf den heutigen Tag.

Da ist erfüllt worden, was durch den Propheten Jeremias gesagt wurde, da er sprach: Sie nahmen die dreißig Silberlinge, den Preis des Geschätzten, welchen sie gekauft hatten von den Söhnen Israels, und gaben sie für den Acker eines Töpfers, wie mir der Herr befohlen hat, zu weissagen!

Nachdem die Juden nicht in das Gerichtshaus gegangen waren,

---

1) Anhang Buch XVII. 9. — 2) Ibid. 10.

so verfügte sich Pilatus zu ihnen hinaus und sprach: „Welche Anklage habt ihr wider diesen Menschen?"

Sie antworteten und sprachen zu ihm: „Wenn dieser kein Missethäter wäre, so würden wir ihn dir nicht überliefert haben."

Da sprach Pilatus zu ihnen: „Nehmt ihn hin, und richtet ihn nach eurem Gesetz." Die Juden aber sprachen zu ihm: „Uns ist nicht erlaubt, Jemanden zu tödten[1])."

Damit das Wort Jesu erfüllet würde, das er gesagt, um anzudeuten, welches Todes er sterben werde.

Sie fingen aber an, ihn zu verklagen und sagten: „Diesen haben wir befunden als Aufwiegler unseres Volkes und als Einen, der verbietet, dem Kaiser Zins zu geben, indem er sagt, er sei Christus der König."

Da ging Pilatus hinein, rief Jesum, und sprach zu ihm: „Bist du der König der Juden?"

Jesus antwortete: „Sagst du dieses von dir selbst, oder haben es dir Andere von mir gesagt?"

Pilatus antwortete: „Bin ich denn ein Jude? Dein Volk und die Hohenpriester haben dich mir überliefert; was hast du gethan?"

Jesus antwortete: „Mein Reich ist nicht von dieser Welt.

Wenn mein Reich von dieser Welt wäre, so würden wohl meine Diener streiten, daß ich den Juden nicht überliefert würde. Nun ist aber mein Reich nicht von hier.

Da sprach Pilatus zu ihm: „Also bist du ein König?" Jesus antwortete: „Du sagst es, ich bin ein König. Ich bin dazu geboren, und dazu in die Welt gekommen, daß ich der Wahrheit Zeugniß gebe.

Wer immer in der Wahrheit ist, der hört meine Stimme."

Pilatus sprach zu ihm: „Was ist Wahrheit?"

Und da er dieß gesagt hatte, ging er wieder zu den Juden, und sprach zu ihnen: „Ich finde keine Schuld an ihm."

---

1) Anhang Buch XVII. 11.

Und als er von den Hohenpriestern und Aeltesten angeklagt wurde, antwortete Jesus nichts.

Da sprach Pilatus zu ihm: „Hörst du nicht, welch' große Dinge sie wider dich bezeugen; antwortest du nicht? Sieh', welche Dinge sie wider dich vorbringen?

Jesus aber antwortete ihm auf kein Wort, so daß der Landpfleger sich sehr verwunderte.

Sie aber bestanden darauf, und sprachen: „Er wiegelt das Volk auf, indem er in ganz Judäa lehrt, von Galiläa angefangen bis hierher."

Da nun Pilatus von Galiläa hörte, fragte er, ob der Mensch ein Galiläer wäre?

Und nachdem er erfahren, daß er aus dem Gebiet des Herodes sei, sandte er ihn zu Herodes, der in jenen Tagen ebenfalls zu Jerusalem war.

Als aber Herodes Jesum sah, freute er sich sehr, denn er hatte sich seit langer Zeit gewünscht, ihn zu sehen, weil er Vieles von ihm gehört hatte, und hoffte, ihn irgend ein Wunder wirken zu sehen.

Er stellte auch viele Fragen an ihn, aber Jesus antwortete ihm nichts.

Die Hohenpriester aber und Schriftgelehrten standen da, und verklagten ihn unaufhörlich.

Da verachtete ihn Herodes mit seinen Kriegsleuten, ließ ihm zum Spotte ein weißes Kleid anziehen, und schickte ihn zu Pilatus zurück.

An demselben Tage wurden Herodes und Pilatus Freunde, denn vorher waren sie einander feind.

Achtzehntes Buch.
Jesu Kreuzigung.

Barabbas. — Kreuzige ihn. — Die Geißelung und die Dornenkrone. — Ecce homo. — Das Kreuz. — Die Kreuzigung. — Die letzten Worte Jesu am Kreuz. — Jesu Christi Tod. — Das Durchstechen der Seite Jesu. — Jesu Begräbniß. — Joseph von Arimathäa — Die Wache am Grabe.

(Matth. c. XXVII. Marc. c. XV. Luc. c. XXIII. Joh. c. XVIII. Joh c. XIX.)

Pilatus aber rief die Hohenpriester und die Vorsteher und das Volk zusammen, und sprach zu ihnen:

„Ihr habt diesen Menschen zu mir gebracht als einen Volks= aufwiegler, und siehe, ich hab' ihn in eurer Gegenwart verhört, und an diesem Menschen nichts von dem gefunden, weßwegen ihr ihn verklaget. Aber auch Herodes nicht; denn ich habe euch zu ihm gesendet, und siehe, es geschah nichts mit ihm, was ihn des Todes schuldig zeigte. Ich will ihn also züchtigen, und losgeben."

Es war aber gebräuchlich, daß der Landpfleger auf den hohen Festtag dem Volke einen Gefangenen losgab, welchen sie wollten.

Nun hatte er damals einen berüchtigten Gefangenen, der Barabbas hieß. Es war aber ein Dieb, der mit andern Auf= rührern gefangen wurde, und in dem Aufruhr einen Mord be= gangen hatte.

Und als das Volk hinaufkam, fing es an zu bitten, er möchte ihnen thun, wie er immer gethan hatte.

Da sie nun also versammelt waren, sprach Pilatus zu den Juden: „Ich finde keine Schuld an ihm."

„Es ist aber bei euch Gewohnheit, daß ich euch am Oster= feste Einen losgebe: Wollet ihr nun, daß ich euch den König der Juden losgebe? Welchen wollt ihr, daß ich euch losgebe, den Barabbas oder Jesum, der Christus genannt wird?"

Denn er wußte, daß die Priester ihn aus Neid ihm über= antwortet hatten.

Da schrie aber der ganze Haufe: „Hinweg mit diesem, und gib uns den Barabbas los.

Als Pilatus aber auf dem Richterstuhl saß, schickte sein Weib zu ihm, und ließ sagen: „Habe du nichts zu schaffen mit diesem Gerechten; denn ich habe seinetwegen viel gelitten im Traume."

Allein die Hohenpriester und Aeltesten beredeten das Volk, daß sie den Barabbas begehren, Jesum aber tödten lassen sollten.

Und der Landpfleger, der Jesum retten wollte, entgegnete, und sprach zu ihnen: „Welchen von beiden wollt ihr frei für euch haben?"

Sie aber sagten: „Den Barabbas."

Da entgegnete ihnen Pilatus abermal, und sprach zu ihnen: „Was wollt ihr denn, daß ich mit dem König der Juden thue?"

Sie aber schrieen abermal, und sprachen zu ihm:

„Kreuzige ihn! Kreuzige ihn!"

Er aber sprach zum drittenmale zu ihnen: „Was hat denn dieser Böses gethan? Ich finde keine Schuld an ihm; darum will ich ihn züchtigen und losgeben."

Sie aber hielten an mit großem Geschrei, und forderten, daß er gekreuziget werde, und ihr Geschrei nahm immer mehr zu.

Darauf ließ Pilatus Jesum ergreifen und befahl ihn zu geißeln.

Die Soldaten des Landpflegers aber nahmen Jesum zu sich in das Richthaus, und versammelten um ihn die ganze Schaar.

Und sie zogen ihn aus, und legten ihm einen Purpurmantel um, und flochten eine Krone von Dornen, setzten sie auf sein Haupt, und gaben ihm ein Rohr in seine rechte Hand. Und sie bogen das Knie vor ihm, verspotteten ihn, und sprachen: „Sei gegrüßt, du König der Juden!"

Zu gleicher Zeit aber gaben sie ihm Backenstreiche, spieen ihn an, nahmen das Rohr aus seiner Hand und schlugen ihm damit das Haupt.

Da ging Pilatus wieder hinaus und sprach zu dem Volke: „Seht, ich führe ihn heraus zu euch, damit ihr erkennt, daß ich keine Schuld an ihm finde."

Jesus ging also hinaus, und trug die Dornenkrone und den Purpurmantel; der Landpfleger sprach zu ihnen: „Welch ein Mensch."

Als ihn aber die Hohenpriester und Diener sahen, schrieen sie und sprachen: „Kreuzige, Kreuzige ihn.“

Pilatus aber sprach zu ihnen: „Nehmet ihr ihn hin, und kreuziget ihn, denn ich finde keine Schuld an ihm.“

Die Juden antworteten ihm: „Wir haben ein Gesetz, und nach dem Gesetz muß er sterben; denn er hat sich selbst zum Sohne Gottes gemacht.“

Als nun Pilatus diese Rede gehört, fürchtete er sich noch mehr.

Und er ging wieder in das Richthaus, und sprach zu Jesu: „Woher bist du?“ Aber Jesus gab ihm keine Antwort.

Da sprach Pilatus zu ihm: „Mit mir redest du nicht? Weißt du nicht, daß ich Macht habe, dich zu kreuzigen, und Macht habe, dich loszugeben?“

Jesus antwortete: „Du hättest keine Macht über mich, wenn sie dir nicht von oben herab gegeben wäre; darum hat der, welcher mich dir überlieferte, eine größere Sünde.“

Von nun an suchte Pilatus ihn loszugeben. Die Juden aber schrieen und sprachen: „Wenn du diesen losläßt, so bist du des Kaisers Freund nicht; denn Jeder, der sich zum Könige macht, widersetzt sich dem Kaiser.“

Als aber Pilatus diese Worte gehört hatte, führte er Jesum hinaus und setzte sich auf den Richtstuhl, an den Ort, der auf griechisch Lithostroton, auf hebräisch aber Gabbatha genannt wird.

Es war aber der Rüsttag des Osterfestes, ungefähr die sechste Stunde, und er sprach zu den Juden: „Sehet, euer König.“

Sie aber schrieen: „Hinweg, hinweg, kreuzige ihn!“

Pilatus aber sprach zu ihnen: „Euren König soll ich kreuzigen?“

Die Hohenpriester aber antworteten: „Wir haben keinen König, als den Kaiser.“

Als nun Pilatus sah, daß er nichts ausrichtete, sondern der Lärm größer wurde, nahm er Wasser, und wusch seine Hände vor dem Volke, und sprach: „Ich bin unschuldig an dem Blute dieses Gerechten; sehet Ihr zu.“

Und das ganze Volk antwortete, nnd sprach: „Sein Blut komme über uns und unsere Kinder.“

Da nun Pilatus dem Volke willfahren wollte, gab er ihnen den Barabbas los, welcher des Todtschlags und des Aufruhrs wegen in den Kerker gesetzt worden war, den sie auch verlangten, Jesum aber übergab er ihrem Willen zur Kreuzigung.

Darauf nahmen sie Jesum, und nachdem sie ihn verspottet hatten, nahmen sie ihm den Mantel ab, zogen ihm seine Kleider an, und führten ihn fort, um ihn zu kreuzigen.

Und Jesus trug sein Kreuz und ging hinaus zu dem Orte, den man Schädelstätte nennt, auf hebräisch aber Golgatha.

Indem sie aber hinausgingen, trafen sie am Ausgang der Stadt einen gewissen Simon von Cyrene, der vom Meyerhofe kam und vorüberging, den Vater des Alexander und Rufus; diesen nöthigten[1] sie, daß er das Kreuz nehme und es Jesu nachtrüge.

Es folgte ihm aber eine große Menge Volkes und Weiber, die ihn beklagten und beweinten.

Jesus aber wandte sich zu ihnen, und sprach: „Ihr Töchter Jerusalems, weinet nicht über mich, sondern weinet über euch selbst, und über eure Kinder!

Denn siehe, es werden Tage kommen, an welchen man sagen, wird: Selig sind die Unfruchtbaren und die Leiber, die nicht geboren, und die Brüste, die nicht gesäugt haben.

Dann werden sie anfangen zu den Bergen zu sagen: Fallt über uns, und zu den Hügeln: Bedeckt uns[2].

Denn, wenn man das am grünen Holze thut, was wird mit dem dürren geschehen[3]?“

Sie führten aber auch zwei Andere, die Missethäter waren, mit ihm hinaus, daß sie getödtet würden.

Und sie kamen an den Ort, welcher Golgatha, das ist: Schädelstätte genannt wird.

Da gaben sie ihm Wein, der mit Myrrhen und Galle gemischt war[4]. Und als er denselben gekostet hatte, wollte er denselben nicht trinken[5].

Darauf kreuzigten sie ihn daselbst sammt den Straßenräubern, einen zur Rechten, den andern zur Linken, und ihn in der Mitte.

---

1) Anhang Buch XVIII. 1. — 2) Ibid. 2. — 3) Ibid. 3.
4) Ibid. 4. — 5) Ibid. 5.

Da ward die Schrift erfüllt, die da spricht: „Er ist unter die Uebelthäter gerechnet worden.“

Jesus aber sprach: „Vater vergib ihnen, denn sie wissen nicht, was sie thun.“

Und Pilatus ließ eine Inschrift schreiben, und oben am Kreuz über dem Haupte Jesu anheften.

Und die Inschrift enthielt die Ursache seines Todes.

Es stand dort geschrieben: „Dieser ist Jesus von Nazareth, der König der Juden.“

Diese Ueberschrift lasen nun viele von den Juden; denn der Ort, wo Jesus gekreuzigt wurde, war nahe bei der Stadt. Und es war geschrieben auf hebräisch, griechisch und lateinisch.

Da sprachen die Hohenpriester der Juden zu Pilatus: „Schreibe nicht der König der Juden, sondern, daß er gesagt habe: Ich bin der König der Juden.“

Pilatus antwortete: „Was ich geschrieben habe, das habe ich geschrieben.“

Nachdem nun die Soldaten Jesum gekreuzigt hatten, nahmen sie seine Kleider (und machten vier Theile daraus, für jeden Soldaten einen Theil) und den Rock. Der Rock war aber ohne Naht, von oben an durchaus gewebt.

Da sprachen sie zu einander: „Wir wollen diesen nicht zerschneiden, sondern das Loos darüber werfen, wessen er sein soll.“ Damit die Schrift erfüllt werde, welche sagt: „Sie theilten meine Kleider unter sich und über mein Gewand warfen sie das Loos.“ Und die Soldaten thaten dieses.

Und sie setzten sich, und bewachten ihn.

Das Volk aber stand umher und sah dieses.

Die aber vorübergingen lästerten ihn, schüttelten ihre Köpfe und sprachen: „Ei du, der du den Tempel Gottes zerstörst, und in drei Tagen ihn wieder aufbaust, hilf dir selbst. Wenn du der Sohn Gottes bist, steig’ herab vom Kreuze.“

Gleicherweise spotteten sein auch die Hohenpriester sammt den Schriftgelehrten und Aeltesten und sprachen: „Andern hat er geholfen, sich selbst kann er nicht helfen. Ist er König von Israel, so steige er herab vom Kreuze, und wir wollen an ihn glauben.

Wenn er Christus ist, an dem Gott Wohlgefallen hat, so helfe er sich selbst und steige herab vom Kreuze, damit wir es sehen und glauben.

Er hat auf Gott vertraut; der erlöse ihn nun, wenn er ihn liebt; denn er hat gesagt: „Ich bin Gottes Sohn."

Es verspotteten ihn auch die Soldaten, sie traten hin, reichten ihm Essig, und sprachen: „Bist du der König der Juden, so hilf dir."

Und die mit ihm gekreuzigten Missethäter lästerten ihn gleicher Maaßen.

Einer aber der Uebelthäter, die da hingen, lästerte ihn und sprach: „Wenn du Christus bist, so hilf dir selbst, und uns."

Da antwortete der Andere, verwies es ihm, und sprach: „Fürchtest auch du Gott nicht, da du doch dieselbe Strafe er= leidest? Wir zwar mit Recht: denn wir empfangen, was unsere Thaten verdient haben, dieser aber hat nichts Böses gethan."

Und er sprach zu Jesu: „Herr, gedenke meiner, wenn du in dein Reich kommst."

Und Jesus sprach zu ihm: „Wahrlich, sage ich dir, heute wirst du mit mir im Paradiese sein."

Es standen aber bei dem Kreuze Jesu seine Mutter und die Schwester seiner Mutter, Maria, die Frau des Cleophas und Maria Magdalena.

Da nun Jesus seine Mutter und den Jünger, den er lieb hatte, stehen sah, sprach er zu seiner Mutter: „Weib, siehe, dein Sohn!" Hierauf sprach er zu dem Jünger: „Siehe, deine Mutter!"

Und von derselben Stunde an nahm sie der Jünger zu sich, und hielt sie, wie seine Mutter.

Es war aber ungefähr die sechste Stunde. Die Sonne ward bedeckt und es ward eine Finsterniß auf der ganzen Erde bis zur neunten Stunde.

Und um die neunte Stunde rief Jesus mit lauter Stimme und sprach: »Eloi, Eloi, lamma sabactani?« Das ist: „Mein Gott, mein Gott, warum hast du mich verlassen[1])?"

Etliche aber, die da standen, und dieß hörten, sprachen „Dieser ruft den Elias."

---

[1]) Anhang Buch XVIII. 6.

Danach da Jesus wußte, daß Alles vollbracht sei, sprach er, damit die Schrift erfüllt werde: „Mich dürstet."

Es stand aber ein Gefäß mit Essig da. Einer aber lief hin, und füllte einen Schwamm mit Essig, steckte ihn an einen Ysopstengel und gab ihm zu trinken, indem er sprach: Halt, wir wollen sehen, ob Elias komme, ihn herabzunehmen vom Kreuze.

Die Andern aber sprachen: „Wartet, wir wollen sehen, ob Elias kommt, ihn zu erretten."

Da nun Jesus den Essig genommen hatte, sprach er: „Es ist vollbracht."

Darauf sprach er mit lauter Stimme: „Vater, in deine Hände befehle ich meinen Geist!" und neigte sein Haupt und verschied.

Und siehe, der Vorhang im Tempel zerriß von oben bis unten in zwei Stücke, die Erde bebte, und die Felsen spalteten sich. Die Gräber öffneten sich, und viele Leiber der Heiligen, die entschlafen waren, standen auf.

Und sie gingen nach seiner Auferstehung aus den Gräbern, kamen in die heilige Stadt, und erschienen Vielen.

Da nun der Hauptmann, der gegenüberstand, sah, daß Jesus so laut rufend den Geist aufgab, sprach er: „Wahrlich, dieser Mensch war der Sohn Gottes."

Und alle die bei ihm waren, erschraken sehr, als sie Alles, was geschehen war und das Erdbeben sahen, und sprachen: „Wahrlich, dieser Mensch ist gerecht, er ist wahrlich Gottes Sohn gewesen."

Und alles Volk, das bei diesem Vorgange zugegen war, und sah, was geschah, schlug an seine Brust, und kehrte in die Stadt zurück.

Es standen auch alle seine Bekannten von ferne und die Frauen, welche ihm aus Galiläa gefolgt waren; und sie sahen dieses von ferne.

Unter diesen waren Maria Magdalena und Maria, die Mutter Jakobus, des Jüngeren und Josephs, und Salome, die Mutter der Söhne des Zebedäus, welche ihm auch gefolgt waren, und gedient hatten, da er in Galiläa war und viele andere, die zugleich mit ihm nach Jerusalem gegangen waren.

Die Juden aber, damit die Körper nicht am Sabbate am Kreuze blieben, weil es der Rüsttag war (denn jener Sabbat war ein großes Fest) baten den Pilatus, daß die Beine der Gekreuzigten gebrochen, und sie abgenommen werden möchten.

Da kamen die Soldaten auf Befehl des Pilatus, und zerbrachen die Beine des Ersten und des Andern, die mit Jesus gekreuzigt worden waren.

Als sie aber zu Jesu kamen, und sahen, daß er schon gestorben sei, zerbrachen sie seine Gebeine nicht, sondern einer von den Soldaten öffnete seine Seite mit einem Speere, und sogleich kam Blut und Wasser heraus.

Denn dieses ist geschehen, damit die Schrift erfüllt werde: „Ihr sollt an ihm kein Bein zerbrechen."

Und wieder eine andere Schriftstelle spricht: Sie werden sehen, wen sie durchbohrt haben.

Und als es bereits Abend geworden war (es war nämlich Rüsttag, das ist der Tag vor dem Sabbate) kam ein Rathsherr, mit Namen Joseph. Er war aus Arimathäa, einer Stadt in Judäa, ein angesehener und reicher, dabei aber ein guter und gerechter Mann.

Er hatte nicht in den Rath und in das Thun der Juden mit eingestimmt, denn er war einer von denen, die auf das Reich Gottes warteten und der ein Jünger Jesu war, aber ein heimlicher, aus Furcht vor den Juden.

Troß dieser Furcht ging er herzhaft zu Pilatus hinein, und begehrte den Leichnam Jesu und bat ihn bringend, daß er denselben vom Kreuz abnehmen dürfe, um ihn zu begraben.

Pilatus aber wunderte sich, daß er schon verschieden sei. Und er ließ den Hauptmann kommen, und fragte ihn, ob er schon gestorben sei. Und da er es von dem Hauptmann erfahren hatte, schenkte er Joseph den Leichnam und befahl, daß derselbe ihm sofort übergeben werde.

Joseph kam also und nahm den Leichnam Jesu ab.

Es kam aber auch Nikodemus, welcher vormals bei der Nacht zu Jesu gekommen war und brachte eine Mischung von Myrrhe und Aloe gegen hundert Pfund.

Joseph aber kaufte Leinwand, nahm ihn ab und wickelte ihn

in eine reine Leinwand, sammt den Specereien, wie es Sitte bei
den Juden ist. .

Es war aber ein Garten in der Nähe des Ortes, wo Jesus gekreuzigt worden war. In demselben hatte Joseph in den Felsen ein
neues Grab hauen lassen, in das noch niemand gelegt worden war.

Da es nun der Rüsttag vor dem Sabbat der Juden und das
Grab nahe war, legten sie Jesum dorthin.

Joseph aber wälzte einen großen Stein vor das Grab und
ging weg.

Es war aber der Anfang des Sabbat nahe herangekommen,
und die Weiber, welche mit Jesus nach Galiläa gekommen waren,
folgten nach, schauten das Grab und wie sein Leichnam hinein-
gelegt wurde, und sie kehrten zurück, und bereiteten Specereien
und Salben. Am Sabbate aber ruhten sie nach dem Gesetz.

Des andern Tages nun, der auf den Rüsttag folgt, versammelten
sich die Hohenpriester und Pharisäer bei Pilatus, und sprachen:

„Herr, wir haben uns erinnert, daß jener Verführer, als
er noch lebte, gesagt hat: Nach drei Tagen werde ich
wieder auferstehen.

Befiehl also, daß man das Grab bis an den dritten Tag
bewache, damit nicht etwa seine Jünger kommen, ihn stehlen,
und dem Volke sagen: Er ist von den Todten auferstanden; und so der letzte Irrthum ärger werde, als der erste.“

Pilatus aber sprach zu ihnen: „Ihr sollt eine Wache haben,
geht, haltet Wache, wie es euch dünkt.“

Sie aber gingen hin, verwahrten das Grab mit Wächtern, und
versiegelten den Stein.

Neunzehntes Buch.
Die Auferstehung.

Der Morgen der Auferstehung. — Der Herr erscheint der Maria Magdalena. — Er erscheint den andern Frauen. — Die Lüge der Wächter. — Die Jünger von Emmaus. — Der Herr erscheint den elf Aposteln. — Er erscheint denselben und Thomas. — Jesus' Erscheinung am Meeresufer. — Simon Petrus und die dreimalige Versicherung seiner Liebe für Jesum Christum.

(Matth. c. XXVIII. Marc. c. XVI. Luc. c. XXIV. Apost. Gesch. c. I)

Nach dem Sabbate aber, als der Morgen am ersten Tage der Woche anbrach, kauften Maria Magdalena, Maria, des Jakobus Mutter, Salome und andere Frauen Specereien um hinzugehen und ihn zu salben.

Und sie kamen am ersten Tage der Woche in aller Frühe zum Grabe, da die Sonne eben aufgegangen war.

Und sie sprachen zu einander: „Wer wird uns wohl den Stein von der Thüre des Grabes wegwälzen?"

Und siehe, es geschah ein großes Erdbeben, denn ein Engel des Herrn stieg vom Himmel herab, wälzte den Stein weg, und setzte sich darauf.

Sein Gesicht war wie der Blitz und sein Gewand weiß wie der Schnee.

Die Wächter aber bebten aus Furcht vor ihm, und waren wie todt.

Als die frommen Frauen aber hinblickten, sahen sie, daß der Stein weggewälzt war; denn er war sehr groß.

Und sie gingen hinein, fanden aber den Leib des Herrn Jesu nicht.

Maria Magdalena, ohne sich aufzuhalten, lief und kam zu Simon Petrus und zu dem andern Jünger, den Jesus lieb hatte, und sprach zu ihnen:

„Sie haben den Herrn aus dem Grabe genommen, und wir wissen nicht, wohin sie ihn gelegt haben."

Da gingen Petrus und der andere Jünger hinaus, und kamen zum Grabe. Beide liefen zugleich und der andere Jünger lief noch schneller als Petrus, und kam zuerst zum Grabe.

Und er neigte sich hinein, und sah die Leintücher daliegen, jedoch ging er nicht hinein.

Da kam Simon Petrus, der ihm folgte, ging in das Grab, und sah die Leintücher liegen, auch das Tuch, welches um sein Haupt gewesen war, das aber nicht bei den Leintüchern lag, sondern abgesondert an einem Orte zusammengewickelt war.

Dann ging auch jener Jünger, der zuerst zum Grabe gekommen war, hinein, und er sah, daß Jesus nicht darin war und glaubte, man habe ihn weggenommen, wie Magdalena es ihnen gesagt hatte; denn sie verstanden noch nicht die Schrift, daß Jesus von den Todten auferstehen müsse.

Da gingen die Jünger wieder weg nach Hause, und Petrus verwunderte sich über das, was geschehen war.

Die frommen Frauen aber verweilten in dem Grabe und es geschah, als sie darüber bekümmert waren, den Leib des Herrn nicht gefunden zu haben, siehe da standen zwei Männer in glänzenden Kleidern bei ihnen.

Maria Magdalena aber stand außerhalb des Grabes weinend. Sie, welcher Jesus sieben Teufel ausgetrieben hatte, war es aber, welcher er, als er am ersten Tage der Woche auferstanden war, zuerst erschien.

Als sie zu dem Grabe zurückkehrte, nachdem die beiden Jünger es verlassen hatten, stand sie außerhalb des Grabes weinend. Da sie nun weinte und gebückt in's Grab hinein blickte, sah sie zwei Engel in weißen Kleidern da sitzen, wo der Leichnam Jesu hingelegt war, den einen am Haupte, den andern bei den Füßen.

Diese sprachen zu ihr: „Weib, was weinst du?" Sie sprach zu ihnen: „Weil sie meinen Herrn weggenommen haben, und ich weiß nicht, wo sie ihn hingelegt haben."

Als sie dieses gesagt hatte, wandte sie sich um, und sah Jesum stehen, wußte aber nicht, daß es Jesus sei.

Jesus sprach zu ihr: „Weib was weinst du? Wen suchst du?" Da meinte sie, es wäre der Gärtner, und sprach zu ihm: Herr, wenn du ihn weggetragen hast, so sage mir, wo du ihn hingelegt hast, damit ich ihn holen kann.

Jesus sprach zu ihr: „Maria!", da wandte sie sich und sprach zu ihm: „Rabboni" (das heißt Meister).

Zugleich warf sie sich ihm zu Füßen, um dieselben zu küssen.

Jesus sprach zu ihr: „Rühre mich nicht an, denn ich bin noch nicht hinaufgefahren zu meinem Vater; gehe aber hin zu meinen Brüdern und sage ihnen: Ich fahre hinauf zu meinem Vater und zu eurem Vater, zu meinem Gott und zu eurem Gott."

Da kam Maria Magdalena und verkündigte den Jüngern: „Ich habe den Herrn gesehen, und dieß hat er mir gesagt.

Da diese aber hörten, daß er lebe und von ihr gesehen worden sei, glaubten sie es nicht.

Während dieses alles geschah, waren die anderen Frauen voll Schrecken und verweilten mit zur Erde gesenkten Augen. Da sprach der Jüngling im weißen Kleide, welcher zur Rechten saß, zu ihnen:

„Fürchtet euch nicht! ihr suchet Jesum von Nazareth, den Gekreuzigten."

Da sie nun aber erschraken und ihr Angesicht zur Erde senkten, sprach er zu ihnen: „Warum sucht ihr den Lebendigen bei den Todten?

Er ist nicht hier, sondern auferstanden. Erinnert euch, wie er zu euch geredet hat, als er noch in Galiläa war, da er sprach: Der Menschensohn muß in die Hände der Sünder überliefert und gekreuzigt werden, und am dritten Tag wieder auferstehen. Kommt und seht den Ort, wo man ihn hingelegt hatte. Geht eilends und sagt seinen Jüngern und Petrus, daß er auferstanden ist von den Todten.

Ich sage euch, daß er euch vorangehen wird nach Galiläa, daselbst werdet ihr ihn sehen, wie er euch gesagt hat[1])."

Und sie erinnerten sich seiner Worte. Und sie gingen eilends mit Furcht und großer Freude von dem Grabe hinweg und liefen, um es seinen Jüngern zu verkünden. Unterwegs aber sagten sie Niemand etwas, denn sie fürchteten sich.

Und siehe, Jesus begegnete ihnen, und sprach: „Seid gegrüßt." Sie aber traten herzu, umfaßten seine Füße und beteten ihn an.

Da sprach Jesus zu ihnen: „Fürchtet euch nicht! Gehet hin und verkündet es meinen Brüdern, daß sie nach Galiläa gehen, daselbst werden sie mich sehen."

---

1) Anhang Buch XIX. 1.

Da kehrten diese frommen Frauen vom Grabe zurück, und verkündeten es den Elfen und allen Uebrigen.

Es war aber Maria Magdelena, und Johanna und Maria, die Mutter Jakobus', und die übrigen, welche bei ihnen waren, welche den Aposteln dieses sagten.

Und ihre Worte kamen diesen wie ein Mährchen vor, und sie glaubten ihnen nicht.

Als diese nun hingegangen waren, siehe, da kamen einige von den Wächtern in die Stadt, und verkündigten den Hohen=priestern Alles, was sich zugetragen hatte.

Und diese versammelten sich mit den Aeltesten, hielten Rath, und gaben den Wächtern viel Geld, und sprachen:

„Sagt: Seine Jünger sind bei der Nacht gekommen, und haben ihn gestohlen, weil wir schliefen. Und wenn dieses dem Landpfleger zu Ohren kommen sollte, so wollen wir ihn bereden, und euch sicher stellen[1].“

Sie nahmen nun das Geld, und thaten, wie man sie unterrichtet hatte; und es verbreitete sich diese Sage unter den Juden bis auf den heutigen Tag.

Und siehe, zwei von ihnen gingen an demselben Tage in einen Flecken mit Namen Emmaus, der sechzig Stadien von Jerusalem entfernt war[2].

Und sie redeten miteinander über alles dieß, was sich zu=getragen hatte.

Und es geschah, als sie miteinander redeten, und sich be=fragten, nahte Jesus selbst, und ging mit ihnen.

Ihre Augen aber waren gehalten, damit sie ihn nicht erkännten.

Und 'er sprach zu ihnen: „Was sind das für Reden, die ihr untereinander auf dem Wege wechselt, und ihr seid traurig?“

Da antwortete Einer, dessen Namen Cleophas war, und sprach zu ihm: „Bist du der einzige Fremdling in Jerusalem, und weißt nicht, was daselbst geschehen ist in diesen Tagen?“

Und er sprach zu ihnen: „Was?“

Und sie sprachen: „Das mit Jesu von Nazareth, der ein Prophet war, mächtig in der That und in der Rede vor Gott

---

1) Anhang XIX. 2. — 2) Ibid. 3.

und vor allem Volke, und wie ihn unsere Hohenpriester und Vorsteher zur Todesstrafe überliefert, und gekreuzigt haben. Wir aber hofften, daß er es wäre, der Israel erlöste. Und nun ist heute nach diesem Allem der dritte Tag, daß dieses geschehen ist.

Auch haben uns einige Weiber von den Unsrigen in Erstaunen gesetzt, welche vor Sonnenaufgang am Grabe waren, seinen Leib nicht fanden, und kamen und sagten, sie hätten eine Erscheinung von Engeln gehabt, welche gesagt, daß er lebe.

Und Einige von den Unsrigen gingen zu dem Grabe, und fanden es so, wie die Weiber gesagt hatten; ihn selbst aber fanden sie nicht."

Und er sprach zu ihnen: „O ihr Unverständigen von langsamer Fassungskraft, um Alles zu glauben, was die Propheten gesprochen haben!

Mußte nicht Christus dieß leiden und so in seine Herrlichkeit eingehen?"

Und er fing an von Moses und allen Propheten, und legte ihnen aus, was in der ganzen Schrift von ihm geschrieben steht.

Und sie kamen nahe zu dem Flecken, wohin sie gingen, und er stellte sich, als wollte er weiter gehen.

Aber sie nöthigten ihn, und sprachen: „Bleib' bei uns, denn es ist schon Abend, und der Tag hat sich geneigt. Und er ging mit ihnen hinein.

Und es geschah, als er mit ihnen zu Tische saß, nahm er das Brod, segnete es, brach es, und gab es ihnen.

Da wurden ihre Augen aufgethan, und sie erkannten ihn; er aber verschwand aus ihrem Gesichte.

Und sie sprachen zu einander: „Brannte nicht unser Herz in uns, während er auf dem Wege redete und uns die Schrift aufschloß?"

Und sie machten sich in der nämlichen Stunde auf, und gingen nach Jerusalem zurück, und fanden die Elf und die mit ihnen waren, versammelt, die da sprachen: „Der Herr ist wahrhaftig auferstanden und dem Simon erschienen [1])."

---

1) Anhang Buch XIX. 4.

Und sie erzählten ihnen, was sich auf dem Wege zugetragen, und wie sie ihn am Brodbrechen erkannt hätten.

Aber sie wollten es nicht glauben, eben so wenig, wie sie es den Frauen geglaubt hatten.

Der Herr zeigte sich nicht nur Petrus und Jakobus, sondern er zeigte sich auch den versammelten Aposteln, während sie bei Tische saßen.

Es ging aber so zu.

Die Elf saßen am Abend desselben Tages, welcher der erste der Woche war, wieder bei einander, um ihr Mahl einzunehmen und unterhielten sich in ähnlicher Weise, wie oben erzählt worden ist, von allem dem, was geschehen war; es waren aber die Thüren des Ortes, wo die Jünger versammelt waren, aus Furcht vor den Juden, verschlossen. Da kam Jesus, stand in ihrer Mitte, und sprach zu ihnen: „Friede sei mit euch. Ich bin es, fürchtet euch nicht!" Und er verwies ihnen ihren Unglauben und ihres Herzens Härtigkeit, daß sie denen nicht geglaubt hätten, welche ihn gesehen hatten, nachdem er auferstanden war.

Sie aber erschraken und fürchteten sich, und meinten einen Geist zu sehen.

Und Jesus sprach zu ihnen: „Warum seid ihr erschrocken und warum steigen solche Gedanken in euren Herzen auf.

Sehet meine Hände und meine Füße, ich bin es selbst: Tastet und sehet; denn ein Geist hat nicht Fleisch und Bein, wie ihr sehet, daß ich habe."

Und als er dieß gesagt hatte, zeigte er ihnen die Hände und Füße und seine Seite.

Da freuten sich die Jünger, daß sie den Herrn sahen; da sie aber noch nicht glaubten vor Freuden, und sich verwunderten, sprach er: „Habt ihr hier etwas zu essen?"

Da legten sie ihm einen Theil von einem gebratenen Fische und einen Honigkuchen vor.

Und da er von ihnen gegessen hatte, nahm er das Uebrige, und gab es ihnen.

Er sprach dann abermal zu ihnen: „Friede sei mit euch. Wie mich mein Vater gesandt hat, so sende ich euch."

Da er dieß gesagt hatte, hauchte er sie an, und sprach zu ihnen: „Empfangt den heiligen Geist.

Welchen ihr die Sünden nachlassen werdet, denen sind sie nachgelassen, und welchen ihr sie behalten werdet, denen sind sie behalten."

Thomas aber, einer von den Zwölfen, der Zwilling genannt, war nicht bei ihnen, als Jesus kam.

Darum sprachen die andern Jünger zu ihm: „Wir haben den Herrn gesehen." Er aber sagte zu ihnen: „Wenn ich nicht an seinen Händen das Mal der Nägel sehe, und meinen Finger in den Ort der Nägel, und meine Hand in seine Seite lege, so glaube ich nicht."

Und nach acht Tagen waren seine Jünger wieder darin, und Thomas mit ihnen. Da kam Jesus bei verschlossenen Thüren, stand in ihrer Mitte, und sprach: „Friede sei mit euch!"

Dann sagte er zu Thomas: „Lege deine Finger herein, und sieh' meine Hände, und reiche her deine Hand, und lege sie in meine Seite, und sei nicht ungläubig, sondern gläubig."

Thomas antwortete, und sprach zu ihm: „Mein Herr und mein Gott!"

Jesus sprach zu ihm: „Weil du mich gesehen hast, Thomas, hast du geglaubt; selig, die nicht sehen, und doch glauben[1])."

Jesus hat zwar noch viele andere Zeichen vor den Augen seiner Jünger gethan, welche nicht in diesem Buche geschrieben sind; diese aber sind geschrieben, damit ihr glaubt, Jesus sei Christus, der Sohn Gottes, und damit ihr durch den Glauben das Leben habt in seinem Namen.

Die Jünger Jesu aber waren nach Galiläa gegangen, wie ihnen der Herr befohlen hatte. Darnach offenbarte sich Jesus den Jüngern wieder am Meere von Tiberias. Er offenbarte sich aber in folgender Weise:

Es waren bei einander Simon Petrus, Thomas, der Zwilling genannt, Nathanael von Cana in Galiläa, die Söhne des Zebedäus und zwei andere von den Jüngern.

Da sprach Simon Petrus zu ihnen: „Ich gehe fischen." Sie sprachen zu ihm: „Auch wir wollen mit dir gehen." Sie

---

1) Anhang Buch XIX. 5.

gingen also hinaus, und stiegen in das Schiff. Aber diese Nacht fingen sie nichts.

Als es aber Morgen geworden war, stand Jesus am Ufer: jedoch erkannten die Jünger nicht, daß es Jesus sei.

Jesus sprach zu ihnen: „Kinder, habt ihr etwas zu essen?" Sie antworteten ihm: „Nein."

Er aber sprach, so werfet das Netz zur Rechten des Schiffes aus, so werdet ihr etwas finden. Da warfen sie es aus, und konnten es nicht mehr ziehen wegen Menge der Fische.

Da sagte jener Jünger, den Jesus lieb hatte, zu Petrus: „Es ist der Herr!" Als Simon Petrus es hörte, daß es der Herr sei, gürtete er sich das Unterkleid um (denn er war nackt), und warf sich in's Meer.

Die andern Jünger aber kamen auf dem Schiffe; denn sie waren nicht weit vom Lande, sondern etwa zweihundert Ellen; und sie zogen das Netz mit den Fischen.

Als sie nun an das Land stiegen, sahen sie Kohlenfeuer angelegt, einen Fisch darauf und Brod dabei.

Jesus sprach zu ihnen: „Bringt her von den Fischen, die ihr jetzt gefangen habt."

Simon Petrus stieg hinein, und zog das Netz, welches mit hundert drei und fünfzig Fischen angefüllt war, an's Land; und obwohl ihrer so viele waren, zerriß das Netz doch nicht.

Jesus sprach zu ihnen: „Kommt und haltet Mahl." Aber keiner von denen, die sich lagerten, wagte es, ihn zu fragen: „Wer bist du?" denn sie wußten, daß es der Herr war.

Da kam Jesus, nahm das Brod, und gab es ihnen, und ebenso auch den Fisch.

Dieses war nun das drittemal, daß sich Jesus seinen Jüngern offenbarte, nachdem er von den Todten auferstanden war.

Als sie nun Mahl gehalten hatten, sprach Jesus zu Simon Petrus: „Simon, Sohn des Johannes, liebst du mich mehr als diese[1])?" Er sprach zu ihm: „Ja Herr, du weißt, daß ich dich liebe." Er sagte zu ihm: „Weide meine Lämmer[2])."

---

1) Anhang Buch XIX. 6. — 2) Ibid. 7.

Abermal sagte er zu ihm: „Simon, Sohn des Johannes, liebst du mich?" Er sprach zu ihm: „Ja Herr, du weißt, daß ich dich liebe!" Er sagte zu ihm: „Weide meine Lämmer!"

Er sprach zum drittenmal zu ihm: „Simon, Sohn des Johannes, liebst du mich?" Da ward Petrus traurig, daß er zum drittenmal zu ihm sagte. Liebst du mich?, und sagte zu ihm: „Herr du weißt Alles, du weißt, daß ich dich liebe." Er sprach zu ihm: „Weide meine Schafe!"

Wahrlich, wahrlich, sag' ich dir, da du jünger warst, gürtetest du dich selbst, und wandeltest, wohin du wolltest; wenn du aber alt geworden bist, wirst du deine Hände ausstrecken, und ein Anderer wird dich gürten, und dich führen, wohin du nicht willst[1])."

Dieses aber sagte er, um anzuzeigen, durch welchen Tod er Gott verherrlichen sollte.

Und als er dieß gesagt hatte, sprach er zu ihm: „Folge mir nach!"

Petrus aber wandte sich um, und sah den Jünger, welchen Jesus lieb hatte, nachfolgen, denselben, welcher auch beim Abendmahle an seiner Brust gelegen und gesagt hatte: Herr, wer ist's, der dich verrathen wird?

Da nun Petrus diesen sah, sprach er zu Jesu: „Herr, was soll aber dieser?"

Jesus sprach zu ihm: „Ich will, daß er so bleibe, bis ich komme. Was geht es dich an? Du folge mir!"

Daher ging diese Rede unter die Brüder aus, daß jener Jünger nicht sterbe. Jesus aber sprach nicht zu ihm: Er wird nicht sterben, sondern: Ich will, daß er bleibe, bis ich komme, was geht es dich an!

Dieser ist der Jünger, welcher hievon Zeugniß gibt, und dieses geschrieben hat; und wir wissen daß sein Zeugniß wahr ist.

---

1) Anhang Buch XIX. 8.

Zwanzigstes Buch.
Das Himmelreich.

Der Berg in Galiläa. — Das wiederholte und letzte Versprechen des heiligen Geistes. — Jesus fährt zum Himmel auf.

(Marc. c. XVI. Luc. c. XXIV. Apostelgeschichte c. 1.)

Die elf Jünger aber gingen nach Galiläa auf den Berg, wohin sie Jesus beschieden hatte.

Und da sie ihn sahen, beteten sie ihn an.

Und Jesus trat hinzu, redete mit ihnen, und sprach: „Mir ist alle Gewalt gegeben im Himmel und auf Erden.

Darum geht hin, und lehrt alle Völker, und tauft sie im Namen des Vaters, des Sohnes und des heiligen Geistes, und lehrt sie Alles halten, was ich euch befohlen habe."

Und Jesus sprach weiter zu ihnen: „Geht hin in die ganze Welt, und predigt das Evangelium allen Geschöpfen.

Wer da glaubt und sich taufen läßt, der wird selig werden, wer aber nicht glaubt, der wird verdammt werden.

Es werden aber denen, die da glauben, diese Wunder folgen:

In meinem Namen werden sie Teufel austreiben, mit neuen Sprachen reden.

Schlangen aufheben, und wenn sie etwas Tödtliches trinken, wird es ihnen nicht schaden; Kranken werden sie die Hände auflegen, und sie werden gesund werden.

Und, siehe: ich bin bei euch alle Tage bis an das Ende der Welt."

Er aß auch mit ihnen, und befahl ihnen, von Jerusalem nicht wegzugehen, sondern zu warten auf die Verheißung des Vaters, „die ihr," sprach er, „aus meinem Munde gehört habt."

Denn Johannes hat zwar mit Wasser getauft, ihr aber sollt mit dem heiligen Geiste getauft werden, binnen wenigen dieser Tage.

Und er sprach zu ihnen: „Das sind die Worte, die ich zu euch geredet habe, da ich noch bei euch war, daß Alles erfüllt werden müsse, was in dem Gesetze Mosis, in den Propheten und in den Psalmen von mir geschrieben steht.

Dann schloß er ihnen den Sinn auf, daß sie die Schrift verständen.

Und er sprach zu ihnen: „Also steht es geschrieben, und also mußte Christus leiden und am dritten Tage von den Todten auferstehen, daß in seinem Namen Buße und Vergebung der Sünden geprediget werde unter allen Völkern, von Jerusalem angefangen.

Ihr aber seid Zeugen davon.

Und ich sende die Verheißung meines Vaters auf euch herab; ihr aber bleibt in der Stadt, bis daß ihr ausgerüstet worden mit Kraft aus der Höhe.

Nachdem aber Christus zu den Aposteln also gesprochen, welchen er auch nach seinem Leiden als lebendig sich darstellte, durch viele Beweise, indem er durch vierzig Tage ihnen erschien und vom Reiche Gottes mit ihnen redete, und was sie Alles zu thun und zu leiden haben würden, um dasselbe aufzubauen, führte er sie aus Jerusalem hinaus nach Bethanien und auf den Oelberg.

Die nun zusammen gekommen waren, fragten ihn, und sprachen: „Herr, wirst du nun in dieser Zeit das Reich Israel wieder herstellen[1]?"

Er aber sprach zu ihnen: „Es steht euch nicht zu, Zeit oder Stunde zu wissen, welche der Vater in seiner Macht festgesetzt hat, aber ihr werdet die Kraft des heiligen Geistes empfangen, der über euch kommen wird, und werdet meine Zeugen sein in Jerusalem und in ganz Judäa und in Samaria, und bis an die Grenzen der Erde."

Es waren aber damals auf dem Oelberge mehr, als fünfhundert Jünger versammelt.

Und als Jesus die obigen Worte gesagt hatte, wurde er vor ihren Augen zum Himmel emporgehoben, und indem er sich von ihnen entfernte, breitete er die Arme aus und segnete sie, und eine Wolke entzog ihn ihren Blicken. Der Herr Jesus aber ward in den Himmel aufgenommen und sitzet zur Rechten Gottes.

Und als sie ihm nachschauten, wie er in den Himmel fuhr,

---

1) Anhang Buch XX. 1.

siehe da standen bei ihnen zwei Männer in weißem Gewande[1]), welche auch sprachen: „Ihr Männer von Galiläa, was steht ihr da, und schaut gen Himmel? Dieser Jesus, der von euch weg in den Himmel aufgenommen worden, wird ebenso wieder kommen, wie ihr ihn seht hingehen in den Himmel[2])."

Die Jünger aber beteten ihn an und stiegen vom Berg herab und gingen voll Freude zurück nach Jerusalem.

Sie brachten die ganzen Tage im Tempel zu und priesen und lobten Gott.

Nachdem sie aber den heiligen Geist empfangen hatten, gingen sie hin in alle Welt und lehrten das Evangelium. Und der Herr wirkte mit ihnen, und bekräftigte das Wort durch die darauf folgenden Wunder.

---

1) Anhang Buch XX. 2. — 2) Ibid. 3.

Anhang.

Erstes Buch.

Die Ankunft des Sohnes Gottes. — Das Wort von Ewigkeit her.

1. **Im Anfang war das Wort.**

Das Wort, das heißt, die innere Stimme, der Gedanke Gottes, seine Weisheit, das vollkommene Ebenbild, welches er, in der Erkenntniß seiner selbst, von sich hervorbringt. Dieses Wort war vor aller Zeit. Es war von Ewigkeit her in Gott als in seinem Ursprung, selbst Gott und in allen Dingen Gott gleich.

2. **Alles ist durch dasselbe gemacht worden und ohne dasselbe ist nichts gemacht worden, was gemacht worden ist.**

Gott hat alles durch sein Wort geschaffen, welches seine Vernunft, seine Weisheit ist und zugleich das Vorbild, nach welchem alle Geschöpfe gemacht worden sind.

3. **Das Leben war das Licht der Menschen.**

Dasselbe ist nicht nur der Ursprung, des Lebens aller Geschöpfe, sondern es ist insbesondere das Leben und das Licht unserer Seelen. Was sich in den Menschen an Licht und Weisheit findet, ist nichts Anderes als ein Ausfluß und ein Theil der Weisheit Gottes.

4. **Und das Licht leuchtete in der Finsterniß, aber die Finsterniß hat es nicht begriffen.**

Dieses ewige Licht leuchtet inmitten der in die Finsterniß des Irrthums und der Sünde versenkten Menschen. Denn erstens erleuchtet es dieselben innerlich durch die Vernunft und das Gewissen, welche Jedem seine Pflichten zur Erkenntniß bringen; zweitens

ist es in allen Geschöpfen nachgebildet und erkennbar gemacht, damit die Menschen durch den Anblick der Werke der Weisheit Gottes
zu der Erkenntniß Gottes selbst sich erheben. Aber die Menschen,
durch ihre Leidenschaften geblendet, sehen dieses Licht nicht, wie der
Blinde das Licht der Sonne nicht zu sehen vermag, obwohl es sich
vor seinen Augen befindet.

5. Dieser kam zum Zeugniß, damit er Zeugniß
von dem Lichte gäbe, auf daß Alle **durch ihn** glauben
möchten.

Durch ihn, d. h. in Folge seiner Predigt und seines
Zeugnisses.

6. Er kam in sein Eigenthum, und die Seinigen
nahmen ihn nicht auf.

Dadurch, daß er Mensch wurde, kam er in die Welt, welche
von ihm erschaffen war, aber die Juden, sein Volk, nahmen ihn
nicht auf.

7. Allen aber, die ihn aufnahmen, gab er Macht,
Gottes Kinder zu werden.

Er hat ihnen das Recht verliehen, in Gottes Kinder
verwandelt zu werden, nicht durch eine fleischliche Erzeugung,
sondern durch eine ganz geistige Wiedergeburt durch den Geist
Gottes.

8. Und das Wort ist Fleisch geworden.

Das heißt, es ist aus freiem Willen ein Mensch geworden.

9. Und von seiner Fülle haben wir alle
empfangen.

Jesus Christus voll der Gnade und Wahrheit ist der Ursprung und die Quelle aller Gnaden, welche den Menschen gegeben
worden sind.

10. Gnade um Gnade.

An Stelle des alten Bundes, welcher eine Wohlthat und
eine Gnade Gottes gewesen ist, aber seiner Natur nach unwirksam
für das Heil der Seelen blieb, haben wir die überfließende und
fruchtbringende Gnade des neuen Bundes erhalten.

11. Denn das Gesetz wurde durch Moses gegeben,
Gnade und Wahrheit sind durch Jesum Christum
geworden.

Moses, der Diener des alten Bundes, hat ein Gesetz gegeben, dessen Vorschriften als Schatten und Scheinbilder erscheinen und den Menschen wohl ihre Pflichten zeigen, aber die Mittel nicht an die Hand geben, dieselben zu erfüllen. Jesus Christus, der Mittler des neuen Bundes, hat die Scheinbilder durch die Wahrheit ersetzt und uns den Geist der Gnade gegeben, durch welchen wir in den Stand gesetzt werden, das Gesetz zu lieben und es zu erfüllen.

Johannes der Täufer, der Vorläufer Christi.

12. **In den Tagen Herodes, des Königs von Judäa.**

Es ist derjenige, welcher die Kinder zu Bethlehem ermorden ließ.

13. **Von der Priesterklasse Abia.**

Aarons Nachkommen waren Priester oder Opferdiener. Vierundzwanzig Familien besorgten der Reihe nach den Dienst im Tempel. Der Stammvater einer dieser Familien, zu welcher Zacharias gehörte, oder diese Familie selbst, führte den Namen Abia.

14. **Die ganze Menge des Volkes war draußen und betete.**

Das heißt in dem äußeren Vorhof, in welchem das Volk Zutritt hatte, um zu beten.

15. **Er wird vor ihm hergehen im Geiste und in der Kraft des Elias.**

Er wird für die erste Erscheinung des Messias auf Erden dieselbe Aufgabe lösen, welche Elias vor dem abermaligen Erscheinen des Messias haben wird.

16. **Dieselben Gesinnungen der Väter auf die Kinder zu bringen.**

Das heißt, um die Juden seiner Zeit zu veranlassen, sich mit den Patriarchen und Propheten zu vereinigen, den Messias in der Gesinnung zu empfangen, in welcher diese Heiligen ihn erwartet und vorhergesagt hatten.

17. **Woher soll ich das erkennen?**

Das Folgende zeigt, daß diese Worte mit Mißtrauen und Zweifel ausgesprochen worden waren. Abraham und die heilige Jungfrau haben fast dieselben Worte gebraucht, aber ihre Gesinnung war eine ganz andere.

18. **Und er blieb stumm.**

Wie das Folgende zeigt, wurde er auch taub.

19. **Um meine Schmach vor den Menschen von mir zu nehmen.**

Die Unfruchtbarkeit gereichte bei den Juden den verheiratheten Frauen zur Schande.

Und das Wort ward Fleisch.

20. **In dem Hause Jakobs.**

Das heißt, in der Kirche, welche aus den gläubigen Juden und den Heiden besteht, welche durch den Glauben mit der Familie Jakobs vereinigt sind.

21. **Wie wird das sein?**

Sie fragt wie das, was der Engel ihr angekündigt hat, geschehen könne, ohne daß ihr Vorsatz, Jungfrau zu bleiben, verletzt würde.

22. **Da ich keinen Mann erkenne.**

Joseph, der Maria zur Frau nahm, war der Wächter ihrer Jungfräulichkeit und sie lebten wie Bruder und Schwester.

23. **Der heilige Geist wird über dich kommen, und die Kraft des Höchsten wird dich beschatten.**

Dieses Mysterium wird sich durch die unsichtbare Wirkung des heiligen Geistes vollziehen, welcher dich fruchtbar machen wird, indem er die heilige Frucht, welche du zur Welt bringen sollst, in deinen Schooß legen, und in dir sich entwickeln lassen wird.

Maria's Lobgesang.

Zu jeder Zeit hat Gott seine Barmherzigkeit und seine Macht offenbart, indem er seine Diener beschützte und seine Feinde demüthigte. Es schien aber, als habe er die dem Volke Israel vor so langer Zeit gegebene Verheißung vergessen; endlich aber warf er sein Auge auf sein Volk und bewies durch die Sendung eines Erlösers, daß er sich des mit Abraham geschlossenen ewigen Bundes wohl erinnere.

Die Geburt Johannes des Täufers.

24. Denn die Hand des Herrn war mit ihm.

Bei seiner Geburt traten augenscheinliche Beweise der Macht Gottes an den Tag.

Der Lobgesang des Zacharias.

25. Einen mächtigen Heiland hat er uns erweckt aus dem Hause Davids seines Knechtes.

Es bezieht sich dieß auf den Messias, dessen Geburt kurz nach der Johannes des Täufers erfolgen sollte.

26. Furchtlos ihm dienen.

Weil derjenige, der uns unterstützt, mächtiger ist, als alle unsere Feinde.

27. Und du Kind!

Mit diesen Worten wendet er sich zu seinem Sohne.

Die Geburt Jesu.

28. Und er wohnte ihr nicht bei, bis sie ihren erstgeborenen Sohn gebar.

Damit sollte aber weder gesagt werden, daß Joseph nachher ihr beigewohnt, noch daß sie später noch andere Kinder geboren hätte. Das Wort, Erstgeborener, kommt in der heiligen Schrift wiederholt in der Bedeutung von einziggeborener vor.

29. Es geschah aber in denselben Tagen, daß vom Kaiser Augustus ein Befehl ausging, das ganze Land zu beschreiben.

Das römische Reich nämlich, welches sich über die drei Theile der Erde, so weit sie bekannt war, erstreckte.

30. Und es waren Hirten in derselben Gegend, die hüteten, und der Reihe nach Nachtwache hielten bei ihren Heerden.

In heißen Ländern, wie Palästina, bleiben die Heerden sogar im Winter die Nacht über auf der Weide.

Die drei Weisen.

31. Als nun Jesus geboren war . . . . kamen Weise aus dem Morgenland.

Weise, waren bei den Morgenländern Gelehrte, welche sich

mit den Naturwissenschaften, zu denen auch die Astronomie ge=
hörte, beschäftigten.

32. Denn wir haben seinen Stern im Morgen=
lande gesehen.

Seine Bedeutung erkannten sie aus dem göttlichen Lichte,
welches er ausstrahlte.

33. Alle Hohenpriester.

Den Hohenpriester und die Vorsteher der vierundzwanzig
Priesterklassen, welche auch den Titel Hohenpriester führten.

Die Darstellung Jesu im Tempel.

34. Sie brachten Jesum nach Jerusalem ....
und um nach dem Gesetze ein Paar Turteltauben
oder ein Paar junge Tauben zu opfern.

Das erstgeborene Kind, welches nach dem Gesetze Gott geweiht
werden mußte, wurde mit einer geringen Geldsumme losgekauft,
die Mütter aber brachten als Brandopfer ein Lamm und als Sühn=
opfer eine Turteltaube. Diejenige aber, die nicht im Stande war,
ein Lamm zu opfern, brachte zwei Turteltauben.

35. Dieser Mann war gerecht und gottesfürchtig
und wartete auf den Trost Israels.

Das heißt auf die Ankunft des Messias.

36. Und als die Eltern das Kind Jesus hinein=
brachten.

Der heilige Joseph galt als der Vater Jesu, weil er der
Gatte der heiligen Jungfrau war und ihm die Ernährung und
Erziehung Jesu Christi oblag.

Lobgesang des Greises Simeon.

37. Siehe, dieser ist gesetzt zum Falle und zur
Auferstehung Vieler in Israel.

Viele werden errettet werden, weil sie an ihn glauben,
Viele aber werden in Folge ihres Unglaubens zu Grunde
gehen, weil sie ihn nicht als ihren Heiland anerkennen wollen.
In dieser Weise wird er der Grund des Heiles der Einen
und die unschuldige Veranlassung des Verderbens der An=
dern sein.

38. Und als ein Zeichen, dem man widersprechen wird.

Das heißt: er wird, gleichsam als Ziel, der Verfolgung der
ungläubigen Juden ausgesetzt sein.

39. Und ein Schwert wird deine eigene Seele
durchdringen.

Der Schmerz darüber wird dir ein Stich in das Herz sein.

Jesus unter den Schriftgelehrten.

40. Warum habt ihr mich gesucht; wußtet ihr
nicht, daß ich in dem sein muß, was meines
Vaters ist?

Das heißt: War es denn nöthig, daß ihr mich suchtet? Ihr
wißt, daß ich einen Vater im Himmel habe, dem ich Gehorsam
schulde, und daß ich dahin gehen muß, wohin sein Befehl
mich ruft.

41. Und Jesus nahm zu an Weisheit und
Alter und an Gnade vor Gott und den Menschen.

Das heißt: In dem Maaße, als er an Alter zunahm, ver-
mehrten sich auch die wunderbaren Zeichen der Weisheit und Gnade,
welche ihn erfüllten.

Zweites Buch.

Johannes der Täufer in der Wüste.

1. Thut Buße, denn das Himmelreich ist nahe.

Das heißt: Der Messias wird binnen kurzer Zeit erscheinen,
um sein Reich unter uns aufzurichten.

2. Als er aber viele Pharisäer und Sadducäer
zu seiner Taufe kommen sah.

Zwei Sekten thaten sich unter den Juden besonders hervor;
die Pharisäer und die Sadducäer. Die Sadducäer glaubten nicht an
Engel und Teufel und verwarfen die Lehre von der Unsterblichkeit
der Seelen und der Auferstehung der Leiber. Die Pharisäer
glaubten an alle diese Lehren und machten Anspruch darauf,

das Gesetz Gottes und die Ueberlieferung der Vorfahren auf das
Genaueste zu beobachten; aber sie beschränkten jegliche Religion auf
äußerliches Verhalten und fälschten das Gesetz durch unrichtige
Auslegung.

4. **Ich taufe euch zwar mit Wasser zur Buße.**

Johannes' Taufe war eine äußerliche Feierlichkeit und ganz
verschieden von der von Jesu Christo eingesetzten Taufe, durch
welche der Mensch innerlich mit der Kraft des heiligen Geistes
besprengt und durch das Feuer der Barmherzigkeit gereinigt wird.

5. **Er hat seine Wurfschaufel in der Hand, und
wird seine Tenne reinigen.**

Die irdische Kirche ist wie eine Tenne, auf welcher Korn und
Stroh, d. h. die Guten und die Bösen vermischt sind. Jesus
Christus wird seiner Zeit durch eine genaue Prüfung und ein
strenges Gericht sie von einander scheiden.

Jesus Christus in der Wüste.

6. **Es ist gesagt, du sollst den Herrn, deinen
Gott, nicht versuchen.**

Wenn man sich, auf Gottes Hilfe bauend, unnöthig in Gefahr begibt, so heißt dieß, Gott versuchen. Im Allgemeinen ist
es ein Versuchen Gottes, von ihm unnöthiger Weise ein Wunder
zu verlangen.

Erste Berufung der Apostel.

7. **Kann denn etwas Gutes aus Nazareth
kommen.**

Die Galiläer waren unter den Juden sehr verachtet, weil viele
Heiden unter ihnen wohnten. Die Bewohner Nazareths waren
nicht nur als Galiläer, sondern überdieß noch darum gering ge-
schätzt, weil ihre Stadt, ganz jungen Ursprungs, im alten Testament nicht erwähnt ist.

Die Hochzeit zu Canaa.

8. **Meine Stunde ist noch nicht gekommen.**

Jesus wollte abwarten, bis der Weinvorrath ganz zu Ende
war, um seiner Wunderkraft die volle Anerkennung zu verschaffen.

Diese Zeit verstrich, während Jesus mit der Mutter und diese mit den Dienern redete. Maria faßte den wahrhaften Sinn der Worte Jesu auf, und weit entfernt, einen Tadel ihrer Bitte darin zu sehen, sprach sie vielmehr, innerlich belehrt, daß nun der Augenblick zu Jesu Wirksamkeit gekommen sei, zu den Dienern, nach Jesu Befehle zu handeln.

Die Unterredung Jesu mit Nikodemus.

9. **Wahrlich, wahrlich, sage ich dir, wenn Jemand nicht wieder geboren wird aus dem Wasser und dem heiligen Geiste, so kann er in das Reich Gottes nicht eingehen.**

Jesus spricht hier von der Taufe, in welcher der als Sünder geborene Mensch geistig wiedergeboren und in nicht sichtbarer Weise durch den heiligen Geist von der Sünde gereinigt, während er sichtbarlich zu gleicher Zeit mit Wasser gewaschen wird.

10. **Was aus dem Fleisch geboren ist, das ist Fleisch.**

Das heißt: Der Mensch hat nach Maaßgabe seiner ersten Geburt, welche auf Adam zurückzuführen ist, fleischliche Gedanken und Neigungen, durch die Wiedergeburt Seitens des heiligen Geistes aber wird er geistig.

11. **Der Wind weht, wo er will.**

Das heißt: Der heilige Geist theilt sich den Menschen mit nach eigener Wahl. Obwohl man nicht weiß, auf welchem Wege er in das Herz eines Menschen eindringt, so macht er doch seine Gegenwart durch die augenscheinliche, wunderbare Veränderung fühlbar, welche er in demjenigen hervorbringt, den er bewohnt.

12. **Wenn ich Irdisches rede, und ihr nicht glaubt.**

Das heißt: Wenn ich euch die einfachste, Jedem verständliche Wahrheit auseinandersetze.

13. **Wer aber nicht glaubt, der ist schon gerichtet.**

Als Jesus Christus das erste Mal in die Welt kam, geschah es zum Heile der Menschen, welche in Adam verurtheilt waren. Wer nun durch die Gnade eifrig und lebhaft an Jesum Christum glaubt, der ist gerettet und unterliegt nicht mehr der Verurtheilung

in Adam. Wer aber nicht glaubt, verbleibt unter dieser Verur=
theilung, oder nach den Worten Jesu Christi, der Zorn Gottes
bleibt über ihm, weil er das einzige Mittel, durch welches er
abgewendet werden kann, den Glauben nämlich an den Erlöser,
nicht benützt.

Johannes der Täufer legt abermals Zeugniß ab von Jesu Christo.

14. Es erhob sich aber eine Frage unter den
Jüngern des Johannes und den Juden über die
Reinigung.

Unter den Juden, von denen hier der Evangelist spricht,
sind diejenigen zu verstehen, welche die Taufe durch Jesum
empfangen hatten und dieser den Vorzug gaben. Andererseits be=
haupteten Johannes' Jünger, die Taufe des Letzteren sei, wenn
nicht vorzüglicher, doch jedenfalls nicht geringer zu achten.

15. Aber Niemand nimmt sein Zeugniß an.

Es sind ihrer so wenige, welche die von ihm verkündeten
Wahrheiten in lebendigem Glauben erfassen, daß man wohl sagen
kann, daß Niemand sie annimmt.

16. Wer aber sein Zeugniß angenommen hat,
der besiegelt, daß Gott wahrhaft ist.

Das heißt: Sein Glauben ist ein Zeugniß für die Wahrheit
des Wortes Gottes; denn man glaubt nur in so weit, als man
davon überzeugt ist, daß der, welcher redet, die Wahrheit sage.

Einkerkerung und Enthauptung Johannes des Täufers.

17. Als aber Herodes der Vierfürst von Johan=
nes gestraft wurde.

Dieser Herodes war Vierfürst von Galiläa und ein Sohn
des Herodes, welcher der Große genannt wird, und den Kinder=
mord zu Bethlehem veranlaßt hat.

18. Johannes sandte zwei aus seinen Jüngern
an Jesum, und ließ ihm sagen: Bist du es, der da
kommen soll?

Das heißt: Bist du der Messias? Johannes kannte ihn,
allein er wollte, daß auch seine Jünger ihn kennen lernten.

19. Und selig ist, wer sich an mir nicht ärgert.

Etwas, woran man sich ärgert, bedeutet in der Ursprache ein Ding, an welches man sich stößt, so daß man darüber fällt. So sagt Jesus Christus: Glücklich derjenige, der an meinen Lehren, an meiner Niedrigkeit und an meinen Leiden keinen Anstoß nimmt und da nicht sein Verderben findet, wo er sein Heil finden soll.

20. Aber der Geringste im Himmelreich ist größer denn er.

Das heißt: Der Geringste der Heiligen ist durch die Gnade in den Augen Gottes größer, als Johannes durch sein Verdienst als Prophet und Vorläufer.

21. Das Himmelreich leidet Gewalt.

Die Eroberung des Himmelreichs ist das Ziel aller Menschen, und Jeder ist im Stande, dieß Ziel zu erreichen, aber nur dem gelingt es, der bis an's Ende und aus allen Kräften mit den Feinden seines Heils kämpft.

22. Johannes ist selbst Elias, der da kommen soll.

Johannes ist ebenso der Vorläufer Jesu Christi bei dessen erster Ankunft auf Erden, wie Elias bei der zweiten es sein wird.

Drittes Buch.

Jesus Christus und seine Apostel.

1. Die Füchse haben Höhlen, und die Vögel des Himmels Nester, aber der Sohn des Menschen hat nicht, wo er sein Haupt hinlege.

Damit will er den Schriftgelehrten begreiflich machen, daß für den, welcher Jesu Christo nachfolge, keinerlei irdischer Vortheil zu erwarten sei.

2. Laßt die Todten ihre Todten begraben.

Unter diesen Todten sind die zu verstehen, welche des geistigen Lebens beraubt sind. Sie mögen untereinander für sich Sorge tragen, sagt Jesus Christus, Ihr aber sollt nur daran denken, mir zu folgen und euch zu retten. Er sucht keineswegs die Kinder von ihren Pflichten gegen Vater und Mutter abwendig zu machen, aber er weist darauf hin, daß unsere erste Pflicht es sei, ihm zu gehorchen, und an unserem Heile zu arbeiten.

3. Niemand, der seine Hand an den Pflug legt, und zurücksieht, ist tauglich zum Reiche Gottes.

Ein Pflüger, der sich damit abgibt, sich umzusehen, ist nicht im Stande, gerade Furchen zu machen. Ein Jünger des Herrn, der sich in weltliche Sorgen, welchen er entsagt hat, verwickelt, verliert bald den Geist seines Standes.

Die Vorschriften, die Jesus seinen Aposteln ertheilte.

4. Gehet nicht den Weg zu den Heiden.

Das Evangelium sollte unter den Heiden erst nach der Himmelfahrt Christi verbreitet werden, d. h. erst nachdem die Juden dasselbe zurückgewiesen hätten.

5. Und ziehet nicht in die Städte der Samariter.

Letztere bewohnten eine Provinz Palästina's, Samaria genannt; ihre Religion war aber ein Gemisch von Judenthum und Götzendienst. Sie und die Juden standen sich in gegenseitiger Feindseligkeit einander gegenüber.

6. Ihr sollt weder Gold noch Silber.... haben.

Das heißt: führt weder Vorräthe noch Vertheidigungsmittel mit euch, sondern wartet lediglich eures Amtes, und laßt Gott die Sorge für eure Ernährung und eure Sicherheit.

Die Verfolgungen.

7. Seid drum klug wie die Schlangen und einfältig wie die Tauben.

Um nicht durch ein unüberlegtes Wort oder eine leichtfertige Handlung zu Verfolgungen Veranlassung zu geben.

8. Haben sie den Hausvater Beelzebub geheißen, wie viel mehr werden sie seine Hausgenossen also nennen.

Dieß heißt: Nachdem ihre Wuth so weit ging, mich als Teufel zu bezeichnen, mich, der ich euer Herr und Meister bin, so werdet ihr euch nicht darüber wundern, daß sie euch in gleicher

Weise behandeln, da ihr nur meine Diener und Jünger seid. Beelzebub heißt ein sehr bekanntes, in Accaron, einer Stadt der Philister, hoch verehrtes Götzenbild.

9. Denn es ist nichts verborgen, was nicht offenbar wird.

Ueber kurz oder lang werden die Wolken der Verleumdung und der Verurtheilung zerstreut werden und eure Unschuld und die Ungerechtigkeit eurer Verfolger an den Tag kommen.

10. Was ihr in's Ohr höret, das predigt auf den Dächern.

Die Dächer der Häuser in Palästina sind ganz eben und mit Geländern, auf die man sich lehnen kann, umgeben. Es ist daher möglich von da zu predigen und zum Volke zu reden.

Das Vertrauen auf Jesum Christum.

11. Glaubet ja nicht, daß ich gekommen sei, Frieden auf die Erde zu bringen.

Die Grundsätze des Evangeliums stehen so sehr im Gegensatz zu dem Geiste der Welt, daß eine Scheidung zwischen denen nicht ausbleiben kann, welche sich an die Lehre Jesu Christi binden, und denen, welche dieselbe verwerfen.

Die Liebe zu Jesu Christo.

12. Und wer sein Kreuz nicht auf sich nimmt, und mir nachfolgt, ist meiner nicht werth.

Sein Kreuz auf sich nehmen, dasselbe tragen, und Jesu folgen, heißt: Aus Liebe zu ihm, in seinem Geiste und nach seinem Beispiel, den Freuden und den gefährlichen Genüssen der Welt entsagen, sich der Reue und Buße weihen, und bereit sein, wie er, am Kreuze zu sterben und auf diese Weise Zeugniß für die Wahrheit abzulegen.

13. Wer sein Leben retten will, der wird es verlieren, und wer sein Leben um meinetwillen verliert, der wird es retten.

Das heißt: Derjenige, welcher aus Todesfurcht seine Pflicht gegen Gott verletzt, der wird auf ewig das diesseitige, wie das ewige Leben verlieren.

Aussendung der zweiundsiebenzig Jünger.

14. Und Niemand auf dem Wege grüßen.

Eine bei den Juden gebräuchliche Redensart, um anzudeuten, daß man sich unterwegs nicht aufhalten sollte.

Rückkehr der zweiundsiebenzig Jünger.

15. Ich sah den Satan, wie einen Blitz vom Himmel fallen.

Der Herr deutet ihnen an, daß die Zeit gekommen ist, wo das Reich des Teufels vernichtet und das Reich Gottes durch die Predigt des Evangeliums aufgerichtet wird.

Die guten Knechte.

16. Eure Lenden sollen umgürtet sein, und brennende Lampen in euren Händen.

Die langen Gewänder der Juden und der Orientalen überhaupt hindern die freie Bewegung. Daher banden die Diener in den Häusern ihrer Herren, um freier im Dienste sich bewegen zu können, die Kleider vermittelst eines Gürtels in die Höhe.

17. In der zweiten .... oder dritten Nachtwache.

Die Nacht, das heißt die Zeit zwischen dem Untergang und dem Aufgang der Sonne wurde in vier Nachtwachen von je drei Stunden getheilt. Im Winter freilich etwas länger. — Die vierte begann drei Stunden vor dem Sonnenaufgang.

Der schlechte Haushalter.

18. Wen hältst du für einen treuen und klugen Haushalter, den der Herr über sein Gesinde gesetzt, damit er ihnen zu rechter Zeit den angemessenen Unterhalt reiche?

Bei den Alten war es Sitte, daß der Hausherr alle Monate ein gewisses Maaß von Getreide an sein Gesinde zu dessen Unterhalt vertheilen ließ.

Sich darüber Rechenschaft geben, daß man auf Alles verzichten muß.

19. Wenn Jemand zu mir kommt, und haßt — um mir nicht zu mißfallen, nicht Vater und Mutter.

In der Sprache des Evangeliums heißt: seine Eltern hassen, keineswegs, daß man ihnen übel wolle, sondern, daß man ihre Grundsätze verwerfe, insofern dieselben dem Evangelium nicht entsprechen, daß man lieber ihre Freundschaft, als das Wohlgefallen Gottes verlieren will; daß man sie fliehe, wenn sie darauf ausgehen, durch schlechte Reden oder schlechtes Beispiel das Leben unserer Seele uns zu rauben.

20. Denn wer von euch, der einen Thurm bauen will.

Durch diese beiden Gleichnisse will der Herr andeuten, daß man, ehe man sich zu seiner Nachfolge verpflichte, sich darüber klar sein müsse, ob man sein Kreuz das ganze Leben hindurch auf sich nehmen und Allem entsagen wolle, was dem Heile der Seele hinderlich sein könnte.

21. Wenn aber das Salz seine Kraft verliert, womit soll man salzen?

Die Diener des Herrn sind das Salz der Erde.

Hundertfältig soll denen vergolten werden, die Alles für Jesum Christum verlassen.

22. Und wer immer sein Haus oder Brüder oder Schwestern .... verläßt.

Hiebei ist immer vorausgesetzt, daß einem Menschen nicht das göttliche Gesetz vorschreibe, daß er bei seinen Eltern, seinem Weibe oder seinen Kindern bleibe. Ist Jemand aber in allen diesen Beziehungen frei; hat er zum Beispiel keine Eltern mehr, welche seiner Unterstützung bedürfen, sind seine Kinder bereits erwachsen und selbstständig, ist seine Ehefrau einverstanden, sich mit ihm der Enthaltsamkeit zu weihen, und der Welt zu entfagen, und verzichtet er edelmüthig auch auf diejenigen Dinge, welche ihm durch das Gesetz Gottes nicht verboten sind, um Jefu ungehindert folgen zu können, so verspricht ihm der Herr eine große Belohnung.

Viertes Buch.

Der Geist Jesu Christi und seine Aufgabe.

1. Ihr wißt nicht, wessen Geistes ihr seid.

Das heißt: Ihr wißt nicht, daß der Geist des Evangeliums, zu welchem ihr berufen seid, ein Geist der Nächstenliebe und der Sanftmuth ist.

2. Er wird nicht parteiisch sein.

Das heißt: Er wird sich nie zu einer ungerechten Beurtheilung seiner Feinde hinreißen lassen.

3. Das geknickte Rohr zerbricht er nicht.

Das heißt: Er wird die Schwächen der Menschen mit bewunderungswürdiger Geduld ertragen.

Jesus pflegt und heilt alle Arten von Krankheiten.

4. In den Synagogen.

Es sind dieß die Orte, in denen sich die Juden versammelten, um dort zu beten und um das Lesen und die Auslegung der heiligen Schrift zu hören.

5. Und ein chananäisches Weib.

Es waren dieß Heiden oder Götzendiener.

6. Herr, du Sohn Davids.

Es war dieß die gewöhnliche Bezeichnung des Messias, welcher von David abstammen sollte.

7. Ich bin nur gesandt zu den verlorenen Schafen des Hauses Israel.

Nur die Juden hatten die Verheißung des Messias; den Heiden aber sollte das Evangelium erst nach Jesu Himmelfahrt gepredigt werden.

8. Es ist nicht recht, den Kindern das Brod zu nehmen, und es den Hunden vorzuwerfen.

Unter den Kindern sind die Juden zu verstehen; die Heiden waren ihrer Götzendienerei und ihrer Sittenlosigkeit wegen von Gott verworfen.

9. Ja Herr, aber auch die Hündlein essen unter dem Tisch von den Brosamen der Kinder.

Sie gibt zu, nur eine Heidin zu sein, aber gerade darin findet sie einen Grund, ihr die erbetene Gnade zu gewähren. Man nimmt den Kindern das Brod nicht weg, wenn man den Hündchen erlaubt, die vom Tische ihrer Herren gefallenen Brosamen zu fressen.

Fünftes Buch.

Die Seligkeiten.

1. Selig sind die Armen am Geiste.

Das heißt: Diejenigen, die es von Herzen und ihrer Neigung nach sind. Haben sie keine Reichthümer, so verlangen sie nicht danach, und haben sie welche, so hängen sie nicht daran.

An seine Jünger.

2. Ihr seid das Salz der Erde.

Das heißt: Als Diener des Evangeliums seid ihr verpflichtet, die Menschen vor der Verderbniß der Sünde zu bewahren. Wenn ihr euch aber selbst verderben laßt, so taugt ihr zu nichts, als verworfen zu werden, wie schlechtes, verdorbenes Salz, das man auf die Straße wirft, und mit Füßen tritt, weil es zu nichts mehr zu brauchen ist.

Das Gesetz und die Propheten.

3. Glaubt nicht, daß ich gekommen bin, das Gesetz ... aufzuheben.

Es handelt sich hier hauptsächlich um die Moral-Vorschriften, welche in den zehn Geboten enthalten sind.

Die Vollkommenheit nach dem Evangelium.

4. Wenn eure Gerechtigkeit nicht vollkommener
sein wird, als die der Pharisäer und Schriftgelehrten.

Diese begnügten sich, äußerlich und nach dem Buchstaben
das Gesetz zu befolgen, während die Jünger des Herrn das Gesetz nach seinem Geiste zu erfüllen und danach Herz und Sinn
zu regeln haben.

5. Der soll des Gerichts schuldig sein.

Dergleichen Gerichte waren in den größeren Städten einge-
richtet und mit dreiundzwanzig Richtern besetzt. Dieselben waren
in allen Strafsachen zuständig und konnten die Todesstrafe ver-
hängen. Außerdem bestand noch in Jerusalem ein höchstes Gericht, welches den Namen: der hohe Rath oder der Sanhedrin
führte und mit siebzig Richtern besetzt war, und welches in letzter
Instanz Staats- und Religionssachen zu entscheiden hatte.

Derjenige, welcher sich durch Beleidigungen zum Zorn oder zum
Haß gegen seinen Nächsten hinreißen läßt, ist vor Gott ebenso
schuldig, wie vor den Menschen ein Mörder, der von dem Gerichte
zum Tode verurtheilt wird.

6. Wer aber zu seinem Bruder sagt: Raca.

Derjenige, welcher mit dem Haß auch noch die Verachtung
verbindet und dieselben durch Schimpfworte, wie zum Beispiel
das Wort Raca bei den Juden, äußert, soll in gleichem Verhältniß
von Gott gestraft werden, wie die großen Verbrecher, welche der
große Rath zum Tode verurtheilt.

7. Und wer sagt: du Narr.

Bei den Juden hatte das Wort: Narr! die Bedeutung eines
verruchten, gottlosen Menschen. Derjenige also, dessen Haß und
Verachtung sich so steigert, daß seine Schimpfworte die Absicht
verrathen, den Nächsten als jeglicher Achtung unwerth darzustellen,
und denselben als einen der Vernunft beraubten Menschen zu
bezeichnen, wird von Gott zur Strafe des höllischen Feuers verdammt werden.

Die Nächstenliebe und das Verzeihen von Beleidigungen.

8. Wenn du daher deine Gabe zum Altar bringst, und dich daselbst erinnerst, daß dein Bruder etwas wider dich habe ...

Das heißt: Beeile dich, dich mit deinem Nächsten zu versöhnen, so lange du noch in dem dießseitigen Leben bist, damit dessen verletztes Recht nicht Sühne heische, wenn du vor dem höchsten Richter Rechenschaft ablegen mußt, in welchem Falle eine harte Strafe über dich verhängt werden wird.

Die Keuschheit.

9. Wenn dich dein rechtes Auge ärgert, so reiße es aus und wirf es von dir.

Das heißt: Wenn dich ein Gegenstand, sei er dir auch so theuer und so nothwendig wie dein Auge oder deine rechte Hand, in Versuchung führt, so verzichte darauf und scheide dich für immer von ihm.

10. Ich aber sage euch: daß ein Jeder, der sein Weib von sich entläßt, außer um des Ehebruchs willen, macht, daß sie die Ehe bricht.

Außer dem Ehebruch gibt es noch andere gesetzliche Gründe für die Trennung der Gatten, welche jedoch die Möglichkeit einer Wiedervereinigung nicht ausschließen, weil dieselben wieder wegfallen können; es handelt sich daher hier nur von endgültigen, eine Wiedervereinigung unmöglich machenden Trennung der Gatten.

Er macht, daß sie die Ehe bricht, weil er ihr Gelegenheit zum Ehebruch gibt.

Der Eid.

11. Ich aber sage euch: ihr sollt gar nicht schwören; weder bei dem Himmel, weil er der Thron Gottes ist.....

Man soll selbst dann nicht schwören, wenn man es mit gutem Gewissen thun kann; es sei denn, daß eine wirkliche Nothwendigkeit vorhanden wäre. Der Himmel, die Erde u. s. w. sind

Gottes Eigenthum und dürfen daher nicht ohne dessen Einwilligung verpfändet werden.

Die Geduld und die Feindesliebe.

12. Ihr habt gehört, daß gesagt worden ist: Aug' um Aug', Zahn um Zahn . . .

Diese gesetzliche Bestimmung galt nur für die Richter, aber die Juden wollten dieselbe dazu mißbrauchen, die eigenmächtige Wiedervergeltung zu rechtfertigen.

13. Ich aber sage euch: Ihr sollt dem Uebel nicht widerstehen, sondern, wenn dich Jemand auf deinen rechten Backen schlägt, so reiche ihm auch den andern dar.

Der Sinn dieser und der folgenden Sätze läßt sich dahin zusammenfassen, daß man lieber Alles leiden, in Allem nachgeben, Alles verlieren soll, als gegen die Nächstenliebe verstoßen. Es ist daher nicht nur die Rache unbedingt verboten, sondern auch eine gerechte Vertheidigung, wenn sie nicht frei ist von Haß gegen den Beleidiger.

Empfängt man einen Schlag, so ist es nicht nur nicht erlaubt, denselben zu erwiedern oder auch nur im Zorn sich dagegen zu wehren, sondern man muß im Herzen sogar bereit sein, einen zweiten zu erhalten und zu diesem Zweck die andere Wange darzubieten.

14. Und will Jemand mit dir vor Gericht streiten, und dir deinen Rock nehmen, so laß ihm auch den Mantel.

Wenn Jemand dich durch eine ungerechte Klage eines Theiles deines Vermögens berauben will, und du vermagst nicht, dein gutes Recht ohne Zorn zu vertheidigen, so lasse ihm lieber den Theil oder auch, wenn erforderlich, das Ganze, als daß du das Höchste aller Güter, die Nächstenliebe, verlierst.

15. Ihr habt gehört, daß gesagt worden ist: Du sollst deinen Nächsten lieben, und deinen Feind hassen.

Diese Bestimmung findet sich nicht in dem Gesetz, sie verdankt ihre Entstehung nur einer falschen Schlußfolgerung der jüdischen Schriftgelehrten.

16. Thu'n dieß nicht auch die Zöllner.

Es waren dieß von den Römern zum Zweck der Steuererhebung angestellte Beamte. Die Juden betrachteten sie als verächtliche Leute.

Vom Gebet. Das Vater unser.

17. Wenn ihr aber betet, so sollt ihr nicht viel reden.

Jesus Christus tadelt lange Gebete keineswegs, wenn sie durch heilige Sehnsucht und das Seufzen des Herzens belebt sind, wohl aber dann, wenn man ihr Verdienst nach der Menge der Worte bemessen wollte, als wenn lange Reden nöthig wären, um dem lieben Gott unsere Bedürfnisse zu offenbaren.

18. Zu uns komme dein Reich.

Das heißt: herrsche durch deine Gnade schon jetzt in unsern Herzen, und lasse uns mit dir herrschen in ewigem Ruhme.

19. Und führe uns nicht in Versuchung.

Das heißt: Berücksichtige unsere Schwäche, und wende entweder die Versuchung ab, oder gib uns die Kraft, sie zu überwinden.

20. Und erlöse uns von dem Uebel.

Das heißt: von der Sünde, von der Herrschaft unserer Begierden, von der ewigen Verdammniß und von dem Teufel, dem Feinde unseres Heiles.

Das einfältige Auge.

21. Das Licht deines Leibes, das ist dein Auge.

Die Handlungen des Menschen sind dem Körper desselben ähnlich; und das Motiv oder der Grund derselben, erleuchtet sie, wie das Auge den Körper. Jede, nach dem Gesetze Gottes erlaubte oder durch dasselbe vorgeschriebene Handlung ist ein Werk des Lichts, wenn sie in aufrichtiger und reiner Absicht, das heißt zum Zwecke, Gott wohlgefällig zu sein, geschieht. Erfolgt sie aber nicht im Hinblick auf Gott, so bleibt sie dunkel. Wie müssen also Handlungen beurtheilt werden, welche an sich schon dunkel und verwerflich sind, wenn die an sich besten dadurch in schlechte verkehrt werden, daß sie eines reinen Zweckes ermangeln?

Die Vorsehung.

22. Niemand kann zweien Herren dienen.

Wenn dieselben nämlich Verschiedenes wollen, wie Gott und die Welt.

23. Darum sage ich euch: Sorget nicht ängstlich für euer Leben, was ihr essen werdet . . . .

Jesus Christus verbietet die Sorge nur, in so fern sie ihren Grund in einem Mangel an Vertrauen in die Vorsehung Gottes hat. Er schließt daher weder die Arbeit aus, welche im Gegentheil, seitdem die Sünde in die Welt gekommen, eine unerläßliche Pflicht ist, noch die auch den Anordnungen Gottes entsprechende Sorglichkeit, vorausgesetzt, daß sie nicht in Beunruhigung ausartet.

Der Balken und der Splitter im Auge.

24. Warum siehst du den Splitter im Auge deines Bruders, und den Balken in deinem Auge siehst du nicht?

Der Splitter bedeutet eine unerhebliche Unvollkommenheit, der Balken aber einen schweren, Anstoß erregenden Fehler. Oft sieht man sehr gut, wenn sich ein Andrer das Geringfügigste zu Schulden kommen läßt, und ist blind für seine eigenen, oft sehr schweren Fehler.

Das Heilige vor Entweihung bewahren.

25. Gebt das Heilige nicht den Hunden und werft eure Perlen nicht vor die Schweine.

Das heißt: Setzt Heiliges nicht der Entweihung aus, indem ihr den köstlichen Schatz der himmlischen Wahrheiten Menschen begreiflich zu machen sucht, welche sich fleischlichen Leidenschaften hingeben. Da sie den Werth jener Wahrheiten nicht kennen, so werden sie dieselben mit Verachtung zurückweisen, und euch um so grimmiger verfolgen.

Die Macht des Gebetes.

26. Bittet, so wird euch gegeben werden.

Der himmlische Vater erhört die Gebete derjenigen, die Gutes von ihm erbitten, d. h. was seinem eigenen Willen entspricht und die im Glauben und in der Liebe und nicht aus Begehrlichkeit bitten.

Die falschen Propheten.

27. Hütet euch vor den falschen Propheten.

Unter den falschen Propheten sind die Pharisäer und Schrift-gelehrten zu verstehen. Die Schafskleider, in denen sie erscheinen, sind ein äußerer Schein von Frömmigkeit, unter welchem sie ihre Habsucht und ihren Geiz verstecken. Ihre Früchte sind ihre Werke, das heißt, ihr ganzes Verhalten, welches bei genauerer Prüfung leicht den sie beseelenden Geist erkennen läßt. Dasselbe gilt auch von allen Irrlehrern und den Verbreitern der Lüge. Ein vom Geiste Gottes erfüllter Lehrer der Wahrheit zeigt, was er ist, durch Werke des Lichts und der Liebe, während der Lehrer der Lüge Werke der Finsterniß hervorbringt, und sich nicht so sehr ver-stellen kann, daß nicht einzelne Züge, welche hie und da an den Tag treten, die Verderbniß seines Herzens verrathen.

Schluß der Predigt.

28. Denn er lehrte sie, wie einer, der Macht hat, und nicht wie ihre Schriftgelehrten und Pharisäer.

Er sprach als Herr und als Gesetzgeber. Es lag in seiner Rede der Ton des unfehlbaren Lehrers und Richters.

Die Reden der Schriftgelehrten und Pharisäer drehten sich meist um kleinliche Spitzfindigkeiten, wie dieß auch jetzt noch bei den Rabbinern der Fall ist. Der Unterricht Jesu Christi dagegen belehrt seine Schüler über die wichtigsten Wahrheiten und ihre wesentlichsten Pflichten.

Sechstes Buch.
Jesus heilt einen Aussätzigen.

1. Sondern gehe hin und zeige dich dem Hohenpriester.

Damit er, wenn er dich sieht und das Opfer erhält, welches das Gesetz einem Aussätzigen für seine Heilung vorschreibt, sich davon überzeugt, daß du geheilt bist und das Wunder, durch welches du geheilt worden, nicht bezweifelt.

Der Hauptmann.

2. In dieser Stadt lebte ein Hauptmann.

Ein Centurio, welcher bei den Römern eine Abtheilung von hundert Mann befehligte.

3. Denn auch ich bin ein Mensch, der unter Obergewalt steht, und habe Kriegsleute unter mir; und sag ich zu einem: Geh hin, so geht er ....

Damit wollte er sagen: Wenn ich, ein Officier des untersten Ranges, nur ein Wort zu sagen brauche, um bei meinen Soldaten und Dienern Gehorsam zu finden, wie leicht muß es dir, dem höchsten Herrn aller Dinge, sein, diese Krankheit durch deine Willensmeinung allein zu heilen.

4. Aber ich sage euch, daß Viele vom Aufgang und Niedergang kommen und mit Abraham, Isaak und Jakob im Himmelreiche zu Tische sitzen werden.

Die Heiden nämlich, die durch den Glauben Kinder Abrahams geworden sind. In der heiligen Schrift wird das ewige Leben häufig unter dem Bilde eines Gastmahls dargestellt.

5. Die Kinder des Reiches aber werden in die äußerste Finsterniß geworfen werden; da wird Heulen und Zähneknirschen sein.

Die Juden nämlich, welche von Geburt Kinder Abrahams und zunächst berufen sind, werden ihres Unglaubens halber verworfen.

Jesu Wanderungen in Galiläa.

6. **Das ist das Reich Gottes.**

Die Zeit des Messias, den ihr erwartet, ist gekommen.

7. **Und sie erstaunten über seine Lehre, denn er lehrte, wie einer der Gewalt hat.**

Das heißt, er sprach als Herr und Gesetzgeber, und begründete seine Worte durch Wunder.

Die Verfluchung der Städte.

8. **Der Menschensohn ist gekommen, ißt und trinkt ...**

Das heißt: Er führt ein Leben, wie alle Anderen und ohne eine besondere Entsagung, wie Johannes der Täufer sie übte.

9. **Corozain und Bethsaida.**

Städte in Galiläa an den Ufern des Sees Tiberias.

10. **Thyrus und Sydon.**

Dem Götzendienst huldigende Städte.

Das Fasten und die Freunde des Bräutigams.

11. **Können denn die Hochzeitsleute fasten....?**

Junge Leute, welche den Bräutigam bei den Hochzeitsfeierlichkeiten begleiteten. Der Bräutigam ist hier Jesus Christus und seine Jünger die Hochzeitsleute.

12. **Es werden aber Tage kommen, da ihnen der Bräutigam genommen wird; und dann werden sie fasten in denselben Tagen.**

Nach dem Tode und der Himmelfahrt Christi.

Das Neue und das Alte.

13. **Niemand setzt einen Fleck von neuem Tuche auf ein altes Kleid.**

Durch dieses und das folgende Gleichniß will Christus andeuten, daß es bedenklich sei den Jüngern, so lange sie sich noch im Zustande der Unvollkommenheit befinden, Verpflichtungen aufzuerlegen, deren Erfüllung nur den Vollkommenen möglich ist.

Die Austreibung der bösen Geister und die Schweine.

14. Als Jesus aber an das Land gestiegen war, liefen ihm zwei Männer entgegen, die von bösen Geistern besessen waren; die kamen aus den Gräbern.

Matthias spricht von zweien, während Markus und Lukas nur eines einzigen erwähnen. Die Letzteren meinen augenscheinlich nur den von den beiden, der am grimmigsten war, und dessen Heilung am meisten Aufsehen erregte.

15. Bist du hierher gekommen, um uns vor der Zeit zu quälen?

Das heißt: um uns in den Abgrund der Hölle vor dem Tag des letzten Gerichts zu stoßen? Bis dahin haben die Teufel die Macht, die Menschen in Versuchung zu führen. Dann aber wird die ewige Gerechtigkeit sie für ewig in die Hölle verbannen.

16. Legion ist mein Name.

Die Legion war bei den Römern ein Truppentheil von 5000—6000 Mann.

Der Teig von Bethsaide.

17. Es ist aber zu Jerusalem der Schaafteich. Zum Waschen der Schaafe.

Die Rede Jesu an die Juden.

18. Mein Vater wirket bis jetzt, und ich wirke auch.

Das heißt: Wie Gott ohne Aufhören für die Erhaltung und die Regierung der Welt wirkt, so auch wirke ich, der ich sein Sohn bin, zu jeder Zeit. Für mich gilt daher das Gesetz des Sabbats nicht. Wie er, bin ich des Sabbats Herr.

19. Denn gleichwie der Vater die Todten auferwecket und lebendig macht, so macht auch der Sohn lebendig, welche er will.

Dieß bezieht sich nicht nur auf die Auferstehung der Leiber, sondern auch auf die geistige Auferstehung aus dem Stande der Sünde in den Stand der Gnade.

20. **Und er hat ihm Macht gegeben, auch Gericht zu halten, weil er der Menschensohn ist.**

Das Recht zu richten ist ein Attribut der Gottheit, ist aber der Menschheit Jesu Christi vermittelst des göttlichen Wortes, mit welchem sie durch die Menschwerdung verbunden ist, mitgetheilt.

21. **Ich kann nichts von mir selbst thun. Wie ich höre, so richte ich . . .**

Alles was Jesus Christus als Mensch thut, thut er unter der Leitung des göttlichen Wortes. Deßhalb sind seine Urtheile immer gerecht, weil sie nicht aus dem Willen des Menschen, sondern aus dem Willen Gottes, welcher die Gerechtigkeit selbst ist, entspringen.

22. **Sondern ich sage dieß, damit ihr selig werdet.**

Indem ihr wenigstens einem Manne, den ihr für einen Propheten haltet und der von mir zeugt, Glauben schenkt.

23. **Er war die brennende, Licht gebende Leuchte, und ihr wolltet eine Stunde frohlocken in seinem Lichte.**

Johannes brannte in Nächstenliebe und erleuchtete durch das Licht seiner Rede und seiner Lehre. Im Anfang seid ihr eifrig seiner Predigt und seiner Taufe nachgelaufen, aber euer Eifer war von keiner Dauer.

24. **Aber ihr habt weder je seine Stimme gehört, noch seine Gestalt gesehen, und sein Wort habt ihr nicht bleibend in euch.**

Gott hat euch eure Bitte gewährt; er spricht nicht mehr zu euch mit der drohenden Stimme aus des Feuers Mitte; ihr aber habt sein Gebot, den Propheten zu hören, den er euch senden werde, vergessen.

Der Blinde und stumme Besessene. Das getheilte Königreich. Der bewaffnete Starke.

25. **Der von einem Teufel besessen und blind und stumm war.**

Der von einem Teufel besessen war, welcher ihn blind und stumm machte.

26. **Ist dieser nicht der Sohn Davids?**
Das heißt der Messias?

27. **Und selbst die Seinigen sagten: Er ist wahnsinnig geworden.**

Es sind dieß diejenigen seiner Verwandten, von denen Johannes sagt: Sie glaubten nicht an ihn.

28. **Und wenn ich durch Beelzebub die Teufel austreibe, durch wen denn treiben sie eure Kinder aus?**

Jesus Christus meint hier seine Jünger, denen er die Macht gegeben, Teufel auszutreiben. Andere beziehen diese Worte auf Exorcisten, welche bei den Juden durch gewisse Sprüche die Teufel auszutreiben suchten.

29. **Wenn aber ich durch den Finger Gottes und durch den Geist Gottes den Teufel austreibe, so ist ja wahrhaftig das Reich Gottes zu euch gekommen.**

Die Zeit des Messias-Reiches ist gekommen, und dieß ist's, was ich euch durch meine Wunder beweise.

30. **Wenn der bewaffnete Starke seinen Hof bewacht.**

Der bewaffnete Starke ist der Teufel; der andere Stärkere aber, der ihn überwindet, ist Jesus Christus.

Die Sünde wider den heiligen Geist.

31. **Die Lästerung wider den heiligen Geist wird nicht nachgelassen werden.**

Die Lästerung wider den heiligen Geist bedeutet, wenn in ausgesuchter Bosheit gegen den klaren Augenschein dem Teufel die Werke des Geistes Gottes zugeschrieben werden. Es gibt keine Sünde, welche absolut unfähig wäre, Vergebung zu erlangen. Aber es ist sehr selten und fast unmöglich, daß diese Sünde vergeben werde; dieselbe findet ihre Strafe in der Regel durch Verhärtung und Unfähigkeit, zu bereuen.

Der Rückfall.

32. **Wenn der unreine Geist von dem Menschen ausgeschieden ist.**

Der Herr spricht hier von dem Teufel, als wenn derselbe

ein Mensch wäre, der aus seinem Hause oder seinem Vaterlande vertrieben worden. Er bedient sich dieser Art von Gleichniß, um den Juden ihre Verwerfung vorherzusagen. Gott hatte, so zu sagen, dieses Volk dem Teufel entrissen und es zu dem seinigen gemacht. Das Gesetz würde die Juden für immer von der Gewalt des Teufels frei gemacht haben, wenn sie in der Erfüllung desselben getreu gewesen wären. Aber sich mit dem Schmucke einer äußerlichen Gerechtigkeit begnügend, ermangelten sie innerlich der guten Werke und einer standhaften Tugend. Jesus Christus war gekommen, ihnen zu lehren, wie Gott von ihnen verlange, daß sie ihm dienen sollten, aber sie weigerten sich, ihn zu hören.

Die Nothwendigkeit der Buße.

33. Es waren aber zu derselben Zeit Einige gegenwärtig, die ihm von den Galiläern erzählten, welche Pilatus eben, da sie opferten, hatte niedermetzeln lassen.

Es waren dieß Rebellen aus Galiläa, welche gelegentlich eines großen Festes nach Jerusalem gekommen waren, und die Pilatus, während sie opferten, erschlagen ließ.

Der unfruchtbare Feigenbaum.

34. Einer hatte einen Feigenbaum, der in seinem Garten gepflanzt war.

Unter dem Feigenbaum ist das jüdische Volk zu verstehen, bei welchem Gott lange Zeit die Frucht der guten Werke gesucht hat, ohne sie zu finden. Der Weingärtner ist Jesus Christus, welcher während seines ganzen irdischen Lebens dasselbe sorgfältigst vermittelst der Predigt seines Evangeliums gepflegt hat. Dieses Gleichniß kann übrigens auch auf die reuelosen Sünder bezogen werden, welche wie jene Galiläer, eines furchtbaren, unvorhergesehenen Todes sterben werden, nachdem sie Gottes Geduld erschöpft haben.

Die Ersten werden die Letzten sein.

35. Und sie werden kommen vom Aufgang und Niedergang ... und welche die Ersten sind, werden die Letzten sein.

Dupanloup, Die Geschichte unseres Herrn Jesu Christi.   23

Alles hier Gesagte bezieht sich insbesondere auf die ungläubigen Juden, die, zunächst zum Reiche Gottes berufen, sich weigerten durch die enge Pforte des von Jesu Christo gepredigten Evangeliums in dasselbe einzugehen. Sie werden von dem himmlischen Gastmahl sich ausgeschlossen sehen, und die gläubig gewordenen Heiden werden ihre Plätze einnehmen.

Worte, die Jesus an seine Jünger richtete.

36. Und seine Brüder sprachen zu ihm.

Das heißt seine nächsten Verwandte, welche die Hebräer gleichfalls als Brüder bezeichnen.

37. Geht ihr hinauf zu dem Feste, ich aber gehe nicht hinauf zu diesem Feste, denn meine Zeit ist noch nicht erfüllt.

Der von dem Willen Gottes festgesetzte Zeitpunkt war noch nicht gekommen.

Siebentes Buch.

Der Säemann.

1. In diesen Tagen.

Die heilige Schrift bedient sich hie und da dieses Ausdrucks, um Ereignisse, welche durch Jahre getrennt sind, unter einander in Zusammenhang zu bringen.

2. Weil euch gegeben ist, die Geheimnisse des Himmelreichs zu verstehen. Denen aber, die draußen sind, ist es nicht gegeben.

Es ist hier von der Masse des jüdischen Volks die Rede, welche der Lehre Jesu Christi widerstrebte und seinem Reiche fremd war.

Das Wachsen der Saat.

3. Mit dem Reiche Gottes ist es, wie wenn ein Mensch Saamen auf das Land streut. Er mag schlafen oder aufstehen, bei Tag und bei Nacht, der Saamen keimt, und wächst auf, ohne daß er es wahrnimmt.

Der Saamen ist das Wort Gottes, welches auch auf das Feld der Kirche ausgestreut ist und durch die Predigt in die Seele eines jeden Gläubigen. Der Prediger verkündet das Wort, aber ohne ihn geht es auf, wächst und trägt Frucht. In einem Commentar heißt es, der durch den heiligen Geist befruchtete Wille des Menschen sei es, aus dem der Keim der Sehnsucht nach Bekehrung zunächst hervorsprieße, die Halme der guten Vorsätze erwachsen und die Früchte der Nächstenliebe und der guten Werke heranreifen.

Das Senfkorn.

4. Das Reich Gottes ist gleich einem Senfkörnlein, welches ein Mensch nahm, und auf seinen Acker sä'te.

Der Mensch ist Jesus Christus, das Feld ist die Welt, und das Senfkorn ist das Wort des Evangeliums oder die Kirche selbst, die, in ihren Anfängen klein und schwach, in ihrem Erfolge doch so wunderbar war, daß die Großen der Welt und selbst die erhabensten Geister sich nicht geschämt haben, zu dem Evangelium sich zu bekennen, und in die Kirche einzutreten.

Der Sauerteig im Brode.

5. Das Himmelreich ist gleich einem Sauerteige, den ein Weib nahm, und unter drei Maaß Mehl verbarg, bis Alles durchsäuert war.

Der Sauerteig ist das Wort Gottes, der Teig ist der Mensch, welcher dasselbe gelehrig in sich aufnimmt. Durch die Kraft dieses in sein Herz aufgenommenen und wohl beachteten Wortes, wird er in einen andern Menschen verwandelt, und wird aus einem irdischen und fleischlichen, ein durchaus geistiger Mensch.

Jesus erklärt das Gleichniß vom Unkraut.

6. Der gute Saamen aber, das sind die Kinder des Reiches.

Das heißt: Die Gerechten.

23*

Der verborgene Schatz.

7. Das Himmelreich ist gleich einem Schatze, der im Acker verborgen ist.

Der Schatz sind die Heilswahrheiten. Der Acker bedeutet die heilige Schrift und überhaupt alle Mittel, deren sich Gott zu unserer Belehrung bedient.

Die werthvolle Perle.

8. Abermals ist das Himmelreich gleich einem Kaufmann, der gute Perlen sucht.

Die gute Perle ist das ewige Leben, so wie die Erkenntniß und die Liebe Gottes, welche zu demselben führen.

Das in's Meer geworfene Netz.

9. Abermals ist das Himmelreich gleich einem Netze.

Unter dem Netze ist die Predigt des Evangeliums zu verstehen, welche bis an das Ende der Welt die Menschen veranlassen wird, in die Kirche einzutreten; in ihr werden Gute und Böse gemischt sein, deren Scheidung erst am jüngsten Tage erfolgen wird.

10. Und er sprach zu ihnen: Darum ist jeder Schriftgelehrte, der vom Himmelreich wohl unterrichtet ist, einem Hausvater gleich, der Altes und Neues aus seinem Schatze hervorbringt.

Jesus will damit sagen: „Eure Kenntniß von den Wahrheiten des Himmelreichs ist nicht für euch allein, sie ist vielmehr ein Schatz, von welchem ihr auch Anderen mittheilen sollt, wie ein Hausvater, dessen Vorrathskammer mit Gegenständen aller Art gefüllt ist, daraus er Alles entnimmt, was er zur Ernährung seiner Hausgenossen bedarf.

Die Arbeiter im Weinberge.

11. Und als er nun mit den Arbeitern um einen Zehner für den Tag überein gekommen war.

Ein Zehner oder ein Denar, wie er damals bei den Juden

im Gebrauche war, hatte ungefähr den Werth von 40 Pfennigen
unseres Geldes.

12. **Und um die dritte Stunde ging er wieder
aus.**

Die Zeit zwischen dem Aufgang und dem Untergang der
Sonne hatte die Dauer von zwölf Stunden, oder vielmehr war
in vier Theile von je drei Stunden getheilt, deren Länge nach
der Jahreszeit verschieden war. Vorausgesetzt, daß Tage und
Nächte gleich lang, würde die erste Stunde, oder die Stunde der
Prim unserem sechs Uhr des Morgens entsprechen; die dritte
Stunde oder die Stunde der Terz unserem neun Uhr; die sechste
Stunde, oder Stunde der Sechst unserem Mittag, und die neunte
Stunde oder Stunde der Non unserem drei Uhr Nachmittags,
und die elfte Stunde unserem fünf Uhr Nachmittags.

13. **Laß die Arbeiter kommen, und gib ihnen
ihren Lohn von den Letzten angefangen bis zu den
Ersten.**

Das Gleichniß ist, wie folgt zu deuten: Gott selbst ist der
Hausvater, die Welt der Markt, die Kirche, das heißt die Gemeinschaft der Anhänger Jesu Christi, der Weinberg; die Arbeiter
aber sind diejenigen, welche von Jesus Christus berufen sind,
das Heil ihrer Seele in dieser Kirche zu wirken; die verschiedenen,
in dem Gleichnisse erwähnten Tagesstunden, bedeuten die verschiedenen Weltzeitalter, in welchen es Gott nicht an Dienern gefehlt
hat, oder auch die Abschnitte in dem Leben der Menschen, in
welchen sie zum Dienste Gottes berufen worden sind; der Abend
oder das Ende des Tages ist das jüngste Gericht oder auch die
Todesstunde jedes Einzelnen; der Verwalter des Hausvaters ist
Jesus Christus. Unter den zuletzt Berufenen aber zuerst Abge-
lohnten sind die Heiden zu verstehen, welche den Juden gleichge-
stellt und sogar vorgezogen werden, oder auch diejenigen, welche
zwar erst spät zum Dienste Gottes berufen, doch durch ihren
Eifer bei der Arbeit deren kurze Dauer ausgleichen. Das Murren
soll nur anzeigen, daß der Lohn der zuletzt Gekommenen hoch genug bemessen sei, um die Eifersucht der Auserwählten reizen zu
können, vorausgesetzt, daß Eifersucht im Himmel noch vorkommen
könnte.

14. Ist dein Auge darum schalkhaft, weil ich gut bin?

Der Neid wird in der heiligen Schrift häufig mit obigem Ausdruck bezeichnet.

15. Also werden die Letzten die Ersten sein.

Es heißt dieß nichts Anderes, als daß am jüngsten Tage eine ganz unerwartete Wandlung eintreten werde. Viele, die hier als die Letzten und die verächtlichsten gelten, werden im Himmel die Ersten sein, und umgekehrt werden diejenigen, welche hier die Ersten sind, dann zuletzt kommen und aus der Gemeinschaft der Seligen ausgeschlossen sein. Denn es sind Viele, die durch die Taufe den Weg zum Himmel, zu welchem Gott sie beruft, betreten, aber Wenige sind es, welche auf demselben beharren und in das Himmelreich eingehen.

Die zehn Pfunde.

16. Ein vornehmer Mann.

Es ist dieß Jesus Christus, der zum Himmel aufgefahren ist um dort über Alles zu herrschen, was erschaffen ist.

17. Wir wollen nicht, daß dieser über uns herrsche.

Es sind hierunter die Juden zu verstehen, die hartnäckig verweigerten Jesum Christum als ihren König anzuerkennen, und die sich vorzugsweise der Einführung des Christenthums widersetzt haben.

Setze dich nicht auf die ersten Plätze.

18. Wenn du zu einem Gastmahle geladen wirst, so setze dich nicht auf den ersten Platz.

Jesus Christus verlangt keineswegs, daß man in verfeinertem Hochmuth, um sich nicht einer Beschämung auszusetzen, oder um Anerkennung zu gewinnen auf den letzten Platz sich setze. Er deutet vielmehr nur an, welche Folgen die Handlungen der Demuth in der Regel haben. Sie rufen Anerkennung und Ehrerbietung hervor, während die Anmaßung nur Verachtung und Verwirrung erzeugt.

Achtes Buch.
Die Gefahr des Reichthums.

1. **Warum nennst du mich gut? Niemand ist gut, als Gott allein.**

Es heißt dieß so viel, als wenn er sagte: „Da du mich gut nennst, so glaube auch, daß ich Gott sei; weil nur Gott allein gut ist.

2. **Es ist leichter, daß ein Kameel durch ein Nadelöhr gehe, als daß ein Reicher in das Reich Gottes eingehe.**

Es ist dieß ein zur Bezeichnung einer an sich unmöglichen Sache dienendes jüdisches Sprichwort. Jesus Christus bedient sich desselben, um anzudeuten, daß es eines Wunders der Allmacht Gottes bedürfe, damit ein Reicher in das Himmelreich eingehen könne. Denn zu diesem Zweck müßte er sich der Liebe zu seinem Besitz entledigen, was für die menschliche Schwäche ein Ding der Unmöglichkeit ist. Nur mit Hülfe dessen, dem Alles möglich ist, kann man die Güter besitzen, ohne sie zu lieben.

Kameel war übrigens die Bezeichnung des stärksten Taues auf den Schiffen. An demselben war der schwerste Anker befestigt.

Der ungerechte Verwalter.

3. **Und es lobte der Herr den ungerechten Verwalter.**

Er lobte nicht die Ungerechtigkeit, sondern die Thätigkeit und Geschicklichkeit des Verwalters.

4. **Auch ich sage euch.**

Auch wir sind die Verwalter Gottes, und wir müssen ihm Rechenschaft ablegen über den Gebrauch der uns verliehenen Güter. Wer schuldig ist, die Güter Gottes verschwendet zu haben, verdient Alles zu verlieren. Ein Rettungsmittel kann er in dem Almosen finden, indem er sich in den Armen, denen er beisteht, ebenso viele Freunde und Fürbitter bei Gott verschafft.

5. **Machet euch Freunde mittels des ungerechten Reichthums.**

Nicht unrechtmäßig erworbener Reichthum ist hier gemeint, denn das unrecht erworbene Gut muß denjenigen erstattet werden, denen es von Rechts wegen gehört, sondern ein scheinbarer, trügerischer Besitz oder der durch den schlechten Gebrauch, den man von ihm macht, als Mittel für die Sünde dient.

Man kann nicht zweien Herren dienen.

6. Wenn ihr also mit dem ungerechten Reichthum nicht treu wart, wer wird euch das wahre Gut anvertrauen?

Wer Gott nicht treu ist im Gebrauch der scheinbaren und trügerischen Güter dieser Welt, verdient, daß Gott ihm die geistigen Güter versagt, oder entzieht, welche den einzigen wahren Schatz des Menschen ausmachen.

7. Und wenn ihr in dem Fremden nicht treu wart, wer wird euch das geben, was euer ist?

Wenn wir den Absichten Gottes bei dem Gebrauch der irdischen Güter, welche nicht unser Eigenthum sind, deren Verwaltung uns vielmehr nur für einen gewissen Zeitraum anvertraut ist, entgegen handeln, so verdienen wir, daß Gott uns der geistigen und ewigen Güter beraube, für die er uns geschaffen, und die er uns zum Erbtheil bestimmt hat.

Der barmherzige Samariter.

8. Wer ist mein Nächster?

Den Juden gelten als Nächste nur Verwandte und Freunde, höchstens noch ihre Landsleute.

9. Ein reisender Samariter aber.

Zwischen den Juden und den Samaritern bestand eine gegenseitige Feindseligkeit, so daß sie fast weniger Beziehungen unter sich hatten, als mit den Heiden.

10. Welcher nun von diesen Dreien scheint dir der Nächste von dem gewesen zu sein, der unter die Räuber fiel?

Das heißt: Welcher von ihnen hat die Pflicht des Nächsten erfüllt?

11. Geh hin und thue deßgleichen.

Das heißt: Liebe alle Menschen, wer sie auch sein mögen, und sei bereit, ihnen beizustehen.

Lazarus und der reiche Mann.

12. Es geschah aber, daß der Arme starb und von den Engeln in den Schooß Abrahams getragen wurde.

Das heißt an den Ruheort der Gerechten, wo Abraham, der Vater der Gläubigen, diejenigen gleichsam in seine Arme aufnimmt, welche seinem Beispiel im Glauben gefolgt sind.

Mitleiden mit dem Nächsten.

13. Ich sage dir: nicht siebenmal, sondern siebenzig mal siebenmal.

Das heißt: unzählige mal; denn es kann niemals erlaubt sein, Groll gegen seinen Nächsten zu hegen, wie sehr er sich auch gegen uns vergangen haben mag.

14. Zehntausend Talente.

Mehr als vierzig Millionen Mark nach unserem Gelde, eine ungeheure Summe, welche er unmöglich bezahlen konnte. Jesus Christus deutet hier an, daß der Mensch der göttlichen Gerechtigkeit wegen einer unzähligen Menge von Sünden verfallen ist, welche er aus sich selbst nicht gut zu machen vermag.

15. Hundert Denare.

Ungefähr vierzig Mark, nach unserem Gelde.

Das letzte Gericht.

16. Denn ich war hungrig und ihr habt mich gespeiset.

Die Werke der Gerechten werden alle belohnt werden; hier aber spricht Jesus Christus nur von den Werken der Barmherzigkeit, weil man auf dem Wege der Barmherzigkeit am leichtesten zur Seligkeit gelangen kann, und weil, wer nicht barmherzig ist, auch von Gott keine Barmherzigkeit erwarten kann.

Neuntes Buch.

1. Unsere Väter haben auf diesem Berge angebetet.

Es war dieses der Berg Garizim, auf welchem die Samariter einen Tempel gebaut hatten, welchen sie dem zu Jerusalem vorzogen.

2. Da ihr weder auf diesem Berge, nach zu Jerusalem den Vater anbeten werdet.

Das heißt: Die Opfer und die äußeren Ceremonien sowohl der Samariter als auch der Juden werden gleichermaßen verschwinden.

3. Denn das Heil kommt aus den Juden.

Bei den Juden findet sich die wahre Religion und aus ihnen soll der Messias geboren werden.

4. Wo die wahren Anbeter den Vater im Geiste und in der Wahrheit anbeten werden.

Das heißt: Es wird die Zeit kommen, in der man in Glauben, Hoffnung und Liebe, Gott in einem geistigen und wahrhaften Gottesdienst dienen wird. Jesus Christus schließt hier nicht jeden äußeren Cultus aus, sondern er deutet nur an, daß ein äußerlicher Gottesdienst keine Gottesverehrung in sich schließt, wenn der innerliche Gottesdienst nicht seine Quelle und seine Seele ist.

5. Betrachtet die Felder, sie sind schon reif zur Erndte.

Mit diesen Worten deutet Jesus Christus seinen Jüngern an, daß für sie schon eine geistige Erndtearbeit bereitet ist; die Bekehrung der Völker nämlich, insbesondere die des jüdischen Volkes.

6. Und wer wartet bekommt Lohn, und sammelt Früchte für das ewige Leben.

Dieß will sagen, daß wer an dieser Erndte mitarbeitet, seinen Lohn erhalten und sich unendliche Güter im ewigen Leben erwerben werde.

7. So daß sich der Säemann und der Schnitter zugleich freuen.

Moses und die Propheten hatten, so zu sagen, das Land

gegraben und die Saat ausgestreut, ohne die Frucht ihrer Arbeit zu sehen, während die später gekommenen Apostel durch die von ihnen in kurzer Zeit und fast ohne Mühe bewirkten Bekehrungen dieselbe eingeheimst haben.

Die Ehebrecherin.

8. **Nun hat uns Moses im Gesetz befohlen, solche zu steinigen.**

Hätte Christus sie gleichfalls zum Tode verurtheilt, so würden die Pharisäer darin einen Vorwand gefunden haben, ihm die Liebe des Volkes zu rauben, welche er durch seine Milde gewonnen hatte; hätte er ihr aber verziehen, so würden sie ihn als einen Feind des Gesetzes verdächtigt haben.

9. **Wer von euch ohne Sünde ist, der werfe den ersten Stein auf sie.**

Auch diese Weise rettete sie Jesus Christus aus den Händen ihrer Ankläger, ohne diesen einen Vorwand zu lassen, ihn selbst anzuklagen.

Die Sünderin zu Jesu Füßen.

10. **Ein Gläubiger hatte zwei Schuldner.**

Unter den beiden Schuldnern sind der Pharisäer und die Sünderin dargestellt: Beide sind der göttlichen Gerechtigkeit verschuldet; der eine, nach seiner Meinung, weniger, die andere viel mehr, beide aber sind in gleichem Maaße zahlungsunfähig.

11. **Welcher liebt ihn nun mehr?**

Nach Maßgabe der Gnade, die ihm widerfahren ist.

12. **Du gabst kein Wasser für meine Füße.**

Es war eine Gewohnheit der Juden, wie der Orientalen im Allgemeinen, diejenigen, welche sie als Gäste empfingen, mit einem Kusse zu bewillkommnen und ihnen, besonders, wenn sie von weit her kamen, die Füße zu waschen und sie mit wohlriechendem Oel zu salben.

Der gute Hirte.

13. **Wer nicht durch die Thüre in den Schafstall eingeht.**

Der Schafstall bedeutet die Kirche, die Gläubigen sind die

Schafe, und die Thüre ist Jesus Christus. Nur der ist ein guter Hirte, der durch Jesum Christum eingeht; der Fremde, der Dieb, ist derjenige, der ohne rechtmäßigen Beruf die Leitung der Schafe übernimmt.

14. **Und ich habe noch andere Schafe.**

Er meint darunter die Heiden, die an ihn glauben, und eine Kirche mit den bekehrten Juden bilden sollten.

Zehntes Buch.

Abbrechen von Aehren am Sabbat.

1. **Der Sabbat ist um des Menschen willen gemacht, nicht der Mensch um des Sabbats willen.**

Das heißt: Zum Vortheil und Nutzen des Menschen. Deßwegen hebt das Gesetz der Nothwendigkeit das Gesetz des Sabbats und ähnliche Gesetze derselben Art auf. Der Menschensohn aber, als der Herr aller Dinge, kann seinen Jüngern nach seinem Gutdünken die Befolgung jener Gesetze nachlassen.

Der Blindgeborene.

2. **Wer hat gesündigt, dieser oder seine Eltern, daß er blind geboren wurde?**

Im Allgemeinen wohl wissend, daß durch die Sünde alle Krankheit in die Welt gekommen ist, wollen die Jünger dem Herrn Gelegenheit geben, in diesem besonderen Fall sie zu belehren, wer an dem Unglück dieses Menschen schuld sei.

3. **Ich muß wirken die Werke desjenigen, der mich gesandt hat, so lange es Tag ist.**

Unter Tag ist die Zeit des irdischen Lebens zu verstehen. Die Nacht dagegen bedeutet den Tod und was auf ihn folgt.

4. **Wir wissen aber, daß Gott die Sünder nicht erhört.**

Das heißt: Daß Gott, welcher die Wahrheit ist, einem Betrüger nicht gestattet, seinen Lügen durch Wunder den Anschein der Wahrheit zu geben.

5. Ich bin zum Gerichte in die Welt gekommen, daß die Blinden sehend, und die Sehenden blind werden.

Das heißt: Daß welche in gutem Glauben ihre Blindheit erkennen, durch das göttliche Licht erleuchtet werden, und daß diejenigen, welche da meinen, sie seien sehend, blind werden.

Die Ueberlieferung und der Aberglauben der Pharisäer.

6. So mag er immer seinen Vater und seine Mutter nicht ehren.

Die Pharisäer waren theilweise auch Priester und hatten in dieser Eigenschaft auch Antheil an dem Opfern und lehrten deßhalb, daß ein Sohn eine Gott wohlgefällige Handlung begehe, wenn er das Geld, durch welches er seinen in Noth befindlichen Eltern hätte helfen können, im Tempel opfere, und daß er der Vorschrift, daß man Vater und Mutter ehren müsse, genüge, wenn er ihnen nur sage, daß er das Opfer zu ihrem Besten dargebracht habe.

7. Nichts was von außen in den Menschen hineinkommt, kann ihn verunreinigen.

Häufig werden diese Worte gemißbraucht, um das Uebertreten des Abstinenzgebotes zu rechtfertigen. Es ist vollkommen richtig, daß das in den Körper des Menschen eingehende Fleisch dessen Seele nicht verunreinigen kann, aber der Mangel an Reue, die Sinnlichkeit und die Mißachtung der kirchlichen Gebote beflecken die Seele und sind sündhaft vor Gott.

Das Laubhüttenfest.

8. Aber wenn Christus kommen wird, weiß Niemand, woher er ist.

So spricht das gewöhnliche Volk, denn die Gelehrten wußten sehr gut, von wo Christus kommen werde.

9. Wohl kennt ihr mich, und wißt, woher ich bin.

Er will damit sagen, daß ihnen, obwohl sie nach ihrer

Meinung seine Herkunft und den Ort seiner Geburt wüßten, doch sein ewiger und göttlicher Ursprung unbekannt sei.

10. **Wenn Jemand Durst hat, der komme zu mir, und trinke.**

Das heißt: Wenn Jemand sich sehnt, glücklich zu werden, so komme er zu mir und er wird das wahre Glück finden.

11. **Soll denn Christus aus Galiläa kommen?**

Sie glaubten er sei in Nazareth geboren, wo er erzogen worden war.

Das Fest der Tempelweihe.

12. **Zur Zeit, als man das Fest der Tempelweihe zu Jerusalem feierte.**

Dieses Fest war zum Andenken an die von Judas Makkabäus bewirkte Reinigung des Tempels von Antiochus' Entweihungen gestiftet worden.

Der Zinsgroschen.

13. **Herobianer.**

Hofleute des Vierfürsten Herodes, eines eifrigen Anhängers des Kaisers.

14. **Ist es erlaubt, dem Kaiser Zins zu zahlen oder nicht?**

Die Römer erhoben Abgaben von den Juden, welche diese, als ihrer Freiheit zuwider, nur ungern entrichteten. Der Zweck der Frage war nun, Jesum Christum als einen Feind der Regierung bei den Herobianern zu verdächtigen, im Falle er die Verpflichtung, die Steuer zu zahlen, leugnete, oder ihn bei den Juden verhaßt zu machen, wenn er die Verpflichtung anerkannte.

Wehe über die Schriftgelehrten und Pharisäer.

15. **Hat nicht Der, welcher das Auswendige gemacht hat, auch das Inwendige gemacht?**

Es heißt dieß: Ihr wollt durch körperliche Reinigung Gott ehren, ist aber die Seele nicht eben so gut zum Gottesdienst von ihm geschaffen, wie der Körper?

16. Gebet lieber von dem, was euch übrig ist, Almosen, und siehe Alles ist euch rein.

Er will damit sagen: Ihr glaubt recht rein zu sein, wenn ihr Waschungen an eurem Körper vorgenommen habt. In der That aber ist das Herz verunreinigt, und muß gereinigt und geheilt werden. Eure Krankheit ist der Geiz, der euch zu unzähligen Ungerechtigkeiten veranlaßt. Seid unablässig bestrebt, den unersättlichen Durst nach Reichthum in euch zu löschen durch die Freigebigkeit eurer Almosen. Ersetzt eure Gewohnheit, fremdes Gut euch anzueignen, dadurch, daß ihr das eurige hergebt. Auf diese Weise werdet ihr euch den Geist der Buße erringen, welcher Euch von dem Schmutz eurer Sünden reinigen wird.

17. Wehe euch, die ihr die Krausemünze, Anis und Kümmel . . . .

Das heißt, die geringsten Kräuter eurer Gärten verzinst, wozu euch das Gesetz nicht verpflichtet.

18. Die ihr eine Mücke durchsei't und ein Kameel verschluckt.

Das heißt: In Kleinigkeiten seid ihr sehr ängstlich, aber die größten Verbrechen begeht ihr ohne Bedenken.

19. Wehe euch, die ihr die Häuser der Wittwen verschlingt und vorgebt, lange zu beten.

Das bedeutet: Auf Grund eurer langen Gebete, welche euch in den Ruf ausgezeichneter Frömmigkeit bringen, drängt ihr euch in die Häuser reicher Wittwen, versprecht den Letzteren einen hervorragenden Platz in euren Gebeten und bestimmt sie, zu euren Gunsten sich ihrer Häuser zu entledigen.

20. Eben darum wird ein schweres Gericht über euch kommen.

Eures Geizes halber und wegen des Mißbrauchs heiliger Dinge zum Zwecke eurer Bereicherung.

21. Wehe euch, die ihr zu Lande und zu Wasser umherzieh't, um einen Glaubensgenossen zu machen, und wenn er es geworden ist, so macht ihr ihn zu einem Kinde der Hölle noch einmal so arg, als ihr selbst seid.

22. **Wehe euch, ihr bau't die Gräber der Propheten.**

Jesus Christus sagt damit nicht, daß die Sorgfalt, mit der die Pharisäer die Gräber der Propheten bauen und auszieren, an sich beweise, daß sie die Ungerechtigkeit und Grausamkeit der Mörder derselben billigten. Er deutet vielmehr nur an, daß das Verbrechen, dessen sie im Begriffe waren, sich schuldig zu machen, indem sie den tödteten, welcher die Propheten gesendet und mit seinem Geiste erfüllt hatte, die Heuchelei und die Bosheit ihrer Herzen enthüllen und der Welt zeigen werde, daß sie — wie der Räuber, welcher den von seinen Genossen Erschlagenen begräbt, der Mitschuldige derselben wird — durch das Ausschmücken der Gräber der Propheten die Mitschuldigen Derer werden, welche das Blut derselben vergossen haben.

23. **Damit alles gerechte Blut, das auf Erden vergossen ward, über euch komme.**

1) Weil in dem an Jesu Christo begangenen Morde, dessen sie im Begriffe waren, sich schuldig zu machen, so viel und mehr Bosheit sich geoffenbart hat, als in allen den an den Gerechten seit Erschaffung der Welt begangenen Morden.

2) Weil Jesus Christus in den Herzen derjenigen, zu denen er redete, die stillschweigende Billigung aller Mordthaten, die je verübt worden waren, erkannte, so daß nicht eine einzige darunter, an der sie, wenn sie zu jener Zeit gelebt, nicht Theil genommen hätten.

Die Verblendung der Juden.

24. **Darum konnten sie nicht glauben.**

Es war ihnen nur in so fern unmöglich, als sie freiwillig im Unglauben und in der Reuelosigkeit beharrten, so daß sich auf diese Weise die Worte Jesaiä erfüllten.

25. **Wenn aber Jemand mein Wort hört, und hält es nicht, den richte ich nicht.**

Weil das Amt Jesu Christi bei seinem ersten Kommen nicht war, die Menschen zu richten, sondern sie selig zu machen.

Elftes Buch.

Die Kraft der dem Petrus gegebenen Schlüssel.

1. Und ich will dir die Schlüssel des Himmelreichs geben. Was immer du binden wirst auf Erden, das soll auch im Himmel gebunden sein.

Daß heißt: Die Gewalt, die Kirche zu regieren. Denn wer ein Haus oder eine Stadt zu regieren hat, ist im Besitz der Schlüssel derselben.

2. Dann gebot er seinen Jüngern, sie sollten Niemand sagen, daß er Jesus sei, der Christus.

Der Zeitpunkt, dieß zu veröffentlichen, war noch nicht gekommen.

Die erste Ankündigung der Passion.

3. Hebe dich weg Satan, du bist mir zum Aergernisse.

Das heißt: Du widersetzest dich der Erfüllung von Gottes Willen aus ganz weltlichen Rücksichten.

Wie die Werke, so der Lohn.

4. Wahrlich, ich sage euch, es sind einige von Denen, die hier stehen, welche den Tod nicht kosten werden, bis sie des Menschen Sohn in seinem Reiche kommen gesehen haben in seiner Kraft.

Man kann dieß auf die Verklärung oder auf die Himmelfahrt Christi deuten. In beiden Fällen sahen die Jünger ein Bild der Herrlichkeit, in welcher er kommen wird, um Gericht zu halten über die Menschen.

Die zweite Ankündigung der Passion.

5. Elias wird zuvor kommen.

Jesus weissagt hier, daß vor seiner eigenen zweiten Ankunft auf Erden Elias auf der Erde erscheinen und die Juden durch seine Predigt zur Wahrheit bringen werde.

6. Gleichwie von dem Menschensohne geschrieben steht, daß er Vieles leiden, und verachtet werden müsse.

Jesus Christus sucht seine Jünger davor zu bewahren, daß sie Aergerniß an seinem Leiden und Sterben nähmen, indem er ihnen dasselbe bei dieser Gelegenheit vorhersagt, und sie zu gleicher Zeit ermahnt, die augenscheinlichen Beweise seiner göttlichen Gewalt nicht zu vergessen.

Das Reich, das Leiden und die Ankunft Jesu Christi.

7. Es wird die Zeit kommen, da ihr wünschen werdet, einen Tag des Menschensohnes zu sehen und ihr werdet ihn nicht sehen.

Das heißt: Es werden Tage der Trübsal und der Finsterniß kommen, wo ihr euch sehnen werdet, auch nur einen Tag lang der sichtbaren Gegenwart des Menschensohnes euch erfreuen zu dürfen.

8. Gedenket an des Lot Weib.

Das heißt: Erinnert euch daran, daß sie von Gott geschlagen wurde, weil sie aus Anhänglichkeit an die Güter, welche sie in Sodoma zurückgelassen, sich umgesehen hatte. An dieses Beispiel erinnert euch.

9. Zwei werden auf dem Felde sein, der eine wird aufgenommen, der andere verlassen werden.

Alle diese Reden beziehen sich auf die Scheidung, die zwischen den Auserwählten und den Verworfenen gemacht werden wird.

10. Wo der Leichnam ist, da sammeln sich auch die Adler.

Sobald Christus erscheinen wird, werden auch die Heiligen, auferweckt und erneuert wie die Adler, sich um jenen Leib versammeln, der für sie getödtet worden ist.

Dritte Ankündigung der Passion.

11. Die Einnehmer der Doppeldrachmen.

Es war dieß ein Kopfgeld, welches die Juden zur Erhaltung des Tempels und für den Tempeldienst entrichteten.

Die ehrgeizige Bitte der Mutter der Söhne Zebedäus'.

12. Daß diese meine Söhne in deinem Reiche einer zu deiner Rechten, der andere zu deiner Linken sitzen werden.

Die Jünger, noch von irdischen Anschauungen befangen, bildeten sich ein, Jesus Christus werde ein mächtiger König auf Erden werden, und beanspruchten die ersten Stellen in seinem Reiche.

13. Könnt ihr den Kelch trinken, den ich trinken werde?

Eine bei den Juden übliche Redensart, um Kummer, Trübsal und einen gewaltsamen Tod zu bezeichnen.

Jesus, Herodes und Jerusalem.

14. Geht hin und sagt diesem Fürsten: Siehe, ich treibe die Teufel aus.

Das heißt: Sagt diesem heuchlerischen und falschen Fürsten, was er auch für Absichten hinsichtlich meiner hege, müsse ich doch noch einige Zeit lang meines Amtes warten. Nachdem dieß geschehen, werde ich mein Opfer durch den Tod vollbringen.

15. Ich sage euch aber: Ihr werdet mich nicht mehr sehen, bis daß die Zeit kommt, da ihr sagen werdet: Gesegnet sei der, der da kommt im Namen des Herrn.

Die Juden werden so lange des Lichtes der Wahrheit, welches ist Jesus Christus, beraubt bleiben, bis sie ihn als den Messias anerkennen und ihn segnen als den von Gott gesendeten Heiland.

Zwölftes Buch.
Das erste Wunder der Brodvermehrung.

1. Dieser ist wahrhaftig der Prophet, der in die Welt kommen soll.

Das heißt: Der Messias, den die Juden als Prophet, König, Davids Sohn bezeichnen.

Das Brod des Lebens.

2. Denn diesen hat Gott mit seinem Siegel bezeichnet.

Gott hat ihm eine Herrschaft und eine Gewalt gegeben, welche ihn euch als den Sohn Gottes kenntlich machen.

3. Brod vom Himmel hat er ihnen zu essen gegeben.

Es heißt dieß so viel, als wenn sie sagten: Du verlangst, daß wir an dich glauben, wie an Moses; welche Wunder aber thust du, um uns davon zu überzeugen? Wohl hast du fünf tausend Menschen mit fünf Broden gespeist; was ist dieß aber gegen das, was Moses gethan, indem er unzählbares Volk mit Brod gespeist hat, welches vom Himmel gekommen ist?

4. Wer zu mir kommt, der wird nicht hungern.

Hunger und Durst der Seele werden nur gestillt werden, wenn sie sich von Jesu Christo nähren.

5. Niemand kann zu mir kommen, wenn der Vater, der mich gesandt hat, ihn nicht zieht.

Niemand kann an Jesum Christum glauben, wenn Gott ihn nicht erleuchtet und nicht, eben durch die Gabe des Glaubens, zu ihm zieht.

Murren der Einwohner von Kapharnaum.

6. Was werdet ihr sagen, wenn ihr nun den Menschensohn dahin auffahren sehen werdet, wo er zuvor war?

Wenn ihr nun nicht glaubt, daß ich euch mein Fleisch zu essen geben könne, während ich bei euch bin, wie viel mehr werdet ihr es für unmöglich halten, wenn ihr mich zum Himmel fahren gesehen habt.

7. Der Geist ist es, welcher lebendig macht, das Fleisch nützet nichts.

Dieß heißt: Das Geheimniß, von dem ich hier rede, liegt außerhalb der sinnlichen Wahrnehmung. Es führt zu nichts, dasselbe mit den körperlichen Augen betrachten zu wollen; nur der Geist Gottes macht es begreiflich.

Das versagte Wunder, der Sauerteig der Pharisäer.

8. Aber in die Zeichen der Zeit könnt ihr euch nicht finden.

Das heißt: Diejenigen Zeichen, an denen man erkennen

kann, daß die Zeit der Ankunft des Messias gekommen ist. Diese Zeichen sind Jesu Wunder und die Erfüllung der Weissagungen.

Das große Abendmahl.

9. **Ein Mensch bereitete ein großes Abendmahl.**

Folgendes ist der Inhalt des Gleichnisses: Der Mensch bedeutet Gott den Vater; das Abendmahl ist das ewige Leben; die Eingeladenen sind die Juden; der Knecht ist Jesus Christus, welcher Knechtsgestalt angenommen hat und gekommen ist, die Juden einzuladen. Die verschiedenen, von den Eingeladenen vorgeschützten Einwendungen sind die mannigfaltigen Bande an die Güter dieser Welt, welche die Juden hinderten, die Gnade des Heils anzunehmen; die Armen und Krüppel endlich sind die Heiden, welche Gott durch sein allmächtiges Wort zum ewigen Heil berufen, während er die Juden davon ausgeschlossen hat.

Das Hochzeitmahl und das hochzeitliche Kleid.

10. Die Hochzeit ist die geistige Verbindung Jesu Christi mit der Kirche, das heißt mit der Gemeinschaft der Gläubigen.

11. Die Knechte sind die Propheten, welche den Messias weissagen, und Johannes der Täufer, der auf ihn hinweist und endlich die Apostel, welche die Juden aufs Neue einladen.

12. Der Meyerhof und die Gewerbe deuten die Vorliebe der Juden für die Vergnügungen der Welt und für das Geld an, welche sie abhielt, zur Hochzeit Jesu Christi zu kommen.

13. Die Kriegsvölker sind die Römer, welche Gott vierzig Jahre nach dem Tode Jesu Christi nach Judäa sandte. Sie belagerten Jerusalem, tödteten mehr als elfhunderttausend Menschen, machten neunzigtausend Mann zu Gefangenen und verbrannten den Tempel und die Stadt.

14. Die von den Straßen Aufgelesenen sind die Heiden, welche Gott, nachdem die Juden die Einladung abgelehnt hatten, einlud, und zwar nicht ein Volk, sondern alle ohne Unterschied, ob sie äußerlich ein geordnetes Leben führten oder ganz öffentlich in Unordnung und Lastern lebten.

15. Das hochzeitliche Kleid bedeutet Liebe und Unschuld. Die Handlungsweise des Königs ist ein Abbild des Verhaltens Gottes am letzten Gericht und sogar schon jetzt bei dem Tode jedes Einzelnen.

Dreizehntes Buch.
Heiligkeit und Unauflöslichkeit der Ehe.

1. Wer immer sein Weib entläßt, es sei denn um des Ehebruchs willen, und eine andere nimmt.

Die Worte: es sei denn um des Ehebruchs willen, beziehen sich auf das Vorhergehende, nicht aber auf das denselben Nachfolgende. Jesus Christus gestattet einem Manne, sich des Ehebruchs willen von seiner Frau zu scheiden, nicht aber so lange diese am Leben, eine andere zu heirathen.

2. Und es gibt Verschnittene, die um des Himmelreichs willen sich selbst verschnitten haben.

Das heißt: solche, welche sich freiwillig der Keuschheit befleißigen.

Die Auferstehung und der Stand der Engel.

3. Was aber die Auferstehung der Todten betrifft, habt ihr nicht gelesen? . . .

Wenn den Sadducäern ein anderes Leben nach dem irdischen bewiesen werden sollte, wie dieß hier von Jesu Christo geschieht, so mußte ihnen auch die Auferstehung des Fleisches bewiesen werden, da sie beides nicht von einander zu trennen wußten. Sie verwarfen die Lehre von der Auferstehung nur, weil sie ein anderes Leben nicht anerkennen wollten.

Vierzehntes Buch.
Jesu Reden an das Volk.

1. Wenn ich auch von mir selbst Zeugniß gebe, so ist mein Zeugniß doch wahr.

Das heißt: Die Wunder, welche ich thue, beweisen, daß ich, wenn ich sage, daß ich aus Gott geboren bin und zu ihm zurückkehren werde, nichts sage, als was ich weiß und was verdient, geglaubt zu werden.

2. **Wenn ihr mich kenntet, so würdet ihr auch wohl meinen Vater kennen.**

Man kennt Gott nur, wenn man glaubt, daß er einen Sohn von gleicher Natur, wie er selbst von Ewigkeit her, gezeugt hat und daß Jesus dieser Sohn ist, der zu unserm Heil in der Zeit Mensch geworden ist.

3. **Wenn ihr den Menschensohn werdet erhöh't haben, so werdet ihr erkennen, daß ich es bin.**

Hier redet Jesus Christus von seinem Kreuzestode, in Folge dessen Viele an ihn glauben werden.

4. **Weil ihr mein Wort nicht hören könnt.**

Das heißt: Weil ihr in eurem Herzen Allem hartnäckig widerstrebt, was ich sage.

5. **Dieser war ein Menschenmörder von Anbeginn.**

Indem er den ersten Menschen zur Sünde verführte, hat er den Tod in die Welt gebracht.

6. **Abraham, euer Vater, hat frohlockt, daß er meinen Tag sehen werde.**

Es soll dieß heißen: Abraham, dem Gott verheißen hatte, daß das menschgewordene Wort aus seinem Samen erstehen werde, wünschte begierig den Zeitpunkt zu erfahren, wann diese Verheißung würde erfüllt werden und Gott sagte es ihm.

Lazarus' Auferweckung.

7. **Sind nicht zwölf Stunden im Tage?**

Die Juden theilten den Tag, vom Aufgang bis zum Niedergang der Sonne, in zwölf Stunden ein.

Jesus Christus vergleicht sein Leben einem Tage, dessen Stunden alle gezählt sind, und den kein Mensch auch nur um einen Augenblick abkürzen kann. Sein Tod ist die Nacht, welche auf den Tag folgt. Auf diese Weise erklärt er seinen Jüngern, daß er den ihm gewordenen Auftrag erfüllen müsse, so lange es Zeit sei, und daß er daher, weil Niemand den Augenblick seines Todes beschleunigen könne, mit derselben Sicherheit überall hingehen könne, wie der am hellen Tage Reisende.

8. **Bethanien aber war nahe bei Jerusalem, ungefähr fünfzehn Stadien.** Dreiviertel Stunden.

9. **Ich bin die Auferstehung und das Leben.**

Martha denkt augenscheinlich nur an die Auferweckung des Leibes, aber Jesus Christus hebt sie auf einen höheren Standpunkt. Er sagt ihr: In mir ist das Wesen der Auferstehung und des Lebens, und zwar nicht nur des Leibes, sondern auch der Seele. Wer sich durch den Glauben mit mir verbindet, wird auch nach dem Tode des Leibes ein Leben der Seele leben, weil er für die Ewigkeit mit Gott, welcher sein Leben ist, verbunden bleiben wird.

Derjenige, welcher während dieses irdischen Lebens an mich glaubt mit dem durch die Liebe beseelten Glauben, der wird nie sterben oder wird nicht für ewig sterben, weil der zeitliche Tod des Leibes für ihn nur ein Uebergang zu einem besseren Leben sein wird, dessen seine Seele sich in dem Schooße Gottes, in Erwartung der Auferstehung des Leibes, erfreuen wird.

10. **Jesus . . . erschauerte im Geiste und betrübte sich selbst.**

Das heißt: Er erzeugte aus freiem Entschluß in seinem Herzen ein Gefühl des Schmerzes und der Trauer, und überließ sich einem der edelsten Gefühle des Menschenherzens, dem irdischen Abbilde der ewigen göttlichen Erbarmung, dem Mitleiden.

11. **Und der Verstorbene kam sogleich heraus, gebunden mit Grabtüchern an Händen und Füßen, und sein Angesicht war in ein Schweißtuch gehüllt.**

Die Juden pflegten ihre Todten in der Weise zu begraben, daß sie den Kopf und das Gesicht derselben mit einem Tuch bedeckten, den übrigen Körper aber in ein Leintuch wickelten, welches sie von den Schultern herab bis zu den Füßen mit mehreren Binden befestigten.

Anschläge der Juden auf das Leben Jesu.

12. **Wenn wir ihn lassen, werden Alle an ihn glauben.**

Es soll dieß heißen: Es wird das ganze Volk ihn als König anerkennen; um diese Auflehnung zu bestrafen, werden die Römer ihre Waffen gegen uns kehren und uns vertilgen.

13. **Das sagte er aber nicht aus sich selbst.**

Gott pflegte zu seinem Volke durch den Mund des Hohenpriesters zu sprechen. In dem vorliegenden Falle lenkte er Caiphas' Geist und Mund so, daß der Hohepriester eine Weissagung aussprach, deren wahre Bedeutung er selbst nicht erkannte.

Maria Magdalena salbt die Füße Jesu.

14. **Sie salbte schon zum voraus meinen Leib zum Begräbnisse ein.**

Es war Sitte, den Leichnam einzubalsamiren, bevor man ihn in das Grab legte. Da Jesus binnen Kurzem sterben mußte, so salbte ihn diese Frau, von einer besondern Eingebung getrieben, dem Begräbniß selbst zuvorkommend, schon vor der Zeit.

Fünfzehntes Buch.
Einzug Jesu in Jerusalem.

1. **Eine große Menge Volks begleitete ihn.**

Diejenigen nämlich, die von allen Seiten zum Osterfeste nach Jerusalem kamen.

2. **Jesus verjagt abermals die Verkäufer aus dem Tempel.**

Das heißt aus dem Vorhof, welchen man den Vorhof Israels nannte. Da versammelte sich das Volk, um zu beten; aber die Priester vermietheten zu jener Zeit, unter dem Vorwande der allgemeinen Bequemlichkeit, an Kaufleute, welche Opferthiere feil hielten, einzelne Plätze, so wie an Wechsler, welche Fremden das Geld wechselten.

3. **Wenn das Waizenkorn nicht in die Erde fällt und stirbt, so bleibt es allein.**

Jesus Christus selbst ist das Waizenkorn, welches aus der Erde, in die dasselbe geworfen worden, in neuem Leben hervorgeht, und durch die Bekehrung aller Völker überreichliche Frucht hervorbringt..

Jesu Betrübniß, Stimme vom Himmel.

4. **Vater, rette mich von dieser Stunde.**
Diese Worte beziehen sich auf seine Todesstunde.

5. **Doch darum bin ich in diese Stunde gekommen.**
Das heißt, um den Tod zu erleiden.

6. **Jetzt ergeht das Gericht über die Welt.**
Jesus meint hier ein Gericht der Gnade, durch welches die Menschen von der Herrschaft des Teufels erlöst werden.

Jesus ist das Licht.

7. **Und ich weiß, daß sein Gebot das ewige Leben ist.**
Das heißt: Es führt diejenigen zum ewigen Leben, welche dasselbe getreu befolgen.

Die Macht des gläubigen Gebetes.

8. **Was ihr immer im Gebete begehrt, glaubet nur, daß ihr es erhaltet, so wird es euch werden.**
Selbstverständlich bezieht sich dieß nur auf Dinge, welche man mit Recht erbitten kann und welche die Ehre Gottes und das Heil unserer Seele zum Ziele haben. Man muß bei dem Gebete 1. die feste Ueberzeugung haben, daß Gott das vollbringen könne, um was man bittet, wie schwer es auch sein möge und 2. das unbedingte Vertrauen, daß Gott das Erbetene vollbringen wolle und in seiner unendlichen Güte gewähre.

Das Gleichniß vom verpachteten Weinberge.

9. **Es war ein Hausvater, der pflanzte einen Weinberg.**
Der Hausvater ist Gott, der Weinberg das jüdische Volk. Die Winzer sind die Priester, die Aeltesten und die Schriftgelehrten, welchen Gott die Leitung dieses Volkes anvertraut hatte. Die zu den Winzern geschickten Knechte sind die Propheten; der

Sohn endlich ist Jesus Christus, welcher außerhalb Jerusalems zum Tode geführt wurde.

10. Der Stein, den die Bauleute verworfen haben, der ist zum Eckstein geworden.

Jesus Christus, der als unbrauchbar von den Aeltesten des jüdischen Volks, die berufen waren, an dem Bauwerk des Herrn zu arbeiten, verworfene Stein ist zum Grund= und Eckstein des Gebäudes geworden.

11. Das Reich Gottes wird von euch genommen.

Das heißt: Die wahre Religion und die Ehre, das Volk Gottes zu sein, wird euch entzogen und den Heiden gegeben werden, welche die Werke Gottes verrichten.

Christus, Davids Herr und Sohn.

12. Wenn nun David ihn einen Herrn nennt, wie ist er denn sein Sohn?

Jesus Christus deutet hier an, David habe dadurch, daß er den Messias seinen Herrn genannt, denselben nicht nur als seinen, sondern auch als den Sohn Gottes und als Gott selbst bezeichnet. Gerade dieß aber wollten die Juden nicht begreifen.

Das den Christen geoffenbarte Geheimniß der Menschwerdung Jesu Christi, welches von den Juden nicht erkannt wurde, löst diese Schwierigkeit. Christus als Mensch ist der Sohn Davids, aber als Gott ist er dessen Herr.

Man muß die Schriftgelehrten hören, aber nicht nachahmen.

13. Auf dem Stuhle des Moses sitzen die Schriftgelehrten und Pharisäer, darum haltet und thut Alles, was sie euch sagen.

Das heißt: In ihrer Eigenschaft als Priester sind sie die Nachfolger Moses' in seinem Amte und in seiner Autorität und haben als solche die Berechtigung, euch zu belehren.

Thut daher Alles, was sie euch sagen, in so fern es dem Gesetze Gottes nicht entgegen ist. Denn, nach ihren falschen Auslegungen der Gesetze sich zu richten, konnte unmöglich erlaubt sein; wie denn Jesus Christus dieselben mit aller Macht bekämpfte.

14. Sie machen ihre Denkzettel groß und die Säume ihrer Kleider breit.

Die Denkzettel waren breite Streifen von Pergament, auf welchen Gesetzesstellen geschrieben waren und welche, an der Stirne oder am Arme befestigt, von den Juden getragen wurden. Um sich von gewöhnlichen Leuten zu unterscheiden, trugen die Pharisäer dieselben recht breit zur Schau.

Auch dadurch suchten sie sich auszuzeichnen, daß sie die Säume und Franzen, welche sie nach dem Gesetze an ihren Kleidern zu tragen gebunden waren, besonders breit machten.

Jesus weissagt die Zerstörung Jerusalems.

15. Sehet zu, daß ihr nicht verführt werdet.

Dieß und das Folgende bezieht sich theils auf die Zerstörung Jerusalems, theils auf das Ende der Welt, mitunter auch auf beides. Das eine dieser großen Ereignisse ist das Vorbild des anderen und stellt fest, daß das Letztere nicht ausbleiben werde. Nachdem Jesu Christi Weissagung bezüglich der Zerstörung Jerusalems buchstäblich in Erfüllung gegangen ist, können wir nicht daran zweifeln, daß auch das werde erfüllt werden, was er hinsichtlich des letzten Gerichts vorhergesagt hat.

16. Wenn ihr nun den Greuel der Verwüstung .... stehen sehet.

Das heißt: Die greuliche Entsittlichung, auf welche die letzte Verwüstung folgen wird.

17. Und wer auf dem Dache ist, steige nicht in das Haus hinab.

Die Dächer der Häuser waren ganz flach und man bestieg sie von außerhalb.

Verfinsterung der Sonne und des Mondes.

18. Und die Kräfte, die am Himmel sind, erschüttert.

Das heißt: Der sonst so regelmäßige Gang der Himmelskörper wird in Unordnung gerathen.

19. Das Zeichen des Menschensohnes.

Das heißt: Das Kreuz Jesu Christi.

20. **Denselben Tag aber und die Stunde weiß Niemand, weder die Engel, noch der Sohn, sondern der Vater.**

Jesus Christus, als Sohn Gottes, ist allwissend, aber in seiner Eigenschaft als der zu den Menschen gesendete Bote, welcher in des Vaters Namen zu ihnen reden soll, weiß er nur, was sein Vater ihm geboten, ihnen zu lehren. Jesus sagt, er wisse das nicht, was das Geheimniß des Vaters bleiben soll.

Die klugen und die thörichten Jungfrauen.

21. **Dann aber wird das Himmelreich gleich sein zehn Jungfrauen, welche ihre Lampen nehmen, und dem Bräutigam entgegen gehen.**

Bei den Alten holte der Neuvermählte in der Nacht in Begleitung von jungen Männern die junge Frau in seine Wohnung. Junge Mädchen, von der Braut dazu eingeladen, gingen ihm mit angezündeten Lampen oder Fackeln entgegen. Nachdem sie denselben zu seiner Gattin geführt, geleiteten sie beim Scheine der Fackeln beide in das Haus des Gatten, um dort an dem Hochzeitsmahl Theil zu nehmen.

Der Sinn des Gleichnisses ist nun der folgende: Die zehn Jungfrauen sind die sämmtlichen Christen; das Licht der Lampen ist der Glaube; das Oel ist die Liebe; dem Eintreffen des Bräutigams voraus geht die Zeit vor dem letzten Gericht; der Schlaf der Jungfrauen bedeutet den Tod der Christen; das Erwachen ist die allgemeine Auferstehung am letzten Tage, an welchem jeder nur das Oel in seiner Lampe finden wird, mit welchem er sich während seines Lebens versehen hat; später kann er keines mehr kaufen; weder die Reue noch die Fürbitten und Verdienste der Heiligen können ihm helfen; die Festhalle ist der Himmel, welcher allen denen auf ewig verschlossen bleiben wird, deren Glaube und deren Werke nicht durch die Liebe beseelt gewesen sind.

Die Talente.

22. **Denn es wird da gehen, wie mit einem Menschen, der in die Fremde zog, seine Knechte berief, und ihnen seine Güter übergab.**

Dieſer Menſch iſt Jeſus Chriſtus, der von der Erde zum Himmel zurückkehrend, durch den heiligen Geiſt ſeine Gaben über die Gläubigen ausgeſtreut hat.

Das Maaß der Gaben Gottes iſt nicht für alle Menſchen daſſelbe. Aber ein Jeder iſt verpflichtet, nach dem Maaße ſeiner Gaben in der Kirche zu arbeiten.

23. Herr, ich weiß, daß du ein harter Mann biſt, du erndteſt, wo du nicht geſä't, du ſammelſt, wo du nicht ausgeſtreut haſt.

Es iſt dieß im Sinne der trägen Chriſten geſprochen, welche meinen, Gott verlange zu viel von ihnen und die ihre eigene Läſſigkeit der zu großen Strenge Gottes zur Laſt legen.

24. So würde ich bei meiner Ankunft das Mei- nige mit Gewinn wieder erhalten haben.

Die Strenge Gottes in ſeinem Gerichte iſt kein Grund für den Chriſten, nichts zu thun; ſie zwingt ihn vielmehr, aus allen Kräften zu arbeiten, um die Gnadengaben, die er erhalten, frucht- bringend zu machen.

25. Nehmt ihm alſo das Talent.

Der träge Chriſt wird aller Gaben Gottes beraubt werden, der eifrige und treue dagegen wird für ſeine Arbeit durch einen Zuwachs an Gnaden in dieſem und durch einen unſäglichen Ruhm in jenem Leben belohnt werden.

Sechzehntes Buch.

Das Abendmahl.

1. Ich werde es nicht eſſen, bis es ſeine Erfül- lung erhält im Reiche Gottes.

Dieß heißt: Es iſt dieſes das letzte Oſterfeſt, das ich mit euch feiere, denn ich werde bald hingehen, euch ein anderes zu bereiten, welches die vollkommene Erfüllung dieſes vorbildlichen Oſterfeſtes iſt.

2. Und er nahm den Kelch, dankte und ſprach: Nehmt hin, theilt ihn unter euch. Ich werde nicht

mehr trinken vom Gewächse des Weinstocks, bis das Reich Gottes kommt.

Der heil. Lucas läßt diese Worte den Herrn vor der Einsetzung des heiligen Abendmahls sprechen, und diese Reihenfolge muß auch eingehalten werden, wenn man ihren Sinn richtig erkennen will.

Nach dem Gebrauche der Juden segnete am Osterfeste der Hausvater den ersten Becher; nachdem er selbst getrunken, reichte er denselben den Anderen, welche der Reihe nach daraus tranken. Am Ende des Mahles geschah dasselbe.

Die obigen Worte bedeuten daher: Ich werde nicht mehr mit euch den Osterwein trinken, aber es wird die Zeit kommen, wo ich im Reiche Gottes einen von diesem ganz verschiedenen Wein mit euch trinken werde.

3. Und nach gehaltenem Abendmahl.

Noch vor der Einsetzung des Abendmahls.

4. Wer gewaschen ist, bedarf nicht mehr, als daß er die Füße wasche.

Wenn Jemand das Bad verläßt, so ist sein ganzer Körper gereinigt; seine Füße aber, mit welchen er die Erde berührt, werden eben dadurch verunreinigt, und bedürfen daher des Waschens.

5. Ihr seid rein, aber nicht alle.

Hierdurch will der Herr den Aposteln zu verstehen geben, daß sie alle, mit Ausnahme von Judas, von schweren Sünden frei sind, aber daß sie sich bemühen sollen, ihre Neigungen zu reinigen, welchen immerhin Irdisches noch beigemischt ist.

6. So sollet auch ihr einer dem andern die Füße waschen.

Das heißt: So sollt ihr stets bereit sein, euren Brüdern auch die niedrigsten Dienste zu leisten.

Das heilige Abendmahl.

7. Dieses thut zu meinem Andenken.

Mit diesen Worten verleiht Jesus Christus den Aposteln und ihren Nachfolgern die Macht seinen Leib und sein Blut zur Erinnerung an seinen Tod und an seine übrigen Mysterien zu consecriren, als Opfer darzubringen, und an andere zu vertheilen.

8. **Trinkt Alle daraus, denn dieß ist mein Blut.**

Kraft der Allmacht des Wortes Jesu wurde das, was Brod gewesen war, sein wirklicher Leib, und was Wein gewesen war, sein wirkliches Blut, das am Kreuz vergossen werden sollte.

Jesus verkündet zum zweitenmal den Verrath des Judas.

9. **Einer aber von seinen Jüngern, den Jesus lieb hatte, lag bei Tische im Schooße Jesu.**

Es war dieß Johannes.

Die Orientalen saßen nicht bei Tische, sondern lagen auf Polstern.

Verherrlichung Jesu.

10. **Nun ist der Menschensohn verherrlicht.**

Das heißt, er wird verherrlicht werden durch seine Auferstehung und seine Himmelfahrt; sein Tod aber wird, weil durch ihn das Reich der Sünde zerstört wird, Gott die Ehre wieder geben, welche seine aufrührerischen Geschöpfe ihm rauben wollten.

Das Gebot der Liebe.

11. **Ein neues Gebot gebe ich euch.**

Jesus Christus steigert durch dieses Gebot seine Anforderung bis zur Vollkommenheit, indem er die Liebe, welche er selbst für die Menschen gehegt, als Regel aufstellt für die, welche die Jünger für einander haben sollen.

Petri Verleugnung.

12. **Der Satan hat verlangt, euch sieben zu dürfen, wie den Waizen.**

Dieß heißt, daß ihm gestattet sein möge, die Apostel mit den heftigsten Versuchungen heimzusuchen, um sie wankend zu machen, und des Glaubens zu berauben.

13. **In dieser Nacht werdet ihr Alle euch an mir ärgern.**

Das heißt: Bei Gelegenheit dessen, was mir diese Nacht geschehen wird, werdet ihr Alle in Verwirrung gerathen, so daß ihr mich feige verlassen werdet.

Jesus Christus, der Weg, die Wahrheit und das Leben.

14. Und wer es nicht hat, verkaufe seinen Rock und kaufe ein Schwert.

Das heißt: Es wird eine Zeit schwerer Prüfungen für euch kommen; an Allem werdet ihr Mangel leiden und alle Welt wird euch verfolgen; so daß ihr Geld, Waffen und Lebensmittel euch verschaffen müßtet, hättet ihr nöthig, wie andere Menschen, in Zeiten der Noth und in Kriegszeiten, euch vorzusehen.

Der Tröster.

15. Den Geist der Wahrheit, den die Welt nicht empfangen kann, denn sie sieht ihn nicht, und kennt ihn nicht.

In dem fleischlich gesinnten Menschen, kann der Geist nicht Wohnung nehmen, nicht von ihm erkannt werden. Ein solcher Mensch sieht und erkennt nur das, was er mit den Sinnen wahrnimmt.

16. An demselben Tage werdet ihr erkennen, daß ich in meinem Vater bin und ihr in mir und ich in euch.

Jesus Christus ist in seinem Vater, weil er seiner Natur nach eins mit ihm ist; durch die Vermittlung seines Geistes ist er eins mit uns und wir sind eins mit ihm durch den Glauben und die Liebe, mittels welcher wir mit ihm vereinigt sind, wie die Glieder mit ihrem Haupte.

17. Wenn mich Jemand liebt, so wird er mein Wort halten, und mein Vater wird ihn lieben, wir werden zu ihm kommen, und Nahrung bei ihm nehmen.

Es heißt dieß: Ich werde nur denjenigen durch reichliche Mittheilung des göttlichen Lichtes mich offenbaren, die mich lieben, und ihre Liebe durch die Befolgung meiner Gebote beweisen. Was die Welt betrifft, welche mich nicht liebt, so werde ich sie in der Finsterniß lassen.

Der Friede Jesu Christi.

18. Nicht wie die Welt gibt, gebe ich ihn euch.

Der Friede, welchen die Welt für ihre Freunde wünscht, besteht in dem ruhigen Genuß eitler und vergänglicher Dinge; der Friede dagegen, welchen Jesus Christus seinen Jüngern gibt, besteht darin, daß sie selbst in den größten Widerwärtigkeiten ihre Ruhe und ihr Glück in Gott finden.

19. Denn der Vater ist größer, als ich.

Jesus Christus, insofern er Gott ist, ist dem Vater gleich, insofern er aber Mensch ist, ist er demselben untergeordnet. Hier will er den Jüngern andeuten, sie sollten sich darüber freuen, daß der Allmächtige seine, des Sohnes, Menschheit zu einer Ehre erheben wolle, welche alle menschlichen Begriffe übersteige.

Der Geist der Wahrheit.

20. Und wenn dieser kommt, wird er die Welt überzeugen von der Sünde und von der Gerechtigkeit und von dem Gerichte.

Durch die Predigt und die Wunder der Apostel wird der heilige Geist die Welt hinsichtlich der Sünde überzeugen, indem er die Schuld derjenigen offenbart, welche, statt an Jesum Christum zu glauben, denselben gekreuzigt und seine Jünger verfolgt haben. Hinsichtlich der Gerechtigkeit, das ist hinsichtlich der Schuldlosigkeit des Sohnes Gottes, wird er die Welt dadurch überzeugen, daß der, den sie getödtet haben, wieder auferstanden, zum Himmel aufgefahren ist, und zur rechten Hand Gottes sitzt und endlich wird er die Welt hinsichtlich des über den Teufel ergangenen Gerichtes dadurch überzeugen, daß das Reich desselben durch die Predigt des Evangeliums zerstört wird.

21. Er wird nicht von sich selbst reden.

Der heilige Geist, der von Ewigkeit her vom Vater und vom Sohne ausgeht, erhält von dem einen, wie von dem andern die Erleuchtung, welche er unter den Menschen verbreitet.

Der Abschied.

22. Noch eine kleine Weile, und ihr werdet mich nicht mehr sehen, und wieder eine kleine Weile, und ihr werdet mich wieder sehen.

Diese Worte können einen zweifachen Sinn haben. 1. Bald werdet ihr mich nicht mehr sehen, weil ich werde sterben und begraben werden; aber kurze Zeit darauf werdet ihr mich wieder sehen in einem neuen Leben, das ich mir wieder aneignen werde, um zum Vater zu gehen. 2. Ihr werdet mich nicht lange mehr sehen, nicht lange mehr meiner sichtlichen Gegenwart euch erfreuen, ich muß die Erde verlassen, um zum Vater zurückzukehren. Aber diese Trennung wird nicht von langer Dauer sein, ihr werdet mich vielmehr binnen Kurzem wiedersehen, denn ich werde zum Himmel hinauffahren, euch die Stätte zu bereiten; wenn ich aber hinweggegangen sein und euch die Stätte bereitet haben werde, dann werde ich wieder kommen und werde euch mit mir nehmen, damit ihr da seid, wo ich bin. Dieß kann sich auf das Ende ihres Lebens oder auf den jüngsten Tag beziehen, an welchem sie zur Theilnahme an der Glorie Jesu Christi nach den Leiden und den Bitterkeiten dieses Lebens gelangen werden.

23. Und euer Herz wird sich freuen und eure Freude wird Niemand von euch nehmen.

Die Freude darüber, daß ich auferstanden bin und meine Feinde nichts mehr gegen mich vermögen, oder eure Freude, wenn ich euch meiner Verherrlichung theilhaftig gemacht habe.

24. An jenem Tage werdet ihr mich um nichts mehr fragen.

Das heißt: Ihr werdet nicht mehr nöthig haben, wie ihr jetzt thut, um euch zu belehren, euch an mich zu wenden; denn der heilige Geist, der euch gegeben werden wird, wird euch Alles sagen.

25. Wahrlich, wahrlich, sage ich euch, wenn ihr den Vater in meinem Namen um etwas bittet, so wird er es euch geben.

Im Namen Jesu Christi bitten heißt: Etwas auf die ewigen Güter Bezügliches bitten, welche er uns durch seinen Tod erwor-

ben hat. Es heißt: In vollem Vertrauen auf sein alleiniges Verdienst bitten, im Glauben überzeugt, daß Gott unsere Anbetung,
unsere Gebete, unsere Danksagung nur dann wohlgefällig aufnimmt, wenn sie ihm von Jesu Christo, unserm einzigen Mittler,
dargebracht werden.

26. Ich sage euch nicht, daß ich den Vater für
euch bitten werde.

Er will ihnen damit nicht sagen, daß er nicht für sie
bitten werde, sondern nur, daß sie Alles von der Liebe Gottes
zu ihnen zu erwarten hätten, welche ihren Grund darin hat,
daß er sie als seine Kinder und die Glieder seines Sohnes
betrachtet.

27. Jetzt wissen wir, daß du Alles weißt und
nicht nöthig hast, daß dich Jemand frage.

Weil du die Gedanken voraussiehst, und du weißt, was
man dich fragen wird, noch ehe die Frage ausgesprochen ist.

Das Gebet nach dem Abendmahl.

28. Verherrliche deinen Sohn, daß dein Sohn
dich verherrliche.

Das heißt: verherrliche deinen Sohn durch seine Auferstehung
und seine Himmelfahrt, damit er dich verherrliche, indem er aller
Welt lehrt, dich zu kennen und anzubeten.

29. Das ist aber das ewige Leben, daß sie . . .
dich erkennen.

Das heißt, das einzige Mittel, zum ewigen Leben zu gelangen, ist, mittels des lebendigen und durch die Liebe wirksamen
Glaubens Gott und seinen Sohn, Jesum Christum, erkennen.

30. Und nun Vater verherrliche mich bei dir
selbst, mit jener Herrlichkeit, die ich bei dir hatte,
ehe die Welt war.

Er bittet, daß seine Menschheit, mit welcher er bekleidet ist,
als Lohn seiner Erniedrigung und seiner Treue in Erfüllung der
Befehle des Vaters der Glorie theilhaftig werde, deren er sich als
Gott von Ewigkeit her im Schooße des Vaters erfreut hat.

31. Heiliger Vater, erhalte sie in deinem
Namen.

Das heißt: Durch die Kraft deines Namens und durch die Hülfe deiner Gnade.

32. Damit sie eins seien, wie wir es sind.

Das heißt: Daß sie durch die Liebe so eins seien, daß diese Vereinigung ein Abbild sei derjenigen, welche der Substanz nach zwischen dem Vater und dem Sohne besteht.

33. Und Keiner ist verloren, als der Sohn des Verderbens.

Hier ist Judas gemeint.

34. Heilige sie in der Wahrheit; dein Wort ist die Wahrheit.

Das heißt: Weihe sie durch die Weihe deines Geistes, welcher ihnen eine innere und wahre Heiligkeit verleihen und sie zu würdigen Verwaltern deines Wortes, welches die Wahrheit selbst ist, machen möge.

35. Und ich heilige mich selbst für sie

Das heißt: Ich weihe mich, ich biete mich als Opfer.

36. Damit Alle Eins seien.

Das heißt: Daß diese durch den Glauben und die Liebe bewirkte Einheit der Kinder Gottes die Welt zwinge, wie ungläubig sie auch sein mag, zu gestehen, daß die Religion Christi ein Werk Gottes, und Jesus Christus der Sohn Gottes sei.

37. Wie du Vater in mir bist, und ich in dir, damit auch sie in uns eins seien.

Das heißt eins mit dem Vater, und mit dem Sohne durch den heiligen Geist und unter einander durch neue vollkommene Liebe.

Siebzehntes Buch.

Der Garten von Gethsemani.

1. Meine Seele ist betrübt bis in den Tod.

Jesu Christi Schrecken, Kummer und tiefe Traurigkeit bei der Aussicht auf den gewaltsamen Tod, welchen er bald erleiden sollte, sind bei ihm nicht unfreiwillig, wie dieß sonst bei den Menschen der Fall ist. Er ergibt sich ihnen freiwillig, damit es keine Art von Bitterkeit und Schmerz gebe, von welchen sein Herz nicht erfüllt gewesen wäre.

Jesu Todesangst.

2. **Es erschien ihm aber ein Engel vom Himmel und stärkte ihn.**

Jesus Christus bedurfte dieser Hülfe nicht. Aber er wollte durch den Engel beruhigt und getröstet werden, ebenso wie er sich der Furcht und der Traurigkeit hingeben wollte, um uns durch sein Beispiel zu belehren, wie wir unser Widerstreben besiegen und von Gott die Hülfe in unserer Noth erwarten sollen.

Schlaf der Jünger.

3. **Der Geist ist willig, aber das Fleisch ist schwach.**

Es ist dieß, als wenn er sagte: Ihr scheint jetzt sehr entschlossen zu sein, mit mir zu sterben, aber wenn ihr euch durch Wachsamkeit und Gebet nicht sichert vor der Versuchung, welcher ihr ausgesetzt sein werdet, so wird die Hinfälligkeit des Fleisches, das heißt, die natürliche Liebe zum Leben und zur Ruhe, sich mächtiger erweisen, als eure Vorsätze.

4. **Schlafet nur und ruhet.**

Es ist dieß eine Art von Rüge, durch welche er den Jüngern ihre Schwäche vorwirft.

Der Judaskuß.

5. **Die Wache.**

Eine Cohorte, eine Abtheilung von fünf bis sechshundert Mann, von einem Hauptmann (Tribun) befehligt.

Die Flucht aller Jünger.

6. **Ein gewisser Jüngling aber, angethan mit einer Leinwand auf dem bloßen Leibe.**

Wahrscheinlich ein Einwohner des Weilers Gethsemani, der von dem Lärmen erwacht, sehen wollte, was vorgehe.

Die falschen Zeugen.

7. Wir haben ihn sagen gehört: Ich will diesen Tempel ... abbrechen und in dreien Tagen einen andern ... aufbauen.

Jesus Christus hatte nur gesagt: Zerstöret diesen Tempel und ich werde ihn in dreien Tagen wieder aufbauen. Er verstand darunter, wie dieß St. Johannes ausdrücklich bemerkt, seinen Leib, welchen er drei Tage nach seinem Tode wieder auferstehen lassen wollte.

Jesu Beschwörung durch den Hohenpriester.

8. Da zerriß der Hohepriester seine Kleider.

Die Juden pflegten dieß bei dem Empfang einer traurigen Nachricht zu thun, oder wenn in ihrer Gegenwart eine Gotteslästerung ausgestoßen wurde.

Judas' Tod.

9. Und führten ihn von Kaiphas in das Gerichtshaus und überlieferten ihn an Pontius Pilatus, den Landpfleger.

Das Gerichtshaus (pretorium) war der Palast des Landpflegers. Diese Stelle bekleidete damals Pontius Pilatus.

10. Sie gingen aber nicht in das Gerichtshaus hinein, damit sie nicht verunreinigt würden, sondern die Ostermahlzeit essen könnten.

Die Juden glaubten durch den Eintritt in das Haus eines Heiden sich zu verunreinigen, so daß sie, wenigstens bis zum Ablauf des Tages, gesetzlich sich nicht an religiösen Handlungen betheiligen durften.

Pilatus und Herodes.

11. Die Juden aber sprachen zu ihm: Uns ist nicht erlaubt, Jemanden zu tödten.

Der Hohe Rath hatte so eben ausgesprochen, daß Jesus wegen Gotteslästerung den Tod verdiene. Hätten sie gewollt, so wären sie befugt gewesen, ihn — wie es später auch mit dem heil. Stephanus geschah — steinigen zu lassen. Dieses war die gesetzliche Strafe für Gotteslästerer. Sie beabsichtigten aber, ihn eines grausameren und entehrenden Todes sterben zu lassen, näm= lich den Tod am Kreuze. Dieß war der Grund, weßhalb sie ihn an den römischen Landpfleger auslieferten, und als sie gezwungen waren, sich auszusprechen, ihn eines Staatsverbrechens und der Empörung beschuldigten. Nun war aber nur der Landpfleger, und nicht der große Rath befugt, einen Verbrecher zur Kreuzigung, — nach Römischem Recht die Strafe für Sklaven — zu verur= theilen.

Achtzehntes Buch.

Das Kreuz.

1. Sie trafen einen gewissen Simon von Cyrene .... und zwangen ihn, daß er das Kreuz nehme und es Jesu nachtrüge.

Weil Jesus, ganz erschöpft, nicht mehr im Stande war, dessen Gewicht zu ertragen.

2. Dann werden sie zu den Bergen sagen: Fallet über uns, und zu den Hügeln: Bedecket uns.

Dieß bezieht sich auf die Belagerung und die Eroberung Jerusalems, wo die Mehrzahl der Juden, von furchtbarem Hunger gequält und erschöpft durch Leiden jeder Art, als eine Erlösung betrachtet hätten, durch den Einsturz eines Berges von ihrem Elend erlöst zu werden.

3. Denn wenn man das am grünen Holze thut, was wird am dürren geschehen?

Nicht das grüne, sondern das dürre Holz verdient abgehauen uud verbrannt zu werden. Wenn man also das grüne Holz, das heißt, den Gerechten und Unschuldigen nicht verschont, welches Loos haben wohl die dürren und unbrauchbaren Zweige, nämlich die Sünder und Gottlosen, zu erwarten?

Die Kreuzigung.

4. Da gaben sie ihm Wein, der mit Myrrhe und Galle gemischt war.

Es war dieß ein starkes Getränk, welches man den Verbrechern zu trinken gab, um sie zu betäuben und sie gegen den Schmerz weniger empfindlich zu machen.

5. **Er wollte aber denselben nicht trinken.**

Weil er dieses Hülfsmittel nicht bedurfte und auch nichts nehmen wollte, was das Gefühl seiner Qualen mindern könnte.

Die letzten Worte Jesu am Kreuze.

6. **Mein Gott, mein Gott, warum hast du mich verlassen?**

Es sind dieß die ersten Worte des einundzwanzigsten Psalms, welcher eine Weissagung der Leiden Jesu Christi ist.

Diese Klage geht nicht aus Mißtrauen oder Verzweiflung hervor. Jesus Christus wollte uns nur klar machen, wie unerläßlich die Leiden seien, welche er in Folge der strengen Gerechtigkeit Gottes des Vaters zu erdulden habe.

Neunzehntes Buch.

Jesus erscheint den anderen Frauen.

1. **Ich sage euch, daß er euch vorausgehen wird nach Galiläa.**

Jesus Christus zeigte sich seinen Jüngern an diesem Tage und acht Tage später; aber erst in Galiläa erschien er ihnen häufiger und verkehrte vertraulicher mit ihnen, weil sich dort eine größere Anzahl von Jüngern aufhielt, welche von der Wirklichkeit seiner Auferstehung überzeugt werden mußten.

Die Lüge der Wächter.

2. **Und wenn dieses dem Landpfleger zu Ohren kommen sollte, so wollen wir ihn bereden, und euch sicher stellen.**

Es stand nämlich die Todesstrafe darauf, wenn ein Soldat auf Wache schlief.

Die Jünger von Emmaus.

3. **Emmaus, das sechzig Stadien von Jerusalem entfernt war.**

Es waren dieß ungefähr zwei und eine halbe Stunde.

4. **Der Herr ist wahrhaftig auferstanden, und dem Simon erschienen.**

Der heil. Paulus spricht davon, daß der Herr dem heil. Petrus erschienen sei, doch nirgends findet sich Ausführliches darüber.

Der Herr erscheint den Jüngern und Thomas.

5. **Selig, die nicht sehen, und doch glauben.**

Dieses sind alle Diejenigen, welche seit der Himmelfahrt Christi an seine Auferstehung eben so fest geglaubt haben, als wenn sie ihn gesehen und mit den Händen berührt hätten.

Simon Petrus und die dreimalige Versicherung seiner Liebe für Jesum Christum.

6. **Simon Petrus liebst du mich?**

Jesus Christus verlangt von Petrus eine dreimalige Versicherung seiner Liebe, als Sühne für seine dreimalige Verleugnung.

7. **Weide meine Lämmer . . . Weide meine Schaafe.**

Die Lämmer sind die Gläubigen, die Schaafe aber die Hirten selbst, welche die Heerde durch die geistige Fortpflanzung vermehren. Auch über die Letzteren soll sich die Wachsamkeit und Sorge Petri, als Hirten der Lämmer sowohl als auch der Schaafe, erstrecken.

8. **Wenn du aber alt geworden bist, wirst du deine Hände ausstrecken, und ein Anderer wird dich gürten, und dich führen, wohin du nicht willst.**

Der Herr verkündet durch diese Worte dem heil. Petrus sein Martyrium.

Zwanzigstes Buch.

Die Himmelfahrt Christi.

1. **Herr, wirst du nun in dieser Zeit das Reich Israel wieder herstellen?**

Noch immer waren die Jünger von dem irrigen Glauben an ein irdisches Königreich des Messias erfüllt. Erst nach der Ausgießung des heiligen Geistes wurden sie vollkommen von diesem Irrthum befreit.

2. **Zwei Männer in weißem Gewande.**

Zwei Engel in Menschengestalt.

3. **Dieser Jesus, der von euch weg in den Himmel aufgenommen, wird ebenso wiederkommen, wie ihr ihn sah't hingeh'n in den Himmel.**

Das heißt: In gleicher Majestät.

Druckfehler.

Seite 110 Zeile 8 von unten lies: sind statt ist.

Seite 111 und 112 ganz unten statt 13, 14 u. s. f. bis 22, lies: 14, 15 u. s. f. bis 23.

Seite 140 Zeile 11 von unten lies: Frieden statt Friede.